『악학궤범』 악론의

동양사상 2580

유교문화
학술총서
03

선비민주주의 총서 Ⅲ

『악학궤범』 악론의 동양사상 2580

김미영 지음
신정근 감수

성균관대학교
출판부

"이 책은 경기도, 경기문화재단, 한국문화예술위원회의 문예진흥기금을
보조받아 발간되었습니다"

세계 속의 경기도 경기문화재단 한국문화예술위원회

〈일러두기〉

1. 이 책에서 원문과 이미지는 2011년 국립국악원이 일본 호사문고에 소장되어 있는 임진왜란 이전 『악학궤범』 판본을 영인한 것을 저본으로 하였다.
2. 서명의 2580은 음양(2), 오행(5), 팔괘(8), 태극(0)을 상징하는 의미로 썼다.
3. 장제목, 소제목, 독음을 포함한 원문, 번역문, 해설, 각주 및 참고로 구분하여 기술하였다.
4. 원전의 번역은 원문의 취지를 손상하지 않는 범위 안에서 자유롭게 풀이했으며, 비교를 위해 원전의 번역서를 찾아 서지사항을 제시하였다.
5. 책명은 『 』, 논문은 「 」, 그림은 〈 〉으로 표시하였다.
6. 중국의 인명과 지명을 읽을 때, 고대는 우리나라 한자음에 따르고, 근대 이후는 중국어음을 따랐다.
7. 서명 및 인명, 그리고 참고할 내용이 긴 경우 〈참고〉로 구분하여 정리하였다.
8. 이해를 용이하도록 내용을 첨가한 경우는 [ ] 안에, 부연 설명을 한 경우는 ( ) 안에 추가하여 정리하였다.
9. 참고자료의 인용, 부분 인용, 참조 등의 표현은 생략하고, 인용은 " ", 부분 인용은 ' '으로 표기하였다.
10. " ", ' ' 안의 마침표는 생략하였다.
11. 이 책의 핵심용어인 樂은 모두 한자로 표기하였다. 또한 '률'은 '율'로 표기하였다.
12. 원문의 출처와 단어의 뜻을 밝힐 때에는 원문에, 추가 설명이 필요할 경우에는 번역문에 각주를 달았다.
13. 참고문헌의 서지사항 전체는 최초 제시할 때 밝히고, 이후에는 책명과 쪽수만 기재하였다.
14. 생몰연대가 불분명한 경우는 생략하였다.
15. 부록에 본문의 주요 내용을 한 눈에 확인할 수 있도록 별도로 정리한 그림 〈5성〉, 〈8음〉 1, 〈8음〉 2, 〈12율〉, 〈28수·12차·12지지·12달〉을 실었다.

목차

표 차례

그림 차례

지은이 서문

먼 길을 떠날 때 옛사람들은 나침반을 꼭 챙겼다고 합니다. 목적지를 향해 걸으며 방향을 잃을까 염려하여 나침반의 자침을 눈여겨보았을 것입니다. 오늘날에는 초행길을 나설 때 내비게이션에 목적지를 입력한 후 안내 음성에 따라 목적지를 향해 나아갑니다.

나는『악학궤범』이라는 목적지를 향해 가면서 초행길을 나설 때 안내 음성을 들으며 목적지를 향해 갔던 것처럼, 앞선 연구자들의 안내를 받으며 여기까지 왔습니다. 그 과정에서 쉽게 이해되었던 내용도 있고, 몇날 며칠을 끙끙거려도 해결하지 못한 것도 있었습니다. 그럴 때는 궁금한 것을 이 사람 저 사람에게 묻거나, 또 처음부터 다시 꼼꼼하게 짚어보면서 하나씩 해결해 나갔습니다. 그럼에도 불구하고 아직 목적지에 도착하지는 못했습니다. 여전히 힘겹게『악학궤범』이라는 목적지를 향해 가고 있습니다.

처음『악학궤범』을 접한 것은 지금으로부터 10여 년 전 한학자이신 기태완 선생님과 함께 공부하는〈한국전통악무연구소〉라는 모임에서입니다. 무용이론가인 이종숙 선생님이『악학궤범』의 악무 이론을 가르쳐주었는데, 그때 적잖은 충격을 받았습니다. 춤을 전공한 사람이『악학궤범』의 존재를 알지 못했다는 부끄러움과 특히 그렇게 중요한 내용들을 처음 접한다는 것에 충격을 받았었습니다. 또한 배우는 과정에서 그 내용이 너무 어려워서 어떻게 하면 쉽게 설명할 수 있을까 하는 고민을 많이 했었습니다. 그때의 그 충격과 고민으로 인해 이 책을 기획하게 되었습니다. 바로 10년 전의 나처럼『악학궤범』이 초행인 이들에게 길라잡이가 되기 위해서입니다.

『악학궤범』은 이미 번역서가 있으나, 그 내용만으로는 초학자들이 전통시대 악론을 이해하기가 어렵습니다. 이에 친절한 길라잡이가 되어 『악학궤범』 권1에 제시되어 있는 전통시대의 악론을 가능한 덜 어렵고 상세하게 설명하고자 했습니다. 그럼에도 불구하고 향악의 악조를 설명하는 13장~15장은 실제 연주와 관련된 내용이라는 점 때문에 선명하게 설명하지 못한 아쉬움이 남습니다.

『악학궤범』 길라잡이로서, 『신역 악학궤범』의 역자 故 이혜구 선생님의 고견에 많은 도움을 받았고, 『『악학궤범』 악론 연구』의 저자 남상숙 선생님의 치밀하고 명확한 분석 및 이론에 많이 기대었습니다. 또한 답답한 부분은 『역주 악서』의 도움을 받았습니다. 이처럼 때로는 누군가 길을 안내해 주기도 하고, 때로는 누군가 잎이 날카로운 풀을 베어주기도 하고, 때로는 어두운 길에 빛을 비춰주기도 했습니다. 외롭고 힘들었지만 걸음을 멈추지 않았기에 오늘 여기까지 오게 되었습니다.

첫 출간을 앞둔 이의 부족한 부분을 이해해 주시고 또한 촉급한 일정에도 불구하고 원고를 기다려 주시고, 그림과 표가 많아 편집이 번거로운 원고를 잘 다듬어 주신 출판부 선생님들께 감사의 마음을 전합니다.

언제나 묵묵히 지켜봐주는 가족들에게 고마움과 미안함을 전하며, 특히 그리기 번거로운 그림을 만들어준 딸 세정이에게 고마운 마음을 전합니다.

처음 『악학궤범』의 내용을 이해할 수 있도록 가르침을 주신 이종숙 선생님, 아름다운 한시의 세계로 인도하시고 매화라는 예명을 선사해 주신 기태완 선생님께 깊이 감사드립니다. 그리고 천둥벌거숭이를 오늘날까지 공부의 길을 걸어갈 수 있도록 늘 지켜봐주시고 응원해 주시는 如如 신정근 선생님께 온 마음을 다하여 감사의 마음을 전합니다.

2018년 12월 1일

以山 김미영 씁니다

추천사

예나 지금이나 음악은 늘 사람 주위에 있었다. 고대에 음악은 인간과 신을 연결하는 매개의 역할을 충실히 했다. 오늘날 음악은 사람을 편안하게 하고 즐겁게 하는 탁월한 힘을 가지고 있다. 이렇게 우리는 음악과 아주 가깝게 지내고 있다.

이에 비해 『악학궤범樂學軌範』의 제목은 친근하게 다가오지 않는다. 개념과 한자가 이러한 생경함을 낳은 커다란 원인이다. 오늘날 우리가 쓰고 있는 말과 다르다보니 낯설게 다가오는 것이다. 악학은 오늘날 음악학에 해당되는 말이다. 궤범은 길과 규범의 뜻을 가리킨다. 악학궤범은 음악학의 규범을 다루는 책이라는 뜻이다.

이 책은 김미영 박사가 개념과 한자로 인해 거리감을 느끼는 『악학궤범』 권1을 쉽게 해설하고자 하는 맥락에서 집필되었다. 서문에서 밝히고 있듯이 저자도 『악학궤범』을 처음 들추었을 때 생경함을 느꼈고 수년에 걸쳐 책과 씨름하면서 생경함을 스스로 해소하게 되었다고 한다. 이에 저자는 『악학궤범』에 관심을 갖거나 읽고 싶은 미래의 독자가 비슷한 경험을 하지 않았으면 하는 마음에서 『『악학궤범』 악론의 동양사상 2580』을 쓰게 되었다고 한다.

『악학궤범』은 앞서 말했듯이 오늘날 음악학에 해당되지만 실제로 내용은 예학(禮學)과 늘 짝이 되었고 도(道)와 밀접하게 연관을 맺고 있다. 또 악학은 현대의 음악만이 아니라 무용, 연극(연희)과 늘 하나의 덩어리를 이루었다. 그러다보니 글자만 풀이한다고 해서 악학의 규범이 온전히 드러나지 않는다. 이를 밝히려면 고대의 관련 문헌만이 아니라 예술의 역사를 들추지 않을 수가 없다. 저자는 악학과 관련된 제반 사항을 찾는 수고를 마다하지 않고, 독자와 악학의 거리를 줄이는 친절한 안내자의 역할을 충실히 수행하고 있다.

전통 시대의 예술과 미학 관련 텍스트가 많지만, 언어의 장벽이 많은 사람의 접근을 막고 있다. 이 책의 출간으로 악학 이론의 텍스트에 쉽게 접근할 수 있는 길이 열리기를 바라마지 않는다.

2018년 12월 신정근 씁니다

해제

이 책은 조선시대 성종成宗(재위 1469~1494) 24년(1493) 8월 초에 찬정撰定된 『악학궤범樂學軌範』 권1의 내용을 상세하게 설명하는 것을 목적으로 하였다. 먼저 『악학궤범』의 판본과 편찬 이유, 사료적 가치 및 구성을 소개하고, 이어서 이 책의 구성과 특징 및 내용을 소개하고자 한다.

1. 『악학궤범』 소개

1) 판본

『악학궤범』은 1493년(성종 24)에 찬정되었으나, 성종 시기의 판본은 안타깝게도 임진왜란 때 소실된다. 이후 광해光海 2년(1610), 효종孝宗 6년(1655), 영조英祖 19년(1743)에 복각되었지만 이것들은 모두 임진왜란 이후의 판본이라는 한계가 있었다.[1] 이후 민족문화추진회에서 『악학궤범』의 중요성을 인식하고 1979년 『국역 악학궤범 Ⅰ』과 1981년 『국역 악학궤범 Ⅱ』를 발간한다.[2] 이어서 2000년에 국립국악원에서 『신역 악학궤범』을 발간했는데, 이 책은 그동안 축적된 연구 성과를 반영한 것으로, 관련 연구자들에게 큰 도움을 주었다.

특히 『신역 악학궤범』에는 일본 호사蓬左 문고본이 영인본으로 수록되었는데, 이것은 임진왜란 이전 판본이라는 점에 주목되었다. 다만 호사문고 소장본을 직접 영인한 것이 아니라 1975년 아세아문화사가 영인한 것을 다시 영인한 것이라는 아쉬움이 남아 있었다.[3] 2011년 국립국악원은 드디어 일본 호사문고에 소장되어 있는 최신 필름을 입수하여 임진왜란 이전 판본을 직접 영인하기에 이른다. 이 책에서 원문과 이미지는 2011년 국립국악원에서 영인한 것을 저본으로 하였다.

---

1) 이혜구 역주, 『신역 악학궤범』, 국립국악원, 2000, 16쪽.

2) 『국역 악학궤범 Ⅰ』에는 『악학궤범』 권1~권4까지, 『국역 악학궤범 Ⅱ』에는 『악학궤범』 권5~권9까지 번역되어 있다.

3) 『신역 악학궤범』, 16쪽.

2) 편찬 이유

『악학궤범』은 조선시대의 악무樂舞를 연구하는 데에 없어서는 안 될 귀중한 서적이다. 편찬 연대는 성종 시기지만 그것은 조선 초기부터 시작된 국책사업의 일환으로 이해되어야 한다. 성종 시기에 추진된 국책사업의 성과물로는 『국조오례의國朝五禮儀』[4]·『삼국사절요三國史節要』[5]·『동문선東文選』[6]·『동국통감東國通鑑』[7]·『경국대전經國大典』[8]·『동국여지승람東國輿地勝覽』[9]·『대전속록大典續錄』[10] 등이 있는데, 『악학궤범』 또한 이 성과물들과 함께 선조들로부터 이어져온 사업의 결과물이기 때문이다. 『악학궤범』을 편찬하게 된 이유는 무엇이었을까. 그 배경을 알 수 있는 내용이 『태종실록太宗實錄』에 전한다.

> 신 등이 가만히 살펴보니 전조前朝(고려)에서 삼국三國 말년에 사용했던 樂을 이어받아 그대로 썼고, 또 송조宋朝의 상황에 맞춰 교방敎坊의 樂을 사용했으며, 그 말년에 이르러서는 또 음란한 소리[哇淫之聲]가 많았는데, 조회朝會와 연향宴享에 모두 그대로 썼으니 볼 만한 것이 없습니다. 지금은 국가를 건설하는 초기로 그것을 그대로 따라서는 아니되옵니다. 신 등이 양부兩府[11]의 樂에서 그 성음聲音이 자못 바른 것을 취해 풍아風雅의 시를 참고로 하여 조회와 연향

---

4) 『국조오례의國朝五禮儀』는 조선시대의 길례吉禮·흉례凶禮·군례軍禮·빈례賓禮·가례嘉禮의 다섯 가지 의례에 대하여 규정한 책이다.

5) 『삼국사절요三國史節要』는 삼국사의 요점을 간추려 연대별로 편찬한 책이다.

6) 『동문선東文選』은 1478년 성종의 명으로 서거정徐居正 등이 중심이 되어 편찬한 시문 선집이다.

7) 『동국통감東國通鑑』은 1485년에 서거정 등이 왕명을 받아 고대부터 고려 말까지의 역사를 편찬한 책이다.

8) 『경국대전經國大典』은 조선 건국 초의 법전인 『경제육전經濟六典』의 원전과 속전, 그리고 그 뒤의 법령을 종합해 만든 조선시대의 두 번째 통일 법전이다.

9) 『동국여지승람東國輿地勝覽』은 각 도의 지리·풍속·인물 등을 자세하게 기록한 우리나라의 지리서이다.

10) 『대전속록大典續錄』은 『경국대전』 시행 후 1491년까지의 현행 법령을 수집하여 편찬한 법전이다.

11) 양부兩府는 두 가지로 해석될 수 있다. 첫째는 좌방左坊의 아악雅樂과 우방右坊의 속악俗樂이고, 둘째는 좌방의 당악唐樂과 우방의 향악鄕樂이다. 여기서는 전자의 의미다.

의 樂을 정하고, 백성들에게도 통용될 수 있는 樂이 되도록 정리하겠습니다.[12)]

조선이 건립된 후 관료들이 여러 의식儀式과 연향에 악무를 쓰려고 보니, 삼국의 樂과 송의 교방악이 복잡하게 섞여 있었을 뿐만 아니라, 중화中和를 벗어난 음란한 소리가 많았었나보다. 이에 당시 관료층이었던 유학자들이 조회와 연향에 쓸 樂을 재정비하기에 이른 것이다. 『악학궤범』에는 "장악원掌樂院[13)] 소장의 의궤儀軌와 악보樂譜가 세월이 오래되어 낡았고, 요행히 보존된 것 역시 모두 엉성하고 오류가 있으며 빠진 것이 많아서"[14)] 『악학궤범』을 편찬하게 되었다는 구체적인 이유가 밝혀져 있다.

『악학궤범』은 "유자광柳子光(1439~1512)·성현成俔(1439~1504)·신말평申末平(1452~1509)·박곤朴棍·김복근金福根 등에게 명하여 추가하고 교정하게 한 것"[15)]으로, 홍치弘治[16)] 6년(성종 24년, 1493) 8월 상순上旬에 찬정되었다.[17)]

---

12) 『太宗實錄』 3 太宗 2(1402) 6. 5: 臣等竊觀, 前朝承三國之季, 因用其樂, 又從宋朝, 請用敎坊之樂, 及其季世, 又多哇淫之聲, 朝會宴享一切用之, 無足可觀. 今當國初, 不可因襲. 臣等謹於兩部樂, 取其聲音之稍正者, 參以風雅之詩, 定爲朝會·宴享之樂, 以及臣庶通行之樂. 조선왕조실록의 원문과 번역문은 『朝鮮王朝實錄』 인터넷 원문 및 국역서비스(과천: 국사편찬위원회, 2005)〈http://sillok.history.go.kr〉 인용. 『조선왕조실록』의 원문과 번역문의 서지사항은 동일하며 이하는 생략한다. 단 표점과 번역문은 부분적으로 고친 곳이 있다. 『태종실록』 권3 태종 2년(1402) 6월 5일자 기사의 출처를 간단하게 위와 같이 표기하였다. 이하 동일하다.

13) 장악원掌樂院은 조선시대 궁중에서 쓰이는 악무에 관한 모든 일을 맡아보던 관청이다.

14) 『樂學軌範』 「序」: 樂院所藏儀軌及譜, 年久斷爛, 其幸存者, 亦皆疏略·訛謬, 事多遺闕.

15) 『樂學軌範』 「序」: 爰命武靈君臣柳子光·暨臣俔與主簿臣申末平·典樂臣朴棍·臣金福根等, 更加讎校.

16) 홍치弘治는 명나라 효종(1488~1508)의 연호다.

17) 『樂學軌範』 「序」: 弘治六年癸丑八月上澣.

3) 사료적 가치

『악학궤범』은 주자朱子(주희朱熹, 1130~1200)[참고1]의 성리학性理學을 기초로 한 조선초기의 국가이념이 반영된 악무 이론서다. 1419년(세종 1)에 『성리대전性理大全』[참고2]이 조선에 유입되었는데, 이때 『성리대전』에 포함된 채원정蔡元定(1135~1198)[참고3]의 『율려신서律呂新書』[참고4]도 함께 유입되기에 이른다. 그 후 『율려신서』는 조선에서 음악의 본원으로 여겨져 높이 평가되었다. 그러나 무조건 높이 평가하기만 했던 것은 아니다. 『율려신서』가 실용적이지 못하다며 다음과 같이 비판하기도 했다.

> 오직 송나라 채원정의 저술만이 율려의 본원을 깊이 얻었다. 그러나 연주를 하면 성聲과 율律에 맞지 않으니, 이는 마치 호미와 쟁기는 있지만 이를 사용하여 갈고 맬 줄을 모르는 것과 같은 것이다.[18]

이처럼 『율려신서』가 비실용적이라고 비판하면서도 『악학궤범』에서 『율려신서』가 율려의 본원을 얻었다고 인정할 수밖에 없었던 것은, 율려 이론에 대한 긍정적인 평가 외에도 그것이 주희의 성리학에 근거한 음악이론이기 때문이었을 것이다.

당시 조선의 관료층들이 추구했던 정치노선은 예禮와 樂에 입각한 조화로운 질서를 회복하고, 예의 질서와 樂의 조화를 통일하는 것이었다.[19] 이런 측면에서 주희의 성리학적 예악관은 그것에 적합한 이론으로 받아들여졌고, "조선의 관료층이었던 유학자들은 주자의 『성리대전』 안의 『율려신서』

---

18) 『樂學軌範』 「序」: 惟蔡元定之書, 深得律呂之源, 然未能布爪指, 而諧聲律, 是猶抱鋤耒, 未諳耕耘之術也.(『신역 악학궤범』, 33쪽)

19) 禮와 樂의 대비는 「악기」에서 음양 이론의 영향 아래 뚜렷해졌다는 주장이 있다.(조정은, 「공자에게 좋은 음악이란?」, 2017 유교문화연구소 동계학술회의 "융합의 시대, '유교' 예술로 말하다" 자료집, 2017, 97~109쪽.

등을 통하여 樂의 원리를 이해하고 있었기”[20] 때문에 『율려신서』를 樂의 본원으로 인정했던 것은 어쩌면 당연한 결과이다.

『성종실록成宗實錄』에도 “[세종께서] 오히려 오래되어서 혹 착오가 있을까 염려하여 문신 중에서 [악론에] 선천적인 소질이 있는 자를 가리어 악학樂學에 근무하게 하고, 『율려서보律呂書譜』(『율려신서』)를 강구講究하여 그 업에 정진하게 하였다”[21]라고 전하듯이, 세종 역시 『율려신서』를 樂의 본원으로 삼았다는 것을 알 수 있다.

그럼에도 불구하고 『율려신서』에 대한 위와 같은 비판은 『악학궤범』의 편찬 목적이 ‘실용성’에 있음을 보여준다.[22] 게다가 『율려신서』를 본원이라고 인정하지만 『악학궤범』의 악율 이론은 『율려신서』만 답습한 것은 아니다. 이 외에도 여러 악서들을 참조하였고,[23] 또 전하는 기록에서 잘못된 점이 있으면 바로 지적하고 내용을 바로잡으며, 실용적으로 이론을 받아들였다. 1장 60조에서 응종이 궁일 때, 유빈이 아니라 대려가 상이라고 바로 잡은 것과 12장에서 『송사宋史』의 천신天神 강신악降神樂 악조樂調의 오류를 지적하고 바르게 수정한 것 등이 그 예이다.

---

20) 이범직, 「『악학궤범』의 예악론」, 『진단학보』 제77집, 진단학회, 1994, 175쪽.

21) 『成宗實錄』 60 成宗 6(1475) 10. 26: 猶慮久而或差, 揀文臣質近者, 仕于樂學, 講究『律呂書譜』, 俾精其業. 이어지는 내용에 “음율을 깨우친 전첨典籤 박효원朴孝元·전 군수郡守 김지金漬·교리校理 성현成俔·정랑正郎 채수蔡壽·전 직장直長 임흥任興은 승문원承文院에 겸관의 예에 의하여 장악원 겸관으로 임명하여 매월 습악習樂하되 날마다 출근하여 연습하고 익히게 하라”라고 전한다.

22) 『신역 악학궤범』, 8쪽.

23) 송방송의 연구에 따르면, 『악서』와 『율려신서』 외에 『문헌통고文獻通考』 21회·『주례도周禮圖』 10회·『주례周禮』 9회·『宋史』 8회·『대성악보大成樂譜』 4회·『수서隋書』 3회·『석명釋名』 3회·『예서禮書』 2회·『풍속통의風俗通儀』 2회·『옥해玉海』 1회·「악기樂記」 1회·『대성악서大晟樂書』 1회·『삼국사기』 4회·『고려사』 3회 인용되었다.(송방송, 「『악학궤범』의 음악사학적 조명」, 『진단학보』 제77집, 진단학회, 1994, 144~145쪽 〈표 1〉과 〈표 2〉 참조) 한편 이숙희의 연구에는 『당육전』과 『주례경도』·『국조오례의』도 포함되었다.(이숙희, 「『악학궤범』 사상체계의 형성배경과 성격」, 『한국음악사학보』 제33집, 한국음악사학회, 2004, 137쪽 각주 52 참조)

이처럼 『악학궤범』은 중국 문헌에 대한 무조건적 답습이 아닌 비교와 검토를 통해 수용했다. 또한 그 구체성과 실용성이 매우 뛰어나 조선의 국가의례 악무의 전승에 중요한 규범으로 활용되었다.

'궤범'이 규범規範·법칙法則·모범模范의 의미를 갖고 있듯이 당시의 악무와 관련된 제반 사항들을 꼼꼼하게 정리한 것이 바로 『악학궤범』이다. 따라서 기록된 내용을 때에 맞춰 그대로 시행하기만 하면 되는 구체적이면서도 실용적인 '악무 법전'이라고 말할 수 있다. 물론 내용에 오류가 없는 것은 아니다. 예를 들면 4장에서 성현은 채원정의 계산법을 잘 이해하지 못하여, 81분分의 9촌寸을 기준으로 한 율관 내용에 대해 덧붙이는 말에서 90분의 9촌 율관을 말하기도 하고, 10장의 5음 28조 그림에서 28조명을 본문과 다르게 배열하는 등의 오류를 범한다. 따라서 기록에 전하는 내용을 그대로 적용하면 안 되는 경우도 있다.

약간의 불합리한 내용들이 첨가되기는 했지만, 『악학궤범』은 오늘날 조선 초기의 악무를 재현하는 데에 매우 유용하게 쓰인다. 『악학궤범』에는 당시 악기樂器의 모양과 치수 및 악기의 배치, 그리고 악공들의 의상에 이어 무용수들의 위치와 춤절차 및 의상의 색깔과 치수에 이르기까지 모두 상세하게 기록되어 있기 때문이다. "『악학궤범』의 사료적 가치가 중국 측의 원래 사료에서 발췌한 내용에 있는 것이 아니라 당시의 실제 음악 상황과 관련된 기록에 있다"[24]는 것에 주목한다면 그 사료적 가치는 매우 뛰어나다고 볼 수 있다.

『악학궤범』은 조선의 악무를 연구하는 데 있어서 가장 기초가 되며, 세계적으로도 유례가 드문 서적으로 평가되는 자랑스러운 우리의 문화유산이다. 궁중 행사에 쓰이는 樂의 종류와 내용, 또 그것에 수반되는 악기와 의물, 그리고 복식의 형태와 재료 및 제작방법까지 함께 기록해 놓았을 뿐만 아니라, 그 이전부터 전승되어 오는 전통문화를 내면화 해놓은 문화사적 의

24) 남상숙, 『『악학궤범』 악론 연구』, 민속원, 2009, 181쪽.

의를 지니고 있기 때문이다.[25)]

4) 구성

『악학궤범』은 『세종실록악보世宗實錄樂譜』참고5와 『세조실록악보世祖實錄樂譜』참고6, 그리고 『시용향악보時用鄕樂譜』참고7와 『금합자보琴合字譜』참고8, 『대악후보大樂後譜』참고9 등과 함께 조선 전기의 대표적인 악서로, 조선의 樂을 논하면서 결코 빼놓아서는 안 되는 서적이다. 『악학궤범』에는 樂의 이론적 내용과 성종시대에 시행되었던 악무들의 절차 및 악기와 관복의 치수까지 상세하게 기록되어 있다. 특히 권1의 내용을 통해 당시 樂의 사상적 체계를 살펴볼 수 있다는 점에서 주목된다.

『악학궤범』은 총9권 3책[26)]으로 구성되어 있다. 권1에는 유가儒家에서 말하는 樂의 총체적 의미, 즉 음양陰陽·오행五行·팔괘八卦·역易 등의 사상과 악론의 관계가 설명되어 있다. 예를 들면 5음五音과 오행, 12음과 열두 달 및 10천간[天干]·12지지[地支], 8음八音과 팔괘가 서로 유기적인 관계로 설명되어 있으며, 궁극적으로는 모두 음양의 조화로 귀결된다. 여기에 아악雅樂의 율조律調와 당악唐樂 28조, 그리고 향악鄕樂의 악조가 첨부되어 있다.

권2에는 성종 당시의 여러 제향과 조회 및 연향 때 악기를 진열하는 법이 『국조오례의』와 세종 때의 것과 비교하여 그림으로 그려져 있다.

권3에는 『고려사高麗史』「악지樂志」의 당악정재唐樂呈才와 속악정재俗樂呈才의 구성 및 절차, 권4에는 고려에서 전승된 당악정재 5종목을 포함하여 새롭게 제작된 당악정재 7종목, 그리고 조선 초기에 재현된 고려의 〈육화대六花

---

25) 최육상, "세계음악사, 〈악학궤범〉 같은 '악서' 없다", 오마이뉴스, 2005년 7월 28일자 기사 참조.

26) 총9권 3책이라는 것은, 대분류가 3개이고, 그 안에 9개로 주제를 나누어 정리했다는 것을 말한다. 총3책 9권이라고 말하는 것이 더 이해하기 쉽다. 원래 책을 세는 단위로서 '권卷'은 여러 개의 대나무 쪽을 이어서 둘둘 말았던 것에서 유래된 것이며, '책冊'은 하나의 대나무 쪽을 말했으나, 이후 전자의 의미로 바뀌어 쓰이고 있다.

隊〉와 〈곡파曲破〉를 포함한 총 14종목에 해당하는 당악정재의 구성 및 절차가 상세하게 기록되어 있으며, 권5에는 향악정재鄕樂呈才 10종목의 춤의 구성 및 절차가 기록되어 있다.

권6과 권7에는 악기의 제작법·연주법·조현법調絃法 등이 상세하게 기록되어 있고, 권8에는 당악정재에 쓰이는 의물儀物의 그림과 설명, 향악정재에 쓰이는 악기의 그림과 설명, 권9에는 관복官服의 그림과 설명이 소개되어 있다.

특히 권8과 권9에는 정재에 쓰이는 의물과 무구舞具, 악사樂士와 악공樂工들의 관복이 그림과 함께 치수까지 자세하게 기록되어 있기 때문에 오늘날에도 매우 유용한 자료로 쓰인다.

2. 『『악학궤범』 악론의 동양사상 2580』 소개

1) 구성

이 책에서 원문과 이미지는 2011년 국립국악원이 일본 호사문고에 소장되어 있는 임진왜란 이전 『악학궤범』 판본을 영인한 것을 저본으로 하였다. 『악학궤범』 권1에는 「서」에 이어서 총 15개의 항목으로 나눈 해당 내용들이 소개되어 있다. 따라서 이 책에서도 「서」 다음에 15개의 장으로 나누어 관련 내용을 서술하였다. 각 장마다 내용을 한 눈에 파악할 수 있도록 장의 제목 아래에 맨 먼저 소제목을 배열한 후, 그 장의 주요 내용을 간략하게 서술하였다. 이어서 독음을 첨부한 원문과 그 아래에 번역문을 제시했다. 번역은 원래의 뜻을 크게 헤치지 않는 범위 내에서 가능한 풀어서 쓰고자 했다. 다만 풀어서 쓰기 어려운 한자어와 개념어의 경우는 각주에 뜻을 풀이하는 방식으로 정리했다. 그럼에도 불구하고 뜻이 잘 통하지 않거나, 상세한 설명이 필요한 경우는 해설을 덧붙여서 이해를 돕고자 했다. 또 본문의 내용이나 해설에서 언급된 내용 중 필요하다고 생각되는 부분은 참고사항으로 그 내용을 더하였다.

2) 특징

이 책에서는 『악학궤범』 악론의 내용을 이해하는 데에 필요한 사항들을 가능한 상세하게 설명하고자 했으며, 원전의 출처를 가급적 모두 찾아서 제시하는 데에 힘을 쏟았다. 또한 원전을 인용하며 『악학궤범』에 누락된 내용들도 찾아내어 정리했고, 인용한 원전과 『악학궤범』의 내용에 차이가 있는 경우도 세세하게 밝혔다.

특히 필요에 따라 관련 내용들을 한 눈에 확인할 수 있도록 그림과 표로 정리했다. 『악학궤범』에 영인되어 있는 그림의 내용이 가독성이 떨어지기 때문에, 이를 식별이 가능하게 다시 그렸고, 또 본문의 내용을 표로 만들어서 확인을 용이하게 했다. 이 책의 내용을 이해한 이후에는 그림과 표만으로도 『악학궤범』에서 말하는 악론을 전체적으로 그려볼 수 있도록 그림과 표를 만드는 데에 정성을 들였다. 또한 본문의 주요 내용을 한 눈에 확인할 수 있도록 별도로 정리한 그림을 부록에 실었다.

3) 내용

먼저 『악학궤범』의 판본과 편찬 이유, 사료적 가치 및 구성과 이 책의 구성과 특징 및 내용을 소개하는 〈해제〉를 맨 앞에 두고, 이어서 樂의 근원과 악무의 의미해석 및 악론의 몇 가지 원칙을 설명한 〈『악학궤범』 악론에 들어가기 전에〉를 실었다. 이를 통해 『악학궤범』 악론의 요체를 만난 후 본론으로 들어가는 것이 조금은 도움이 될 거라고 생각했기 때문이다.

이어지는 『악학궤범』 본문의 첫 시작인 「서序」에는, 가장 먼저 樂의 기원과 함께 임금에게 덕정을 요구하는 내용이 나온다. 즉 樂의 기원은 하늘[天]이며, 덕으로 나라를 다스려야 樂이 조화로운데, 그렇게 할 수 있는 것은 임금뿐이기 때문에 임금은 덕정을 베풀어야 한다고 요구한다. 이어서 송宋·명明에서 하사한 악기로 인해 조선의 아악이 갖추어졌고, 이후 세종에 의해 신악新樂과 정간보井間譜가 창제되었고, 세조에 의해 종묘제례악宗廟祭禮樂과 정간보가 수정되었으며, 성종 시기에 『악학궤범』이 완성되었음을 밝힌다. 끝으로 樂의 근본과 조선의 樂에는 아악·당악·향악이 있다는 내용으로 정리한다.

1장에서는 채원정의 『율려신서』를 인용하여 60조를 이야기한다. 그 내용을 보면, 12율이 돌아가면서 궁이 되고, 12율에 5성을 합한 60성은 60조가 되며, 각 5조는 주음主音[27]으로 음악을 시작하고 끝낸다고 강조한다. 또한 궁宮·상商·각角 36조는 노양老陽이고 치徵·우羽 24조는 노음老陰이라는 내용을 서술하고 이어서 60조에 대해 『주자어류朱子語類』참고10에 전하는 주희의 말과 주희가 한 말의 오류를 성현이 지적한다.

2장에서는 성종 시기에 사용했던 12궁조宮調와 4청성淸聲에 대해 이야기한다. 그 내용을 보면, 우리나라에서 아악은 7성을 사용하고, 속악俗樂은 5성을 사용하며, 황종黃鐘이 궁음이 아닐 경우에는 청황종淸黃鐘을 사용하며, 치음과 우음에 청성을 사용할 수도 있고 사용하지 않을 수도 있지만, 황종黃鐘·대려大呂·태주太簇[28]·협종夾鐘의 4청성만은 반드시 썼다고 강조한다. 또한 『율려신서』의 60조에는 보이지 않는 세조가 창안한 오음약보가 60조에 포함되어 있다는 것을 강조한다.

3장에서는 율려의 발원지를 언급한 『전한서前漢書』[29]의 내용을 제외하면, 거의 『악서樂書』를 인용한다. 그 내용을 보면, 12율의 기원과 함께 양율陽律과 음율陰律이 왼쪽과 오른쪽으로 돌며 천지에 음양의 소리가 갖추어지고, 12율이 8칸씩 건너가며 상생하는 '격팔상생隔八相生'을 강조한다. 그리고 전통시대 사람들이 12율과 감응관계가 있다고 생각했던 12지지와 절기, 효爻, 그리고 양율과 음율의 합성合聲과 상하생上下生을 모두 배열한다. 이어서 해

---

27) 김영운은 "전통음악에서는 음계나 악조의 중심적인 역할을 담당하는 음을 가리켜 청淸, 궁宮, 중심음中心音 등의 용어를 사용해왔다. 그러나 청은 조율의 기준음이라는 의미가 강하며, 향악의 궁은 기보법의 일종인 오음약보로 기보하는 음역의 중간음을 가리키는 용어이다. 한편 중심음은 무엇의 중심인지 그 기준이 애매한 용어이다. 따라서 주음이라는 용어를 사용하고자 하며, 주음은 곧 악곡의 종지음을 가리키는 뜻으로 사용하고자 한다. 이 점에서 주음은 아악의 궁과 같다"라고 했다(김영운, 『국악개론』, 음악세계, 2015, 35쪽 각주 13). 김영운의 의견에 동의하며 이 책에서는 '주음'이라는 용어를 사용했다.

28) 簇은 대체로 '족(섶, 무리)'으로 읽히는데, 여기서는 12율명의 하나로 크게[大] 모인다[湊]는 의미의 '주'로 읽는다.(신정근, 『백호통의』, 소명출판, 2005, 150쪽)

29) 『전한서』는 중국 후한 시기의 역사가 반고班固가 저술한 기전체紀傳體의 역사서로 총 120권이다. 『한서』 또는 『서한서西漢書』라고도 한다.

와 달, 그리고 북두칠성의 회전과 6율과 6려의 생성을 감응관계로 설명한 후, 맨 뒷부분에서 조선에서는 12율 정성과 4청성을 사용한다고 간략하게 언급하고 맺는다.

4장에서는 12율관의 둘레와 길이를 구하는 방법을 설명한다. 그 내용을 보면, 『악서』를 인용하여, '자연의 그릇에 자연의 사물을 채워 악기를 만들어야 하므로, 대나무에 기장을 채워서 황종 율관을 만든다'라고 설명한다. 이어서 성현이 대나무의 아래와 위의 둘레와 지름이 일정해야 하고, 황종관의 길이는 9촌이고 둘레는 9분이며, 용적은 810분이고 기장 1,200알을 사용한다는 것을 밝힌다. 그러나 본문의 율관길이는 채원정의 계산법으로, 그 율관은 성현이 말하는 90분의 9촌이 아니라 81분의 9촌을 기준으로 한 것이다. 성현은 채원정의 계산법을 잘 이해하지 못하여, 본문의 내용은 81분의 9촌을 기준으로 하여 율관길이를 구한 것인데, 성현은 주석에서 90분의 9촌 율관을 말한다.

5장에서는 변율을 쓰는 것에 대해 다룬다. 그 내용을 보면, 『율려신서』에 따르면 중국에서는 황종黃鐘·임종林鐘·태주太簇·남려南呂·고선姑洗[30]·응종應鐘의 6변율을 쓰지만, 우리나라 아악의 경우는 변율은 쓰지 않고 4청성만 사용한다는 것을 강조한다.

6장에서는 후한 시기의 반고班固(32~92)가 말한 율려의 상생을 이야기한다. 그 내용을 보면, 자리[位]가 같은 것은 부부를 상징하고, 자리가 다른 것은 아들과 어머니를 상징하며, 양율은 아내를 얻고 음려는 아들을 낳는데, 이것이 음양상생의 올바름이라고 말한다.

7장에서는 양율과 음려의 자리가 바뀐 것에 대해 이야기한다. 그 내용을 보면, 양의 지지 6개(子·寅·辰·午·辛·戌의 6율)는 제자리에 있는데, 음의 지지 6개(丑·

---

30) 洗는 주로 '세(씻다, 다듬다)'로 읽히는데, 여기서는 12율명의 하나로 깨끗하다, 새롭다[鮮]는 의미의 '선'으로 읽는다. 고姑는 오래된 것, 선洗은 새롭다는 뜻이다.(『백호통의』, 151쪽)

卯·巳·未·酉·亥의 6려)는 마주하는 자리에 있다며, 대려大呂·협종夾鐘·중려仲呂 3려는 양의 자리에 있으면서, 겨우 반성을 얻었으니 반드시 율관길이를 두 배로 해서 사용해야 한다는 것을 강조한다.

8장에서는 5성五聲과 감응관계에 있는 것들을 다루고 있다. 그 내용은 대체로 『전한서』와 『악서』에 전하는 것이다. 먼저 5성과 오행五行을 설명한 후, 5성의 의미를 밝히고, 5성과 감응관계에 있다고 여겼던 기능[用]·방위[位]·색깔[色]·본성[性]·감정[情]·행동[事]·맛[味]·냄새[嗅]를 모두 배열한다. 이어서 5성의 소리와 입모양을 설명한다.

9장에서는 8음과 감응관계에 있는 것을 다룬다. 그 내용은 『악서』, 「악기」, 『사기』에 모두 전한다. 또한 『예기집설대전』에 전하는 진호陳澔(1260~1341)[31]의 주석도 9장의 내용에 포함되어 있다. 먼저 8음은 팔괘·팔풍에 배합되고, 8음의 악기는 절기에 배합된다고 설명한다. 이어서 8음을 듣고 느끼는 감정을 이야기하는데, 예를 들면 금성金聲을 들으면 무신武臣을 생각하고, 석성石聲을 들으면 변방에서 죽은 신하를 생각하고, 사성絲聲을 들으면 뜻이 의로운 신하를 생각하는 등 8음에 따라 각각 다르게 느껴지는 감정을 나열한다.

10장에서는 5음 이외에 28조를 다루는데, 28조는 수나라와 당나라 때에 최고로 유행했던 구자악龜玆樂에서 생겨난 연악조燕樂調를 말하는 것이다. 『악서』를 인용하여 28조를 이야기하는데, 『악학궤범』 권7의 당비파唐琵琶와 당적唐笛 및 퉁소洞簫에 쓰이기 때문에 그에 해당하는 이론을 정리한 듯하다. 문제는 『악학궤범』에 도해되어 있는 5음 28조도의 28조명이 『악학궤범』 본문 및 『악서』의 그것과 다르다는 것이다. 자세한 내용은 본문에서 살펴보겠다.

11장에서는 천·지·인 제사에 쓰이는 3궁에 대해 이야기한다. 그 내용을 보면, 천·지·인 제사의 악무 구성과 천·지·인 제사의 대상인 북극성[北辰]·곤

---

31) 진호陳澔는 원나라 도창都昌 사람으로, 진대유陳大猷의 아들이다. 송나라가 망하자 벼슬을 하지 않고 고향에서 유생들을 가르쳤다. 저서에 『예기집설』이 있다.

륜崑崙·후직后稷에 제사지낸다는 내용을 언급하고, 이어서 28수宿와 3궁三宮과의 관계를 설명한다. 또 상조를 쓰지 않는 이유와 〈운문雲門〉·〈함지咸池〉·〈구소九磬〉를 춤추는 이유, 제사의 음악이 각각 8변·9변·6변을 하는 이유 등을 설명한다. 한편, 진양은 『주례周禮』의 천궁天宮·지궁地宮·인궁人宮에 제시된 율을 조명으로 이해하지 못하고 문제를 제기하기도 한다.

12장에서는 3대사 강신악조降神樂調에 대해 다룬다. 그 내용을 보면, 먼저 『송사』와 『주례』의 천신 강신악을 살펴본 후, 이어서 『당육전唐六典』의 악조명을 살펴본다. 또 『옥해玉海』의 수월용율隨月用律[32] 및 5방과 5음, 『송사』의 천신 강신악 악조의 내용을 나열하는데, 바로 이어서 『송사』의 천신 강신악 악조의 오류를 지적하고 바르게 수정한다.

13장에서는 처음으로 향악 7조와 향악의 선법을 다룬다. 13장부터 15장까지는 모두 당시에 사용했던 향악의 악기 연주와 관련된 내용들이다.

14장에서는 향악에 쓰이는 5음의 속명에 대해 설명한다. 탁성과 청성을 분별하려면 너무 번거롭기 때문에 상하의 법이 있으며, 중성의 궁에서 소리가 맑은 쪽으로 향하면 상1·상2·상3·상4·상5·상6이라 말하고, 중성의 궁에서 소리가 탁한 쪽으로 향하면 하1·하2·하3·하4·하5라고 하였다.

15장에서는 향악에 쓰이는 12율의 속명에 대해 다룬다. 12율의 속명은 당악에 쓰이는 공척보工尺譜를 설명하기 위한 것이다. 공척보는 중국계 속악에 사용하던 악보로 합合·사四·일一·상上·구句·척尺·공工·범凡·육六·오五로 음의 고저를 표시하는 문자보다.

『악학궤범』 권1은 대체로 『율려신서』와 『악서』를 인용한 내용이 주를 이룬다. 이 외에 『전한서』와 『주례』 및 『예기』「악기」에 전하는 내용들도 언급되었다. 주로 위의 자료에 전하는 악론의 내용을 제시한 후, 그 내용에 대해

32) 수월용율隨月用律은 각 달에 따라 주음을 쓰는 것을 일컫는다. 예를 들면 11월에는 황종을 주음으로 하고, 12월에는 대려를 주음으로 한다.

성현이 반복하며 강조하거나 간단하게 오류를 수정하는 정도로 구성되었다. 단 2장은 조선에서 사용한 아악을 다루었고, 13장부터 15장까지는 향악을 범주로 하여 당시에 사용했던 악기 연주와 관련된 내용들을 다루었기 때문에 모두 성현의 목소리로 구성되어 있다.

〈참고〉

1. 주희朱熹(1130~1200)는 중국 남송의 유학자로 주자朱子라는 존칭으로 불린다. 성姓은 주朱, 이름은 희熹이며, 자字는 원회元晦·중회仲晦다. 중국 복건성福建省 우계尤溪에서 출생했으며, 14세에 아버지가 죽자 유언에 따라 호적계胡籍溪와 유백수劉白水, 유병산劉屛山에게 사사했다. 19세에 진사가 된 후 여러 관직을 지내면서 맹자·공자 등의 학문에 전념하였으며, 주돈이周敦頤(1017~1073)·정호程顥(1032~1085)·정이程頤(1033~1107) 등의 사상을 이어받았다. 그는 북송시대의 유학연구의 성과를 성리학으로 집대성했다. 71살에 생애를 마칠 때까지 여러 관직을 거쳤지만, 9년 정도만 현직에 근무했을 뿐 나머지 관직은 명목상의 관직이었기 때문에 학문에 전념할 수 있었다고 한다. 저서에 『사서장구집주四書章句集注』와 『자치통감강목資治通鑑綱目』, 『초사집주楚辭集注』 등이 있다.[33] 주돈이周敦頤는 북송의 철학자다. 『주역』에 정통했고, 명리名理를 논하기 좋아했으며, 무극無極과 태극太極, 리기理氣, 심성명心性命 등의 철학 범주를 제안했다. 정호程顥, 정이程頤, 소옹邵雍, 장재張載와 함께 북송 5자 중 한 사람이다. 저서에 『태극도설太極圖說』과 『통서通書』 등이 있다. 정호와 정이는 북송의 철학자로 주돈이의 문하에서 공부했다. 둘은 정주학의 창시자로 이정자二程子로 불린다.

2. 『성리대전』은 명나라 성조成祖(永樂帝, 재위 1402~1424)의 명을 받아 호광胡

---

33) 임종욱 편저, 『중국역대인명사전』, 이회, 2010, 1783쪽.

廣(1370~1418) 등 42명의 학자가 송나라 때의 성리학설을 집대성하여 편집한 책이다. 1415년에 완성된 이 책(총 70권)에는 송대와 원대의 성리학자 120여 명의 학설이 담겨져 있다. 명나라 성조가 『성리대전』을 편찬하게 한 것은 『사서대전四書大全』과 『오경대전五經大全』을 편찬하게 한 것과 같이 경전과 성리설에 관한 이론을 집대성함으로써 사상적 통일화를 도모하려는 의도가 담겨 있었다고 할 수 있다. 우리나라에 『성리대전』이 처음 전래된 것은 1419년(세종 1)에 『사서오경대전』과 함께 명나라로부터 수입되면서부터이다. 이 해는 바로 『성리대전』이 간행된 지 불과 4년 뒤이다. 『성리대전』과 『사서오경대전』은 명나라 성조의 하사품으로 받은 것인데, 세종은 이 책들을 국내에 널리 전파하기 위해 국내에서 다시 간행하게 했다고 한다.[34)]

3. 채원정蔡元定(1135~1198)은 건주建州 건양建陽(지금의 푸젠성福建省에 속해 있음) 출신으로 자는 계통季通이고, 호는 서산西山이며, 시호는 문절文節이다. 주희의 제자로 1195년 주자학이 거짓학문으로 탄압을 당하여 주희가 삭탈관직 되어 귀양갈 때 그도 연좌되어 도주道州로 귀양갔다가 그곳에서 죽었다. 일찍이 아버지 채발蔡發(1089~1152)에게서 『이정어록二程語錄』, 소옹邵雍의 『황극경세서皇極經世書』, 장재張載(1020~1078)의 『정몽正蒙』 등을 배웠으며, 후에 주희의 이름을 듣고서 그를 스승으로 섬겼다. 주희 문하의 수제자로서, 성性과 천도天道를 우선으로 해서 학생들을 가르쳤고, 스스로 효孝·제悌·충忠·신信으로 모범을 보였다고 한다.[35)]

4. 『율려신서』는 송나라 채원정이 저술한 악서다. 이 책은 1415년(永樂 13)에 간행된 『성리대전』에 수록되었으며, 『성리대전』이 1419년(세종 1)에 우

34) 한국정신문화연구원, 『한국민족문화대백과사전』 12, 한국정신문화연구원, 1994, 429쪽.
35) 『중국역대인명사전』, 1886쪽.

리나라에 들어옴으로써 『율려신서』도 들어오게 된다. 『율려신서』는 우리나라 음악사상 궁중에서 처음으로 강론한 악서다. 1421년(세종 3) 이후 꾸준히 『율려신서』에 대한 강의와 연구가 있었고, 이를 통해 악론의 묘함을 알고 아악보를 만들게 되었다고 한다. 이 책은 세종 시기(1418~1450) 아악 정비 때, 특히 율관을 개정할 때와 『아악보雅樂譜』를 편찬할 때, 그리고 제례악을 정비할 때 중요한 영향력을 미친다. 이 책은 『율려본원律呂本原』(권1)과 『율려증변律呂證辨』(권2)으로 나뉘어 있다. 권1의 『율려본원』은 황종黃鐘·황종지실黃鐘之實·황종생11율黃鐘生十一律·12율지실十二律之實·변율變律·율생5성도律生五聲圖·변성變聲·84성도八十四聲圖·60조도六十調圖·후기候氣·심도審度·가량嘉量·근권형謹權衡으로 구성되어 있고, 권2의 『율려증변』은 조율造律·율장단위경지수律長短圍徑之數·황종지실黃鐘之實·삼분손익상하상생三分損益上下相生·화성和聲·5성소대지차五聲小大之次·변궁변치變宮變徵·60조六十調·후기候氣·도량권형度量權衡으로구성되어 있다.[36] 『율려신서』의 번역서로는 송방송·박정연 외의 『국역 율려신서』(민속원, 2005)와 이후영의 『국역 율려신서』(문진, 2011)가 있다.

5. 『세종실록』은 모두 163권으로 이루어져 있는데, 그 중에서 권136에서 권147까지가 악보다. 『세종실록악보』에 수록된 음악들은 크게 아악과 신악으로 나누어 볼 수 있다. 그 중 아악은 주희의 『의례시악儀禮詩樂』과 임우林宇의 『석전악보釋奠樂譜』에 근거하여 지은 것이며, 신악은 전해져 내려오는 고취악과 향악에 의거하여 제작한 것이다. 정간보井間譜로 대표되는 『세종실록악보』는 새롭게 창안한 '정井'이란 형식을 통해 음의 길이를 규정할 수 있고, 음고와 가사, 장고와 장단 등을 함께 기록할 수 있는 악보다. 이처럼 음악의 기록, 연주에 필요한 모든 요소들을 정간보라는 총보 형식으로 표현할

36) 송방송, 「채원정의 『律呂新書』 해제」, 『온지논총』 제10집, 온지학회, 2004, 206쪽.

수 있도록 함으로써 동양음악사에서 중요한 한 획을 그을 수 있었다.[37] "현존하는 고악보 중 가장 오래된 악보다"[38] 정간보는 악보의 모양이 바둑판처럼 생기고, 마치 우물 '정井' 자와 같다고 하여 붙여진 이름이다. 세종 때의 정간보는 32정간이 1행이고 1정간은 1박에 해당한다. 이후 세조에 의해 정간보는 16정간 1행으로 고쳐졌고, 16정간은 다시 3·2·3·3·2·3, 즉 6개의 부분으로 나누어 육대강六大綱이라고 했다. 단 정간보는 단독으로 쓰이지 못하고 율자보律字譜와 오음약보五音略譜 등과 함께 쓰인다. 현재 사용되는 정간보는 장단에 따라 4·6·10·12·20 정간 등으로 다양하게 쓰이고 있다.

6. 『세조실록악보』는 『세조실록』 권48, 권49에 실려 있다. 1491년(성종 22) 신숙주申叔舟(1417~1475) 등이 편찬했다. 이 「악보」의 특징은 12율명을 사용하는 중국의 율자보律字譜를 과감히 버리고 상하의 법인 오음약보를 창안하여 쓴 데에 있다. 또한 『세종실록악보』의 〈정대업定大業〉과 〈보태평保太平〉을 종묘의 제악으로 확정시킨 것이 매우 특징적이다. 세종이 창안한 32정간의 정간보를 16정간으로 바꾸었는데, 이러한 16정간 6대강(3·2·3·3·2·3) 악보 체제는 이후 등장하는 『금합자보琴合字譜』와 『양금신보梁琴新譜』 등의 악보에도 계속적으로 사용되었다. 『세조실록악보』 체제는 이후 거문고 연주에서 자주 사용되는 합자보를 흡수하여 더 발전된 형태의 악보로 변화하게 된다.[39]

7. 『시용향악보』는 1권 1책으로 된 활자본으로 세조(1455~1468) 당시 향악곡의 악보다. 보물 제551호로 지정되었으며, 1954년 5월 연세대학교 동방학연구소에서 영인본으로 간행되었다. 악보를 궁·상·각·치·우 등으로

---

37) 『세종실록』 「악보」 해제.

38) 송방송, 『한겨레음악대사전』 상, 보고사, 2012, 962쪽.

39) 『세조실록』 「악보」 해제; 『한겨레음악대사전』 상, 960쪽.

표시하여 26수의 가사를 수록한 것인데, 그 중 16수는 『악학궤범』 및 『악장가사』에도 누락되어 종전에는 제목조차 알려지지 않았던 오래된 가요들이다. 향악의 악보를 기록하고자 엮은 까닭에 26편의 가사가 모두 제1장만 기재되고 제2장 이하의 가사가 없는 것이 아쉬운 점이다.[40)]

8. 『금합자보』는 1572년(선조 5)에 안상安瑺이 지은 거문고 악보로, 목판본으로 출간된 최고의 거문고 악보다. 일명 『안상금보安瑺琴譜』라고도 한다. 허억봉許億鳳(1567~1608)의 적보笛譜, 이무금李無金의 부고지보缶鼓之譜와 가사, 육보肉譜 등을 합쳐 간행한 책이다. 내용은 금선琴線과 음정의 위치 및 손가락 쓰는 방법을 그림으로 상세히 설명하여 합자보로 엮어 놓았고, 오음약보 및 육보와 노래의 사설을 곁들여 연주자의 독보를 쉽게 했다.[41)]

9. 『대악후보』는 1759년(영조 35) 학자인 서명응徐命膺(1716~1787)이 영조의 명으로 세조 때의 음악을 정리한 악보집이다. 권1·2에 세조악보를 싣고, 특히 권3 이하에 시용향악으로, 고려시대의 〈동동動動〉·〈만전춘滿殿春〉·〈쌍화점雙花店〉·〈서경별곡西京別曲〉·〈이상곡履霜曲〉·〈한림별곡翰林別曲〉 등이 수록되어 있어서 고려가요 연구에 중요한 문헌으로 평가받고 있다. 『대악후보』는 세종 때의 음악을 기록한 『대악전보』와 쌍벽을 이루었는데, 『대악전보』는 청일전쟁(1894~1895) 때 분실되었다. 『대악후보』는 1979년 영인본으로 『한국음악학자료총서』 제1집으로 출간되었다.[42)]

10. 『주자어류』는 송나라 함순咸淳 경오년(1270)에 여정덕黎靖德이 편찬한

---

40) 『두산백과사전』 5, 두산동아, 2002, 9쪽; 『한겨레음악대사전』 상, 1033쪽.

41) 『두산백과사전』 16, 510쪽; 『한겨레음악대사전』 상, 266쪽.

42) 『두산백과사전』 7, 329쪽; 『한겨레음악대사전』 상, 520쪽.

것이다. 처음에는 주희와 그의 문인들이 묻고 대답한 말들을 문인들 각자가 기록하고 편찬하였으나, 가정嘉定 을해년(1215)에 이도전李道傳(1170~1217)이 32명이 기록한 것을 편집하여 43권으로 만든 것을 시작으로 하여, 여러 판본을 간행했다. 그러나 그 내용이 들쑥날쑥하고, 또 그 후에 번각飜刻한 것이 동일하지 않아 잘못된 부분이 매우 많았다. 그래서 여정덕은 그것을 모아 편집하면서 중복되는 1,150조목을 삭제하고 26분야로 정리하여 보기 쉽게 만들었다.[43]

43) 『사고전서총목제요四庫全書總目提要』 DB, (사)인문예술연구소http://www.ssp21.or.kr 이하 인용시 『사고제요』로 표기함. 『사고전서총목제요』는 『사고전서四庫全書』에 수록된 서적들 각각에 대해 작성한 '제요'를 모은 것으로, 『사고전서총목』 또는 『사고총목』, 『사고제요』라고 불린다. 건륭 24년(1781)에 총200권으로 완성되었으며, 총10,289종의 서적들에 대한 제요가 수록되어 있다. 『사고전서』는 중국 청나라의 건륭제(재위 1735~1795) 때에 완성된 중국 역사상 최대 규모의 총서다.

『악학궤범』 악론에 들어가기 전에

1. 樂의 근원

전통시대의 樂은 춤과 노래(악곡과 가사)가 모두 합쳐진 종합예술이다. 그것의 제작 원리는 고대 유가儒家의 경전인 『예기禮記』참고1 「악기樂記」에 아래와 같이 전한다.

> 樂이라는 것은 하늘과 땅의 조화로움을 [상징하고], 禮라는 것은 하늘과 땅의 질서를 [상징한다]. [樂이] 조화로우므로 온갖 것들이 감화되고, [禮에] 질서가 잡혀 있으므로 온갖 것들이 구별된다. 樂은 하늘을 본받아 제작되고, 禮는 땅을 근거로 하여 제정된다.[44)]

『악학궤범』 악론을 시작하면서 「악기」의 위의 글을 제일 먼저 소개하는 이유는, "樂은 하늘을 본받아 제작되었다[樂由天作]"라는 문장 때문이다. 그것이 바로 전통시대 악론樂論의 요지이자, 『악학궤범』 악론의 바탕이기 때문이다. 『악학궤범』 「서」의 첫 문장에도 "樂이라는 것은 하늘[天]에서 나와서 사람의 마음속에 머물러, 사람의 마음을 움직이게 하여 저절로 이루어지는 것이다"[45)]라며, 樂의 근원이 하늘에 있음을 강조한다.

"樂은 하늘[天]을 본받아 제작되었다"라고 하였다. 樂을 제작하는 데에 하

---

44) 『禮記』 「樂記」: 樂者, 天地之和也. 禮者, 天地之序也. 和, 故百物皆化. 序, 故羣物皆別. 樂由天作, 禮以地制.(조남권·김종수 공역, 『동양의 음악사상 악기』, 민속원, 2000; 2005, 66쪽) 번역문은 부분적으로 고친 곳이 있다.

45) 『樂學軌範』 「序」: 樂也者, 出於天而寓於人, 發於虛而成於自然.(『신역 악학궤범』, 31쪽) 번역문은 부분적으로 고친 곳이 있다.

늘을 본받았다고 하니, 무슨 말인지 언뜻 이해가 되지 않는다. 전통시대 사람들에게 하늘은 어떤 의미였을까? 거기서부터 실마리를 풀어가도록 하겠다.

전통시대 사람들에게 하늘[天]은,[46] 처음엔 '사람의 머리 위의 빈 공간' 또는 '사람 위에 있는 곳'으로 인식되었다. 그렇다보니 자연스럽게 위에 있는 하늘과 아래에 있는 사람은 지배와 복종 관계에 놓이게 되었다. 게다가 하늘[天]은 멀리 아득히 떨어져 있는 저 위에서 가뭄에 비를 내리기도 하고, 눈을 내려 세상을 온통 하얗게 만들기도 하고, 눈과 귀를 놀라게 하는 천둥과 번개를 일으키는 등, 인간이 할 수 없는 일을 하는 엄청난 존재로 인식했기에 신앙의 대상이 되었다. 이후 시간이 오래 흐른 뒤 하늘[天]은 이해의 대상이 된다. 즉 규칙적으로 순환하는 하늘로 대표되는 거대한 자연을 보며, 모든 자연현상들을 자연[天]의 뜻으로 인식하기에 이른다. 이처럼 천의 개념은 차츰 변하여, 그것은 스스로 그렇게 하도록 되어 있는 자연의 법칙[理]이자, 운행·생성하는 자연적 하늘로 이해되기 시작했다.

전통시대 사람들이 인식했던 자연[天]의 법칙에는 태극太極·음양陰陽·사상四象·오행五行·팔풍八風·10천간天干·12지지地支·12차次·24절기 등이 있다. 이로써 보면 '樂은 우주의 생성원리로서의 이치이자 운행·생성하는 자연의 법칙들을 본받아 제작된 것으로, 태극·음양·사상·오행·팔풍·천간·지지·12차·24절기 등과 같은 자연[天]의 이치와 법칙들을 바탕으로 제작되었다'라고 말할 수 있다. 실제 악론의 내용을 보면 오행과 5음, 12율과 열두 달, 8음과 팔괘 및 팔풍 등이 함께 논의된다. 이는 전통시대 사람들이 5음과 오행, 12율과 열두 달, 8음과 팔괘 및 팔풍 등이 유기적인 관계를 맺고 있다고 생각했기 때문이다.

이러한 생각은 "서로 감응感應하는 실체들이 거시적 수준에서 서로 동류이기 때문에 특정한 측면에서 서로 간에 감응의 관계가 존재한다는 것을 전

46) 이하 '천天'에 대한 내용은 신정근, 『동양철학의 유혹』, 이학사, 2002; 2003, 27~30쪽 참고.

제로 한 것이다. 즉 인체·국가체제·천체 등과 같은 우주의 여러 영역들 사이의, 또는 그 속의 다양한 실체들 사이의 우주적 감응을 전제로 하여",[47] 5음과 오행, 12율과 열두 달, 8음과 팔괘 및 팔풍 등이 감응 관계에 있다고 인식했던 것이다.

따라서 전통시대의 樂은 자연[天]의 법칙을 본받아, 태극·음양·사상·오행·팔풍·10천간·12지지·12차·24절기 등과 감응관계가 있다고 여겨지는 악무의 조건들을 조화롭게 구성한 것이라고 이해할 수 있다.

『악학궤범』「서」에는 다음의 내용이 전한다.

> 노래[歌]는 말을 길게 하며 율과 조화를 이룬 것이고, 춤[舞]은 8음[八風][48]에 맞춰 움직이며 그 리듬(절주)을 실현한 것이다. 그것은 모두 자연[天]을 본받은 것이지 개인의 사사로운 꾀로 만든 것이 아니다. 하늘과 땅의 중화에 들어맞게 하면 올바르기 때문에 옳은 것을 얻지만, 중화에 들어맞지 않으면 사람의 마음이 방종[淫溢] 해져서 옳지 않은 것을 따르게 된다.[49]

'노래는 말을 길게 하며 율과 조화를 이룬 것'이라고 했다. 율은 12율 즉,

---

47) John B. Henderson/ 문중양 옮김, 『중국의 우주론과 청대의 과학혁명』, 소명출판, 2004, 17쪽.

48) 팔풍八風은 8방에 부는 바람, 또는 8음으로 풀이할 수 있다. 춤과 팔풍을 연관시킨 것은 아주 오래된 일이다. 『춘추좌씨전春秋左氏傳』에 "춤[舞]은 8음을 가락으로 삼아 팔풍을 행하는 것[孔穎達 疏, 『春秋左氏傳』 隱公 5年: 舞, 所以節八音, 而行八風]"이라고 했다. 이 문장은 대체로 "춤은 팔풍을 행하여 그 절주를 이루는 것이다"(『신역 악학궤범』, 43쪽; 민족문화추진회, 『고전국역총서 악학궤범』, 1979; 1986, 21쪽; 성현 외 지음, 렴정권 역주, 『북역 악학궤범』, 민속원, 1956; 2015, 26쪽)라고 풀이한다. 그러나 앞 문장에서 "노래는 말을 길게 하며 율과 조화를 이룬 것"이라며 실천의 측면에서 접근했으므로, 춤도 "8음에 맞춰 움직이며 그 리듬을 실현한 것"이라고 실천적으로 접근하여 풀이했다.

49) 『樂學軌範』「序」: 歌, 所以永言而和於律, 舞, 所以行八風而成其節. 是皆取法乎天也, 非經營於私智也. 得天地之中和, 則正而獲其所如, 或失其中和, 則人心淫溢而趨邪.(『신역 악학궤범』, 34~35쪽)

황종黃鐘·대려大呂·태주太簇·협종夾鐘·고선姑洗·중려仲呂·유빈蕤賓·임종林鐘·이칙夷則·남려南呂·무역無射[50)]·응종應鐘을 말한다. 앞에서 말한 樂의 제작원리로 말하자면, 노랫가락이 열두 달을 상징하는 12율과 조화를 이룬 것이다. 이어서 '춤은 8음에 맞춰 움직이며 그 리듬을 실현한 것'이라고 했다. 이 말은 열두 달 및 12율과 조화를 이루고 있는 선율과 팔괘 및 팔풍과 감응 관계에 있는 여덟 가지 악기가 연주하는 음악에 맞춰 그 선율과 리듬을 춤동작으로 실현한 것이 된다. 물론 노래는 열두 달, 춤은 팔괘 및 팔풍하고만 감응 관계에 있는 것은 아니다. 열두 달과 12율, 팔괘 및 팔풍과 8음, 오행과 5음 등은 서로서로 유기적으로 관계를 맺으며, 결국 '음양의 조화'로 귀결된다.

전통시대 사람들은 이처럼 하늘(자연)을 본받아 樂을 제작함으로써 하늘과 樂이, 자연과 인간이 서로 감응관계 속에서 음양의 조화를 이루어야 한다고 생각했다. 특히 이상적인 樂이 되기 위해서는 하늘과 땅의 '중화'에 들어맞아야 한다고 강조했다.

'중화'란 무엇일까? 『중용中庸』[51)]에는 "기쁨과 노여움과 슬픔과 즐거움이 아직 드러나지 않은 것을 '중'이라고 하고, 드러나서 모두 절도에 맞는 것을 '화'라고 한다. 중이란 세계의 위대한 근본이고, 화란 세계의 공통된 길이다"[52)]라고 전한다. 또 북송北宋(960~1127) 시기의 악학자인 진양陳暘[53)]의 『악

---

50) 射는 주로 '사(향사례, 사수)로 읽힌다. 여기서는 12율명의 하나로 싫어한다는 의미인 '역'으로 읽었다. 『백호통의』에는 "사는 끝[終]의 뜻이다. 만물이 양을 따라 매듭을 지었다가 다시 음을 따라 생겨나니 끝이 없다는 것을 말한다"라고 전한다.(『백호통의』, 151쪽)

51) 『중용』은 유교경전인 사서 중 하나이다. 원래 『예기』의 일부분이었는데 독특한 철학적 내용으로 인해 별도의 책으로 독립되었다. 주희가 『예기』 49편 가운데 「대학」과 「중용」을 떼어내어 『논어』·『맹자』와 함께 사서라 이름을 붙였다.

52) 『禮記』「中庸」: 喜怒哀樂之未發, 謂之中, 發而皆中節, 謂之和. 中也者, 天下之大本也, 和也者, 天下之達道也.(신정근, 『중용, 극단의 시대를 넘어 균형의 시대로』, 사계절, 2010, 93~94쪽)

53) 진양陳暘은 『악학궤범』에서 여러 차례 인용된 『악서』의 저자이다. 그의 생몰연대는 기록에 나타나지 않아 정확히 알 수 없으나, 다만 몇 가지 기록에 의하여 1040(+30)~1110(+30)으로 추정되고 있다.(정화순, 「진양의 學問과 樂觀」, 『한중철학』 제2집, 한중철학회, 1996, 147~151쪽; 김종수, 「세종대 雅樂 정비와 陳暘의 『樂書』」, 『온지논총』 제15집, 온지학회,

서』에는 "절제하면 지나치지 않아 중이 되고, 원망이 없으면 어긋나지 않으니 화가 된다"[54]라고 전한다. 이에 따르면 이상적인 樂은 감정이 밖으로 지나치게 드러나지 않고, 드러나더라도 절도에 맞으며, 감정의 표현이든 소리의 사용이든, 춤동작의 움직임이든, 그것의 사용이 지나치거나 어긋나지 않아야 한다.[55] 그렇게 할 때 하늘과 땅의 중화에 들어맞는 이상적인 樂이라는 명예를 얻게 된다.

『악학궤범』에서 말하는 이상적인 樂도 마찬가지로 하늘을 본받아 제작되어 천지의 중화를 얻은 것이다. 그것은 바로 태극·음양·사상·오행·팔풍·열두 달·10천간·12지지·12차·24절기 등의 자연의 이치를 본받아, 율려·5음·8음·12율·춤자리·춤절차 등이 유기적으로 조화를 이룬 것으로, 그 사용에 있어서 모자라지도 지나치지도 않아야 한다.

『악학궤범』에 전하는 이상적인 樂에는 5제五帝와 3왕三王의 樂이 있다. 5제의 樂은 황제黃帝의 〈함지咸池〉, 전욱顓頊의 〈육경六莖〉, 제곡帝嚳의 〈오영五英〉, 요堯의 〈대장大章〉, 순舜의 〈소韶〉이고, 3왕三王의 樂은 하夏 나라 우禹 왕의 〈대하大夏〉, 상商 나라 탕湯 왕의 〈호濩〉, 주周 나라 무武 왕의 〈무武〉다.

5제 3왕의 樂이 이상적인 樂으로 주목을 받은 것은 아주 오래된 일이다. 주周(BC 1046~BC 256) 나라 때의 관제官制를 기록한 『주례周禮』[56]에 나라에서 벼슬이 높은 사람들의 아들들에게 가르쳤던 〈운문雲門〉·〈대권大卷〉·〈대함大

2006, 92쪽; Rulan Chao Pian, Song Dynasty Musical Sources and Their Interpretation, Cambridge, Mass: Harvard University Press, 1967, 4~7쪽: 송방송, 「진양의 『악서』 해제」, 『민족문화논총』 6, 1984, 239쪽 재인용). 『악서』의 찬정연도는 1103년(崇寧 2)으로 확인된다.(『宋史紀事本末』 5 「正雅樂」: 二年九月, 禮部員外陳暘上所撰『樂書』二百卷)

54) 『樂書』 30 「禮記訓義」: 節則不過, 所以爲中, 無怨則不乖, 所以爲和.(진양 지음/ 조남권·김종수 옮김, 『역주 악서』 1, 소명출판, 2012, 620쪽)

55) 중과 화에 대한 상세한 내용은 『중용, 극단의 시대를 넘어 균형의 시대로』, 93~99쪽 참조.

56) 『주례』는 유교 경전 중 하나로, 중국의 주나라 때의 관제를 기록한 책이다. 『의례儀禮』, 『예기』와 함께 삼례三禮로 불린다.

咸〉·〈대소大韶〉·〈대하大夏〉·〈대호大濩〉·〈대무大武〉 등의 악무명이 전하는데,[57] 이것들은 모두 고대 성인의 樂이다. 모두 고대 이래로 이상적인 樂으로 평가받아 왔으며, 오랜 세월이 흐른 조선시대에까지 그 명성을 잃지 않고 이상적인 樂으로 회자된 것이다.

57) 『周禮』「春官·大司樂」: 以樂舞教國子舞. 〈雲門〉·〈大卷〉·〈大咸〉·〈大韶〉·〈大夏〉·〈大濩〉·〈大武〉. (『文淵閣四庫全書電子版: 原文及全文檢索版』, 香港: 迪志文化出版有限公司, 1999) 중국 측 원전 사료 출처의 서지사항은 동일하며, 이하 생략한다.

2. 樂舞의 의미 해석

『악학궤범』「서」에서 성현은 "[이 책은] 먼저 율 만드는 원리를 말하고 다음에는 율 쓰는 법을 말하였으며, 악기·의물의 형체 및 제작하는 것과 무도舞蹈의 철조綴兆와 진퇴進退의 절차에 이르기까지 모두 기재하였다"라고 말하며, "춤은 8음에 맞춰 움직이며 그 리듬(절주)을 실현한 것이다. 그것은 모두 하늘을 본받은 것이지 개인의 사사로운 꾀로 만든 것이 아니다"라는 말로, 춤의 철조와 진퇴의 절차가 자연법칙에 따른 것이라는 점을 강조한다. 또한 「악기」에는 "굴신·부앙·철조·서질은 樂의 무늬이다"[58]라고 전한다.

이로써 보면 팔풍이 절기에 따라 천지의 조화를 이루고, 춤은 이를 형상화하고 있는 것으로, 굴신(허리와 무릎을 구부리거나 펴고)·부앙(머리를 숙이거나 우러르고)·철조(무용수들 사이의 간격이 좁거나 넓고)·서질(춤 움직임이 느리거나 빠른 것)은 바로 율의 선율과 리듬에 따라 팔풍을 형상한 모습이라고 이해할 수 있다.

조선의 궁중악무는 "춤의 구성과 형태는 삼천양지三天兩地와 천원지방天圓地方의 형상을 본 뜬 정재로 제작된 것이며, 태극으로 시작되는 음양과 오행, 사상과 팔괘의 형상이 춤의 인원 구성과 춤 패턴을 주지하는 기본적 요소"[59]이다. 즉 조선조 궁중악무는 일정한 춤의 구성형식을 갖추고 있는데, 무용수 및 그들의 위치와 춤동작, 그리고 춤대형의 변화로써 음과 양의 조화를 이루고, 무용수는 그들이 위치한 방위에 따른 괘상을 상징하고, 회무回

58) 「樂記」〈樂論〉: 屈伸·俯仰·綴兆·舒疾, 樂之文也.(『동양의 음악사상 악기』, 64쪽)

59) 이종숙, 「조선조 궁중악무의 대륙문화 수용 범주」, 『궁중무용』 5, 우리마당 터, 2003, 41~42쪽.

舞의 형상은 자연의 이치를 형상화한 것이라고 볼 수 있다.[60] 아래의 「악기」의 내용을 더 보자.

> 이후 성음을 발현하며 금琴·슬瑟을 연주하고, 간干·척戚을 움직이고 우羽·모旄로 꾸미며, 소簫·관管을 뒤딸려서 지극한 덕의 빛을 떨치고, 사기四氣[61]의 화해로움을 움직여서 만물의 이치를 이룬다. 맑고 밝음은 하늘을 본뜨고, 넓고 큼은 땅을 본뜨며, 마치고 시작함은 사시四時를 본뜨고, 빙그르 돌고 직각으로 방향을 바꾸는 것은 비바람을 본뜬다. 5색이 무늬를 이루어 어지럽지 않고, 팔풍八風이 율력律曆에 따라 어지럽지 않으며, 백도百度가 수를 얻어 항상 됨이 있으니, 낮고 높음이 서로 이루고, 마치고 시작함이 서로 낳으며, 부르고 답하고 맑고 탁하며 번갈아 서로 상법常法이 된다. 그래서 樂이 행해짐에 윤리가 맑아져서 귀와 눈은 총명하고 혈기가 화평하며, 기풍을 옮기고 습속을 바꾸어 천하가 모두 안녕하다.[62]

위의 내용은 팔풍과 팔괘, 사시四時, 음양의 조화 등이 서로 관계하고 있음을 밝히고 있는 것으로, 춤과 자연의 이치적 상관관계를 해석할 수 있는 근거를 제공한다.

---

60) 이와 관련하여 김미영, 「『악학궤범』 당악정재의 규칙성과 사상성 연구」, 성균관대학교 박사학위논문, 2008 참조.

61) '사기四氣'는 통상 사시四時의 기로 해석한다. 그런데 다음 단락에서 '종시상사시終始象四時'라는 구절이 있는 것으로 볼 때 '사시'가 아닐 가능성도 있다. 양기·음기·강기·유기를 거론하고 '네 가지 氣가 안에서 잘 자라나 어우러지고, 밖으로 피어남에 모두 제자리에 편안하여 서로 빼앗지 않도록 했다[四暢交於中, 而發作於外, 皆安其位而不相奪也](「악기」)'는 구절이 있는데(김승룡 편역주, 『악기집석』 1, 청계, 2002, 468쪽 각주 3번), 이를 바탕으로 할 때, 양기·음기·강기·유기의 네 가지 기운일 가능성도 있다.

62) 『禮記』「樂記」: 然後發以聲音, 而文以琴瑟, 動以干戚, 飾以羽旄, 從以簫管, 奮至德之光, 動四氣之和, 以著萬物之理. 是故清明象天, 廣大象地, 終始象四時, 周還象風雨, 五色成文而不亂, 八風從律而不姦, 百度得數而有常, 小大相成, 終始相生, 倡和清濁, 迭相爲經. 故樂行而倫淸, 耳目聰明, 血氣和平, 移風易俗, 天下皆寧.(『동양의 음악사상 악기』, 116쪽)

樂의 시작과 마침은 봄·여름·가을·겨울을 본받은 것으로, "봄은 생성에 해당되고 겨울은 종지에 해당되는 것"[63]이기 때문에 樂의 시작과 끝이 있는 것은 바로 사계절의 생성과 종지가 있는 것과 같음을 상징하는 것이라고 볼 수 있다. 또 돌거나 가는 방향을 바꾸는 것은 비와 바람을 본받아야 하는데 팔풍과 팔괘의 상관성으로 볼 때, 괘는 절기를 상징하기 때문에 절기의 흐름을 거스르지 않는 방향으로 돌거나 방향을 바꾸어야 마땅할 것이다.

따라서 무용수의 회무 및 진퇴의 방향은 절기의 순행에 따라야 한다고 말할 수 있다. 팔풍은 바로 음과 양의 만남을 통해 생기는데, 이는 춤에서 음과 양의 자리에 위치한 무용수들의 대무와 배무, 그리고 회무를 통해 음양의 합을 상징한 것이라고 말할 수 있다. 즉 천지자연의 음과 양이 만나면 팔풍이 생기고, 이 팔풍은 절기의 변화를 일으킨다. 그러므로 팔풍의 바람은 절기의 순행을 이끈다. 따라서 음양의 조화로 인한 팔풍으로 말미암은 절기의 변화를 『악학궤범』에 도해되어 있는 무용수의 춤자리의 괘와 연관하여 풀이할 수 있다.

『악서』에는 "춤은 8가지 악기의 소리를 조절해 8방의 풍류인 팔풍을 행하는 것이다"라는 『춘추좌씨전』[64]의 내용을 인용하며,[65] "이로 보건대 팔풍은 팔괘를 상징하니, 이를 본떠서 만든 것이 8음이고, 이를 절주에 맞추어 추는 것이 〈팔일무〉이다"[66]라며, 8음과 팔풍, 팔괘, 〈팔일무〉의 관계가 강조되어 있다.

---

63) 『白虎通義』 下 「四時」: 春當生. 冬當終.(『백호통의』, 361쪽)

64) 『좌전左傳』은 『춘추春秋』를 해석하여 지은 것으로, 노魯나라 은공隱公 원년(BC 722)으로부터 노나라의 애공哀公 27년(BC 468)에 이르는 254년 동안의 춘추열국春秋列國의 역사를 담고 있다. 작자에 대하여 많은 의견들이 있으나 대체로 노나라의 좌구명左丘明으로 회자된다.

65) 『春秋左氏傳』 「隱公」 5年: 夫舞, 所以節八音, 而行八風.(좌구명 저/ 신동준 역주, 『춘추좌전』 상, 인간사랑, 2017, 76쪽)

66) 『樂書』 104 「律呂從八風」: 由此推之, 八風象八卦者也, 其所以擬而遂之者八音, 節而行之者八佾之舞而已.(진양 지음/ 이후영·김종수 옮김, 『역주 악서』 4, 소명출판, 2014, 147쪽)

사실 춤으로 팔괘를 상징한 것은 단지 〈팔일무〉만이 아니다. 『악학궤범』의 〈육화대六花隊〉와 〈성택聖澤〉의 배열도를 보면, 춤자리에 괘가 그려져 있는 것을 확인할 수 있고, 〈정대업지무〉도 팔진도를 바탕에 둔 것이라고 볼 수 있기 때문이다.[67] 춤 배열도에 괘를 괜히 그려넣은 것이 아니다. 따라서 무용수들의 동선의 의미를 괘상의 의미로 풀어보아야 한다.[68]

한편, 「반지상생도설班志相生圖說」에 "『악서』에서 말하기를 6율을 건효乾爻에서 기원한 것이라고 하고, 6려를 곤효坤爻에서 기원한 것"[69]이라며, 황종·태주·고선·유빈·이칙·무역의 양율과 대려·응종·남려·임종·중려·협종의 음려가 각각 양효와 음효에서 기원하여, 순서대로 초구初九·구이九二·구삼九三·구사九四·구오九五·상구上九의 양효와 육사六四·육삼六三·육이六二·초육初六·상육上六·육오六五의 음효에 해당됨을 밝히고 있다. 따라서 천지자연의 법칙과 12율, 괘상 및 효상의 의미까지 무용수들의 움직임과 함께 유기적으로 해석함으로써 춤의 형상에 내재되어 있는 의미를 다각적으로 해석해 볼 필요가 있다.

특히 "천자의 덕이 훌륭하면 [무용수들의 수가 많기 때문에] 춤의 행렬이 가깝고, 덕이 없으면 [무용수들의 수가 적기 때문에] 춤의 행렬이 멀므로 춤을 보고 덕을 알 수 있다"[70]라고 하였으니 춤의 형상은 바로 덕의 형상인 것이다. 따라서 상징적이고 내재적인 의미들을 통해 무용수 한 명 한 명과 무용수들의 춤대형, 그리고 대형의 변화들이 상징하고 있는 것이 무엇인지 유

67) 이와 관련하여, 김미영, 「『악학궤범』 당악정재의 규칙성과 사상성 연구」, 성균관대학교 박사학위논문, 2008, 216~234쪽; 김미영, 「〈정대업定大業〉과 〈파진악破陣樂〉의 연출 양식 비교-춤대형을 중심으로-」, 『대한무용학회지』 제65호, 대한무용학회, 2010, 1~23쪽 참고.

68) 김미영, 「『악학궤범』의 사상적 체계를 바탕으로 한 〈육화대〉 춤절차의 의미」, 『대한무용학회지』 제59호, 대한무용학회, 2009, 1~19쪽 참고.

69) 『樂學軌範』: 『樂書』云, 本乎乾爻者, 爲六律. 本乎坤爻者, 爲六同.

70) 『禮記』 「樂記」: 故其治民勞者, 其舞行綴遠. 其治民逸者, 其舞行綴短. 故觀其舞, 知其德.(『동양의 음악사상 악기』, 89~90쪽)

기적으로 풀이하는 것은 물론, 악장가사의 내용을 바탕으로 임금의 덕성까지 종합적으로 논의되어야 한다. 그렇게 할 때, 당시 '樂'이라는 큰 개념 안에 포함된 '춤[舞]'의 가치를 제대로 드러낼 수 있다.

3. 악론의 몇 가지 원칙

다음은 본문의 이해를 돕기 위해 전통시대 악론과 관련된 몇 가지 주요 원칙들을 간략하게 설명하고자 한다. 그 원칙들은 항목에 따라 다소 다르게 설명되기도 하지만, 대체로 몇 가지 원칙들을 기반으로 한다. 용어가 익숙하지 않아 어렵게 느껴지겠지만 그 원칙들과 용어들을 기억한다면 그리 어렵지 않게 전통시대의 악론에 다가갈 수 있을 것이다.

가장 많이 언급되는 네 가지 정도만 기억하자.

1) 12율律

2) 성聲·음音·악樂

3) 12율과 7성을 구하는 원칙[삼분손익三分損益·격팔상생隔八相生]

4) 궁宮·상商·각角·치徵·우羽

1) 12율

12율은 음고가 각각 다른 12개의 소리라고 생각하면 된다. 12율은 〈그림 1〉에 보이듯, 1황종·2대려·3태주·4협종·5고선·6중려·7유빈·8임종·9이칙·10남려·11무역·12응종을 말한다. 나열한 율명의 순서는 율관의 길이가 긴 것부터 짧은 것 순이며(장→단), 소리는 저음부터 고음 순으로 양율과 음율이 번갈아 나열되어 있는 것이다. 양陽의 소리는 '율律'이라고 하고, 음陰의 소리는 '려呂'라고 한다.

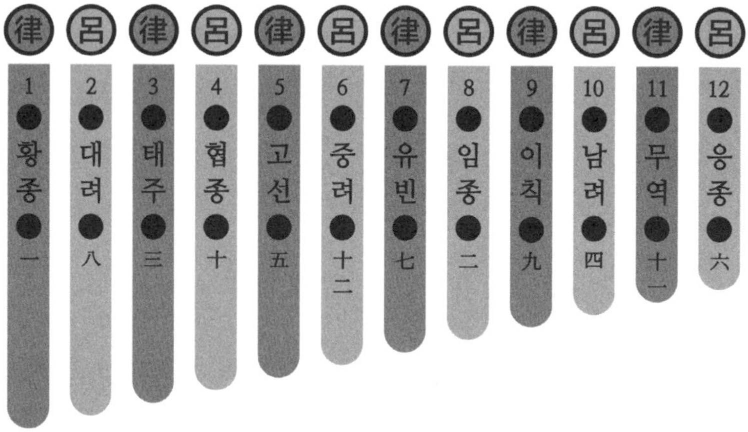

〈그림 1〉 12율관

2) 성·음·악

『악학궤범』과 여러 악서에 보면 樂의 개념은 비교적 분명한데, 음音과 성聲은 그 쓰임과 의미가 명확하지 않을 때가 종종 있다. 성이 음의 의미로 쓰일 때도 있고, 음이 성의 의미로 쓰일 때도 있다. 맥락에 따라 성과 음의 의미가 달라질 수 있으므로 그 부분을 짚어보자. 『악학궤범』의 성·음·악의 개념은 기본적으로 『예기』 「악기」와 같다. 이에 「악기」의 성·음·악에 대한 내용을 살펴보며 각각의 개념에 대한 이해를 돕고자 한다.

「악기」에는 "사람의 마음이 움직이는 것은 외물이 그렇게 만드는 것이다. [사람의 마음이] 외물에 감동하면 움직여서 소리[聲][71]로 나타나고, 소리가 서

71) 이혜구는 "성聲을 소리로 번역하지 않는 이유는 성은 특수한 뜻을 가졌기 때문이다. 성은 '物之性也[물의 성이다-필자 주]'(『악서』 106), 또는 '聲以情質, 律以和聲[성으로 정을 바르게 하고 율로 성을 조화롭게 한다-필자 주]'(『악서』 96, 104[104에는 聲本於日而以情質, 律本於辰而以和聲으로 되어 있다-필자 주])과 같이 성은 율과 관계를 가졌기 때문이다. 즉 성은 율에 맞추기 전의 존재이다. 성은 율에 맞아야 비로소 정성正聲으로 된다. 따라서 율의 대칭인 성을 소리로 번역하지 않고, 그대로 성이라고 부른다"라고 했다.(『신역 악학궤범』, 62쪽 각주 179) '성'에는 이러한 특수한 의미가 담겨 있지만, 결국 음가를 갖고 있기 때문에 이 책에서는

로 호응하므로 리듬[變]이 생기고, 리듬이 곡조를 이루니 음音이라 하고, 음들을 배열하여 여러 악기로 연주하고, 간척干戚과 우모羽旄로 만든 춤 도구를 들고 춤까지 추면 樂이라고 일컫는다"[72]라고 전한다. 이에 따르면, 사물에 감응한 마음이 개별적인 소리[聲]로 형용되는데, 그 소리들이 서로 조화롭게 곡조를 이룬 것이 음이고, 그러한 음에 〈문무文舞〉와 〈무무武舞〉까지 갖추면 樂이 되는 것이다. 다른 사료를 통해 좀 더 자세하게 알아보자.

먼저 '성'이다. 『설문해자說文解字』참고 2에 "성은 음이다"[73]라고 전한다. 『서경書經』[74] 「순전舜典」에는 "시는 뜻을 말로 한 것이고, 노래는 말하고 싶은 것을 읊은 것인데, 성은 노래로 읊는 것을 도와주고, 율은 그 성에 응하는 것이다"[75]라고 전하며, 그 주석에 "성은 5성인 궁·상·각·치·우를 말한다"[76]라고 했다. 이로써 보면 성은 궁·상·각·치·우를 말하는 것이다. 다시 말하면 사람의 마음이 사물에 감응하여 그 말하고 싶은 것을 노래로 읊조리는데, 그렇게 읊조릴 때 나오는 소리를 성이라고 말하고, 그것을 궁·상·각·치·우라고 일컬은 것이다. 그리고 그것에 응하는 것이 12율이다.

다음은 '음'이다. 『설문해자』에는 "음은 성이다. 마음에서 생긴 것이 밖으로 나와 박자가 있게 된 것을 음이라고 말한다. 궁·상·각·치·우는 성이다.

맥락에 따라 '소리', '소리[聲]', '성聲'으로 썼다.

72) 『禮記』「樂記」: 人心之動, 物使之然也. 感於物而動, 故形於聲, 聲相應, 故生變, 變成方, 謂之音. 比音而樂之, 及干戚·羽旄, 謂之樂.(『동양의 음악사상 악기』, 23쪽)

73) 『說文解字』: 聲, 音也.

74) 『서경書經』은 성왕현신聖王賢臣의 모범적인 언행을 기록한 책이다. 처음엔 『서』로 불렀고, 『상서』라고 이름하기도 했다. 오늘날 학문 분류에 따르면 오경의 『춘추』와 함께 역사학 분야에 해당된다.(신정근, 『신정근 교수의 동양고전이 뭐길래』, 동아시아, 2012, 46~47쪽 참조)

75) 『書經』「舜典」: 詩言志, 歌永言, 聲依永, 律和聲.(유교문화연구소 옮김, 『서경』, 성균관대학교출판부, 2011, 46쪽)

76) 『書經』「舜典」: 孔傳, 聲謂五聲, 宮·商·角·徵·羽也.(漢語大詞典 編纂委員會 編纂, 『漢語大詞典: 普及本』, 上海: 漢語大詞典出版社, 2000)

사·죽·금·석·포·토·혁·목은 음이다"[77]라고 전한다. 이로써 보면 궁·상·각·치·우인 성을 8음의 악기로 연주한 것이 음이 된다. 『서경』「순전」에 "[음은] 8음이 조화로운 것이다"[78]라고 한 것도 같은 맥락이다.

한편 송나라(960~1279) 사람인 연평延平 황씨黃氏는 "하나의 음만 나오는 것을 성이라고 부르며, 여러 음이 섞여서 편차를 두는 것을 음이라고 부른다. 하나의 음만 나오게 되면 아직 변화된 것이 아니다. 5성이 서로 호응하여 변화가 생겨난다. 소리는 이러한 문채를 이루니 이것을 '음'이라고 부르며, 이것은 소리에 변화된 것이 있음을 뜻한다. 변화가 법칙을 이룬 것을 '음'이라고 부르며, 이것은 변화에 귀착되는 점이 있음을 뜻한다"[79]라고 했다. 이로써 보면 궁·상·각·치·우 각각의 소리는 성이고, 그것들이 조화롭게 변화를 이룬 것이 음이 된다.

끝으로 '樂'이다. 『설문해자』에는 "樂이란 5성 8음의 총칭이다"[80]라고 전하고, 『예기』「악기」에는 "종과 북, 우와 약, 간과 척은 樂의 도구이고, 굴과 신, 부와 앙, 철과 조, 서와 질은 樂의 무늬이다"[81]라고 전한다. 종과 북은 단지 종과 북만을 가리키는 것이 아니라, 악기의 총칭을 의미한다. 우와 약, 간과 척은 각각 춤도구로써 우와 약을 들고 추는 〈문무〉와 간과 척을 들고 추는 〈무무〉를 의미한다. 이어서 허리와 무릎을 구부리거나 펴고(굴신), 머리를 숙이거나 우러르고(부앙), 무용수들 사이의 간격이 좁거나 넓고(철조), 박자

77) 『說文解字』: 音, 聲也. 生於心, 有節於外, 謂之音. 宮·商·角·徵·羽, 聲. 絲·竹·金·石·匏·土·革·木, 音也.

78) 『書經』「舜典」: 八音克諧.(『서경』, 46쪽)

79) 『禮記集說大典』: 單出曰聲, 雜比曰音. 單出, 未之變也, 五聲相應而變生焉. 聲成文, 謂之音, 此言聲有所變, 變聲方, 謂之音, 此言變有所歸.(陳澔 편/ 정병섭 역, 『역주 예기집설대전-악기』 1, 학고방, 2014, 14쪽)

80) 『說文解字』: 樂, 五聲·八音總名.

81) 「樂記」〈樂論〉: 鐘鼓·羽籥·干戚, 樂之器也, 屈伸·俯仰·綴兆·舒疾, 樂之文也.(『동양의 음악사상 악기』, 24쪽)

가 느리거나 빠른 것(서질)은 樂의 무늬라고 했다.

'성'과 '음'이 음악(노래, 연주)에 국한해서 설명되었다면, '樂'은 음악과 춤을 모두 아우르고 있다. '樂'은 가사, 노래, 악기 연주, 춤이 모두 합쳐진 종합예술로, "樂이란 윤리와 통하는 것이므로, 성은 알아도 음을 알지 못하는 자는 금수이고, 음은 알아도 樂을 알지 못하는 자는 보통 사람이다. 오직 군자만이 능히 樂을 안다"[82]라며, 樂은 보통 사람들이 알기 어려운 것으로 높이 평가되었다.

'성'과 '음', 그리고 '樂'의 개념은 이처럼 각기 다르다. 정리하면 '성'은 개별적인 궁·상·각·치·우에 해당하고, '음'은 그것들이 조화를 이루어 완성된 곡조로, '성'이 음악적으로 발전된 형태라고 이해하면 된다. 더 나아가 '음'이 덕을 표현하는 단계에까지 이르고, 〈문무〉와 〈무무〉가 갖추어졌을 때, 비로소 '樂'이라고 칭한다. '성', '음', '악'에 대한 다른 여러 가지 해석도 있지만 이 정도에서 마무리하고자 한다.[83]

3) 12율과 7성을 구하는 원칙[삼분손익三分損益·격팔상생隔八相生]

12율은 황종·대려·태주·협종·고선·중려·유빈·임종·이칙·남려·무역·응종을 말한다. 이 중 황종이 12율의 으뜸이다. 이 황종을 기준으로 하여 차

---

82) 「樂記」〈樂本〉: 樂者, 通倫理者也, 是故, 知聲而不知音者, 禽獸是也, 知音而不知樂者, 衆庶是也, 唯君子, 爲能知樂.(『동양의 음악사상 악기』, 39쪽)

83) 이와 관련하여 최태현, 「「樂記」의 聲·音·樂에 관한 개념적 고찰」, 한림대학교 석사학위논문, 1999; 박정련, 「고대 유가의 악론에서 감정조절을 위한 음악치유론의 가능성 모색: 『禮記』「樂記」의 聲·音·樂을 중심으로」, 『陽明學』 No.31, 韓國陽明學會, 2012, 209~238쪽; 송재국, 「儒學에 나타난 "音, 樂"의 철학적 의미」, 『동서철학연구』 Vol.48, 한국동서철학회, 2008, 295~310쪽 등 참고. 한편, 윤재근은 「악기」의 첫 문장인 "凡音之起, 由人心生也. 人心之動, 物使之然也. 感於物而動, 故形於聲. 聲相應"에서 음은 그냥 소리가 아니라 마음속에 있는 소리로서의 음이며, 마음소리인 음이 몸을 타고 밖으로 나와 귀로 들을 수 있게 된 소리가 성이라고 했다. 또한 성상응聲相應의 성은 시가의 사람소리 즉 '성'인 동시에 춤의 짓과 악기가 내는 '소리'라고 해석했다.(윤재근, 『樂論』, 나들목, 2007, 26; 52쪽)

례차례 나머지 율을 구하는 것이다. 이제 황종 율관을 기준으로 하여 12율관을 구하는 방법에 대해 살펴보자.

황종 율관의 길이는 '9寸'(1촌은 3.03cm)이다.[84] 9는 변화의 완성을 의미하는 숫자로 악론에서 매우 중요하게 여겨지는 숫자다. 이에 12율의 으뜸인 황종 율관의 길이를 9로 정하고, 이를 기준으로 나머지 율관의 길이를 구해 나간다. 가장 먼저 황종 율관의 길이인 9촌을 셋으로 나눈 후, 그 중 하나를 황종 율관의 길이인 9촌에서 뺀다. 즉 9÷3=3 → 9−3=6으로 6촌이 다음 율관인 임종의 길이다. 그 다음은 임종 율관의 길이에서 위와 같이 셋으로 나눈 후, 그 중 하나를 본래 임종 율관의 길이에 더해 다음 율관의 길이를 구한다. 즉 6÷3=2 → 6+2=8로 8촌이 다음 율관인 태주의 길이다.

이렇게 각각 본 율관의 길이를 셋으로 나누고, 그 중 하나만큼의 길이를 셋으로 나누기 전인 본 율관의 길이에서 한번은 '빼고', 한번은 '더하기'를 반복하며 차례차례 12율관의 길이를 구하는 것이다. 이와 같은 방법을 '삼분손익법三分損益法'이라고 부른다. '셋으로 나누어[三分] [그 중 하나를] 덜거나[損] 더하는[益] 방법[法]'이다.

삼분손익법으로 12율관의 길이를 구하고, 그 율관들을 저음에서 고음 순으로 나열한 것이 앞의 〈그림 1〉이다. 여기서 한 가지 주의할 것은 삼분손익법을 써서 차례로 구한 12율명의 순서와 율관의 길이를 장 → 단 순으로 배열한 순서는 같지 않다는 것이다. 즉 〈그림 1〉에서 윗부분의 1(황종) → 2(대려) → 3(태주) → 4(협종) → 5(고선) → 6(중려) → 7(유빈) → 8(임종) → 9(이칙) → 10(남려) → 11(무역) → 12(응종)는 율관 길이의 장 → 단 순서를 번호로 표시한 것이고, 아랫부분의 一(황종) → 二(임종) → 三(태주) → 四(남려) → 五(고선) → 六(응종) → 七(유빈) → 八(대려) → 九(이칙) → 十(협종) → 十一(무역) → 十二(중려)는 삼분손

84) 황종 율관의 길이는 시대 혹은 기록에 따라 각기 다르다. 율관의 길이가 각기 다른 이유는 율척과 율산에 그 원인이 있다. 이와 관련하여 『『악학궤범』 악론 연구』, 14~65쪽 참조.

익법으로 구한 율관의 순서를 번호로 표시한 것이다.

다음은 7성을 구하는 방법이다(5성을 구하는 방법도 이와같다). 12율관과 마찬가지로 7성도 삼분손익법으로 구한다. 7성은 궁·상·각·변치·치·우·변궁을 말한다. 아래의 그림은 황종을 궁성으로 했을 때의 7성이다. 그림을 보며 아래의 내용을 읽어보도록 하자.

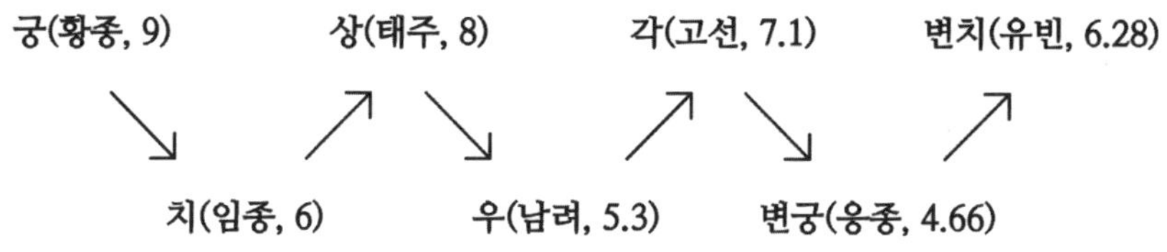

〈그림 2〉 7성

궁성인 황종 율관의 길이 9를 셋으로 나누어 그 중 하나만큼을 9에서 '빼서' 율관길이가 6인 임종을 아래로 낳으니 치성이다. 또 임종 율관의 길이 6을 셋으로 나누어 그 중 하나만큼을 6에 '더해서' 율관길이가 8인 태주를 위로 낳으니 상성이다. 계속해서 태주 율관의 길이 8을 셋으로 나누어 그 중 하나만큼을 8에서 '빼서' 율관길이가 5.3인 남려를 아래로 낳으니 우성이다. 남려 율관의 길이 5.3을 셋으로 나누어 그 중 하나만큼을 5.3에 '더해서' 율관길이가 7.1인 고선을 위로 낳으니 각성이다. 고선 율관의 길이 7.1을 셋으로 나누어 그 중 하나만큼을 7.1에서 '빼서' 율관길이가 4.66인 응종을 아래로 낳으니 변궁성이다. 응종 율관의 길이 4.66을 셋으로 나누어 그 중 하나만큼을 4.66에 '더해서' 율관길이가 6.28인 유빈을 위로 낳으니 변치성이다. 덜면 아래로 낳고 더하면 위로 낳는다고 표현한다.

여기서 한 가지 알아둘 것이 있다. 5성(궁·상·각·치·우) 및 7성(궁·상·각·변치·치·우·변궁)을 구성하는 율은 서양 음악에서 조에 따라 으뜸화음이 달라지는 것과 마찬가지로 궁성에 어떤 율을 쓰느냐에 따라 5성 및 7성에 배치되는 율이 달라진다는 것이다. 따라서 5성 및 7성에 응하는 율은 고정적이지 않다는 점을 꼭 기억해야 한다.

다시 말하면, 12율은 황종을 시작으로 해서 만든 12개의 율(양율 6, 음율 6)로, 이 12율은 피아노로 예를 들면, 소리를 내는 여러 건반들과 유사한 것이다. 즉 각각의 건반들의 음고가 절대 변하지 않는 것처럼 12율 각각의 음고는 변하지 않는다. 그리고 궁·상·각·변치·치·우·변궁 7성은 기본적으로 쓰이는 계이름이라고 생각하면 된다. 즉 5성 및 7성에 배치되는 율은 궁성에 따라 매번 변하므로, 서양음악에서 조에 따라 달라지는 으뜸화음으로 이해하면 된다. 예를 들어 서양음악에서 다장조는 다[도]음이 으뜸음이고, 으뜸화음은 도(도)·미(미)·솔(솔)이다. 사장조는 사[솔]음이 으뜸음이므로, 으뜸화음은 솔(도)·시(미)·레(솔)가 된다. 이처럼 다장조나 사장조나 으뜸화음의 계이름은 도·미·솔로 둘 다 같다. 바로 궁·상·각·변치·치·우·변궁에 해당한다. 그런데 그것에 배치되는 음은 다장조는 도·미·솔, 사장조는 솔·시·레로 서로 다르다. 이와 마찬가지로 7성(5성)의 경우도 어떤 율이 궁성이 되는가에 따라 7성(5성)에 배치되는 율이 각각 다르게 구성되는 것이다.[85)]

예를 들어 황종궁조는 황종이 궁성(으뜸음)이 되고, 그것의 7성(으뜸화음)은 궁성(황종)·상성(태주)·각성(고선)·변치성(유빈)·치성(임종)·우성(남려)·변궁성(응종)이 된다. 대려궁조는 대려가 궁성(으뜸음)이 되고, 그것의 7성(으뜸화음)은 궁성(대려)·상성(협종)·각성(중려)·변치성(임종)·치성(이칙)·우성(무역)·변궁성(청황종)이 된다. 서양음악에서 조에 따라 으뜸화음이 달라지는 것처럼, 궁성에 따라서 7성에 배치되는 율이 달라진다는 것을 꼭 기억해두자.

한편 서양 음계에도 옥타브가 있듯이 12율에도 옥타브에 해당하는 청성과 탁성이 있다. 한 옥타브 높은 것은 청성, 한 옥타브 낮은 것은 탁성이라

85) 엄밀히 말하면, 궁성이 아니라 주음이 되어야 한다. 다만 조선에서는 궁조만 썼고, 또 7성(5성)을 구하는 방법을 설명하기에 용이하기 때문에 여기서는 궁성으로 한정하여 설명했다. 주음은 11장에서 자세하게 다룬다.

고 한다. 예를 들어 본음 황종보다 한 옥타브 높은 것은 청황종, 한 옥타브 낮은 것은 탁황종이라고 한다.

5성 및 7성도 12율을 구하는 것과 마찬가지로 삼분손익법을 쓴다고 했다. 그런데 5성 및 7성의 경우는 삼분손익법보다 훨씬 쉬운 방법으로 구할 수 있다. 바로 '격팔상생법隔八相生法'이다. '격팔'은 8[八]칸 건넌다[隔]는 뜻이다. 앞의 〈그림 1〉에서 황종을 궁성으로 해서 8칸씩 건너가 보자. 황종을 포함해서 8칸을 건너가면 임종이다. 또 임종을 포함해서 8칸을 건너가면 태주다. 아마도 눈치를 챘을 듯하다. 황종을 시작으로 삼분손익하여 얻은 7성과 율관을 차례로[長 → 短] 나열한 후, 황종을 시작으로 8칸을 건너가며[隔八] 얻은 결과가 같다는 것을 발견했을 것이다. 직접 해보면 바로 알 수 있듯이 격팔상생법으로 구하는 것이 훨씬 쉽다. 이처럼 '삼분손익'과 '격팔'은 그 역할이 유사한 이란성 쌍둥이라고 할 수 있다. 단! 12율관을 처음 구하는 것은 삼분손익법에 의해서만 가능하고, 그 결과가 있은 후에 '격팔' 할 수 있으므로 격팔은 삼분손익의 동생이라고 볼 수 있다.

격팔상생에서의 상생은 '서로 낳는다'는 것으로, 앞에서 삼분손익하여 다음 율이 정해지면, '황종이 임종을 낳는다', '임종이 태주를 낳는다'고 표현한 것과 마찬가지로 '8칸씩 건너가며 서로 낳기' 때문에 그렇게 표현한 것이다.

4) 궁·상·각·치·우

궁·상·각·치·우는 각각 임금[君]·신하[臣]·백성[民]·일[事]·사물[物]을 상징한다. 이처럼 5성에는 각각 신분의 차이가 있다. 그렇기 때문에 어떤 소리도 궁음보다 저음이면 안 된다. 궁은 임금, 상은 신하, 각은 백성을 상징하는데, 신하와 백성이 임금의 자리를 넘보아서는 안 된다는 생각이 여기에도 적용되기 때문이다. 왜 그렇게 생각했을까?

앞에서 언급했듯이 전통시대 사람들은 거시적 관점에서 서로 동류이고 그것들은 서로 간에 감응의 관계가 있다고 믿었기 때문이다. 즉 궁성은 임금을 상징하므로 신하나 백성을 상징하는 상성과 각성이 그 자리를 넘보아서는 안 된다고 생각했다. 즉 궁성보다 저음이면 안 된다. 중국의 경우는 모든 음이 궁성보다 저음이면 안 되고, 조선에서는 상과 각은 궁성보다 저음이면 안 되고, 치와 우는 예외였다. 그 이유는 일과 사물은 임금을 풍요롭게 한다고 이해했기 때문이다.

『악학궤범』 악론에 들어가기에 앞서 악론의 기본이 되는 12율과 성·음·악의 개념, 12율 및 7성을 구하는 방법, 궁·상·각·치·우 5음의 신분의 차이에 대해 간단하게 살펴보았다.

이제 본격적으로 『악학궤범』 악론을 향해 한 발 한 발 가보도록 하자.

〈참고〉

1. 『예기』는 사서오경四書五經이라고 할 때의 오경 중 하나다. 『예기』의 성립에 대해서는 『유교대사전儒敎大事典』에 다음과 같이 전한다. "공자는 하夏·은殷·주周 3대 이래의 문물제도와 의례儀禮·예절 등을 집대성하고 체계화하는 것을 스스로의 책무로 삼았고, 제자들을 가르침에 있어서도 예를 익히고 실천하는 데에 역점을 두었다. 공자 사후 각 국으로 흩어져 공자의 가르침을 전파한 제자들에 의해 예에 대한 기록이 쌓여 가기 시작했고, 제자들은 생전의 스승에게서 들은 이야기, 학설, 스승과 나눈 대화 등을 문자로 정착시켰고, 다시 그들의 제자들에게 전해 주기도 했다. 세월의 흐름에 따라 제자의 제자, 후학들에 의해 기록된 것들이 늘어나서 한漢나라에 이르러서는 200여 편이나 된 것이다"[86) 사서는 『논어論語』·『대학大學』·『중용中庸』·『맹자孟子』를, 오경은 『역경易經』·『서경書經』·『시경詩經』·『예기禮記』·『춘추春秋』를 말한다.

---

86) 유교대사전편찬위원회, 『유교대사전儒敎大事典』, 성균관출판부, 1997; 2007, 1386~1388쪽.

2. 『설문해자』는 후한後漢(25~220) 또는 동한東漢 시기(BC 202~220)의 경학자 허신許愼(58~147)이 약 22년에 걸쳐 완성한 책이다. 한자를 부수에 따라 분류하여 배열한 중국의 가장 오래된 저서로, 그 원본은 전해지지 않으며, 송나라 서현徐鉉이 펴낸 교정본이 남아 있다. 이 책은 본문 14권과 서목 1권으로 이루어져 있다.[87)]

87) 박형익, 『한국 자전의 역사』, 역락, 2012, 99~100쪽.

『악학궤범』
「서」

1. 樂의 기원은 하늘[天]이다.

2. 덕으로 다스리는 정치[德政]가 소리를 조화롭게 한다.

3. 樂은 덕정으로 인해 좋은 평가를 받는다.

4. 송宋·명明에 의해 조선의 아악雅樂이 갖추어지다.

5. 세종, 신악과 정간보를 창제하다.

6. 세조, 종묘제례악과 정간보를 수정하다.

7. 성종 24년(1493), 『악학궤범』이 완성되다.

8. 樂의 근본은 5음과 12율이다.

9. 노래[歌]는 율에 화합하고 춤[舞]은 리듬[節]을 실현한다.

10. 조선의 樂에는 아악·당악·향악이 있다.

『악학궤범』「서」는 가장 먼저 樂의 기원으로부터 시작한다. 이어서 덕정을 펼쳐야 소리가 조화롭게 된다며 임금에게 덕정을 펼칠 것을 요구한다. 다음으로 송·명 시기에 악기를 하사받으며 조선의 아악이 갖추어졌으며, 이후 세종 시기에 신악과 정간보가 창제되고, 세조 시기에 종묘제례악과 정간보가 수정되었으며, 성종 시기에 『악학궤범』이 완성되었음을 밝힌다. 끝으로 樂의 근본은 5음과 12율이고 조선에는 아악·당악·향악이 있다는 것을 강조하며 서문을 맺는다.

1. 樂의 기원은 하늘[天]이다.

• 원문 •

악 야 자　출 어 천 이 우 어 인　발 어 허 이 성 어 자 연　소 이 사 인 심 감　이 동 탕
樂也者,[88] 出於天而寓於人, 發於虛而成於自然. 所以使人心感,[89] 而動盪
혈 맥　유 통 정 신 야　인 소 감 지 부 동 이 성 역 부 동　기 희 심 감 자　발 이 산　노
血脈, 流通精神也,[90] 因所感之不同而聲亦不同, 其喜心感者, 發以散, 怒
심 감 자　조 이 려　애 심 감 자　초 이 쇄　락 심 감 자　탄 이 완
心感者, 粗以厲, 哀心感者, 噍以殺,[91] 樂心感者, 嘽以緩.

• 번역 •

樂이라는 것은 [우주만물의 근원인] 하늘[天]에서 나와서 사람에게 머물러, 사람의 마음을 움직이게 하여 저절로 이루어지는 것이다. 사람의 마음이 감응하는 까닭에 혈맥이 뛰고 정신이 막힘없이 흐르게 되는데, 느끼는 것이 다르기 때문에 소리 또한 달라, 기쁜 마음을 느끼면 [그 소리가] 밝으면서 막힘없이 뻗어 나가고, 성난 마음을 느끼면 [그 소리가] 거칠면서 사납고, 슬픈 마음을 느끼면 [그 소리가] 애절하면서 쓸쓸하고, 즐거운 마음을

---

88) 樂은 락·악·요로 읽힌다. 즐겁다는 뜻으로 쓰일 때에는 '락', 악기나 음악 또는 음악을 연주한다는 뜻으로 쓰일 때에는 '악', 좋아하다는 뜻으로 쓰일 때에는 '요'로 읽는다.

89) 감感은 feeling의 역어인 감정感情을 말하는 것이 아니라, 천지만물과 인심의 만남을 의미한다.(『樂論』, 43쪽)

90) 『예기』「악기」의 "樂이 행해지면 윤리가 맑아져서 이목이 총명하게 되고, 혈기가 화평하게 되니, 기풍이 바뀌고 습속이 옮기어 천하가 모두 편안하게 된다[故樂行而倫淸, 耳目聰明, 血氣和平, 移風易俗, 天下皆寧]"의 '혈기화평血氣和平'과 같은 뜻이다.(『동양의 음악사상 악기』, 116~117쪽)

91) 殺은 대체로 살(죽이다)로 읽히는데, 여기서는 쇠하다는 의미의 '쇄'로 읽었다.

느끼면 [그 소리가] 여유 있고 부드럽다.

• 해설 •

우리는 어떠한 사물의 기원을 앎으로써 그것의 기본 바탕과 진행과정의 역사를 더듬어 볼 수 있다. 따라서 그것이 무엇이든 그 기원을 밝히는 일은 매우 중요하다. 성현도 『악학궤범』「서」의 첫 문장에서 樂의 기원을 밝히며 그 중요성을 강조하고자 했다.

그 첫 문장은 "악야자樂也者, 출어천이우어인出於天而寓於人, 발어허이성어자연發於虛而成於自然"이다. 번역서인 『고전국역총서 악학궤범』과 『신역 악학궤범』에는 "樂이란 하늘에서 나와서 사람에게 붙인 것이요, 허에서 발하여 자연에서 이루어지는 것이다"라고 풀이되어 있다.[92] 이를 그대로 받아들이면 樂이란 '하늘에서 나온 것'이며, '허에서 발하여 자연에서 이루어진 것'이 된다. 그런데 樂이 하늘에서 나온 것이라고 해놓고 이어지는 문장에서 사람의 감정에 따라 소리가 달라진다며 희·노·애·락의 감정에 따른 소리의 특징을 배열했다. 하늘에서 나온 樂이 인간의 감정과 어떻게 이어지는 것인지 선뜻 이해가 되지 않는다. 또 '허에서 발하여 자연에서 이루어졌다'는 말도 어떤 의미인지 명확하게 와 닿지 않는다.

이와 같은 의문점을 해결하기 위해 『악학궤범』 악론의 바탕이 된 『예기』「악기」에서 유사한 내용을 찾아보았다.

> ① 대체로 음이 일어나는 것은 인심人心에서 말미암아 생긴 것이며 ② 인심이 움직이는 것은 사물이 그렇게 만든 것이다. ③ 사람의 마음이 사물에 감응

92) 『고전국역총서 악학궤범』, 17쪽; 『신역 악학궤범』, 31쪽. 『북역 악학궤범』에는 "樂이란 것은 천연으로 생겼으나, 사람에게 매어 있으며, 허에서 발하여 자연으로 이루어지는 것"이라고 했다.(『북역 악학궤범』, 23쪽)

> 하면 [그 마음이] 움직인다. 그렇기 때문에 [그 마음이] 성聲으로 형용되고, 성이 서로 호응하니 변화가 생기고, ④ 변화가 곡조[方][93]를 이루니, 그것을 음이라고 한다. ⑤ 음을 배열하여 악기로 연주하고, 간척干戚[을 춤도구로 하는 〈무무武舞〉]와 우모羽毛[를 춤도구로 하는 〈문무文舞〉]까지 갖춰지면 樂이라고 말한다. ⑥ 樂이란 음으로 말미암아 생기는 것이니, 그 근본은 인심이 사물[物]에 감응하는 데에 있다. 그러므로 ⑦ 슬픈 마음을 느끼는 자는 그 소리가 애절하면서 쓸쓸하고, ⑧ 즐거운 마음을 느끼는 자는 그 소리가 여유 있으면서 부드러우며, ⑨ 기쁜 마음을 느끼는 자는 그 소리가 밝으면서 막힘없이 뻗어 나가고, ⑩ 성난 마음을 느끼는 자는 그 소리가 거칠면서 사나우며, ⑪ 공경하는 마음을 느끼는 자는 그 소리가 꾸밈이 없고 담백하며, ⑫ 사랑하는 마음을 느끼는 자는 그 소리가 온화하고 부드럽다.[94]

위의 인용문은 『예기』「악기」의 첫 문장이다. 「악기」의 저자는 먼저 음의 기원을 밝히고 있는데, "⑥ 樂이란 음으로 말미암아 생기는 것"이라고 했듯이, 결국 樂의 기원을 말한 것이다. 그런데 『악학궤범』과 달리 하늘[天]이 아닌 '인심人心'으로 樂의 기원을 말하고 있다. 순서대로 다시 짚어 보면, ① 대체로 음이 일어나는 것은 인심에서 말미암아 생긴다[人心]. ③ [사람의 마음이] 사물에 감응하면 [그 마음이] 움직인다[感於物而動]. 그렇기 때문에 [그 마음이] 성[聲]으로 형용되고, 성이 서로 응하니 변화가 생긴다. ④ 변화가 곡조[方]를 이루니, 그것을 음이라고 한다. ⑤ 음을 배열하여 악기로 연주하

93) 방方은 미적 형식 또는 곡조를 말한다.(『동양의 음악사상 악기』, 23쪽)

94) 『禮記』「樂記」: 凡音之起, 由人心生也. 人心之動, 物使之然也. 感於物而動, 故形於聲. 聲相應, 故生變, 變成方, 謂之音. 比音而樂之, 及干戚·羽旄, 謂之樂. 樂者, 音之所由生也, 其本, 在人心之感於物也. 是故, 其哀心感者, 其聲, 噍以殺, 其樂心感者, 其聲, 嘽以緩, 其喜心感者, 其聲, 發以散, 其怒心感者, 其聲, 粗以厲, 其敬心感者, 其聲, 直以廉, 其愛心感者, 其聲, 和以柔.(『동양의 음악사상 악기』, 23~26쪽)

고, 〈무무〉과 〈문무〉까지 갖춰지면 樂이라고 말한다. 이처럼 「악기」는 인심(감어물) → 성 → 음 → 樂의 순으로 樂의 기원을 말했다.

다시 『악학궤범』 「서」를 보자. 아래는 『신역 악학궤범』의 풀이다.

> ㉠ 樂이란 하늘에서 나와서 사람에게 붙인 것이요, ㉡ 허에서 발하여 자연에서 이루어지는 것이니, ㉢ 사람의 마음으로 하여금 느끼게 하여 혈맥을 뛰게 하고 정신을 유통케 하는 것이다. 느낀 바가 같지 않음에 따라 소리도 같지 않아서, ㉣ 기쁜 마음을 느끼면 그 소리가 날려 흩어지고, ㉤ 노한 마음을 느끼면 그 소리가 거세고, ㉥ 슬픈 마음을 느끼면 그 소리가 애처롭고, ㉦ 즐거운 마음을 느끼면 그 소리가 느긋하게 되는 것이다.[95)]

이로써 보면 『악학궤범』은 '㉠ 樂은 하늘에서 나온 것'이라며, 그 기원을 하늘[天]에 둔 것이 된다. 유가의 악무 이론을 따랐던 조선에서, 유학자인 성현이, 조선의 악무 이론을 정리하며 「악기」와 다른 樂의 기원을 말할 수 있었을까? 그럴 리가 없다. 그렇다면 왜 이런 현상이 나타나게 되었을까?

그것은 바로 '하늘[天]'과 '마음[人心]', 둘 다 樂의 기원으로 설명될 수 있기 때문이다. 하나는 이론적 개념으로서의 기원으로 설명될 수 있고, 다른 하나는 실천적 개념으로서의 기원으로 설명될 수 있다.

樂이 이론적인 개념으로 논의될 때에는 그 기원을 하늘에 둔다. 「악기」에 "樂은 하늘을 본받아 제작되고, 禮는 땅을 근거로 하여 제정되었다"[96)] 라고 할 때가 바로 그 대표적인 예다. 주희가 "樂은 하늘로부터 비롯되어 만들어지니 양에 해당한다. 그렇기 때문에 두루 운행되는 뜻이 있다. 예는

---

95) 樂也者, 出於天而寓於人, 發於虛而成於自然. 所以使人心感, 而動盪血脈, 流通精神也, 因所感之不同而聲亦不同, 其喜心感者, 發以散, 怒心感者, 粗以厲, 哀心感者, 噍以殺, 樂心感者, 嘽以緩.(『신역 악학궤범』, 31쪽)

96) 『禮記』「樂記」: 樂由天作, 禮以地制.(『동양의 음악사상 악기』, 66쪽)

땅을 통해서 제정되니 땅으로부터 비롯되어 나온 것과 같으므로 옮기거나 바꿀 수 없다"[97]라고 한 것도 같은 맥락이다.

이렇게 볼 때 『악학궤범』의 "樂이라는 것은 [우주만물의 근원인] 하늘[天]에서 나와서"라는 말은 이론적인 개념으로서 樂의 기원을 말한 것이고, 「악기」의 인심(감어물) → 성 → 음 → 樂의 순으로 말한 것은, 실천적인 개념으로서 樂의 기원을 말한 것으로 이해할 수 있다. 다시 말하면 「악기」는 실천의 측면에서 樂의 기원을 말한 것이고, 『악학궤범』은 이론의 측면에서의 樂의 기원뿐만 아니라, 실천의 측면에서의 樂의 기원까지 말한 후, 감정에 따라 달라지는 소리의 특징을 말한 것이다.[98] 즉 "樂이라는 것은 [우주만물의 근원인] 하늘[天]에서 나와서"는 이론의 측면에서 樂의 기원을 말한 것이고, "사람의 마음을 움직이게 하여 저절로 이루어진다"는 실천의 측면에서 樂의 기원을 말한 것이다.

송나라의 음악학자인 진양도 『악서』에서 "樂은 태허太虛[99]에 근본을 두고 성음은 또 인심에 근본을 두고 있다"[100]라며, 이론적 측면에서의 樂의 기원과 실천적 측면에서의 樂의 기원을 나란히 두었다. 『악서』와 마찬가지로 『악학궤범』의 첫 문장도 이론적인 樂의 기원과 실천적인 樂의 기원을 나란히 정리하고 있다고 볼 수 있다.

다시 말하면, 우주 발생의 근원인 "태허에 근본을 두고 있다"라는 『악서』의 문장과 "[우주만물의 근원인] 하늘[天]에서 나와서"라는 『악학궤범』

---

97) 『예기』 「악기」의 "樂由天作, 禮以地制"에 대한 주희의 주석이다. 『禮記大全』 18 : 樂由天作, 屬陽故, 有運動底意, 禮以地制, 如由地出, 不可移易.(『역주 예기집설대전-악기』 1, 203쪽)

98) 「악기」에도 인용문 다음에 바로 이어서 감정에 따른 소리의 다양함이 언급되어 있다. 희·노·애·락의 감정에 따른 소리의 특징은 「악기」와 『악학궤범』이 모두 동일하나, 「악기」에는 경敬과 애愛의 감정에 따른 소리의 특징이 더 제시되어 있다.

99) 한대의 문헌에는 태일太一이 우주 발생의 근원으로 자주 언급되었는데, 송대 이후에 태일이 태허太虛로 바뀌어 논의되었다.(『백호통의』, 145쪽 각주 7)

100) 『樂書』 96 「樂道論」 〈序樂〉 : 樂本於太虛, 而聲音又本於人心.(『역주 악서』 4, 12쪽)

의 문장은 이론적인 측면에서 樂의 기원을 말한 것이며, "성음은 또 인심에 근본을 두고 있다"라는 『악서』의 문장과 "사람의 마음을 움직이게 하여 저절로 이루어진다"라는 『악학궤범』의 문장은 실천적인 측면에서 樂[樂音, 聲音]의 기원을 말한 것이라고 볼 수 있다.

이어서 "발어허이성어자연發於虛而成於自然"을 보자. 『신역 악학궤범』에는 "ⓛ 허에서 발하여 자연에서 이루어진다"라고 풀이되어 있다.[101] 전통시대 사람들은 '허虛', '자연自然' 등의 철학적 개념의 심오한 뜻을 익히 알고 있었기 때문에, 이에 대한 부연 설명이 없더라도 그 의미가 와 닿았을 것이다. 그러나 오늘날의 사정은 조금 다르다. 이에 이해를 돕기 위해 '허虛' 자가 갖고 있는 마음이라는 뜻과 '발發' 자의 '일으키다', '펴지다', '움직이다' 등의 의미를 바탕으로 '마음을 움직이다'로 풀이했다. 이렇게 하면 「악기」에서 말하는 "인심이 움직이는 것은 사물이 그렇게 만든 것이다. 사람의 마음이 사물에 감응하면 [그 마음이] 움직인다"[102]는 말과 상통하게 된다. 성현도 「서」의 뒷부분에서 "사물이 생기면 감정이 있게 되고, 정情이 드러나면 음이 된다"[103]라고 했는데, 이 또한 같은 의미이다. 이와 같은 맥락을 고려해서 "樂이라는 것은 [우주만물의 근원인] 하늘[天]에서 나와서 사람에게 머물러, 사람의 마음을 움직이게 하여 저절로 이루어지는 것이다"라고 「서」의 첫 문장을 풀이했다.

이어지는 문장은 성현의 언어가 아닌 「악기」의 문장을 그대로 갖고 온 것이다. 단 「악기」에는 희喜·노怒·애哀·락樂·경敬·애愛, 여섯 가지 감정으로 인한 각각의 소리의 특징이 나열되어 있는 반면, 『악학궤범』에는 희·노·애·락, 네 가지 감정으로 인한 소리의 특징들만 나열되어 있다. 사마천司馬

---

101) 『북역 악학궤범』에는 "허에서 발하여 자연으로 이루어지는 것"이라고 풀이되어 있다.(『북역 악학궤범』, 23쪽)

102) 『禮記』「樂記」: 人心之動, 物使之然也, 感於物而動.(『동양의 음악사상 악기』, 23쪽)

103) 『樂學軌範』「序」: 物生有情, 情發爲音.(『신역 악학궤범』, 34쪽)

遷(BC 145 혹은 BC 135~BC 87 추정)의 『사기史記』에도 같은 내용이 전한다.[104] 아래의 〈표 1〉은 「악기」, 『사기』, 『악학궤범』의 해당 내용을 정리해 놓은 것이다.

〈표 1〉 「악기」·『사기』·『악학궤범』의 心과 聲

『예기』「악기」		『사기』		『악학궤범』	
心	聲	心	聲	心	聲
喜心	發以散	喜心	發以散	喜心	發以散
怒心	粗以厲	怒心	麤以厲	怒心	粗以厲
哀心	噍以殺	哀心	噍以殺	哀心	噍以殺
樂心	嘽以綏	樂心	嘽以緩	樂心	嘽以綏
敬心	直以廉	敬心	直以廉	×	×
愛心	和以柔	愛心	和以柔	×	×

104) 『史記』 24 「樂書」: 凡音之起, 由人心生也. 人心之動, 物使之然也. 感於物而動, 故形於聲, 聲相應, 故生變, 變成方, 謂之音. 比音而樂之, 及干戚·羽旄, 謂之樂也. 樂者, 音之所由生也, 其本, 在人心感於物也. 是故, 其哀心感者, 其聲, 噍以殺, 其樂心感者, 其聲, 嘽以緩, 其喜心感者, 其聲, 發以散, 其怒心感者, 其聲, 麤以厲, 其敬心感者, 其聲, 直以廉, 其愛心感者, 其聲, 和以柔.(司馬遷 저/ 정범진 외 옮김, 『史記 表序·書』, 까치, 1996, 68~69쪽) 「악기」의 "其怒心感者, 其聲, 粗以厲"라는 문장에서 조粗가 추麤로 바뀌었을 뿐, 나머지는 모두 「악기」의 문장과 똑같다. 『사기』는 중국 전한시기의 사마천이 아버지 사마담司馬談의 유언에 따라 궁형을 감수하면서까지 완성한 역사서로, 오제 시기부터 한나라 무제 시기까지 중국과 그 주변 민족의 역사를 포괄하여 저술한 통사이다. 동양뿐 아니라 세계의 고전으로 손꼽힌다.

2. 덕으로 다스리는 정치[德政]가 소리를 조화롭게 한다.

• 원문 •

能合其聲之不同而一之者,[105] 在君上導之如何耳. 所導有正·邪之殊, 而俗之隆替係焉.[106] 此樂之道, 所以大關於治化者也.[107] 論五帝之樂, 則莫盛於唐虞,[108] 而專委后夔之贊襄. 論三王之樂, 則莫備於成周, 而一任周公之制作. 其當時設施之方, 盡見於典謨·『周禮』之書.[109] 是皆先禮樂而後刑罰, 以興敎化. 故有四方風動之效,[110] 有四十年刑措之隆.[111] 自世敎衰漓,[112] 淳散朴, 專以刑罰輔治, 貴治獄之吏, 賤禮義之士. 所以先王之樂,

---

105) 서로 다른 소리들을 합해서 조화롭게 만든다는 뜻으로, 『예기』「악기」의 "예로 민심을 절제하고, 樂으로 백성들의 소리를 조화롭게 하며, 정치로써 시행하고, 형벌로써 방지한다[禮節民心, 樂和民聲, 政以行之, 刑以防之]"에서 "樂和民聲"과 같은 맥락이다.(『동양의 음악사상 악기』, 50~51쪽)

106) 융체隆替는 세력이나 힘이 한참 일어나는 것과 차차 줄어들어 약해지는 것으로 성쇠를 말한다.

107) 치화治化는 어진 정치로 백성을 다스려 이끄는 것을 뜻한다.

108) 당우唐虞는 중국의 도당씨陶唐氏와 유우씨有虞氏를 말하는 것으로, 태평시대였던 요순堯舜 시대를 일컫는다.

109) 전모典謨는 『상서尙書』 중의 「요전堯典」과 「순전舜典」, 그리고 「대우모大禹謨」와 「고요모皐陶謨」 등의 문장을 아울러 칭한 것이다.

110) 풍동風動은 백성들이 스스로 좇아서 감화됨을 비유적으로 이르는 말이다. 교화와 같은 뜻으로 쓰인다.

111) 형조刑措는 형벌을 폐하여 쓰지 않는다는 뜻으로, 나라가 잘 다스려져 죄를 짓는 사람이 없어졌다는 것을 이르는 말이다.

112) 쇠리衰漓는 나라가 쇠하여 패망했다는 뜻이다.

蕩盡無餘，而所尙者，皆荒淫·浮靡之風．流而爲鄭衛桑濮之音，散而爲陳·楚巫覡之俗，卒至亂轍相繼，而淪胥以亡．[113] 雖以萇弘·師曠之聰，季札·仲尼之聖而不能救也．

• 번역 •

서로 다른 소리들을 합해서 이를 조화롭게 만들 수 있는 것은, 오직 임금이 어떻게 인도하느냐에 달려 있다. 인도하는 데에는 바른 것과 바르지 않은 것의 차이가 있고, 풍속의 흥망성쇠가 거기에 달려 있는 것은 樂의 이치[道]가 백성을 다스리는 일에 크게 관계가 있기 때문이다. 오제五帝의 樂을 말하면, 요순堯舜[唐虞] 시대만큼 성대했던 적이 없었는데, [당시 순임금은] 오로지 기夔에게만 [악무를 완성하도록] 맡겼다고 한다.참고 1 삼왕三王의 樂을 논하면 주나라 성왕成王 때보다 잘 갖추어진 적이 없었는데, 모두 주공周公에게 제작하도록 맡겼다고 한다.참고 2 당시의 악기 배치와 [의례의] 시행 규칙은 모두 『상서尙書』[典謨]와 『주례』에 기록되어 있다. 오제와 삼왕의 樂은 모두 예악을 강조하고 형벌은 나중으로 미뤄, 이로써 감화를 일으키고자 했다. 그러한 까닭에 [오제 시대에] 사방에서 스스로 감화되는 효과가 있었고,[114] [주나라의 성왕과 강왕康王시기에] 40년 동안 형벌을 가하지 않아도 융성할 수 있었다.[115] 세상의 교화정치가 쇠하여 순박한 풍속이 사라지고, 오로지 형벌로만 통치를 하게 되면서부터 옥사를 다스리는 관리를 귀하게 여기고,

---

113) 윤서淪胥는 서로 좇으며 얽히고설킨 것을 뜻한다.

114) 『서경』「대우모」에 "순임금이 말씀하셨다. '나로 하여금 바라는 대로 다스려져서 사방이 풍동(교화)하니, 이는 바로 너의 아름다운 공이다'[帝曰: '俾予從欲以治, 四方風動, 惟乃之休']"라는 말이 전한다.(성백효, 『서경집전』 상, 전통문화연구회, 1998; 2004, 92쪽)

115) 『사기』「고본기周本紀」에 "성왕과 강왕 시대에는 천하가 안정되어, 형벌은 40여 년간이나 쓰이지 않았다[故成康之際, 天下安寧, 刑錯四十餘年不用]"라고 전한다.(사마천 저/ 정범진 외 옮김, 『史記本紀』, 까치, 1994; 2008, 72~84쪽)

의롭게 예를 지키는 선비를 천하게 여기게 되었다. 그런 까닭에 옛날 어진 왕들의 樂은 남김없이 죄다 없어져서, 숭상하는 것이라고는 모두 음탕하고 화려함을 좇는 음악들뿐이었다. 그것이 흘러가서 정鄭나라와 위衛나라의 상간桑間과 복수濮水의 음악이 되었고,[116] 그것이 흩어져서 진陳나라와 초楚나라의 무격巫覡 풍속이 되더니,[117] 마침내 문란함이 계속 이어져 서로 얽히고 설키다가 모두 망해버렸다. 비록 장홍萇弘참고 3과 사광師曠참고 4의 절대음감과 계찰季札참고 5과 공자[仲尼]참고 6 같은 성인이 있었을지라도 [타락한 樂과 나라를] 구제할 수 없었다.

• 해설 •

서로 다른 소리를 조화롭게 만드는 것은 오직 임금만이 할 수 있으며, 임금이 인도하는 방향에 따라 풍속의 흥망성쇠가 달려 있으므로, 이것이 바로 樂의 이치가 정치와 크게 관계가 있는 이유라고 했다. 오늘날에도 대중가요의 가사를 보면 그 시대의 기쁨과 슬픔을 들여다 볼 수 있듯이, 전

116) 상간은 뽕나무가 많은 복수 유역의 지명으로 보기도 하고 음악의 이름으로 보기도 한다. 복수는 춘추시대 위衛나라의 땅으로 오늘날 허베이성 푸양현濮陽縣 일대를 말한다.(리빙하이 지음/ 신정근 옮김, 『동아시아 미학』, 동아시아, 2010, 150~151쪽) 「악기」에 "'지금 군주께서 좋아하시는 것은 익음입니다'하니, 문후가 '묻노니, 익음은 어디에서 나오는가?'라고 말했다. 자하가 대답하기를, '정나라 음은 넘치는 것을 좋아하여 마음을 음란하게 하고, 송나라 음은 여색을 좋아하여 마음을 빼앗고, 위나라 음은 빨라서 마음을 번잡하게 하고, 제나라 음은 오만하고 편벽되어 마음을 교만하게 하니, 이 네 가지는 모두 색에 깊이 빠지게 하여 덕을 해칩니다. 이런 까닭으로 제사에 쓰지 않는 것입니다'['今君之所好者其溺音乎?' 文侯曰, '敢問溺音何從出也?' 子夏對曰, '鄭音好濫淫志, 宋音燕女溺志, 衛音趨數煩志, 齊音敖辟喬志. 此四者, 皆淫於色而害於德, 是以祭祀不用也']"라는 내용이 전한다.(『동양의 음악사상 악기』, 157쪽)

117) 진陳나라는 지금의 허난성河南城 카이펑현開封縣 동쪽에서 안후이성安徽省 보현亳縣 북쪽 지역이며, 초나라는 중국 후베이성湖北省 후난성湖南省 지역의 통칭으로 부르고 있으나, 한 때는 안후이安徽, 저장浙江, 장쑤江蘇 등 지역을 포괄하였던 시기도 있었다. 대개 중국의 유명한 가사인 초사楚辭와 무가巫歌가 이 지방에서 많이 나왔다.(『북역 악학궤범』, 30쪽) "초나라는 원시시대의 무풍巫風이 성행한 나라이다. 무풍은 초나라 문화의 주요 내용으로서 초나라의 문화를 무격문화巫覡文化라고도 할 수 있다"(왕카이 지음/ 신정근 책임 번역, 『소요유 장자의 미학』, 성균관대학교출판부, 2012; 2013, 61쪽)

통시대에도 사람살이에 따라 樂의 분위기가 달랐었나 보다. 위정자의 올바른 정치로 인해 사람들의 삶이 풍요롭고 행복하면 당연히 덕정에 대한 찬양과 그들의 행복한 삶을 표현하는 노랫말들이 많이 나왔을 것이고, 악정惡政에 의해 삶이 고달프고 힘에 겨우면 직접적이든 간접적이든 잘못된 정치를 비판하고 고된 삶의 애환을 대변하는 노랫말들이 많이 나왔을 것이다. 그랬기 때문에 위정자들은 민간의 시와 노래를 채집하여 백성들의 속마음을 읽으려고 했다.[118)]

성현은 임금의 정치여하에 따라 백성들을 잘 이끌 수도 있고, 그렇지 못할 수도 있으며, 이로 인하여 樂이 조화로울 수도 있고, 그렇지 못할 수도 있는 것이라며 임금에게 덕정을 펼칠 것을 요구한다. 이어서 덕정으로써 태평성대를 이룬 요순과 주공의 시대를 예로 들며, 요순과 주공이 다스렸던 태평성대에는 "선예악先禮樂, 후형벌後刑罰"을 펼쳐 오랫동안 융성할 수 있었다며 덕정의 모범답안을 제시한다.

이어서 악정으로 인해 음탕하고[荒淫], 가볍고 사치스러운[浮靡] 음이 유행하더니, 그것이 흘러가 정나라와 위나라의 상간과 복수의 악무가 되었고, 결국 패망하게 된 예로 진나라와 초나라를 언급한다. 즉 악정으로 인해 악무가 조화롭지 못하더니 급기야 망한 것이라며, 임금이 덕정을 펼치지 않으면 안 되는 이유를 정위와 진초의 예를 들어 강조한 것이다.

정나라와 위나라의 음은 난세의 음으로, 상간과 복수의 음은 망국의 음으로 회자된다. 상간과 복수 지역은 고대사회의 청춘남녀들이 자유연애를 즐기던 문화와 관련이 있는 곳인데,[119)] 훗날 풍속을 해치는 음악을 가리키는 말로 쓰이게 되었다. 이렇게 시대가 문란해지면 장홍과 사광처럼 樂에 조예가 깊은 이들이 있어도 중화의 樂을 펼칠 수 없고, 계찰과 공자와 같은

118) 민간의 시와 노래를 채집하여 당시의 풍속을 살피던 것을 풍요風謠라고 한다.

119) 『동아시아 미학』, 151쪽.

성인이 있어도 타락한 나라를 구제할 수 없었던 것처럼 악정의 폐해는 돌이킬 수 없는 것이라며, 성현은 더욱 힘을 주어 덕정의 필요성을 강조한다.

〈참고〉

1. 오제의 樂은 황제의 〈함지〉, 전욱의 〈육경〉, 제곡의 〈오영〉, 요의 〈대장〉, 순의 〈소〉를 말한다.[120] 당우는 중국의 도당씨와 유우씨를 말하는 것으로, 태평시대였던 요순시대를 일컫는다. 기夔는 순임금의 신하로서 순임금 시대에 樂과 관련된 일을 전담했던 전악典樂이다. 사마천의 『사기』에 기와 관련하여 다음과 같은 내용이 전한다.

> 순임금이 백이에게 제사를 주관하는 일을 맡기려고 했는데, 백이가 이 일의 적임자는 기와 용이라고 말하자, 순임금이 다음과 같이 말한다. "기를 전악으로 삼을 것이니, 귀족의 자제들을 가르치도록 하시오. 강직하면서도 온화하고, 관대하면서도 엄격하기를 바라오. 강건하지만 포악해서는 안 될 것이며, 간소하지만 오만해서는 안 될 것이오. 시는 마음에 있는 생각을 말한 것이고, 노래는 그 말을 길게 읊조린 것이며, 음악의 소리는 가사를 길게 늘인 것이요, 음율은 그 소리를 조화롭게 한 것인데, 8음이 잘 어울려서 서로 어지러이 흐트러지지 않아야만 신과 사람이 화락할 수 있을 것이오!" 그러자 기가 "아! 제가 돌로 만든 각종 악기를 치면 모든 짐승들도 따라서 춤을 출 수 있도록 노력하겠습니다"라고 대답했다.[121]

---

120) 오제는 고대의 전설에 나오는 다섯 명의 황제인데 기록에 따라 다소 차이가 있다. 『사기』의 「오제본기」와 『대대례기大戴禮記』에는 황제, 전욱(고양高陽), 제여(고신高神), 요, 순을 일컫고, 『제왕세기帝王世紀』에는 소호少昊, 고양, 고신, 요, 순을 일컫고, 『주역』의 「계사」에는 복희伏羲, 신농神農, 황제, 요, 순을 일컫는다.(『史記本紀』, 7쪽 각주 1)

121) 『史記』 1 「五帝本紀」 1: 舜曰, "嗟! 伯夷, 以汝爲秩宗, 夙夜維敬, 直哉維靜絜" 伯夷讓夔·龍. 舜曰, "然. 以夔爲典樂, 教稚子, 直而溫, 寬而栗, 剛而毋虐, 簡而毋傲, 詩言意, 歌長言, 聲依永, 律和聲, 八音能諧, 毋相奪倫, 神人以和" 夔曰, "於! 予擊石拊石, 百獸率舞"(『史記本

순임금은 기의 재능을 알아보고, 그를 전악으로 삼아 귀족의 자제들에게 악무를 가르치라고 명한다. 더 나아가 악무를 배운 자제들이 지녀야 할 성품과 바람직한 樂의 조건까지 제시한다. 즉 교육을 받은 자제들은 그 성품이 강건하고 간소하게 행동하지만 포악하거나 오만해서는 안 된다. 또한 순임금이 기에게 8음이 조화를 이루어 신과 사람이 함께 즐거울 수 있도록 만들라고 하자, 기는 귀족의 자제들 뿐 아니라, 악기를 연주하면 모든 짐승들까지 춤을 추도록 조화롭게 만들겠다고 자신있게 답한다. 그만큼 기는 음악적 재능이 뛰어났던 모양이다.

기와 관련하여 다음과 같은 이야기도 전한다. 『한비자韓非子』[참고7]에 노나라 애공哀公이 공자에게 기의 발이 진짜 하나인지 묻는 대목이 있다. 이에 대해 공자는 “기는 사람입니다. 어찌 발이 하나이겠습니까? 그는 다름이 아니라 오로지 음악에만 통달하였습니다. 요임금이 ‘기는 음악 한 가지만으로 족하다’라고 하며, 그를 악정으로 삼았습니다. 그 때문에 군자가 ‘기는 한 가지만 가지고 있어도 충분하다’라고 한 것이지 발이 하나였던 것은 아닙니다”[122]라고 답변한다.

『여씨춘추呂氏春秋』[참고8]에도 애공이 공자에게 기의 발이 진짜 하나인지 묻는 대목이 나온다. 그런데 답변의 내용에 다소 차이가 있다. 공자는 “……기가 6율을 바로잡고 5성을 조화시켜서 8풍이 통하도록 하니 천하가 크게 순화되었습니다. [그런데 기를 악정으로 천거해 올렸던] 중려重黎가 다시 사람을 더 구하려고 하자, 순임금이 ‘모름지기 음악은 천지의 정화이고 득실의 관건이라서 오직 성인만이 조화를 이루게 할 수 있으며, [조화는] 음악의 근본인 것이다. 기는 조화를 이루어내 이로써 천하를 평안하게 하고 있네.

紀』, 23~24쪽)

122) 『韓非子』「外儲說左下」: 夔, 人也. 何故一足? 彼其無他異, 而獨通於聲. 堯曰, “夔一而足矣” 使爲樂正. 故君子曰, “夔有一, 足” 非一足也.(韓非 撰/ 임동석 역주, 『한비자』, 동서문화사, 2013, 1623쪽)

〈그림 3〉 후기전악도(『예기집설대전』 악기 1, 298쪽) 출처는 『흠정서경도설欽定書經圖說』 2권

기와 같은 사람은 한 사람이면 족하오'라고 했습니다. 그러니 기 한 사람이면 족하다고 한 것이지 기가 발이 하나라고 한 것이 아닙니다"123)라고 대답했다.

『한비자』와 『여씨춘추』에 모두 노나라 애공이 기의 발이 하나인지 묻는 대목이 나오지만, 답변에서 『한비자』에는 다른 것은 몰라도 기는 음악 하나만은 출중하다는 의미로, 『여씨춘추』에는 음악분야는 기 한 사람만 있어도 충분하다는 의미로 풀고 있다. 또 『한비자』에는 요임금이, 『여씨춘추』에는 순임금이 기의 악무 능력을 인정하는 등 내용에 다소 차이는 있지만, 기가 음악에 조예가 매우 깊었다는 사실을 말하는 것에는 차이가 없다.

'기'는 '후기后夔'라고도 칭하고, 음악에만 재능이 있다는 의미와 음악에 관한 한 기 한 명만 있어도 충분하다는 의미의 '일기一夔'라고 칭하기도 한다.

2. 삼왕은 하·은(상)·주 3대의 임금인 우왕·탕왕·무왕를 말하며, 그 樂은 〈대하〉·〈대호〉·〈대무〉다. 주공은 주(BC 1046~BC 256)나라 문왕文王(姬昌, BC

123) 『呂氏春秋』「察傳」: …… 夔於是正六律, 和五聲, 以通八風, 而天下大服. 重黎又欲益求人, 舜曰, "夫樂, 天地之精也, 得失之節也, 故唯聖人爲能和. 樂之本也. 夔能和之, 以平天下. 若夔者一而足矣" 故曰, 夔一足, 非 足也.(여불위 시음/ 성하현 옮김, 『여씨춘추』, 소명출판, 2011; 2014, 721쪽)

12C?~BC 11C?)[124]의 아들이자, 무왕武王(BC 1087~BC 1043)의 동생이다. 주공은 형인 무왕이 은나라의 폭군 주왕紂王(?~1046)을 토벌하는 것을 도왔으며, 무왕이 죽자 조카인 성왕成王(BC 1115~BC 1079) 때에 섭정하며, 예악을 정하고 관혼상제의 의식을 제정하는 등 주나라의 기틀을 마련하는 데에 중추적인 역할을 했다. 그 정도면 스스로 왕이 되려고 마음먹을 수도 있었을 텐데, 7년 후 조카인 성왕이 성인이 되자 곧 신하의 자리로 되돌아 가 성왕을 성심껏 모셨다고 한다.

3. 장홍萇弘(?~BC 492)은 춘추시대(BC 770~BC 403) 주나라 경왕景王(재위 BC 544~BC 520)과 경왕敬王(재위 BC 519~BC 476) 때 사람으로, 장굉萇宏으로도 불리며 자가 숙叔이라 장숙이라고도 불린다. 공자가 일찍이 그에게 樂을 배웠다고도 전한다.[125]

4. 사광師曠은 춘추시대 진晉나라 사람으로 진평공 때 악사를 지냈고, 전하는 말로 태어날 때부터 장님이었는데, 음율을 잘 판별했고 소리로 길흉까지 점쳤다고 한다.[126] 『맹자孟子』「이루離婁」편에도 어진 정치의 중요성을 말하며 "사광처럼 음에 민감한 귀를 가졌더라도 6율을 사용하지 않고는 5음을 바로 잡을 수 없다"[127]라는 말이 전하는 것으로 볼 때, 사광의 뛰어난 청력은 명실공히 인정을 받았던 모양이다.

5. 계찰季札은 춘추시대의 악무평론가다. 그이의 행적은 『춘추좌씨전』

124) 문왕은 유리羑里라고 불리는 감옥에 갇혀서 『주역周易』의 괘사卦辭를 지었다.

125) 『중국역대인명사전』, 1545쪽.

126) 『중국역대인명사전』, 631쪽.

127) 『孟子』「離婁」: 師曠之聰, 不以六律, 不能正五音.(유교문화연구소 옮김, 『孟子』, 성균관대학교출판부, 2006; 2012, 445쪽)

양공襄公 14년, 29년의 기사와 『사기』 「오태백세가吳太伯世家」에 나온다. 「오태백세가」에는 '계찰괘검季札掛劍'의 고사가 실려 있는데, 유명한 이야기니 잠시 살펴보고 가겠다.

계찰은 춘추시대 오吳나라 왕 수몽壽夢의 막내아들이다.[128] 오왕은 막내인 계찰이 현명하다고 생각해서 왕위를 물려주려고 했으나, 계찰은 장자가 왕위를 이어야 한다며 거절했고, 이후에도 왕위에 앉을 수 있었으나 끝내 거절한다. 오왕 여제餘祭 4년(BC 544) 계찰은 오왕의 명을 받고 사신으로 여러 나라를 돌아다니게 된다. 이때 서徐[129]라는 작은 나라에서 환대를 받는다. 당시 계찰은 서나라 왕이 자신이 갖고 있는 검을 맘에 들어한다는 것을 알면서도 사신으로서의 남은 일정 때문에 서왕에게 검을 선물하지 못하고 서나라를 떠난다. 모든 일정을 마치고 돌아오는 길에 계찰은 서왕에게 검을 선물하려고 다시 서나라로 갔으나, 서왕은 이미 이 세상 사람이 아니었다. 이에 계찰은 "처음에 내 마음으로 이미 주려고 허락하였는데, 그분이 죽었다고 해서 어찌 나의 마음을 배반할 수 있겠는가?"라고 말하며 검을 무덤 앞의 나무에 걸어놓으며 서왕에게 마음을 전했다고 한다. 이것이 '계찰괘검季札掛劍'의 고사이다.[130] 죽은 사람과의 신의도 저버리지 않는 모습에서 그의 성품을 읽어낼 수 있다.

계찰을 유명하게 한 일화는 또 있다. 계찰이 사신으로서 노나라에 갔을 때, 악무를 감상하고 다음과 같은 평을 남긴다. 그 내용은 『사기』와 『춘추좌씨전』에 모두 전한다. 내용이 길지만 당시의 악무에 대한 평가를 엿보기 위해 그 전문을 보자.

---

128) 백伯·중仲·숙叔·계季는 형제의 서열을 구분할 때 쓴다. 첫째는 백, 둘째는 중, 셋째는 숙, 넷째는 계로 표시한다. 계찰은 수몽의 넷째 아들이다.

129) 서徐는 주나라 초기 서융徐戎이 세운 나라로 기원전 512년에 오나라에 의해서 멸망한다.

130) 사마천 저/ 정범진 외 옮김, 『史記世家』 상, 1994; 2008, 15쪽.

오나라의 공자 계찰이 노 양공에게 주왕실의 악무 공연을 관람하고 싶다고 청하였다. 노 양공이 악공에게 명하여 『시경詩經』[131]의 〈주남周南〉과 〈소남召南〉의 노래를 부르게 했고 그것을 들은 계찰이 이같이 평했다. "아름답습니다. 이는 백성들이 주왕조의 터전을 닦기 시작하면서 부른 것으로 아직 완성되지 않았습니다. 당시 백성들은 열심히 일하면서도 윗사람을 원망하지 않았습니다" 이어서 그를 위해 『시경』 〈패풍邶風〉·〈용풍鄘風〉·〈위풍衛風〉의 노래를 부르게 했고 그것을 들은 계찰이 이같이 평했다. "아름답습니다. 뜻이 매우 깊어 비록 근심하는 기색이 있기는 하나 어렵고 아주 가난한[困窘] 느낌이 전혀 없습니다. 내가 듣자니 '위나라 강숙康叔(주공의 동생으로 위나라에 봉해짐)과 무공武公(강숙의 9세 후손)의 덕이 이와 같았다'라고 했습니다. 이는 〈위풍〉일 것입니다" 그를 위해 〈왕풍王風〉의 노래를 부르게 했고 그것을 들은 계찰이 이같이 평했다. "아름답습니다. 근심하는 기색이 있기는 하나 두려워하는 느낌은 전혀 없습니다. 아마도 주왕조가 동쪽으로 천도한 이후의 노래일 것입니다" 그를 위해 〈정풍鄭風〉의 노래를 부르게 했고 그것을 들은 계찰이 이같이 평했다. "아름답습니다. 그런데 너무 섬세합니다. 백성들이 곤경을 견디기 힘들어하니 아마 다른 나라보다 먼저 망할 것입니다" 그를 위해 〈제풍齊風〉의 노래를 부르게 했고 그것을 들은 계찰이 이같이 평했다. "아름답습니다. 대풍大風(대국의 풍도)이 잘 드러나 있습니다. 동해 일대의 제후들을 대표하는 태공의 나라 노래일 것입니다. 나라의 운세가 한량없습니다" 그를 위해 〈빈풍豳風〉의 노래를 부르게 했고 그것을 들은 계찰이 이같이 평했다. "아름답습니다. 호탕하지 않습니다. 또한 낙이불음樂而不淫(크게 즐거워하면서도 도에 넘지 않음)하니 아마도 주공이 동쪽으로 갈 때의 노래일 것입니다" 그를 위해 〈진풍秦風〉의 노래를 부르게 하자 이같이 평했다.

131) 『시경詩經』은 풍風·아雅·송頌으로 구분되는 305수의 시를 모아 놓은 시집이다. '아'는 잔치나 연회에 쓰는 소아와 제사에 쓰이는 대아를 포함한 것이며, '송'은 민족의 영웅적인 조상의 공적을 기리는 시로 이루어져 있다.(『동양고전이 뭐길래』, 38쪽.) 계찰이 평가한 악무에는 지역의 민요인 '풍'이 많다.

"이를 두고 서방의 하성夏聲[132]이라고 부릅니다. 하성은 굉대하니 장차 정점에 이르면 그야말로 주왕실의 옛 음악과 같이 될 것입니다" 그를 위해 〈위풍魏風〉의 노래를 부르게 했고 그것을 들은 계찰이 이같이 평했다. "아름답습니다. 가벼운 듯하면서도 완곡하고, 거친 듯하면서도 부드럽고, 까다로운 듯하면서도 순하게 넘어가는 맛이 있습니다. 여기에 덕으로써 보충한다면 현명한 군주가 될 것입니다" 그를 위해 〈당풍唐風〉의 노래를 부르게 했고 그것을 들은 계찰이 이같이 평했다. "생각이 참으로 깊습니다. 도당씨(요임금) 후손의 노래일 것입니다. 그렇지 않고서야 어찌 그렇게 심원할 수 있겠습니까. 미덕을 지닌 자의 후손이 아니고서야 어느 누가 이 같은 노래를 지을 수 있겠습니까" 그를 위해 〈진풍陳風〉의 노래를 부르게 했고 그것을 들은 계찰이 이같이 평했다. "나라에 군주가 없으니 오래 갈 수 있겠습니까" 그는 〈회풍鄶風〉 이하의 노래에 대해서는 비평하지 않았다. 또 그를 위해 『시경』「소아小雅」의 노래를 부르게 했고 그것을 들은 계찰이 이같이 평했다. "아름답습니다. 우수에 젖어 있으면서도 두 마음이 없고, 원한을 품고 있으면서도 말로 나타내지 않으니 대략 주왕조의 덕이 쇠퇴해졌을 때의 노래일 것입니다. 아직 선왕의 유민들이 남아 있습니다" 그를 위해 『시경』「대아大雅」의 노래를 부르게 했고 그것을 들은 계찰이 이같이 평했다. "참으로 넓고도 화목하고 아름답습니다. 완곡하면서도 강건한 본심을 나타내고 있으니 주문왕의 덕을 칭송한 노래일 것입니다" 그를 위해 『시경』「송頌」의 노래를 부르게 했고 그것을 들은 계찰이 말하기를 "지극히 좋습니다. 강직하면서도 거만하지 않고, 완곡하면서도 비굴하지 않사오며, 가까우면서 너무 다가서지 않고, 먼 듯하면서도 이심離心 하지 않고, 움직이더라도 정도를 벗어나지 않고, 계속해도 싫증나지 않고, 애이불수哀而不愁[133]하고, 낙이불황樂而不荒[134]하고, 써도 다 쓸

132) 진秦은 원래 서융西戎의 땅에 있었으므로, '하성'은 곧 서방의 노래를 뜻한다.

133) 애이불수哀而不愁는 슬프면서도 수심에 잠기지 않음을 말한다.

134) 낙이불황樂而不荒은 즐거워하면서도 거칠거나 허황되지 않음을 말한다.

수 없고, 관후하면서도 드러내지 않고, 혜택을 베풀면서도 낭비하지 않고, 손에 넣어도 탐람하지 않고, 편히 거처하면서도 거기에 멈추지 않고, 앞으로 가더라도 마구 흐르지 않습니다.[135] 5성이 화음을 이루고 8음이 조화를 이룹니다. 가락에 일정한 법도가 있고 악기에 일정한 순서가 있으니 이는 모든 성덕을 공히 구비하고 있는 것이기도 합니다" 〈상소象箾〉[136]와 〈남약南籥〉[137]의 춤을 보고 이같이 평했다. "아름답습니다. 그러나 유감遺憾이 있는 듯합니다" 〈대무大武〉[138]의 춤을 보고 이같이 평했다. "아름답습니다. 대략 주왕조가 왕성했을 때 이와 같았을 것입니다" 〈소호韶濩〉[139]의 춤을 보고는 이같이 평했다. "성인과 같이 위대하기는 하나 아직 부족한 점이 있습니다. 성인이 되기는 어려울 듯합니다" 〈대하大夏〉[140]의 춤을 보고는 이같이 평했다. "아름답습니다. 백성을 위해 헌신하고도 이를 공으로 여기지 않으니 우왕이 아니면 누가 능히 그같이 할 수 있겠습니까" 〈소소韶箾〉[141]의 춤을 보고는 이같이 말했다. "공덕이 정점에 달했으니 위대하기 그지없습니다. 마치 하늘이 덮어 주지 않는 것이 없고 땅이 실어주지 않는 것이 없는 것과 같습니다. 수심성덕雖甚盛德(비록 매우 성대한 덕일지라도)이라도 여기에 더 보탤 수는 없을 것입니다. 이제 저는 더 이상 보지 않겠습니다. 설령 다른 춤과 음악이 또 있다 할지라도 저는 감히 다시 청하지 않겠습니다"[142]

---

135) 『논어』「팔일」의 "공자께서 말씀하시길 『시경』의 「물수리」는 즐거움이 묻어나지만 결코 흐트러지지 않고(성적 자극을 주지 않고), 슬픔이 묻아나지만 감상으로 흐르지 않는다'[子曰, '關雎」, 樂而不淫, 哀而不傷']"라는 말과 같은 맥락이다.(신정근 옮기고 풀어씀, 『공자씨의 유쾌한 논어』, 사계절, 2009, 138쪽)

136) 〈상소象箾〉는 손에 퉁소의 일종인 상소를 들고 추는 악무이다.

137) 〈남약南籥〉은 일종의 문무로 피리 반주에 맞추어 추는 악무이다.

138) 〈대무大武〉는 주나라 무왕의 악무 이름이다.

139) 〈소호韶濩〉는 상나라 탕왕의 악무 〈대호大濩〉를 말한다.

140) 〈대하大夏〉는 하나라 우왕의 악무 이름이다.

141) 〈소소韶箾〉는 곧 〈소소韶簫〉 혹은 〈소소簫韶〉로 순임금의 악무 이름이다.

142) 『春秋左氏傳』 襄公 29: 吳公子劄來聘, 請觀於周樂. 使工爲之歌〈周南〉·〈召南〉曰, "美哉! 始基之矣, 猶未也. 然勤而不怨矣"; 爲之歌〈邶〉·〈鄘〉·〈衛〉曰, "美哉! 淵乎憂而不困者也. 吾聞衛康叔·武公之德如是. 是其〈衛風〉乎"; 爲之歌〈王〉曰, "美哉! 思而不懼, 其周之東乎"; 爲

인용문의 내용으로만 보면 계찰이 악무를 감상할 때 각각의 악무공연을 요청한 후에 감상을 한 것인지, 아니면 어떤 악무인지 모르는 상태에서 감상한 후 그에 대해 평을 한 것인지 정확하지 않다. 만약 어떤 악무인지 알지 못한 상태에서 한 감상평이라면 정말 귀신같이 알아맞히는 신들린 평론가의 모습이 아닐 수 없다. 그렇지 않더라도 당시의 시대상황과 각 나라의 흥망성쇠를 모두 꿰뚫고 있는 예리한 역사가이자 예술평론가의 모습이 그려진다. 그의 평은 '樂은 정치와 크게 관련이 있다'라는 『악학궤범』「서」의 문장을 실질적으로 보여주는 실례라고 할 수 있다.

6. 중니仲尼는 공자孔子(BC 551~BC 479)의 자字다. 공자가 樂을 좋아했고 연주에도 뛰어났다는 것은 익히 알려진 일이다. 『논어』에 전하는 관련 내용들을 통해 그의 樂에 대한 애정과 생각들을 살펴보자.

> 공자가 계씨에 대해 말하기를 "〈팔일무〉를 자기 사당의 뜰에서 추게 하다니, 이런 짓을 참고 넘어간다면 앞으로 무슨 일인들 참고 넘기지 못하겠는가?"[143]

之歌〈鄭〉曰, "美哉! 其細已甚, 民弗堪也. 是其先亡乎"; 爲之歌〈齊〉曰, "美哉! 泱泱乎, 大風也哉. 表東海者, 其大公乎. 國未可量也"; 爲之歌〈豳〉曰, "美哉! 蕩乎. 樂而不淫, 其周公之東乎"; 爲之歌〈秦〉曰, "此之謂夏聲. 夫能夏則大, 大之至也. 其周之舊乎"; 爲之歌〈魏〉曰, "美哉! 渢渢乎, 大而婉, 險而易行. 以德輔此, 則明主也"; 爲之歌〈唐〉曰, "思深哉! 其有陶唐氏之遺民乎. 不然, 何憂之遠也. 非令德之後, 誰能若是"; 爲之歌〈陳〉曰, "國無主, 其能久乎" 自〈鄶〉以下, 無譏焉. 爲之歌〈小雅〉曰, "美哉! 思而不貳, 怨而不言, 其周德之衰乎. 猶有先王之遺民焉"; 爲之歌〈大雅〉曰, "廣哉! 熙熙乎. 曲而有直體, 其文王之德乎"; 爲之歌〈頌〉曰, "至矣哉! 直而不倨, 曲而不屈, 邇而不逼, 遠而不攜, 遷而不淫, 複而不厭, 哀而不愁, 樂而不荒, 用而不匱, 廣而不宣, 施而不費, 取而不貪, 處而不底, 行而不流. 五聲和, 八風平, 節有度, 守有序. 盛德之所同也"; 見舞〈象箾〉·〈南籥〉者曰, "美哉! 猶有憾"; 見舞〈大武〉者曰, "美哉! 周之盛也, 其若此乎"; 見舞〈韶濩〉者曰, "聖人之弘也, 而猶有慚德. 聖人之難也"; 見舞〈大夏〉者曰, "美哉! 勤而不德, 非禹, 其誰能修之"; 見舞〈韶箾〉者曰, "德至矣哉! 大矣, 如天之無不幬也, 如地之無不載也. 雖甚盛德, 其蔑以加於此矣. 觀止矣. 若有他樂, 吾不敢請已"(신동준 옮김, 『춘추좌전』 2, 한길사, 2006, 393~396쪽)

143) 『論語』「八佾」: 孔子謂季氏, "〈八佾舞〉於庭, 是可忍也, 孰不可忍也?"(『공자씨의 유쾌한 논

공자는 제나라에 머물 때 순임금의 〈소韶〉 樂을 감상할 기회가 있었는데, 석 달 동안(오랫동안) 고기 맛을 몰랐다고 한다. 그리고 말하기를 "樂을 감상하다가 이렇게 될 줄은 전혀 몰랐구나"라고 했다.[144)]

공자가 비평했다. "(걸핏하면) '예술(음악)이 말이야', '예술이 말이야'라고들 말하지만 그게 과연 종이나 북을 두고 말하는 것이겠는가!"[145)]

위의 인용문에 보이듯 공자는 악무 애호가였으며 또 악무에 관한 한 원칙을 철저하게 지킬 것을 요구하는 사람이었다. 특히 겉으로 보이는 화려함보다는 내용의 실질을 더 중요시했다.

첫 번째 인용문에서 공자가 계씨[146)]를 강하게 비판한 것은 다음과 같은 이유 때문이다. 〈팔일무〉는 천자의 춤으로 가로와 세로 각각 8명씩 총 64명이 줄을 지어 서서 추는 춤인데, 그런 천자의 춤을 대부大夫인 계씨가 자기 집 뜰에서 추게 하고 그것을 즐겼기 때문이다. 천자는 〈팔일무〉(8×8=64), 제후는 〈육일무六佾舞〉(6×6=36명 혹은 8×6=48명), 경卿과 대부는 〈사일무四佾舞〉(4×4=16명 혹은 8×4=32명), 사士는 〈이일무二佾舞〉(2×2=4명 혹은 8×2=16명)를 추도록 엄격하게 정해져 있는데도 말이다.

당시 노나라(BC 1046~BC 256)의 상황은 제후인 애공哀公(재위 BC 494~BC 468)보다 대부인 계손씨季孫氏·맹손씨孟孫氏·숙손씨叔孫氏가 소유한 땅이 더 많았다. 그렇다보니 군사력도 애공보다 더 강력했다. 이 때문에 천자의 악무

어』, 114쪽)

144) 『論語』「述而」: 子在齊聞〈韶〉, 三月不知肉味, 曰, "不圖爲樂之至於斯也"(『공자씨의 유쾌한 논어』, 278쪽)

145) 『論語』「陽貨」: 子曰, "… 樂云樂云, 鐘鼓云乎哉!"(『공자씨의 유쾌한 논어』, 689쪽)

146) 계씨季氏는 계손씨季孫氏의 후예로 노나라 소공昭公(BC 542~BC 510) 때의 대부였던 계평자季平子를 가리킨다.

를 자기 집에서 마음 놓고 즐기며 자신들의 세력을 과시했던 것이다. 정명正名을 강조하는 공자의 눈에 그런 상황이 곱게 보일 리가 없다. 이에 공자가 계씨를 강하게 비판한 것이다. 훨씬 뒤의 일이지만 조선은 제후국이었기에 〈육일무〉를 췄다. 지금은 물론 종묘제례宗廟祭禮[147]에서 〈팔일무〉를 춘다.

7. 『한비자韓非子』는 중국 고대 법가들의 사상과 주장이 고스란히 담겨져 있는 책이다. 한韓나라의 귀족이었던 한비韓非(BC 280?~BC 233)의 저작으로, 그는 순자의 문하에서 배운 뒤 조국 한나라의 번영을 위해 법가 사상을 대성했다. 한비자가 법가를 하나의 사상 체계로 만듦으로써, 유가·묵가·도가·음양가·명가와 나란히 이름을 올릴 수 있게 되었다.[148]

8. 『여씨춘추』는 진나라의 정치가 여불위呂不韋가 문장가 3,000명을 모아서 편찬하도록 한 것으로 총 26권이다. 『여람呂覽』이라고도 한다. 내용은 「십이기十二紀」「팔람八覽」「육론六論」으로 나누어, 「십이기」는 춘하추동 4계절을 맹猛·중仲·계季의 3기로, 「팔람」은 유시有始·효행孝行·신대愼大·선식先識·심분審分·심응審應·이속離俗·시군恃君으로, 「육론」은 개춘開春·관행慣行·귀직貴直·불구不苟·사순似順·사용士容으로 나누어 논하고 있다.[149]

---

147) 종묘제례宗廟祭禮는 조선시대의 역대 왕과 왕비의 신위神位를 봉안한 종묘에서 지내는 제사이다. 종묘제례악에 맞추어 진행된다. 종묘제례악과 종묘제례는 각각 국가무형문화재 제1호와 제56호로 지정되어 보존되고 있으며, 2001년 5월 18일 유네스코의 세계문화유산 걸작에 지정되었다. 매년 5월 첫째 일요일 종로에 위치한 종묘에 가면 종묘제례와 종묘제례악을 직접 보고 들을 수 있다.

148) 『두산백과』 18, 537쪽.

149) 『두산백과』 27, 464쪽.

3. 樂은 덕정으로 인해 좋은 평가를 받는다.

• 원문 •

한 흥 숙 손 통 수 습 어 외 신 지 여 근 득 성 의 연 어 악 즉 인 진 지 구 지 찬 묘
漢興, 叔孫通, 收拾於煨燼之餘, 僅得成儀. 然於樂, 則因秦之舊, 只撰廟
장 미 능 해 괄 본 원 시 고 문 제 유 미 황 지 어 무 제 수 유 지 이 소 찬
章, 未能該括本原.[150] 是故, 文帝, 有未遑之語.[151] 武帝, 雖有志, 而所贊
자 비 기 인 연 년 제 방 중 지 사 이 종 치 연 닐 지 사 경 방 창 육 십 지 율 이
者非其人. 延年, 製房中之詞, 而終致燕昵之私,[152] 京房, 創六十之律, 而
미 면 부 회 지 루 지 여 진 지 순 욱 장 화 진 수 지 정 역 우 홍 당 지 조 효 손 송
未免附會之陋. 至如晉之荀勗·張華, 陳·隋之鄭譯·牛弘, 唐之祖孝孫, 宋
지 화 현 진 양 막 부 대 유 기 인 이 제 기 악 연 대 췌 기 말 이 부 지 기 본 해 족 여
之和峴·陳暘, 莫不代有其人以制其樂, 然待揣其末, 而不知其本, 奚足與
어 악 도 지 묘 재 유 채 원 정 지 서 심 득 율 려 지 원 연 미 능 포 조 지 이 해 성 율
語樂道之妙哉! 惟蔡元定之書, 深得律呂之源. 然未能布爪指而諧聲律,
시 유 포 서 뢰 이 미 암 경 운 지 술 야 유 자 이 관 악 비 자 성 인 인 이 성 악 비
是猶抱鋤耒, 而未諳耕耘之術也. 由玆以觀, 樂非自成, 因人而成, 樂非
자 패 인 인 이 패 함 영 소 호 지 음 인 개 찬 지 자 시 세 옹 화 야
自敗, 因人而敗. 〈咸〉·〈英〉·〈韶〉·〈濩〉之音, 人皆贊之者, 時世雍和也,[153]
비 악 지 공 야 옥 수 후 정 화 예 상 우 의 곡 인 개 오 지 자 시 군 방 탕 야 비
非樂之功也. 〈玉樹後庭花〉·〈霓裳羽衣曲〉, 人皆惡之者, 時君放湯也, 非
악 지 죄 야
樂之罪也.

• 번역 •

한나라(BC 202~AD 220)가 흥성하자, 숙손통叔孫通[참고 1]이 불타고 남은 문헌

150) 해괄該括은 내용의 대체적인 줄거리나 요점을 간추리는 개괄槪括을 뜻한다.

151) 미황未遑은 미처 겨를이 없다는 뜻이다.

152) 연닐燕昵은 사사로이 친근한 것을 뜻한다. 여기서는 樂의 본원이 아니라 연회악과 같은 사사로운 樂으로 쓰였다는 것을 의미한다.

153) 옹화雍和는 조화롭다, 융화하다, 화목하다의 뜻이다.

과 자료들을 모아서 겨우 의례를 갖추었다. 그러나 樂의 경우에는 진秦나라(BC 249~BC 207)의 옛 樂으로 겨우 종묘의 악장만 갖추었을 뿐, 樂의 본원을 총괄하지는 못했다. 그리하여 문제文帝 시기(재위 BC 180~BC 157)[154]에 [樂을 제정할] 겨를이 없었다는 말이 전하는가 보다.[155] 무제武帝(재위 BC 156~BC 87)[156] 때에는 비록 뜻은 있었지만 [樂을] 담당한 자들이 적임자가 아니었다. [예를 들어] 이연년李延年[참고 2]은 〈방중가房中歌〉[157]를 지었지만 [그 곡은] 결국에는 사사로운 연회악으로 전락했고,[158] 경방京房[참고 3]은 60율을 만들었지만 견강부회의 좁은 식견에서 벗어나지 못했다. 진晉나라(265~316)의 순욱荀勗[참고 4]과 장화張華,[참고 5] 진陳(557~589)나라의 정역鄭譯,[참고 6] 수隋(581~618) 나라의 우홍牛弘,[참고 7] 당나라의 조효손祖孝孫,[참고 8] 송나라의 화현和峴[참고 9]과 진양陳暘[참고 10] 등에 이르기까지, 각 시대마다 그들이 제작한 樂이 없었던 것은 아니지만, 그 말단만 헤아려 갖추었을 뿐, 樂의 근본을 몰랐으니 어찌 樂의 오묘한 이치를 더불어 논할 수 있었겠는가! 오직 송나라 채원정의『율려신서』만이 율려의 근원을 깊이 체득했다. 그러나 [그 이론에 따라] 연주를 하면 성과 율이 맞지 않으니, 이것은 호미와 쟁기는 갖고 있지만 밭을 갈고 김을 매는 방법은 알지 못하는 것과 같은 것이다.[159] 이로써 보면 樂은 저절로 이루어지는

---

154) 문제文帝는 한 고조高祖의 넷째 아들로 이름은 항恒이다. 제3대 임금이다.

155)『舊唐書』28「志」8「音樂」1: 고조가 선양을 받은 후, 조효손을 이부랑중으로 발탁하고, 이어서 태상소경으로 관직을 바꾸어 점점 더 가까이 두겠다는 뜻을 보였다. 조효손은 이로 인하여 樂을 짓도록 청했지만, 그 당시에는 군사적 업무가 많아서 고치고 창제할 겨를이 없었기 때문에, 악부에서는 여전히 수나라의 옛 문장을 사용했다[高祖受禪, 擢祖孝孫爲吏部郎中轉大常少卿, 漸見親委. 孝孫由是奏請作樂, 時軍國多務, 未遑改創, 樂府尙用隋氏舊文].

156) 무제武帝는 한나라 제5대 임금이다. 경제景帝의 아들이며 이름은 철徹이다.

157) 방중房中은 내실, 규방을 뜻한다. 방중악房中樂은 주대에 새롭게 창작된 악가樂歌의 일종으로 왕비가 읊은 것에서 유래했다고 한다. 한 고조의 부인인 당산부인唐山夫人도 〈방중악〉을 지었다고 전한다.(『前漢書』22「禮樂志」2: 又有〈房中祠樂〉, 高祖唐山夫人所作也.)

158) 한나라 무제가 여러 사당을 짓자 이연년이 그 뜻에 맞춰 시곡을 짓고 규중의 가곡을 만들었는데, 뒤에 부부간의 애정을 노래하는 곡조로 변했다.(『前漢書』97 上「外戚列傳」67 上)

159)『율려신서』의 변율 이론은 그 이론에 따라 연주를 하면 성과 율이 맞지 않았으니 현실성이

것이 아니라 사람에 의해 이루어지는 것이고, 樂은 저절로 훼손되는 것이 아니라 사람에 의해 훼손되는 것이다. [황제의] 〈함지咸池〉, [제곡의] 〈오영五英〉, [순의] 〈소韶〉, [탕의] 〈호濩〉를 사람들이 모두 찬양하는 것은 당시의 세상이 화평했기 때문이지 樂의 공덕이 아니다. 〈옥수후정화玉樹後庭花〉**참고 11**와 〈예상우의곡霓裳羽衣曲〉**참고 12**을 사람들이 모두 비방하는 것은 당시의 천자가 방탕했기 때문이지 樂의 죄가 아니다.

• 해설 •

성현은 춘추전국시대의 '정위지음鄭衛之音' 이후 한나라로부터 송나라 채원정 이전까지 중원 땅에는 樂의 근본을 제대로 갖춘 올바른 樂이 제정되지 못했다며, 기나긴 역사 속에서 여러 학자들이 악무 이론을 내놓았으나 모두 그 근본은 모르고 말단만 갖추었다고 비판한다.[160]

이어서 이전의 여러 악무 이론들과 비교했을 때, 채원정의 『율려신서』만이 樂의 본원을 깊이 체득했다고 높이 평가한다. 성현이 樂의 본원을 깊이 체득했다고 높이 평가한 『율려신서』는 중국 송나라의 음악학자 채원정의 저작이다. 이 책은 1419년(세종 원년) 명나라 영락황제永樂皇帝(재위 1402~1424)의 하사품인 『성리대전』에 포함되어 조선에 들어오게 된다. 그 후 『율려신서』는 세종시기 아악을 정비할 때, 특히 율관을 개정할 때와 『아악보』를 편찬할 때, 그리고 제례악을 정비할 때 큰 영향을 주었다. 『악학궤범』 「서」 다음에 나오는 60조 이론은 채원정의 악조론을 인용한 것이다. 그만큼 『율려신서』를 높이 평가했다는 증거다. 그런데도 그의 이론을 바탕으로 하여 실제 악기를 연주해 보면 성과 율이 맞지 않는다고 지적한다. 실용성을 강조한 『악

없다고 지적한 것이다.

160) 한대부터 송대까지의 악무 양상은 양인리우 저/ 김창숙 옮김, 『중국고대음악사』, 솔, 1999, 179~675쪽 참조.

학궤범』의 모습을 잘 보여주는 대목이다.

이어서 '樂은 저절로 이루어지거나 저절로 훼손되는 것이 아니라 사람에 의해 그렇게 되는 것'이라고 강조한다. 〈함지〉·〈오영〉·〈소〉·〈호〉와 같은 악무의 경우, 당시의 시절이 태평했기에 사람들이 그 악무를 칭찬한 것이지 악무가 태평성대를 이끈 것이 아니며, 〈옥수후정화〉와 〈예상우의곡〉과 같은 악무는 당시의 지도자가 방탕했기 때문에 사람들에게 비방을 받았던 것이지 그것이 악무의 잘못은 아니라고 말한다.

이는 임금의 덕정을 요구하기 위해 예를 들어서 말한 것이지만 樂의 고유성을 인정하는 대목이라는 점에서 주목해 볼 만하다. 『삼국사기三國史記』「악지樂志」에도 "[신라 진흥왕이] 가야왕이 음탕하고 난잡하여 자멸한 것이지 음악에 무슨 죄가 있으랴? 대체로 성인이 樂을 제정함에 있어서는 사람의 정서에 따라 이를 조절하도록 한 것이므로, 나라의 태평과 혼란이 음율 곡조와 관련되는 것은 아니다"[161]라며 樂의 고유성이 강조되었다. 세조가 "옛날 진陳나라 후주後主(재위 582~589)[162]가 〈옥수후정화〉 때문에 망했다고 하지만, 당나라 태종도 또한 이 곡을 들었다"[163]라고 한 것도 같은 맥락이다.

물론 악무의 내용과 분위기가 정치와 전혀 무관한 것은 아니다. 앞에서 언급했듯이, 위정자가 나라를 어떻게 다스리느냐에 따라 덕정을 찬양하는 노래를 하거나, 악정을 비판하는 노래를 부르기 때문이다. 다만 성현은 덕정을 이루는 것은 악무가 아니라 임금이라는 것을 강조하며, 임금이라야만 서로 다른 소리들을 조화롭게 만들 수 있기 때문에 임금의 인도 여하에 따라 소리도 조화로울 수 있고, 나라도 안정될 수 있다는 것을 강조한 것이다.

---

161) 『三國史記』「樂志」: 王曰, "加耶王, 淫亂自滅, 樂何罪乎. 蓋聖人制樂, 緣人情以爲撙節, 國之理亂, 不由音調"

162) 후주後主는 진나라 선제宣帝의 적장자인 진숙두陳叔竇를 말한다.

163) 『世祖實錄』 1, 「總序」 3: 世祖曰, "昔陳後主以〈玉樹後庭花〉亡, 然唐太宗亦聽之. 且子其能止杜鵑聲乎?"

〈참고〉

1. 숙손통叔孫通(?~ BC 194 추정)은 전한 때 노나라 설薛 땅 사람이다. 유방이 천하를 차지한 뒤에 숙손통이 한나라의 예악과 조정의 의식[朝儀]을 새롭게 제정했다. 혜제惠帝 때 다시 태상으로서 종묘의법宗廟儀法을 제정했다.[164)]

2. 이연년李延年(?~BC 87)은 전한 중산 사람으로 음악가다. 한나라 무제가 사랑했던 이부인李夫人의 오빠이며, 본래 악공이었는데, 누이가 무제의 총애를 받자 협율도위協律都尉(음악을 관장하던 관리)가 되었고, 황제와 숙식을 함께 할 정도로 무제와 가깝게 지냈으나, 이부인이 죽자 이연년에 대한 무제의 총애도 옅어지더니 죄에 연좌되어 죽임을 당했다. 〈한교사가漢郊祀歌〉 19장을 지어 악부 발전에 기여했다.[165)]

3. 경방京房(BC 77~BC 37)은 한나라 사람으로 자는 군명君明이며 돈구頓邱 사람이다. 초연수焦延壽[166)]에게서 역학과 음악 이론을 수학했다. 역리易理에 통하고 음율에 밝아 격팔상생법隔八相生法으로 64괘에 맞춰 60율을 지었다.[167)]

4. 순욱荀勗(?~289)은 자는 공증公曾이고 영천영음潁川潁陰(지금의 허난 許昌市) 사람이다. 서진의 개국공신이며 음율학자, 문학자, 장서가다. 진晉나라에서 중서감을 지냈으며, 고문직인 광록대부光祿大夫에 올라 악사樂事를 관장할 때 12율적律笛을 만들었다.[168)]

---

164) 『중국역대인명사전』, 825쪽.

165) 『중국역대인명사전』, 1416쪽. 이부인에 대한 이야기는 반고 저/ 안대회 편역, 『한서열전』, 까치, 2010, 335~341쪽 참조.

166) 초연수焦延壽는 중국 전한 때의 문신으로 소황령小黃令을 지냈다. 맹희孟喜에게 『역易』을 배워 경방京房을 가르쳤다고 전한다. 『역림易林』과 『역림변점易林變占』을 저술했다.

167) 『북역 악학궤범』, 30쪽; 『중국역대인명사전』, 44쪽.

168) 『진서』「율력지」「순욱열전」; 『신역 악학궤범』, 32쪽; 『역주 악서』 4, 22쪽 각주 73.

5. 장화張華(232~300)는 진대의 학자로 자는 무선茂先이고, 범양范陽 방성方城 출신이다. 박학했고 문장이 뛰어났다. 혜제惠帝 때 태자소부太子少傳로 임명되었으나, 8왕八王의 난[169] 때에 조왕륜趙王倫에게 살해되었다. 저서로는 『박물지博物誌』 10권이 전하며, 음악에도 밝아 〈동지초세소회가冬至初歲小會歌〉 등을 지었다.[170]

6. 정역鄭譯(540~591)은 자는 정의正義, 수隋나라 문제文帝의 학우로 수나라가 선 뒤 문제의 후대를 받았다. 어려서부터 총명하여 많은 책을 두루 읽었으며, 말 타기와 활쏘기에 능했고 음율에도 밝아 후에 84조를 지었다.[171]

7. 우홍牛弘(546~611)은 수나라 순고鶉觚 출신이다. 자는 이인里仁, 시호는 헌憲이다. 성품이 너그럽고 박학다식하고 학문을 좋아한 선비였다. 역사에서 대아군자大雅君子라고 칭한다. 당나라 초 예부상서禮部尙書를 지내며, 오례를 정리하고 명당을 세웠으며 악율을 바로 잡았다.[172]

8. 조효손祖孝孫(?~624)은 당나라 범양范陽 출신으로 박학하였고 산력算曆에 뛰어났다. 수나라 개황開皇 연간(581~600)에 협률랑協律郞,[173] 당초唐初에 저작랑著作郞[174]이 되었으며, 무덕 7년(624) 황명을 받아 아악을 수정했는데, 남북 간 지역의 차이를 참작하고 고음古音을 고려하여 『대당아악』을 지었다.[175]

---

169) 진晉나라 때 일어난 내란으로 황족인 사마씨司馬氏 8명의 왕이 연루됐기 때문에 '8왕의 난'이라고 부른다.

170) 『중국역대인명사전』, 1545쪽; 『신역 악학궤범』, 32쪽.

171) 『중국역대인명사전』, 1611쪽.

172) 『중국역대인명사전』, 1221쪽.

173) 협률랑은 궁중에서 의례를 행할 때 음악연주의 시작과 정지 시점을 알려주는 직책이다.

174) 저작랑은 문서의 초안을 맡아 기록하는 직책이다.

175) 『중국역대인명사전』, 1709쪽.

9. 화현和峴(933~988)은 송나라 개봉開封 준의浚儀 사람이다. 자는 회인晦仁, 화응和凝의 아들이다. 관직은 판태상시겸 예의원사判太常寺兼禮儀院事에까지 올랐다. 음율에 정통하여 일찍이 낙양사洛陽司 천태영天台影의 표석척제表石尺制의 율려를 교정했는데, 8음이 조화를 잘 이루었다고 한다. 저서로는 『봉상집奉常集』·『비각집祕閣集』 등이 있다.[176]

10. 진양은 송나라 휘종徽宗 때(1101~1126)[177] 사람으로, 『악학궤범』에서 인용 횟수가 가장 많은 『악서』를 지었다. 『악서』는 『악학궤범』에 총 33회 인용되었다고 한다.[178] 『악서』는 1103년에 헌정되었으나, '혼란한 정치적 상황으로 인해 100년이 지나도록 간행되지 못하다가, 이 책의 진가를 알아 본 진기陳岐에 의해 1200년 목판본으로 간행된다. 우리나라에서는 1876년 목판본으로 간행되었고, 현재 국립국악원과 서울대 규장각 한국학연구원에 소장되어 있으며, 1982년 『한국음악학자료총서』 8·9·10권으로 간행되었다'[179]

11. 〈옥수후정화玉樹後庭花〉는 진陳(557~589)나라 후주後主 진숙보陳叔寶(553~604) 때의 악무다. 후주는 사치하고 놀기를 좋아하여 항상 연회를 베풀고 주색에 빠져 가무를 즐겼다고 한다. 당시 유명했던 곡이 바로 〈옥수후정화〉다.[180]

---

176) 『중국역대인명사전』, 2147~2148쪽.

177) 휘종徽宗은 북송의 제8대 황제로 형인 철종哲宗이 병사하자 즉위했다. 처음에는 신구양법新舊兩法의 균형을 취한 정치를 했었으나, 섭정을 하던 상태후尙太后가 사망(1101)한 후, 정치는 채경蔡京 등 총신들에게 떠맡기고, 자신은 태평시대를 맞아 궁정과 정원 등을 꾸미며 호사스러운 생활을 했다. 시·서·화에 뛰어난 재능을 보였고 음악 애호가였다.(김성철, 『미술대사전(인명편)』, 한국사전연구사, 1998, 523쪽)

178) 「『악학궤범』의 문헌적 연구: 인용 기사를 중심으로」, 1~65쪽.

179) 『역주 악서』 1, 12~13쪽.

180) 〈옥수후정화〉와 관련된 내용은 王克芬 著/ 차순자 역, 『중국무용사-수당오대』, 동남기획, 2002, 87쪽.

12. 〈예상우의곡霓裳羽衣曲〉은 당나라 현종玄宗(712~756)과의 로맨스로 유명한 양귀비楊貴妃(楊玉環, 719~756)와 관련이 있는 악무다. 〈예상우의곡〉의 창작과 관련된 설은 크게 두 가지로 나뉜다.[181] 첫째는 현종이 도사道士와 함께 월궁月宮에 올라가 노닐다가 선악仙樂의 소리를 듣고 인간세상으로 내려와 그 소리에 근거하여 직접 창작했다는 설이고, 둘째는 서량西涼 절도사로 있던 양경술이 현종에게 바친 서량의 악곡인 〈바라문婆羅門〉을 현종이 〈예상우의곡〉이라는 이름으로 개편했다는 설이다. 〈예상우의무〉는 현종의 애첩 양귀비가 책봉되던 날 궁정에서 연출된 적이 있으며, 양귀비도 이 춤을 잘 추었다고 전한다.[182]

---

181) 〈예상우의〉의 창작설과 관련된 내용은 여승환, 「당대 대곡 〈예상우의〉 고」『中國文學研究』 Vol.22, 한국중문학회, 2001, 148쪽. 자세한 내용은 같은 논문 148~155쪽 참조.

182) 〈예상우의〉와 관련된 내용은, 『중국고대음악사』, 352~356쪽; 『중국무용사-수당오대』, 75~85쪽; 「당대 대곡 〈예상우의〉 고」, 145~171쪽 참조.

4. 송宋·명明에 의해 조선의 아악雅樂이 갖추어지다.

• 원문 •

유 아대동 자삼한정치이래 국개유악 연악기미비 성음다결 잡
惟, 我大東,[183] 自三韓鼎峙以來,[184] 國皆有樂, 然樂器未備, 聲音多缺, 雜

어이말 비리지작 숙유정정지자 지고려중엽 송제 사태상지악 지
於夷末·鄙俚之作,[185] 孰有整正之者? 至高麗中葉, 宋帝, 賜太常之樂, 至

아조 대명석어부지장 유시경관생우금슬지기우비의
我朝, 大明錫御府之藏.[186] 由是磬·管·笙·竽·琴·瑟之器又備矣.

• 번역 •

생각건대 우리나라는 삼한이 대립한 이래로 나라마다 모두 樂을 갖추고 있었지만, 악기가 미비하고 성음이 빠진 것들이 많고, 속된 음악들과 섞여 있었으니, 누가 [그것을] 바로 잡아 정리할 수 있었겠는가? 고려 중엽에 이르러 송나라 휘종徽宗 황제(재위 1100~1125)가 [고려 예종睿宗(재위 1105~1122)[187]

183) 대동大東은 중국을 기준으로 우리나라가 동쪽에 있기 때문에 그들이 동국이라고 불렀던 것인데, 이를 우리나라에서 '큰 나라'란 뜻으로 쓴 것이다. 대동이라는 칭호가 언제부터 쓰였는지 자세히 알 수는 없으나, 16세기의 사림학자士林學者들이 쓰기 시작하여 19세기까지 사용되었다.(한국민족문화대백과사전 편찬부, 『한국민족문화대백과사전』 6, 한국정신문화연구원, 1991; 1994, 326쪽)

184) 정치鼎峙는 정립鼎立과 같은 뜻으로, 세 사람 또는 세 세력이 솥발과 같이 벌여 대치하고 있는 상태를 의미한다.

185) 비리鄙俚는 조야하고 속되다는 뜻이다.

186) 어부御府는 천자의 물건을 넣어 두는 곳이다.

187) 예종睿宗은 고려왕조 제16대 왕으로 이름은 우俁이고, 자는 세민世民이다. 일찍부터 뜻이 깊고 침착하여 도량이 넓었으며 학문을 좋아했다. 여진정벌에 힘썼고, 관학의 진흥을 꾀하였으며, 혜민국을 설치하여 빈민들을 돌보게 했다. 능은 개성에 있는 유릉裕陵이며, 시호는 문효文孝이다. 〈벌곡조伐谷鳥〉와 〈도이장가悼二將歌〉를 지었다.(국어국문학편찬위원회, 『국어

11년에] 태상악太常樂(대성아악)을 하사하셨고(1116), 우리 조정(조선 태종 6년)에 이르러 명나라의 영락황제永樂皇帝(재위 1402~1424)[188]가 소장하고 있던 악기를 하사해 주셨다(1406).[189] 이로 말미암아 경磬·관管·생笙·우竽·금琴·슬瑟의 악기 또한 갖추게 되었다.

• 해설 •

우리나라 아악의 기원은 대체로 송 휘종시기 고려 예종 때 대성아악大晟雅樂의 유입(1116)에 두고 있다. 그 내용을 간략하게 정리하면 다음과 같다.

예종 6년인 1111년 고려사신 안직숭安稷崇(1066~1135)이 송나라 휘종이 하사한 신악기와 악보 및 『지결도指訣圖』[190]를 갖고 귀국했고, 이에 대한 감사의 뜻을 전하기 위해 예종은 하례사 왕자지王字之(1066~1122)와 문공미文公美를 송나라에 파견한다. 마침 그 무렵 송나라의 대성부大晟府에서 아악을 새롭게 제정했는데, 휘종은 1116년 왕자지와 문공미가 귀국할 때 그들에게 대성아악(태상악)을 하사했던 것이다. 향악과 당악이 주류를 이루었던 고려음악사에 대성아악의 등장으로 인해 고려음악사의 새로운 지평이 열리게 된다.[191]

조선시대에도 명나라에서 아악기를 하사한다. 관련 내용은 『태종실록』에 아래와 같이 전한다.

국문학자료사전』, 한국사전연구사, 1998, 2016쪽)

188) 영락제永樂帝는 명나라 제3대 황제로 태조 주원장朱元璋의 넷째 아들이다. 건문 4년(1402) 경사京師를 함락시키고 제위에 올랐다. 22년 고비사막 북쪽 정벌에 나섰다가 돌아오는 도중 유목천楡木川에서 65세를 일기로 병사했다.(『중국역대인명사전』, 438쪽)

189) 『太宗實錄』 12 太宗 6(1406) 閏 7. 13; 『世宗實錄』 53 世宗 13(1431) 8. 17에 관련 내용이 전한다.

190) 『지결도指訣圖』는 현악기나 관악기를 연주할 때 손 짚는 법을 그림과 함께 적은 책을 말한다.

191) 송방송, 『증보 한국음악통사』, 민속원, 2007, 180쪽. 대성아악에 대한 상세한 내용은 같은 책 179~188쪽 참조.

> 임금이 신하들을 거느리고 태평관太平館으로 나아가 친히 樂을 하사 받았다. …… 명나라 예부에서 보낸 외교문서의 내용은 다음과 같다. "앞서 조선 국왕이 보낸 문서에 '종묘 · 사직에 쓰는 악기가 오래 되어 파손되었으므로 문서로 아뢰오니, 만일 허락해 주신다면 즉시 연경으로 가서 악기들을 사서 쓰도록 하겠습니다' 하여, 문서를 보고 조사를 해보니 귀국의 악기는 홍무洪武 연간年間에 태조 황제(주원장朱元璋)께서 일찍이 악기를 나누어 주었다는 것을 알았습니다. 지금은 옛날에 하사받은 것이 파손되었다고 하지만, 민간에서 만들어 파는 것이 별로 없어서 문서의 내용을 허락하기는 어렵습니다. 영락 3년 6월 초8일 이른 아침에 본부의 관원이 아뢰기를, '황제(성조成祖 주체朱棣)께서 악기를 주라고 하셨다'는 뜻을 전하였으므로, 황제의 명을 받들어 외교문서를 작성하게 하고, 완성되자 문서를 검토하고 황제께 아뢴 후 문서를 보냅니다. 박린朴麟 등에게 문서를 보내며, 동시에 악기도 가져가도록 했습니다. 귀국에 문서를 발송하여 그 내용이 맞는지 확인하는 것이 마땅하므로 알려드리는 것이니, 그 숫자를 맞춰보고 쓰도록 하시오. 보내는 것은 제사 악기로 편종編鐘 1(16개), 편경編磬 1(16편片), 금琴 4장張, 슬瑟 2상床, 생笙 2찬攢, 소簫 4관管입니다"라고 적혀 있었다.[192]

위의 사료를 통해 명나라 홍무 연간(1368~1398)에 태조 주원장이 한 번, 영락 3년(1405)에 성조成祖 주체朱棣가 한 번 조선에 아악기를 하사한 것을 확인할 수 있다.

지금으로서는 명 태조 주원장이 하사한 악기의 규모가 어떠했는지는 알 수 없지만, 세월이 흘러 그것들이 너무 오래되고 파손되어 쓸 수 없게 되었

---

192) 『太宗實錄』 12 太宗 6(1406) 閏 7. 13: ○上率百官, 詣太平館, 親受賜樂. …… 禮部咨曰: "先該朝鮮國王咨, '本國宗廟·社稷樂器損舊, 咨稟奏達, 如蒙允許, 隨後差人, 齎價赴京收買, 以備應用' 移咨到部. 查得, 本國樂器, 洪武年間, 太祖皇帝曾經頒賜, 今稱損舊, 民間別無造賣, 難準所行. 永樂三年六月初八日早, 本部官具奏, 節該奉聖旨, '樂器與他', 欽此, 已經欽遵, 移咨工部, 成造去後, 今準造完, 覆奏移咨, 差內史朴麟等, 齎奉同將樂器, 管送前去, 合行本國知會, 照數收用. 計發去祭祀樂器, 編鐘一十六箇, 編磬一十六片, 琴四張, 瑟二床, 笙二攢, 簫四管"

나보다. 그래서 명나라 황제에게 연경에 가서 악기를 구해와도 되는지 허락을 받고 구해오려고 했으나, 궁중에서 쓰는 악기를 당시 민간에서는 팔지 않았는지, 명 황제였던 성조 주체가 문서와 함께 악기를 보내준 것이다. 영락 연간에 성조 주체가 하사한 악기는 편종(1), 편경(1), 금(4), 슬(2), 생(2), 소(4)다.

앞에서 살펴본 것처럼 한국 아악의 기원은 일반적으로 대성아악의 유입에 둔다. 그러나 한흥섭은 한국의 아악이란 "한국에서 자생적으로 발원·계승되었거나 중국계(외래) 아악이 한국식으로 뚜렷하게 '창의적으로 변형'되어, 한국 궁중의 '속악을 제외한' 제사활동이나 조회 의례 등 각종 국가 의례에서 사용한 가·악·무 일체로서의 樂을 의미한다"[193]라고 주장하며, 아악을 고유명사가 아닌 보통명사로 보아야 한다며, 기존의 아악에 대한 국악계의 정설을 전면적으로 뒤엎었다.[194]

시대마다 아·속 논쟁은 적잖게 있었다. 게다가 어느 시대엔 아악이던 것이 다른 시대엔 속악으로 전락하고, 또 어느 시대엔 속악이던 것이 다른 시대엔 아악으로 선택되는 경우들이 적지 않았다.[195] 이렇게 볼 때 한흥섭의 주장은 고착된 아악의 개념을 반성적으로 살펴보았다는 점에서 의미가 있다.

---

193) 한흥섭, 『아악혁명과 문화영웅 세종』, 소나무, 2010, 20쪽.

194) 자세한 내용은 『아악혁명과 문화영웅 세종』, 14~114쪽 참조.

195) 沈冬, 『唐代樂舞新論』, 北京大學出版社, 2004, 1~17쪽 참조.

5. 세종, 신악과 정간보를 창제하다.

• 원문 •

공 유 아 세 종 대 왕　이 천 종 지 성　정 어 음 률　욕 세 종 전 지 누 습　적 거 서 생
恭惟我世宗大王, 以天縱之聖,[196] 精於音律, 欲洗從前之陋習, 適巨黍生
어 해 주　채 석 산 어 남 양　시 천 부 화 기 어 동 방　수 대 유 위 지 군　이 신 제 작
於海州, 彩石産於南陽. 是天敷和氣於東方, 授大有爲之君,[197] 以新制作
야　어 시 취 서 정 률　취 석 작 경　우 작 악 강　인 강 작 보　이 심 절 주 지 질 서　당
也. 於是取黍定律, 取石作磬. 又作樂腔, 因腔作譜, 以審節奏之疾舒. 當
시 장 악 자　지 박 연 일 인　연 연 지 소 득 토 저 이　기 유 보 어 성 산 지 만 일　불
時掌樂者, 只朴堧一人. 然堧之所得土苴耳.[198] 豈有補於聖算之萬一? 不
과 찬 조 이 이
過贊助而已.

• 번역 •

오직 우리 세종대왕께서는 하늘이 낳으신 성군으로서 음율에 정통하시어 이전의 잘못된 관례들을 없애려고 했는데, 때마침 해주海州에서 [알이 굵은] 기장이 자라고, 남양에서 고운 빛깔의 돌이 나왔다. 이것은 하늘이 동방

---

196) 천종지성天縱之聖은 왕의 성덕을 칭송하는 말로 『논어』에 보인다. 『논어』 「자한子罕」: 태재가 자공에게 물었다. "공 선생님은 성스러운 사람이 맞나요? 그렇다면 왜 그토록 재능이 많은가요?" 자공이 대답했다. "본래 하늘이 그분을 큰 성인으로 내신 것이고, 또 여러 가지 재능을 주었지요[大宰問於子貢曰, "夫子聖者與? 何其多能也?" 子貢曰, "固天縱之將聖, 又多能也" 子聞之曰, "大宰知我乎! 吾少也賤, 故多能鄙事. 君子多乎哉? 不多也]"(『공자씨의 유쾌한 논어』, 350쪽)

197) 유위有爲는 쓸모 있는, 장래성이 있는, 유망한의 뜻이다.

198) 토저土苴는 찌꺼기[渣滓], 술지게미[糟粕]를 뜻한다. 학문·서화·음악 등에서 옛사람이 다 밝혀내어 전혀 새로움이 없는 것을 비유하여 이르는 말이다. 이 말은 『장자』에 전한다. 『장자莊子』 「양왕讓王」: 참된 도는 몸을 다스리는 것이고, 그 나머지로 나라와 집안을 돌보며, 그 찌꺼기로 천하를 다스린다[道之眞以治身, 其緖餘以爲國家, 其土苴以治天下].

(우리나라)에 온화한 기운을 베풀어, 유능하신 임금에게 [기장과 채석을] 내려 주시어 그것으로 새롭게 樂을 제작하도록 한 것이다. 이에 [알이 굵은] 기장을 선별하여 12율관을 정하고, 고운 빛깔의 돌을 골라 [악기] 경磬을 만들었다. 또 樂의 곡조[腔]를 만들고[199] 그 곡조에 따라 악보를 만들어서 리듬의 속도를 표시했다. 세종 당시 樂을 담당했던 인물은 오직 박연 한 사람뿐이었다. 그러나 박연이 알고 있었던 것은 찌꺼기에 지나지 않다. 어찌 세종대왕의 계획에 만분의 일이라도 도움이 되었겠는가? 단지 보조만 했을 뿐이다.

• 해설 •

세종이 악무와 관련된 많은 업적을 이루었다는 것은 익히 알려져 있다. 더불어 박연의 업적도 간과할 수 없는 일인데, 성현은 박연의 업적을 그저 세종의 보조에 불과했을 뿐이라고 낮게 평가한다. 그러나 그것은 사실과 다르다. 이에 세종의 악무 관련 업적과 함께 박연의 업적까지 간략하게 살펴보고자 한다.

세종의 악무 관련 업적 중 높이 평가되는 것으로는 신악과 정간보 창제를 들 수 있다. 먼저 신악창제와 관련된 내용이다. 세종이 새로 창제한 신악으로는 〈봉래의鳳來儀〉·〈발상發祥〉·〈정대업定大業〉·〈보태평保太平〉 등이 있는데 모두 『세종실록』에 전한다. 세종이 신악을 창제한 이유는 『세종실록』에 "우리나라의 고취악인 〈수보록受寶籙〉·〈몽금척夢金尺〉·〈근천정覲天庭〉·〈수명명受明命〉은 모두 각각 한 가지 사적만을 노래하고, 여러 조종의 공덕의 성대함과 건국의 어려움을 형용하기에 부족하기 때문에 세종이 고취악과 향악에 기인하여 신악인 〈정대업〉·〈보태평〉·〈발상〉·〈봉래의〉를 창제했다"[200]라고

199) 『세종실록』 악보에는 강腔, 또는 강綱이 없고, 『세조실록』 악보에 6대강이 있다.(『신역 악학궤범』, 33쪽)

200) 『世宗實錄』 138 「樂譜」: 國朝鼓吹樂曰〈受寶籙〉·〈夢金尺〉·〈覲天庭〉·〈受明命〉, 皆各主一事, 未足以形容祖宗功德之盛大, 締造之艱難, 世宗因鼓吹樂及鄕樂, 創爲新樂曰〈定大業〉·〈保太

전한다. 이것들은 향악과 당악에 바탕을 두고 창제한 것으로, 당시에는 새로운 분위기를 연출했기 때문에 '신악新樂'이라고 부른 것이다. 〈봉래의〉는 〈용비어천가龍飛御天歌〉의 가사에 맞추어 만든 악무이고, 〈발상〉은 이성계李成桂(재위 1392~1398)와 그의 조상이 하늘의 명으로 상서롭고 길한 징조[祥瑞]를 받았다는 내용의 악무다. 〈보태평〉은 태평시대를 보존한다는 뜻으로, 태조太祖 이성계의 고조인 목조穆祖, 증조인 익조翼祖, 할아버지인 도조度祖, 아버지인 환조桓祖, 그리고 태조와 태종太宗(재위 1400~1418)의 문덕을 찬미한 악무다. 〈정대업〉은 대업을 이루었다는 뜻으로 목조·익조·도조·환조·태조·태종의 무공을 찬미한 악무다.

다음은 정간보에 대해 살펴보자.[201] 정간보는 〈용비어천가〉를 창제한 1445년(세종 27)과 1447년(세종 29) 6월 이전에 창안되었을 것이라고 추정되는 동양 최초의 유량악보有量樂譜다. 우물 '정井' 자처럼 생겨 정간보라는 이름이 붙었다. 음의 길이를 표기할 수 있다는 커다란 장점이 있지만 음의 높낮이를 표기할 수 없는 약점이 있다. 이후 율자보·오음약보·합자보·육보와 같은 다른 기보법과 함께 사용함으로써 그러한 약점을 보완했다.[202]

세종 때의 정간보는 32정간이다. 악보를 해독하면 32정간에 세로로 오행을 단위로 줄을 그어, 오른쪽부터 제1행은 현악기, 제2행은 관악기, 제3행은 장고, 제4행은 박, 제5행은 노래의 가사를 적어 넣어, 연주하는 악기들과 가사까지 한 눈에 볼 수 있다.

平〉·〈發祥〉·〈鳳來儀〉.

201) 정간보와 관련된 내용은 『증보 한국음악통사』, 305~308쪽.

202) 율자보는 12율명으로 음의 고저를 표시하는 문자보의 일종이고, 오음약보는 다섯 글자로 표기하는 악보로 세조가 16정간보를 창안했을 때 음의 높낮이를 표기할 수 있도록 고안한 기보법이다. 궁을 중심으로 위로 상1 → 상2 → 상3 → 상4 → 상5이고, 궁을 중심으로 아래로 하1 → 하2 → 하3 → 하4 → 하5로 기록한다. 합자보는 왼손 짚는 법, 오른손의 탄법, 줄이름, 괘의 순서 등을 표시하는 글자들의 약자를 모아서 만든 기보법이다. 육보는 악기의 소리를 흉내 내어 소리 나는 대로 적은 구음으로 만든 기보법이다.

이제 박연에 대해 살펴보자. 세종은 아악을 정비하기 위해 편경을 제작하라고 박연에게 명한다. 예부터 편경은 온도나 습도에 영향을 받지 않아 모든 악기를 조율하는 데에 쓰인 중요한 악기다. 편경은 송나라의 대성아악이 들어올 때 처음 유입되었는데, 이후 세월이 흐르면서 망가졌고 그럴 때마다 중국에서 가져오는 일이 쉬운 일이 아니었기에 세종은 편경을 직접 제작하기로 마음먹는다. 그런데 악기로 제작할 수 있을 정도로 쓸 만한 돌을 찾지 못했다. 어떻게 하면 좋은 돌을 구할 수 있을까 고심하던 중, 드디어 1425년 경기도 남양 지역에서 소리가 맑은 경석이 발견되었다는 소식이 전해진다. 이에 세종이 박연에게 그 경석으로 편경을 만들라고 명한다. 본문에서 남양에서 채석이 나왔다고 한 때가 바로 이 때다.

또 박연은 해주의 거서로 황종 율관을 제작하기에 이른다. 그러나 그 소리가 중국의 종경 소리보다 음고가 약간 높아 다시 밀랍蜜蠟[203]으로 기장 모양의 낟알을 만들어서 낟알 한 알을 1분, 낟알 열 알을 1촌으로 하여 9촌의 황종 율관을 만든다. 이 황종 율관에 밀랍으로 만든 기장 낟알 1,200알을 넣으니 딱 맞았고, 중국 악기의 황종 율관 소리와 같았다. 이렇게 만든 황종 율관으로부터 삼분손익을 반복하여 12율관을 만들고, 그 음율에 맞춰 편경도 제작한다. 수많은 과정을 거쳐 제작된 편경은 세종 15년(1433) 1월 1일 근정전에서 아악을 연주할 때 처음 그 모습을 드러낸다. 잠시 1433년 1월 1일 경복궁의 근정전으로 가보자.[204]

---

203) 밀랍蜜蠟은 벌집을 만들기 위하여 꿀벌이 분비하는 물질로 누런 빛깔을 띠며 상온에서 단단하게 굳는 성질이 있다.

204) 이하는『세종실록』에 전하는 1433년 1월 1일자의 내용을 재구성한 것이다.『世宗實錄』59 世宗 15(1433) 1. 1: 知申事鄭欽之等問堧日, "形制聲音, 何所取法?" 堧日, "形制則一依中朝所賜編磬, 聲音則臣自制十二律管, 協而成之" 諸代言誚堧日, "捨中國之音, 自制律管可乎?" 皆以爲誕妄. 堧具書以啓日, "今造編磬, 形制則一依中國, 聲音則中國之磬大呂刻標者, 其聲反出於大蔟, 蕤賓刻標者, 其聲反高於林鐘, 夷則同於南呂, 應鐘下於無射. 當高者反下, 當下者反高, 恐非一代制作之器. 若依此而制, 則決無諧協之理, 故謹依中國黃鐘之聲, 以制黃鐘之管, 因而損益, 以成十二律管, 吹以協律, 據此而製"

정흠지: "모양의 제도와 성음의 법을 어디에서 취했습니까?"

박 연: "모양은 한결같이 중국에서 내려 준 편경에 의거한 것이고, 성음은 신이 스스로 12율관을 만들어 그것과 합치되도록 만들었습니다"

대신들: "중국의 음을 버리고 스스로 율관을 만드는 것이 옳은 일입니까?"

박 연: "모양은 모두 중국의 것에 따랐으나 성음은 중국의 편경 소리가 제각각으로 맞지 않아 한 시대에 제작한 악기가 아니라고 생각했기 때문에 삼가 중국의 황종 소리에 의거하여 황종 율관을 만들고 12율관을 만든 후 불어서 음율에 맞추고 이에 근거하여 편경을 만든 것입니다"

세 종: "중국의 경은 과연 [소리가] 조화를 이루지 못하는데, 지금 만든 경은 옳게 된 것 같다. 경석을 얻은 것이 이미 한 가지 행운인데, 지금 소리를 들으니 또한 매우 맑고 아름다우며, 율을 만들어 음을 비교한 것은 뜻하지 아니한 데서 나왔으니 내가 매우 기쁘구나. 다만 이칙 1매 소리가 약간 높은 것은 무엇 때문인가?"

박 연: " …… "

"가늠한 먹을 다 갈지 않았기 때문인 듯합니다 …… "

이렇게 말하고 물러가서 남아 있는 먹을 갈아 없애고 다시 연주해보니 그제야 소리가 바르게 되었다고 한다. 박연의 악기에 대한 깊은 조예와 세종의 절대음감을 보여주는 역사적인 장면이다.[205] 이와 같은 내용으로 볼 때, 박연이 알고 있는 것이 찌꺼기에 불과하고, 세종이 음악적 업적을 이루는 데 별 도움을 준 것이 없다고 한 박연에 대한 성현의 평가는 적절하지

205) 세종의 음악 업적에 대해서는 문숙희, 「세종 창제 新樂은 어떤 음악인가?: 정대업·보태평·발상에 한하여」『공연문화연구』 Vol.26, 한국공연문화학회, 2013, 5~39쪽; 김세종, 「세종조 『율려신서』의 유입과 아악정비에 미친 영향」『호남문화연구』 Vol.51, 전남대학교 호남학연구원, 2012, 1~39쪽; 남상숙, 「조선전기 음악사 연구의 성과와 나아갈 방향」『韓國音樂史學報』 Vol.30, 한국음악사학회, 2003, 77~110쪽 등이 있으며, 박연의 율관제작과 관련해서 송방송, 「박연의 율관제작과 악기제조」『한국예술종합학교 논문집』 Vol.3, 2000, 241~302쪽 참조.

않은 것으로 여겨진다.[206)]

206) 이혜구는 "박연의 공에 대한 과소평가는 박연이 세주를 섣기려하지 않고, 단종을 섬겼기 때문인 듯하다"라고 하였다.(『신역 악학궤범』, 34쪽 각주 32)

6. 세조, 종묘제례악과 정간보를 수정하다.

• 원문 •

세조대왕 우정어악 다제가곡 우능찬정사악 이천어묘 기작성지방
世祖大王, 尤精於樂, 多製歌曲, 又能撰定祀樂, 以薦於廟. 其作成之方,
휼추선지이위지 고기시무찬조지자 시가탄야
遹追先志而爲之.[207] 顧其時無贊助之者, 是可嘆也.

• 번역 •

세조대왕은 한층 더 樂에 정통하시어 가곡을 많이 지었고, 또 제사악을 짓기도 했으며, 고쳐서 종묘에서 연주할 수 있도록 했다.[208] 그 제작 방법은 선왕의 뜻을 따르고 계승하여 만든 것이다. 돌이켜 생각해보니 그 당시 도와준 이가 없었던 것이 한탄스럽다.

• 해설 •

세조(세종의 둘째 아들)도 세종 못지않은 음악적 업적을 이룩한다. 종묘제례악을 재정비하고 새 기보법을 창안했으며 향악 선법의 이론을 정립한다.[209]

세조는 무인의 기질을 타고났지만 음악적 재능도 뛰어났다. 『세조실록』

---

207) 휼추遹追는 따르고[遵循], 계승한다는 뜻이다.

208) 세조는 왕자로 있을 때, 세종의 명을 받아 어머니 소혜왕후昭惠王后 심씨沈氏의 명복을 비는 〈석보상절釋譜詳節〉을 지었고, 세조 9년(1464)에는 세종 때 지은 〈보태평〉과 〈정대업〉을 고쳐 종묘와 원구에 썼다.(『신역 악학궤범』, 34쪽)

209) 이와 관련해서 송방송, 「世祖朝 音樂業績의 歷史的 照明」『韓國學報』 Vol.13 No.3, 일지사, 1987, 69~96쪽 참조.

에 전하는 기록에 의하면,[210] 어느 날 세종이 세조에게 임영 대군(세종의 넷째 아들)과 함께 향금鄕琴을 타보라고 하자, 세조는 배우지 않았는데도 능숙하게 연주했다고 한다. 뿐만 아니라 가야금도 잘 탔으며, 피리를 부는 솜씨도 보통이 아니었다고 하니, 세조는 무인의 자질과 예술가의 재능을 두루 갖춘 팔방미인이었던 것 같다.

한편, 어느 날 세조가 악사에게 피리로 계면조界面調를 연주하게 하자 안평대군(세종의 셋째 아들)이 "樂이란 애련하면서도 마음을 상하게 하지 않는 것을 귀하게 여기는데,[211] 형님은 어찌하여 계면조를 쓰십니까?"라며 걱정스럽게 묻자, 세조는 "옛날 진나라 후주가 〈옥수후정화〉 때문에 망했다고 하지만, 당나라 태종도 또한 이 곡을 들었다"[212]라며 樂의 고유성을 강조한다. 세조는 "고요하면서도 능히 당겨서 끌고, 약하면서도 능히 강한 것을 이기고, 낮아도 범하지 못하며, 태극을 보유하고 지극한 도를 함축하며 조화를 운용하는 것이 곧 樂의 공효이다"[213]라며, 악학에도 밝은 모습을 보여주었다.

이렇듯 세조는 樂에 조예가 깊었기 때문에 세종 때 지은 〈정대업〉과 〈보태평〉을 고쳐 종묘와 원구에 쓰도록 만들 수 있었고,[214] 세종이 만든 32정간보를 16정간보로 고칠 수 있었다. 16정간을 다시 3·2·3·3·2·3, 즉 6개의 부분으로 나누어 이를 6대강六大綱이라고 불렀다. 16정간보는 『세조실록』 악보·

---

210) 이하는 『세조실록』 1권 총서 3번째 기사의 내용을 재구성한 것이다.

211) 『論語』 「八佾」: 樂而不淫, 哀而不傷.

212) 『世祖實錄』 1 「總書」: 昔陳後主以〈玉樹後庭花〉亡, 然唐太宗亦聽之. 且子其能止杜鵑聲乎?

213) 『世祖實錄』 1 「總書」: 靜能引, 弱勝强, 卑莫犯, 保太極, 蘊至道, 運造化, 樂之功也.

214) 『世祖實錄』 31, 世祖 9(1463) 12. 11: 임금(세조)은 세종이 지은 〈정대업〉·〈보태평〉 악무의 가사 글자 수가 많아서 제사를 지내는 사이에 다 연주하기가 어려웠기 때문에 그 뜻만 따라서 간략하게 고치고, 교천郊天의 악무도 아울러 정했다[上以世宗所制〈定大業〉·〈保太平〉樂舞·歌詞句數多. 凡祭數刻之間, 難以盡奏, 故師其意而略制之, 并定郊天樂舞]. 세조의 음악업적에 관해서 「세조조 음악업적의 역사적 조명」, 송방송, 「『朝鮮王朝實錄』의 音樂記事索引(3)-文宗·端宗·世祖·睿宗」 『人文研究』 Vol.9, 1987, 351~405쪽 참조.

『금합자보』·『양금신보』·『대악후보』 등에 사용되었다. 지금도 궁중음악은 정간보에 율자보를 넣어서 사용하고 있으며, 세종대의 1행 32정간이 세조대에 1행 16정간으로 바뀌었다가 현행에 이르러 1행 20·16·12·10·8·6·4정간 등으로 바뀌어 다양하게 쓰이고 있다고 한다.[215)]

215) 정화순, 「정간보 1행 정간수井間數의 변천에 관한 연구」, 『국악원논문집』 제24집, 국립국악원, 2011, 237~283쪽. 이 논문은 1행 16정간 6대강으로 이루어진 세조식 보법이 어떤 과정을 거쳐 오늘에 이르게 되었는지 그 중간 과정에 대하여 상고했다.

7. 성종 24년(1493),『악학궤범』이 완성되다.

• 원문 •

今我殿下, 以聖繼聖, 仰遵成憲, 發前聖所未發. 興禮樂於大平, 此其時矣. 樂院所藏儀軌及譜, 年久斷爛,[216] 其幸存者, 亦皆疎略·訛謬, 事多遺闕. 爰命武靈君[臣][217]柳[子光]暨[臣俔], 與主簿[臣]申[末平], 典樂[臣]朴[棍], [臣]金[福根]等, 更加讎校.[218] 先言作律之原, 次言用律之方及夫樂器·儀物形體·制作之事, 舞蹈綴兆[219]·進退之節, 無不備載. 書成名曰,『樂學軌範』.

• 번역 •

지금 우리 전하[성종]께서는 성군으로서 성군을 이어서 기존의 법율과 제도를 따르고 준수하며, 앞의 성군들이 미처 이루지 못하신 것을 이루었다.

---

216) 단란斷爛은 갖추어져 있지 않다, 불완전하다, 모자라다의 뜻이다.

217)『악학궤범』의 본문보다 작은 글씨로 적힌 세주는 괄호([ ]) 안에 넣어 본문과 구분하였다. 이하 동일하다.

218) 수교讎校는 글이나 책을 다른 것과 대조하여 교정하는 것을 뜻한다.

219) 정현鄭玄(127~200)은 "'철綴'을 보조를 밟아가는 무용수들 사이의 간격이 성글고 조밀한 정도라고 하였고, '조兆'는 춤사위가 미치는 범위를 말한다"라고 했다. 또한 왕부지王夫之(1619~1692)는 "행철行綴은 무용수들이 서로 밟아 나가는 수數로, 사람이 적으면 간격이 멀고 사람이 많으면 간격이 가깝다. 백성이 편안하면 무용수들이 많으니 백성을 불러들임이 성대함을 상징한다"라고 했다.(『樂記集釋』 2, 366; 370쪽)

태평시절에 예악을 일으킨다고 했으니 지금이 바로 그때다. 장악원에 소장되어 있던 의궤와 악보가 오래되어 완전히 갖추어져 있지 않고, 요행히 남아있는 것들도 또한 모두 소략하고 오류가 있으며 빠진 것들이 많다. 이에 무령군武靈君 유자광 및 성현, 주부主簿 신말평, 전악典樂 박곤과 김복근 등에게 명하여 [빠진 것을] 추가하고 [오류가 있는 것은] 교정하라고 명했다. 먼저 율관을 제작하는 원리를 말하고, 다음은 율을 쓰는 방법 및 악기와 의물의 형체와 제작하는 일을 말하고, 무용수들의 춤자리와 대형[綴兆] 및 등장하고 퇴장하는 절차에 이르기까지 기재하지 않은 것이 없다. 책이 완성되어 『악학궤범』이라고 이름하였다.

• 해설 •

『악학궤범』을 편찬하게 된 이유는 바로 '장악원에 소장되어 있는 의궤와 악보가 오래되어 완전하지 않고 남아 있는 것들도 소략하고 오류가 있고 빠진 것이 많기 때문'이라고 밝힌다. 이어서 『악학궤범』의 구성 체계를 나열했다. 율관 제작의 원리, 율 쓰는 법, 악기와 의물의 형체와 제작법, 무용수들의 춤추는 공간과 움직임의 절차 및 등퇴장까지 기재하지 않은 것이 없다고 했다. 실제 『악학궤범』에는 악론부터 악기편성과 연주절차, 악기제작과 연주법, 춤종목과 연출 방식, 의상과 소품 등이 그림과 함께 일목요연하게 설명되어 있다. 조선초기의 제사악, 연향악 등의 악무 양상, 악기의 모양과 문양 및 제작법, 연향의 순서와 연출 양식, 복식의 색깔과 치수 등등(악기 61종, 음악 20여 곡, 춤 30여 종, 의상과 소품 70여 종) 세세하게 기록하지 않은 것이 없다. 그야말로 '궤범'이라는 이름에 걸맞는다. 이 책 덕분에 오늘날에도 당시의 연향에 쓰였던 악기를 제작하고 음악 및 춤을 재현할 수 있는 것이다.

8. 樂의 근본은 5음과 12율이다.

• 원문 •

신 절유 부오음 십이율 악지본야 물생유정 정발위음 음유오이분
[臣]竊惟, 夫五音·十二律, 樂之本也. 物生有情, 情發爲音. 音有五而分
배어오행 인관지장단 이유성지청탁 율유십이 이분배어십이월 음여
配於五行, 因管之長短, 而有聲之淸濁. 律有十二, 而分配於十二月, 音與
율상협 상하손익 이기용무궁 이우어팔자지기 막불개연
律相協, 上下損益, 而其用無窮. 以寓於八者之器, 莫不皆然.

• 번역 •

[신이] 생각해보니 5음과 12율은 樂의 근본이다. 사물이 있으면 [사람에게] 감정이 생기고, [그] 감정이 드러나서 음이 된다.[220] 음에는 다섯(궁·상·각·치·우)이 있어서 오행(목·화·토·금· 수)에 분배된다. 관은 길고 짧음으로 인하여 소리의 맑음(높은 음)과 탁함(낮은 음)이 있게 되고, 율에는 12율이 있어서 열두 달에 분배되고, 음과 율이 서로 화합하여 위아래로 덜고 더하니 그 쓰임이 무궁하다. 이로써 8가지 악기[221]에 쓰이니 모두 그렇지 않은 것이 없다.

---

220) 「악기」의 "대체로 음이 일어나는 것은 인심에서 말미암아 생긴 것이며, 인심이 움직이는 것은 물이 그렇게 만든 것이다[凡音之起, 由人心生也. 人心之動, 物使之然也]"라는 말과 같은 의미이다.

221) '8음'은 여덟 가지의 재료로 만든 여덟 종류의 악기에서 나는 소리이며, 악기를 지칭하기도 한다. 『서경』「순전」의 "사해에서는 8음의 악기를 그쳐 조용히 하였다[四海遏密八音]"라는 구절에 대해 공영달은 "8음은 쇠·돌·실·대나무·박·흙·가죽·나무를 재료로 하여 만든 악기이다[八音, 金·石·絲·竹·匏·土·革·木]"라고 풀이했다.(『서경집전』 상, 57쪽) 또한 『주례』「춘관·대사」의 "모두 8음인 쇠·돌·흙·가죽·실·나무·박·대나무로 만든 악기로써 퍼뜨린다[皆播之以八音, 金·石·土·革·絲·木·匏·竹]"라는 구절에 대한 정현은 "쇠로는 큰 종[鏞]과 작은 종[鎛]을 만들고, 돌로는 경쇠를 만들고, 흙으로는 훈을 만들고, 가죽으로는 고鼓와 도鞀를 만

• 해설 •

5음(궁·상·각·치·우)과 12율(황종·대려·태주·협종·고선·중려·유빈·임종·이칙·남려·무역·응종)은 樂의 근본이며, 5음은 오행(木·火·土·金·水)에, 12율은 열두 달에 분배된다는 것, 그리고 위와 아래로 덜고 더하는 삼분손익의 쓰임은 끝이 없고, 그것은 8음의 악기(쇠金·돌石·실絲·대竹·박匏·흙土·가죽革·나무木)와 짝하며, 모두 이치에 들어맞는다고 했다. 이 내용은 앞의 〈『악학궤범』 악론에 들어가기 전에〉에서 언급한 것으로, 모두 본문에서 자세하게 다룰 내용이므로 상세한 설명은 생략한다.

들고, 실로는 금琴과 슬瑟을 만들고, 나무로는 축柷과 어敔를 만들고, 박으로는 생笙을 만들고, 대나무로는 관管과 소簫를 만든다[金, 鐘·鎛也; 石, 磬也; 土, 塤也; 革, 鼓·鞀也; 絲, 琴·瑟也; 木, 柷·敔也; 匏, 笙也; 竹, 管·簫也]"라고 덧붙였다.

9. 노래[歌]는 율에 화합하고 춤[舞]은 리듬[節]을 실현한다.

• 원문 •

가 소이영언이화어율 무 소이행팔풍이성기절 시개취법호천야 비경
歌, 所以永言而和於律, 舞, 所以行八風而成其節. 是皆取法乎天也, 非經
영어사지야 득천지지중화 즉정이획기소여 혹실기중화 즉인심음일
營於私智也. 得天地之中和, 則正而獲其所如, 或失其中和, 則人心淫溢
이추사 어시이변득이모기진 사청득이탈기본 이군 민 사 물지분란의
而趨邪. 於是二變得以耗其眞, 四淸得以奪其本, 而君·民·事·物之分亂矣.
연성지유변 청 유음식지유함 담 불가전용대갱 현주지미 사정성상
然聲之有變·淸, 猶飮食之有鹹·淡, 不可專用大羹·玄酒之味,[222] 使正聲常
위지주이능득이제변 불패중화지기즉가야
爲之主而能得以制變, 不悖中和之氣則可也.

• 번역 •

노래는 말을 노래로 부르며 율과 조화를 이룬 것이고, 춤은 8음에 맞춰 움직이며 그 리듬(절주)을 실현한 것이다. 그것은 모두 하늘을 본받은 것이지 개인의 사사로운 꾀로 만든 것이 아니다. 하늘과 땅의 중화에 들어맞게 하면 올바르기 때문에 옳은 것을 얻지만, 중화에 들어맞지 않으면 사람의 마음이 방종[淫溢]해져서 옳지 않은 것을 따르게 된다. 그래서 [궁·상·각·치·우 외에] 2변(변치·변궁)을 쓰면 그 참된 근본을 해치고, [12율 외에] 4청성(황종·대려·태주·협종)을 쓰면 그 근본을 잃게 되므로, 임금[君]과 백성[臣], 일[事]과 사물[物]의 분별이 어지러워진다. 그러나 소리에 변성과 청성이 있는 것은

---

222) 대갱大羹은 세사를 지낼 때 쓰는 고깃국으로 소금과 양념을 전혀 하지 않은 것이다. 현주玄酒는 제사를 지낼 때 술 대신 쓰는 맑은 물을 일컫는다.

마치 음식에 짜고 싱거운 맛이 있고, 오로지 간을 하지 않은 국과 술, 맑은 물만 사용하지 않듯이, 정성正聲이 항상 주가 되어서 변성을 제어할 수 있게 한다면 중화의 기에 어긋나지 않으므로 괜찮다.

• 해설 •

노래는 율과 조화를 이루고 춤은 8음에 맞춰 움직이며 리듬을 실현하는 것이라고 했다. "무舞, 소이행팔풍이성기절所以行八風而成其節"은 또 '춤은 8풍에 맞춰 움직이며 그 리듬을 이룬다', '춤은 8풍에 따라 움직이며 절기를 고르게 한다'라는 해석도 가능하다.

『춘추좌씨전春秋左氏傳』에 "춤[舞]은 8음을 가락으로 삼아 8풍을 행하는 것"[223]이라고 했고, 『예기』「악기」에는 "8풍은 12율에 따라 어지럽지 않다"[224]라고 했다. 또 진양의 저작인 『악서』에는 "정북풍은 황종의 율에 따르니 황종은 동지의 기운이고, 북동풍은 대려와 태주의 율에 따르니 대려와 태주는 대한·계칩(경칩)의 기운이고, 정동풍은 협종의 율에 따르니 협종은 춘분의 기운이고, 남동풍은 고선·중려의 율에 따르니 고선과 중려는 곡우·소만의 기운이고, 정남풍은 유빈의 율에 따르니 유빈은 하지의 기운이다"라며,[225] 8풍·12율·절기가 감응관계에 있는 것으로 설명되어 있다.

이로써 보면 '춤이 8풍을 행하여 절기를 고르게 한다'라고 이해할 수 있다. "8방의 바람이 12율이 도는 것과 같으면 순한 기가 응하고 화한 樂이

---

223) 孔穎達 疏, 『春秋左氏傳』 隱公 5年: 舞, 所以節八音而行八風. 남기현 옮김, 『춘추좌전』 上, 자유문고, 2003, 70쪽에는 "춤은 8음을 조절하여 8풍을 행하는 것"이라고 풀이했다.

224) 『禮記』「樂記」: 八風, 從律而不姦.(『동양의 음악사상 악기』, 157쪽)

225) 『樂書』 104 「樂圖論」: 正北之風, 從黃鐘之律, 而黃鐘, 冬至之氣也, 東北之風, 從大呂·太蔟之律, 而大呂·太蔟, 大寒·啓蟄之氣也, 正東之風, 從夾鐘之律, 而夾鐘, 春分之氣也, 東南之風, 從姑洗·仲呂之律, 而姑洗·仲呂, 穀雨·小滿之氣也, 正南之風, 從蕤賓之律, 而蕤賓, 夏至之氣也.(『역주 악서』 4, 148쪽)

일어나서 정성正聲에 이른다"[226]라고 했듯이, 춤은 8음의 리듬에 맞춰 8풍의 방향으로 움직이며 절기를 고르게 하며 음양의 조화를 이루고 있는 것을 형상화하고 있는 것이라고 해석해 볼 수 있다. 결국 춤은 자연의 법칙에 따라 움직이며 천지의 조화를 형상하고 있는 것이다. 원문의 "舞, 所以行八風而成其節"은 이러한 의미를 모두 포함하고 있으나, 언급했듯이 "가歌, 소이영언이화어율所以永言而和於律"을 노래는 율과 조화를 이룬 것이라며 실천적으로 접근해서 풀이했기 때문에, 춤도 8음에 맞춰 움직이며 그 리듬(절주)을 실현한 것이라고 실천적인 의미로 풀이했다.

이어지는 내용에서 '2변'은 변치와 변궁을 말하며, '4청성'은 한 옥타브 높은 청황종·청대려·청태주·청협종을 말한다. 내용의 요지는 2변이나 4청성 같은 변성과 청성을 쓰면 근본을 잃어버리므로 쓰지 않는 것이 바람직하지만 정성을 위주로 하고 변성이나 청성을 최소한으로 제어하면서 쓰면 중화의 기에 어긋나지 않기 때문에 사용해도 무방하다는 것이다.

226) 『樂書』 104 「樂圖論」: 八方之風, 周於十二律如此, 則順氣應之, 和樂興而正聲格矣.(『역주 악서』 4, 148쪽)

10. 조선의 樂에는 아악·당악·향악이 있다.

• 원문 •

我國之樂有三, 曰雅, 曰唐, 曰鄕. 有用於祭·祀者, 有奏於朝會·宴饗者, 有習於鄕黨俚語者. 其大要不過七均·十二律之用也. 夫才之能否不一, 故其知樂有難易. 妙於手者,[227] 或迷於節, 能於節者, 或失其原. 知一隅者雖多, 而能無該曉暢者蓋寡, 甚矣, 樂之爲難也! 好音過耳, 而便滅滅則無迹. 猶影之有形而聚, 無形而散也. 苟能有譜, 則可知緩急, 有圖, 則可辨形器, 有籍, 則可知施措之方. 此(臣)等所以不揆鄙拙而撰之也. 弘治六年癸丑八月上澣,[228] 資憲大夫禮曺判書兼同知春秋館事世子右賓客(臣)成(俔)謹序.

• 번역 •

우리나라의 樂에는 세 가지가 있다. 아악·당악·향악이다. [다시 말하면] 제사에 쓰는 것이 있고(아악), 조회와 연향에서 연주하는 것이 있고(당악), 민간에서 쓰는 말로 익힌 것이 있다(향악). 그것들의 주요 요지는 7균[229] 12

227) 수手는 손, 손가락, 팔의 뜻으로 쓰이는데, 여기서는 솜씨, 기량의 뜻이다. 이어서 장단을 말했기 때문에 악기 연주의 기량으로 풀이했다.

228) 상한上澣은 상순上旬으로 한 달 가운데에서 초하루부터 초열흘까지의 사이를 말한다.

229) 7균 12율에서 '균'은 주음을 가리킨다. 이 용어는 12장에 많이 등장한다. 예를 들어 "이칙

율을 쓰는 것에 불과하다. 대개 재능은 재능이 있는 사람과 없는 사람의 차이가 있으므로, 樂을 터득하는 데에 쉬운 것도 있고 어려운 것도 있는 것이다. [예를 들면] 연주를 절묘하게 잘하는 자가 장단에 어두울 수도 있고, 장단에 능한 자가 근본을 잊어버리는 수도 있다. 일부를 아는 자는 비록 많지만 모조리 환하게 꿰뚫고 있는 자는 대체로 적으니, 심하구나 樂의 어려움이! 좋은 음악도 귀를 스쳐 지나가면 곧 사라져 흔적조차 없어진다. 마치 그림자가 형체가 있으면 모이고 형체가 없으면 흩어지는 것과 같다. 적어도 악보가 있으면 [음의] 느리고 빠른 것을 알 수 있고, 그림이 있으면 형식과 악기를 구별할 수 있고, 기록이 있으면 시행하는 방법을 알 수 있다. 이것이 신 등이 비루하고 어리석음에도 이 책을 지은 이유이다. 홍치(1488~1505) 6년(1493) 계축 8월 상한上澣 자헌대부資憲大夫[230] 예조판서禮曹判書[231] 겸 동지춘추관사同知春秋館事[232] 세자우빈객世子右賓客[233] 신 성현이 삼가 서문을 쓰다.

• 해설 •

우리나라에는 아악·당악·향악이 있는데 각각 그 쓰임이 다르며, 樂이 너무 어려워서 모두 꿰뚫고 있는 자가 드물다고 토로한다. 이어서 樂은 시간예술의 한계로 시행한 후엔 사라지기 때문에 그것의 악보와 형식 및 악기의 그림, 그리고 관련 기록을 남겨 후대에도 시행하는 방법을 알 수 있도

균을 한 번 연주하는 것을 황종위각이라 하고, 임종균을 두 번 연주하는 것을 태주위치와 고선위우로하면…"에서 이칙균은 이칙을 주음으로 한다는 것이고, 임종균은 임종을 주음으로 한다는 뜻이다.

230) 자헌대부資憲大夫는 정2품 문무관의 품계다.

231) 예조판서禮曹判書는 육조六曹의 하나인 예조의 으뜸 벼슬로 품계는 정2품이다. 육조는 이조吏曹·호조戶曹·예조禮曹·병조兵曹·형조刑曹·공조工曹를 말한다.

232) 동지춘추관사同知春秋館事는 춘추관春秋館의 종2품 벼슬이다.

233) 세자우빈객世子右賓客은 세자의 교육을 맡아보던 세자시강원世子侍講院의 정2품 문관 벼슬이다.

록 하는 것이 편찬의 궁극적인 목적임을 밝힌다.

이상 樂의 기원으로부터 시작하여 송·명 시기에 조선의 아악이 갖추어졌고, 세종 시기에 신악과 정간보가 창제되었으며, 세조 시기에 종묘제례악과 정간보가 수정되었고, 성종 시기에 『악학궤범』이 완성되었다는 내용 및 樂의 근본인 5음과 12율에 대해 살펴보았다.

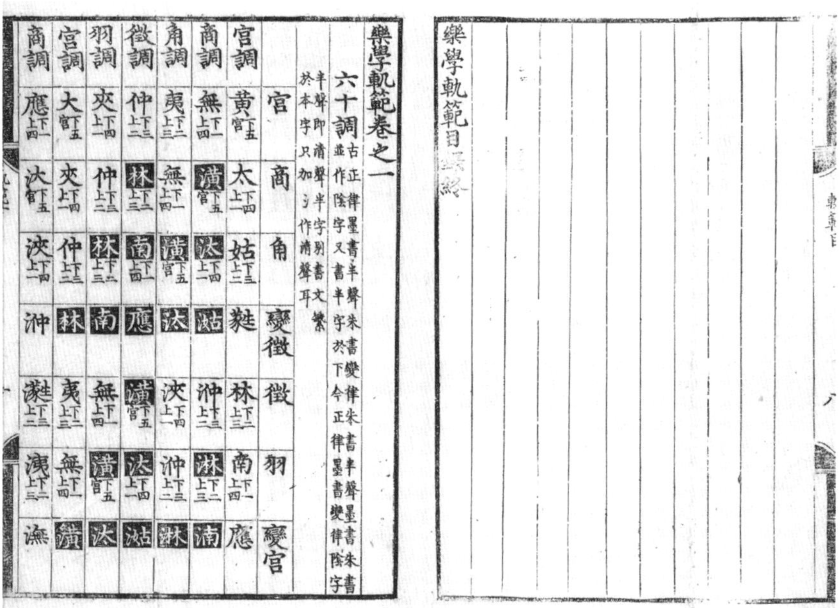

〈그림 4〉『樂學軌範』六十調

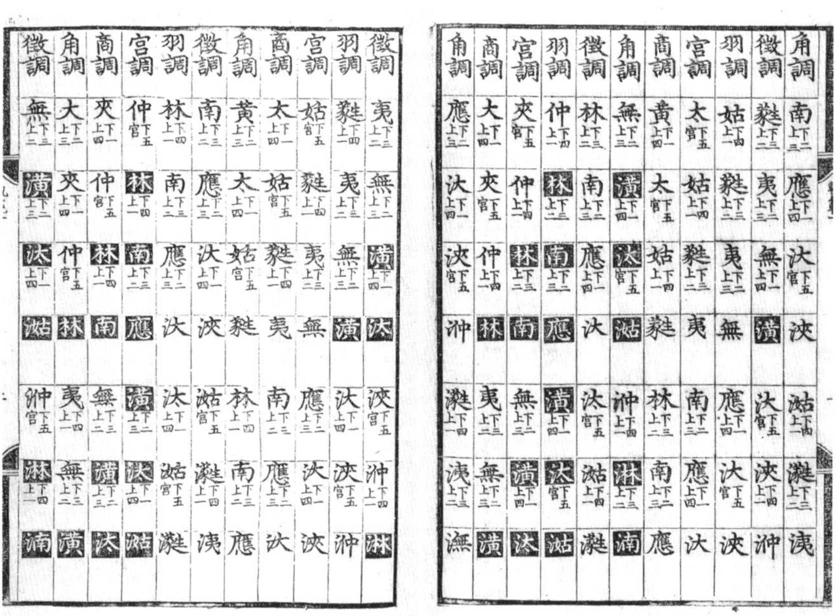

〈그림 5〉『樂學軌範』六十調

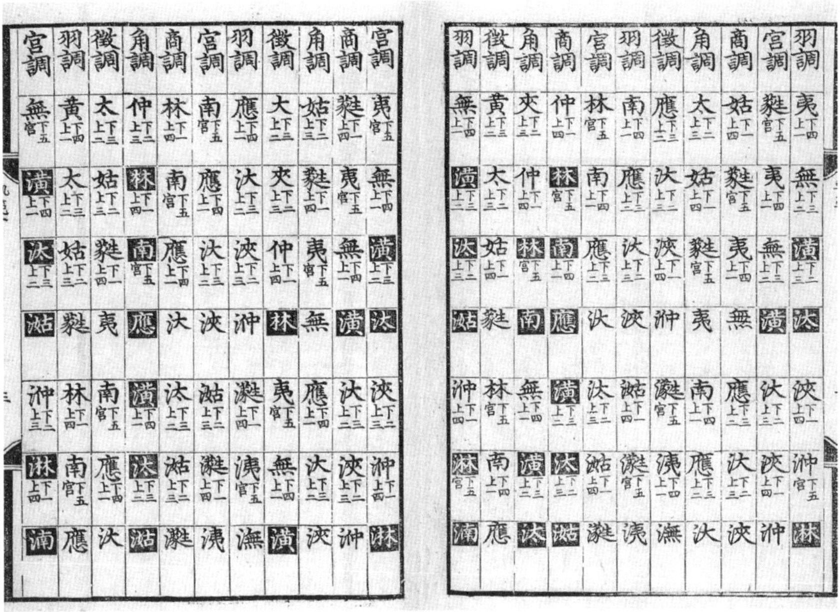

〈그림 6〉『樂學軌範』 六十調

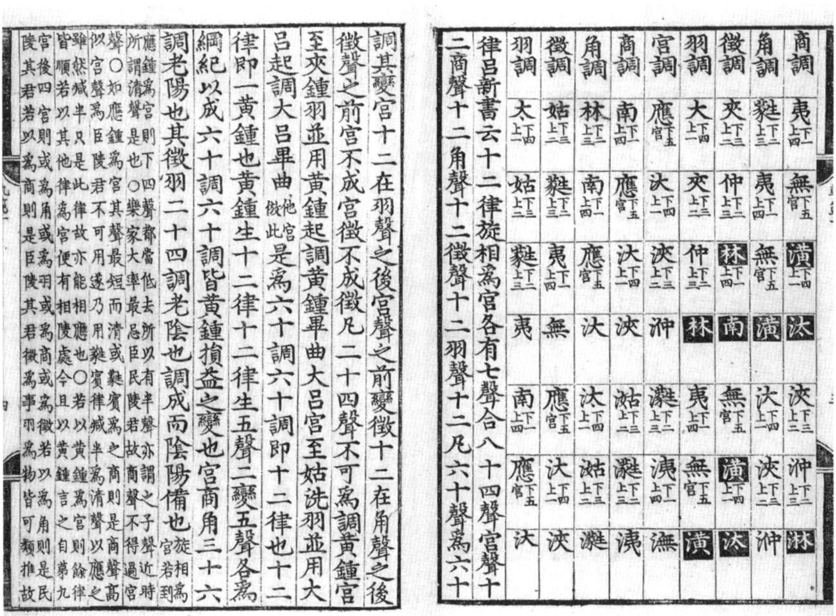

〈그림 7〉『樂學軌範』 六十調

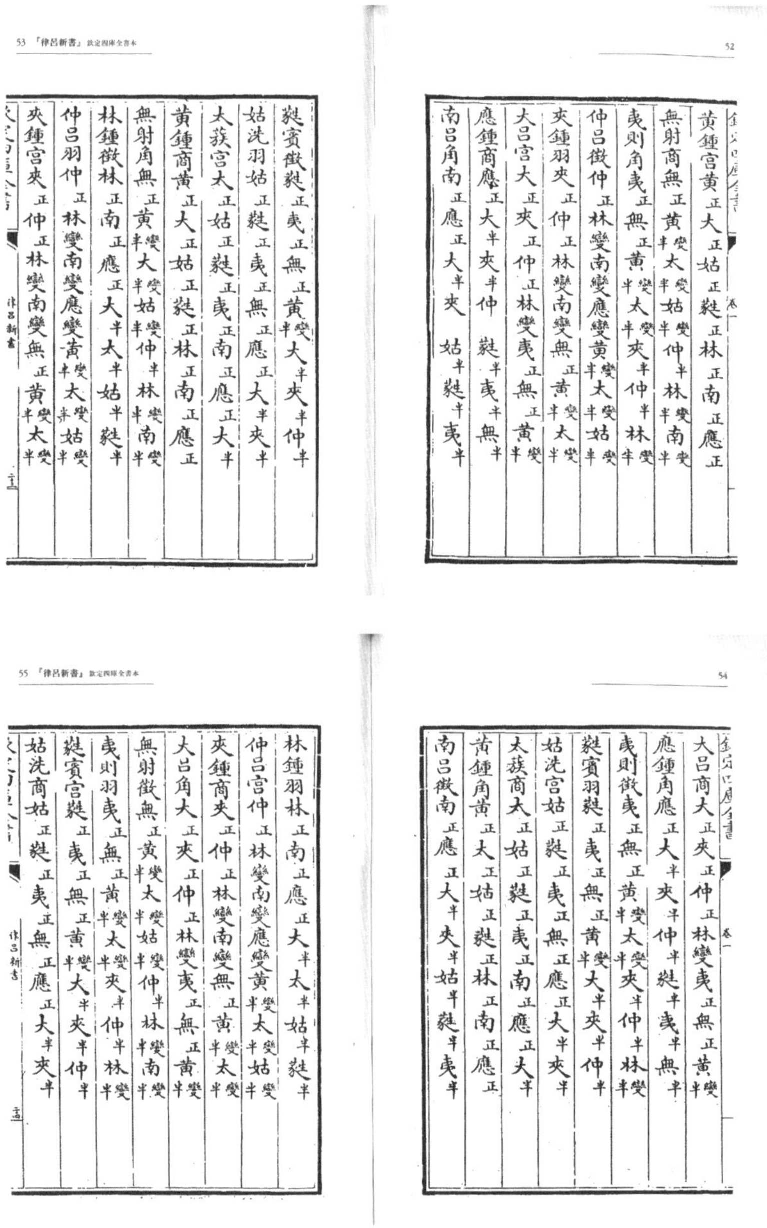

52

欽定四庫全書 卷一

黄鍾宮黄正大正姑正蕤正林正南正應正
無射商無正黄變半太變半姑變半仲半林變半南變半
夷則角夷正無正黄變半太變半夾半仲半林變半
仲吕徵仲正林變南變應變黄變半太變半姑變半
夾鍾羽夾正仲正林變南變無正黄變半太變半
大吕宮大正夾正仲正林變夷正無正黄變半
應鍾商應正大半夾半仲半蕤半夷半無半
南吕角南正應正大半夾半姑半蕤半夷半

53 『律呂新書』 欽定四庫全書本

蕤賓徵蕤正夷正無正黄變半大半夾半仲半
姑洗羽姑正蕤正夷正無正應正大半夾半
太蔟宮太正姑正蕤正夷正南正應正大半
黄鍾商黄正大正姑正蕤正林正南正應正
無射角無正黄變半大變半姑變半仲半林變半南變半
林鍾徵林正南正應正大半太半姑半蕤半
仲吕羽仲正林變南變應變黄變半太變半姑變半
夾鍾宮夾正仲正林變南變無正黄變半太變半

律呂新書

54

欽定四庫全書 卷一

大吕商大正夾正仲正林變夷正無正黄變半
應鍾角應正大半夾半仲半蕤半夷半無半
夷則徵夷正無正黄變半太變半夾半仲半林變半
蕤賓羽蕤正夷正無正黄變半大半夾半仲半
姑洗宮姑正蕤正夷正無正應正大半夾半
太蔟商太正姑正蕤正夷正南正應正大半
黄鍾角黄正大正姑正蕤正林正南正應正
南吕徵南正應正大半夾半姑半蕤半夷半

55 『律呂新書』 欽定四庫全書本

林鍾羽林正南正應正大半太半姑半蕤半
仲吕宮仲正林變南變應變黄變半太變半姑變半
夾鍾商夾正仲正林變南變無正黄變半太變半
大吕角大正夾正仲正林變夷正無正黄變半
無射徵無正黄變半太變半姑變半仲半林變半南變半
夷則羽夷正無正黄變半太變半夾半仲半林變半
蕤賓宮蕤正夷正無正黄變半大半夾半仲半
姑洗商姑正蕤正夷正無正應正大半夾半

律呂新書

〈그림 8〉『율려신서』「60조」 부분

1장

60조調

1. 12율이 돌아가면서 궁이 된다.

2. 12율에 5성을 합한 60성은 60조가 된다.

3. 각 5조는 주음으로 음악을 시작하고 끝낸다.

4. 60조는 황종을 덜고 더한 것의 변화다.

5. 궁·상·각 36조는 노양이고 치·우 24조는 노음이다.

6. 주희의 주석

7. 성현의 주석

이 장에서는 채원정의 『율려신서』에 전하는 60조에 대해 이야기한다. 황종·대려·태주·협종·고선·중려·유빈·임종·이칙·남려·무역·응종 12율이 돌아가면서 궁이 되고, 12율에 5성을 합한 60성은 60조가 되며, 모두 주음으로 음악을 시작하고 끝낸다는 것을 강조한다. 끝으로 『주자어류』에 전하는 60조에 대한 주희의 말과 그 말의 오류를 수정하는 성현의 말로 끝을 맺는다.

〈표 2〉 60조

			궁		상		각		변치	치		우		변궁
1	황종궁黃鐘宮	궁조	黃	하 5 궁	太	하 4 상 1	姑	하 3 상 2	蕤	林	하 2 상 3	南	하 1 상 4	應
2	무역상無射商	상조	無	하 1 상 4	潢	하 5 궁	汰	하 4 상 1	㴌	浺	하 3 상 2	淋	하 2 상 3	湳
3	이칙각夷則角	각조	夷	하 2 상 3	無	하 1 상 4	潢	하 5 궁	汰	浹	하 4 상 1	浺	하 3 상 2	淋
4	중려치仲呂徵	치조	仲	하 3 상 2	林	하 2 상 3	南	하 1 상 4	應	潢	하 5 궁	汰	하 4 상 1	㴌
5	협종우夾鐘羽	우조	夾	하 4 상 1	仲	하 3 상 2	林	하 2 상 3	南	無	하 1 상 4	潢	하 5 궁	汰
6	대려궁大呂宮	궁조	大	하 5 궁	夾	하 4 상 1	仲	하 3 상 2	林	夷	하 2 상 3	無	하 1 상 4	潢
7	응종상應鐘商	상조	應	하 1 상 4	汏	하 5 궁	浹	하 4 상 1	浺	㶋	하 3 상 2	洟	하 2 상 3	潕
8	남려각南呂角	각조	南	하 2 상 3	應	하 1 상 4	汏	하 5 궁	浹	㴌	하 4 상 1	㶋	하 3 상 2	洟
9	유빈치蕤賓徵	치조	蕤	하 3 상 2	夷	하 2 상 3	無	하 1 상 4	潢	대	하 5 궁	浹	하 4 상 1	浺
10	고선우姑洗羽	우조	姑	하 4 상 1	蕤	하 3 상 2	夷	하 2 상 3	無	應	하 1 상 4	汏	하 5 궁	浹
11	태주궁太簇宮	궁조	太	하 5 궁	姑	하 4 상 1	蕤	하 3 상 2	夷	南	하 2 상 3	應	하 1 상 4	汏
12	황종상黃鐘商	상조	黃	하 1 상 4	太	하 5 궁	姑	하 4 상 1	蕤	林	하 3 상 2	南	하 2 상 3	應
13	무역각無射角	각조	無	하 2 상 3	潢	하 1 상 4	汰	하 5 궁	㴌	浺	하 4 상 1	淋	하 3 상 2	湳
14	임종치林鐘徵	치조	林	하 3 상 2	南	하 2 상 3	應	하 1 상 4	汏	汰	하 5 궁	㴌	하 4 상 1	㶋
15	중려우仲呂羽	우조	仲	하 4 상 1	林	하 3 상 2	南	하 2 상 3	應	潢	하 1 상 4	汰	하 5 궁	㴌
16	협종궁夾鐘宮	궁조	夾	하 5 궁	仲	하 4 상 1	林	하 3 상 2	南	無	하 2 상 3	潢	하 1 상 4	汰
17	대려상大呂商	상조	大	하 1 상 4	夾	하 5 궁	仲	하 4 상 1	林	夷	하 3 상 2	無	하 2 상 3	潢
18	응종각應鐘角	각조	應	하 2 상 3	汏	하 1 상 4	浹	하 5 궁	浺	㶋	하 4 상 1	洟	하 3 상 2	潕
19	이칙치夷則徵	치조	夷	하 3 상 2	無	하 2 상 3	潢	하 1 상 4	汰	浹	하 5 궁	浺	하 4 상 1	淋
20	유빈우蕤賓羽	우조	蕤	하 4 상 1	夷	하 3 상 2	無	하 2 상 3	潢	汏	하 1 상 4	浹	하 5 궁	浺
21	고선궁姑洗宮	궁조	姑	하 5 궁	蕤	하 4 상 1	夷	하 3 상 2	無	應	하 2 상 3	汏	하 1 상 4	浹

22	태주상太簇商	상조	太	하 1 상 4	姑	하 5 궁	蕤	하 4 상 1	夷	南	하 3 상 2	應	하 2 상 3	汏
23	황종각黃鐘角	각조	黃	하 2 상 3	太	하 1 상 4	姑	하 5 궁	蕤	林	하 4 상 1	南	하 3 상 2	應
24	남려치南呂徵	치조	南	하 3 상 2	應	하 2 상 3	汏	하 1 상 4	浹	㴌	하 5 궁	㶋	하 4 상 1	洟
25	임종우林鐘羽	우조	林	하 4 상 1	南	하 3 상 2	應	하 2 상 3	汏	汰	하 1 상 4	㴌	하 5 궁	㶋
26	중려궁仲呂宮	궁조	仲	하 5 궁	林	하 4 상 1	南	하 3 상 2	應	潢	하 2 상 3	汰	하 1 상 4	㴌
27	협종상夾鐘商	상조	夾	하 1 상 4	仲	하 5 궁	林	하 4 상 1	南	無	하 3 상 2	潢	하 2 상 3	汰
28	대려각大呂角	각조	大	하 2 상 3	夾	하 1 상 4	仲	하 5 궁	林	夷	하 4 상 1	無	하 3 상 2	潢
29	무역치無射徵	치조	無	하 3 상 2	潢	하 2 상 3	汰	하 1 상 4	㴌	㳞	하 5 궁	淋	하 4 상 1	湳
30	이칙우夷則羽	우조	夷	하 4 상 1	無	하 3 상 2	潢	하 2 상 3	汰	浹	하 1 상 4	㳞	하 5 궁	淋
31	유빈궁蕤賓宮	궁조	蕤	하 5 궁	夷	하 4 상 1	無	하 3 상 2	潢	汏	하 2 상 3	浹	하 1 상 4	㳞
32	고선상姑洗商	상조	姑	하 1 상 4	蕤	하 5 궁	夷	하 4 상 1	無	應	하 3 상 2	汏	하 2 상 3	浹
33	태주각太簇角	각조	太	하 2 상 3	姑	하 1 상 4	蕤	하 5 궁	夷	南	하 4 상 1	應	하 3 상 2	汏
34	응종치應鐘徵	치조	應	하 3 상 2	汏	하 2 상 3	浹	하 1 상 4	㳞	㶋	하 5 궁	洟	하 4 상 1	潕
35	남려우南呂羽	우조	南	하 4 상 1	應	하 3 상 2	汏	하 2 상 3	浹	㴌	하 1 상 4	㶋	하 5 궁	洟
36	임종궁林鐘宮	궁조	林	하 5 궁	南	하 4 상 1	應	하 3 상 2	汏	汰	하 2 상 3	㴌	하 1 상 4	㶋
37	중려상仲呂商	상조	仲	하 1 상 4	林	하 5 궁	南	하 4 상 1	應	潢	하 3 상 2	汰	하 2 상 3	㴌
38	협종각夾鐘角	각조	夾	하 2 상 3	仲	하 1 상 4	林	하 5 궁	南	無	하 4 상 1	潢	하 3 상 2	汰
39	황종치黃鐘徵	치조	黃	하 3 상 2	太	하 2 상 3	姑	하 1 상 4	蕤	林	하 5 궁	南	하 4 상 1	應
40	무역우無射羽	우조	無	하 4 상 1	潢	하 3 상 2	汰	하 2 상 3	㴌	㳞	하 1 상 4	淋	하 5 궁	湳
41	이칙궁夷則宮	궁조	夷	하 5 궁	無	하 4 상 1	潢	하 3 상 2	汰	浹	하 2 상 3	㳞	하 1 상 4	淋
42	유빈상蕤賓商	상조	蕤	하 1 상 4	夷	하 5 궁	無	하 4 상 1	潢	汏	하 3 상 2	浹	하 2 상 3	㳞
43	고선각姑洗角	각조	姑	하 2 상 3	蕤	하 1 상 4	夷	하 5 궁	無	應	하 4 싱 1	汏	하 3 상 2	浹

44	대려치大呂徵	치조	大	하 3 상 2	夾	하 2 상 3	仲	하 1 상 4	林	夷	하 5 궁	無	하 4 상 1	潢
45	응종우應鐘羽	우조	應	하 4 상 1	汏	하 3 상 2	浹	하 2 상 3	㳞	濷	하 1 상 4	洟	하 5 궁	潕
46	남려궁南呂宮	궁조	南	하 5 궁	應	하 4 상 1	汏	하 3 상 2	浹	㴌	하 2 상 3	濷	하 1 상 4	洟
47	임종상林鐘商	상조	林	하 1 상 4	南	하 5 궁	應	하 4 상 1	汏	汏	하 3 상 2	㴌	하 2 상 3	濷
48	중려각仲呂角	각조	仲	하 2 상 3	林	하 1 상 4	南	하 5 궁	應	潢	하 4 상 1	汏	하 3 상 2	㴌
49	태주치太簇徵	치조	太	하 3 상 2	姑	하 2 상 3	蕤	하 1 상 4	夷	南	하 5 궁	應	하 4 상 1	汏
50	황종우黃鐘羽	우조	黃	하 4 상 1	太	하 3 상 2	姑	하 2 상 3	蕤	林	하 1 상 4	南	하 5 궁	應
51	무역궁無射宮	궁조	無	하 5 궁	潢	하 4 상 1	汏	하 3 상 2	㴌	㳞	하 2 상 3	淋	하 1 상 4	湳
52	이칙상夷則商	상조	夷	하 1 상 4	無	하 5 궁	潢	하 4 상 1	汏	浹	하 3 상 2	㳞	하 2 상 3	淋
53	유빈각蕤賓角	각조	蕤	하 2 상 3	夷	하 1 상 4	無	하 5 궁	潢	汏	하 4 상 1	浹	하 3 상 2	㳞
54	협종치夾鐘徵	치조	夾	하 3 상 2	仲	하 2 상 3	林	하 1 상 4	南	無	하 5 궁	潢	하 4 상 1	汏
55	대려우大呂羽	우조	大	하 4 상 1	夾	하 3 상 2	仲	하 2 상 3	林	夷	하 1 상 4	無	하 5 궁	潢
56	응종궁應鐘宮	궁조	應	하 5 궁	汏	하 4 상 1	浹	하 3 상 2	㳞	濷	하 2 상 3	洟	하 1 상 4	潕
57	남려상南呂商	상조	南	하 1 상 4	應	하 5 궁	汏	하 4 상 1	浹	㴌	하 3 상 2	濷	하 2 상 3	洟
58	임종각林鐘角	각조	夾	하 2 상 3	南	하 1 상 4	應	하 5 궁	汏	汏	하 4 상 1	㴌	하 3 상 2	濷
59	고선치姑洗徵	치조	姑	하 3 상 2	蕤	하 2 상 3	夷	하 1 상 4	無	應	하 5 궁	汏	하 4 상 1	浹
60	태주우太簇羽	우조	太	하 4 상 1	姑	하 3 상 2	濷	하 2 상 3	夷	南	하 1 상 4	應	하 5 궁	汏

• 원문 •

古正律, 黑書. 半聲, 朱書. 變律, 朱書. 半聲, 黑書. 朱書, 竝作陰字, 又書半字於下. 今正律, 黑書. 變律, 陰字[234]. 半聲即淸聲, 半字別書, 文繁於本字, 只加氵作淸聲耳.[235]

• 번역 •

옛날에 정율은 검은색으로 쓰고, 반성은 주홍색으로 썼다. 변율은 주홍색으로 쓰고, 그 반성[의 '半' 자]는 검은색으로 썼다. 주홍색으로 쓴 [반성은] 모두 음자陰字로 만들었고, 또 '반半' 자는 [율명] 아래에 썼다.[236] 지금 정율은 검은색으로 쓰고, 변율은 음자로 했다.[237] 반성, 즉 청성은 '半' 자를 별도로 추가해서 써야 하는데, 본래 글자보다 번잡하기 때문에 '氵'만 첨가하여 청성이라는 것을 표시했다.

• 해설 •

위의 내용은 60조에 배열된 정율, 변율, 청성 등을 어떻게 표시하여 구분했는지를 설명한 것이다. 『악학궤범』에는 60조를 시작하면서 맨 앞에 작은 글씨(세주)로 기록되어 있다(〈그림 4〉 참조). 『악학궤범』 60조를 식별이 용이하게 〈표 2〉로 재정리했으며, 변율은 따로 표기하지 않았다.

---

234) 음자陰字는 음각한 활자로 인쇄하여 글자의 획이 희게 나타난 문자를 말한다.

235) 이 부분은 『악학궤범』에는 세주로 기록되어 있다.

236) 『율려신서』에는 율명 아래에 정正, 반半, 반변半變이 쓰여 있다(〈그림 8〉). 원문 인용은 『文淵閣四庫全書電子版, 原文及全文檢索版』, 香港: 迪志文化出版有限公司, 1999에 따른다. 이하 동일하다.

237) 실례를 들면 음자는 앞의 〈그림 4〉부터 〈그림 7〉에서 검은색 바탕에 글자가 흰색으로 보이는 부분을 말한다.

1. 12율이 돌아가면서 궁이 된다.

• 원문 •

율려신서 운 십이율 선상위궁 각유칠성 합팔십사성

『律呂新書』[238]云, “十二律, 旋相爲宮, 各有七聲, 合八十四聲”

• 번역 •

『율려신서律呂新書』에 “12율이 돌아가면서 서로 궁이 되고, [12율] 각각에 7성이 있어서 모두 합하니 84성이 된다”라고 전한다.

• 해설 •

‘율律’은 한국·중국·일본 등에서 쓰이는 아악 일반의 12음계를 말하며, 율려라고도 한다. 율이 만들어진 배경은 다음과 같다. 황제의 신하이자 음악가인 윤倫이 대하의 서쪽 해곡嶰谷[239]의 대나무로 율관을 만들었는데, 봉황의 수컷의 소리를 본받아 양율 여섯을 만들고, 암컷의 소리를 본받아 음율 여섯을 만들었다. 양율은 황종·태주·고선·유빈·이칙·무역이고, 음율은 대려·협종·중려·임종·남려·응종이다. 여기가 바로 율려의 발원지다.

첫 문장에 “『율려신서』에 12율이 돌아가면서 서로 궁이 된다”라고 했다. 12율은 양율과 음율을 합한 것으로, 언급했던 황종부터 응종까지를 말한다.

---

238) 이하의 내용부터 주희의 주석 이전까지인 1~5의 내용은 『律呂新書』 1 「六十調圖」 9에 전한다.(송방송·박정연 외, 『국역 율려신서』, 50~56쪽; 이후영 역주, 『국역 율려신서』, 132~148쪽).

239) 해곡嶰谷은 곤륜산 북쪽에 위치한 계곡의 이름이다.

따라서 "12율이 돌아가면서 서로 궁이 된다"라는 말은 황종부터 응종까지의 12율이 모두 돌아가면서 궁이 된다는 말이다. 이것은 또 12율은 모두 궁조宮調를 이룰 수 있다는 것을 의미한다. 앞의 〈표 2〉에서 번호 1·6·11·16·21·26·31·36·41·46·51·56이[240] 바로 12궁조다.

이어서 "[12율] 각각에 7성이 있어서 모두 합하니 84성이 된다"라고 했다. 〈표 2〉에서 1의 황종궁조를 예로 들어 설명해보면, 황종궁조는 황종이 궁이고 이로부터 태주(상)·고선(각)·유빈(변치)·임종(치)·남려(우)·응종(변궁)이 조합된 것으로 모두 7성이다(〈표 3〉). 예를 하나 더 들어보면, 6의 대려궁조는 대려가 궁이고 이로부터 협종(상)·중려(각)·변율 임종(변치)·이칙(치)·무역(우)·변율 청황종(변궁)이 조합된 것으로 모두 7성이다(〈표 3〉). 나머지도 이와 마찬가지로 각각 7성이 조합되어 있다. 이렇게 12율에 모두 7성이 있으니 합하여 84성이 되는 것이다(12×7=84). 각각의 궁조에 조합된 7성은 이 책을 시작하면서 강조했던 삼분손익법과 격팔상생법[8칸씩 건너며 서로 낳는]으로 구한 것이다.

다만 7성의 조합이 다른 이유는 '조調'가 다르기 때문이다. 본문에 앞서 설명했듯이 서양음악에서 다장조는 다[도] 음을 으뜸음으로 하여 1도 화음이 도·미·솔이고, 사장조는 사[솔] 음을 으뜸음으로 하여 1도 화음이 솔·시·레인 것처럼, 7성도 궁음[調]에 따라 그 구성음이 달라진다.

〈표 3〉 황종궁조와 대려궁조의 7성

	조	궁	상	각	변치	치	우	변궁
황종궁黃鐘宮	궁조	황종	태주	고선	유빈	임종	남려	응종
대려궁大呂宮	궁조	대려	협종	중려	변임종	이칙	무역	변청황종

240) 원문에는 번호와 조명調名이 없으나 이하의 내용을 설명하는 데에 용이하기 때문에 첨부했다.

2. 12율에 5성을 합한 60성은 60조가 된다.

• 원문 •

궁성십이 상성십이 각성십이 치성십이 우성십이 범육십성 위육
"宮聲十二, 商聲十二, 角聲十二, 徵聲十二, 羽聲十二, 凡六十聲, 爲六
십조 기변궁십이 재우성지후궁성지전 변치십이 재각성지후치성지
十調. 其變宮十二, 在羽聲之後宮聲之前, 變徵十二, 在角聲之後徵聲之
전 궁불성궁 치불성치 범이십사성 불가위조
前, 宮不成宮, 徵不成徵, 凡二十四聲, 不可爲調"

• 번역 •

『율려신서』에 "궁성 12개, 상성 12개, 각성 12개, 치성 12개, 우성 12개, 이 60개의 성은 모두 60조가 된다. 변궁 12개는 우성의 뒤 궁성의 앞에 있고, 변치 12개는 각성의 뒤 치성의 앞에 있어서, 궁이지만 [온전한] 궁이 되지 못하고 치이지만 [온전한] 치가 되지 못하니, 그 24성은 조를 이루지 못한다"라고 전한다.

• 해설 •

첫 문장은 〈표 2〉의 1. 황종궁부터 60. 태주우까지의 60조를 말하는 것이다. 궁조 12개, 상조 12개, 각조 12개, 치조 12개, 우조 12개를 합하니, 모두 60조다. 이어서 '변치와 변궁은 조를 이루지 못한다'라고 했다. 〈표 2〉의 1~60에 변치조와 변궁조가 없는 이유가 바로 그것이다. 변치와 변궁이 조를 이루지 못하는 이유는 '변치는 각성과 치성 사이에 있어서 치이면서도 온전한 치가 되지 못하고, 변궁은 우성과 궁성 사이에 있어서, 궁이면서도 온전한 궁이 되지 못하기 때문'이라고 했는데, 왜 변치와 변궁이 온전

한 치와 궁이 되지 못할까? 그것은 정율이 아니기 때문이다. 자세한 내용은 5장 변율에서 살펴볼 것이다. 여기서는 24성은 변궁 12성과 변치 12성을 말하며, 정율이 아니라 온전한 궁과 치가 되지 못하기 때문에 조를 이루지 못한다는 것만 기억하자.

3. 각 5조는 주음으로 음악을 시작하고 끝낸다.

• 원문 •

"黃鐘宮至夾鐘羽, 竝用黃鐘起調, 黃鐘畢曲. 大呂宮至姑洗羽, 竝用大呂起調, 大呂畢曲. [他宮倣此][241] 是爲六十調"

• 번역 •

『율려신서』에 "황종궁에서 협종우까지는 모두 황종으로 조를 시작하고 황종으로 곡을 마친다. 대려궁에서 고선우까지는 모두 대려로 조를 시작하고 대려로 곡을 마친다. [다른 궁도 이와 마찬가지이다] 이것이 60조가 된다"라고 전한다.

• 해설 •

〈표 1〉의 1~5는 황종5조로 황종궁조에서 협종우조까지며, 6~10은 대려5조로 대려궁조에서 고선우조까지를 말한다. 12율 모두 5조씩 있으니 60조가 된다.

여기서 잠깐! '궁'은 몇 가지의 다른 의미로 쓰이기 때문에 이를 구분해서 보아야 한다.[242] 모두 세 가지로 구분되는데, 〈그림 9〉를 보며 설명해

---

241) 『율려신서』에는 12궁의 기조필곡에 대한 설명이 모두 기록되어 있으나, 『악학궤범』에는 "다른 궁도 이와 마찬가지다"라는 세주로 그 내용을 대신했다.

242) 궁의 다의성은 『『악학궤범』 악론 연구』, 70쪽의 내용을 재정리했다.

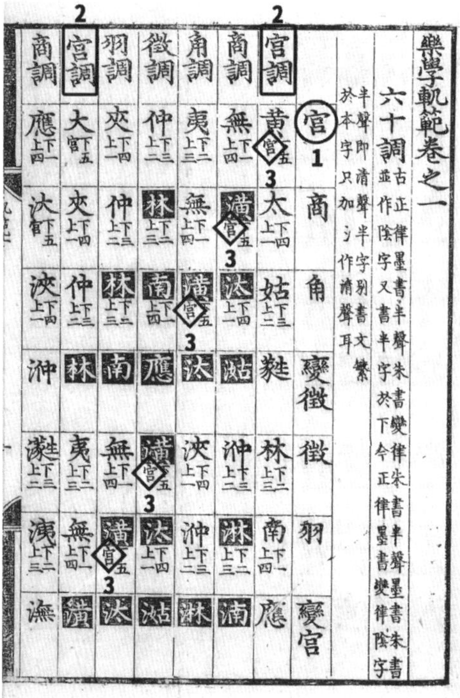

〈그림 9〉『악학궤범』 60조 부분

보면, 첫째, 궁·상·각·변치·치·우·변궁인 7성 중의 궁이다(1). 여기서의 궁은 7성을 구성하는 기준음으로, '균均'이라고도 한다. 둘째, 5조의 하나인 궁조를 의미하는 궁이다(2). 셋째, 주음을 나타내는 궁이다(3). 본문에서 '황종5조는 모두 황종으로 조를 시작하고 곡을 끝내고, 대려5조는 모두 대려로 조를 시작하고 곡을 끝낸다'라고 했다. 황종과 대려는 바로 세 번째 의미인 주음의 궁이다. 앞으로 '궁'이 나오면 그것이 어떤 의미의 궁으로 쓰인 것인지 짚어보아야 한다.

이제 본론의 내용을 보자. "황종궁에서 협종우까지는 모두 황종으로 조를 시작하고 황종으로 곡을 마친다"라고 하였다. 바로 황종 5조를 말하는 것이다.

〈표 4〉는 황종5조다. 황종이 황종궁조에서는 7성 중 궁성이면서 주음이고, 무역상조에서는 상성이면서 주음이며, 이칙각조에서는 각성이면서 주음이고, 중려치조에서는 치성이면서 주음이며, 협종우조에서는 우성이면서 주음이다. 이처럼 황종5조, 즉 궁조·상조·각조·치조·우조에서는 모두 황종을 주음으로 하여 음악을 시작하고 음악을 끝낸다. 이를 "황종궁에서 협종우까지는 모두 황종으로 조를 시작하고 황종으로 곡을 마친다"(황종으로

기조필곡起調畢曲 한다)라고 표현한 것이다. 이하도 마찬가지다.

〈표 4〉 황종5조

황종5조	조	궁	상	각	변치	치	우	변궁
황종궁黃鍾宮	궁조	黃	太	姑	蕤	林	南	應
무역상無射商	상조	無	潢	汰	㴌	浺	淋	湳
이칙각夷則角	각조	夷	無	潢	汰	浹	浺	淋
중려치仲呂徵	치조	仲	林	南	應	潢	汰	㴌
협종우夾鐘羽	우조	夾	仲	林	南	無	潢	汰

한편, 〈표 4〉에 보면 궁조를 제외한 상조·각조·치조·우조에 모두 청황종을 쓰는 것으로 제시되어 있다. 청황종은 황종 율관의 반만 쓰는 것인데, 궁조와 달리 상조·각조·치조·우조에 청황종을 쓰는 이유는 무엇일까? 그 이유는 바로 궁·상·각·치·우의 신분 차이 때문이다. 궁은 임금[君], 상은 신하[臣], 각은 백성[民], 치는 일[事], 우는 사물[物]로 궁·상·각·치·우 순으로 신분이 낮다고 했다. 소리의 고저로 말하자면 임금을 상징하는 궁음이 가장 저음이다. 신분의 차이가 있기 때문에 궁음에 비해 나머지 음들이 저음이면 절대로 안 된다. 전통시대 사람들은 다른 음들이 궁음보다 저음이면 각각의 음으로 상징되는 신하, 백성, 일, 사물이 임금의 자리를 넘보는 것이라고 생각했기 때문이다.

따라서 황종을 궁음으로 한 궁조 외에 상조·각조·치조·우조의 상음·각음·치음·우음에 황종을 쓸 때 모두 청황종을 쓴 것이다. 무역상의 경우 궁음인 무역보다 상음이 저음이면 안 되기 때문에 청황종을 쓰고, 이칙각의 경우 궁음인 이칙과 상음인 무역보다 각음이 저음이면 안 되기 때문에 청황종을 쓰는 것이다. 이처럼 청성을 쓰는 이유는 간단하다. 즉 소리의 고저로 신분의 차이를 나타냈기 때문이다.

4. 60조는 황종을 덜고 더한 것의 변화다.

• 원문 •

육십조 즉십이율야 십이율 즉일황종야 황종 생십이율 십이율 생
"六十調, 卽十二律也, 十二律, 卽一黃鐘也. 黃鐘, 生十二律, 十二律, 生
오성이변 오성 각위강기 이성육십조 육십조 개황종손익지변야
五聲·二變. 五聲, 各爲綱紀,[243] 以成六十調. 六十調, 皆黃鐘損益之變也"

• 번역 •

[『율려신서』에] "60조는 12율이고, 12율은 하나의 황종이다. 황종이 12율을 낳고, 12율은 5성과 2변을 낳는다. 5성은 각각 씨줄과 날줄이 되니, 이로써 60조를 이룬다. 60조는 모두 황종을 덜고 더한 것의 변화다"라고 전한다.

• 해설 •

"60조는 12율"이라는 것은 12율×5조=60조를 말한다. "12율은 하나의 황종이다. 황종이 12율을 낳는다"라는 말은 황종 율관을 기준으로 하여 삼분손익을 반복하여 나머지 11율의 율관길이를 구한다는 말이다. 황종을 시작으로 하여 삼분손익한 결과 만들어진 율관을 차례로 나열하면 〈그림 10〉과 같다. 이렇게 구한 12율관을 그 길이가 긴 것부터 짧은 것 순으로 정리한 것이 〈『악학궤범』 악론에 들어가기 전에〉에서 보았던 〈그림 11〉이다.

이처럼 황종을 기준으로 해서 나머지 11율을 구하기 때문에 황종이 12

---

243) 강기綱紀는 나라의 법과 풍속, 풍습에 대한 사회의 표준이 될 만한 도덕적 법규다.

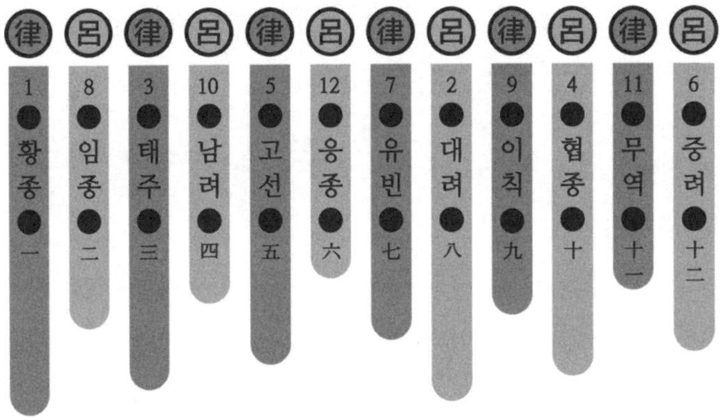

〈그림 10〉 황종 율관을 기준으로 해서 삼분손익법으로 구한 12율관의 순서

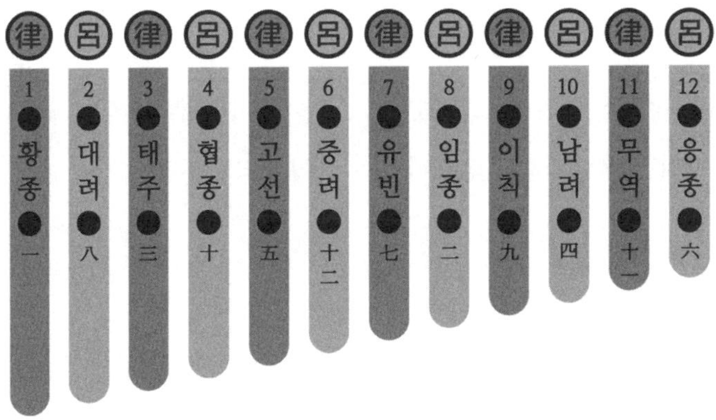

〈그림 11〉 율관의 길이를 기준으로 해서 장 → 단 순서로 나열한 12율관

율을 낳는다고 표현한 것이다.

또한 12율 각각에 모두 5성(궁·상·각·치·우)과 2변(변치·변궁)이 있으니, 이 또한 낳는다고 표현하고, 황종을 기준으로 모든 것이 이루어졌으니, 60조는 모두 황종을 덜고 더한 것의 변화라고 한 것이다.

5. 궁·상·각 36조는 노양이고 치·우 24조는 노음이다.

• 원문 •

"宮·商·角三十六調, 老陽也. 其徵·羽二十四調, 老陰也. 調成, 而陰陽備也"

• 번역 •

『율려신서』에 "궁·상·각 36조는 노양이고 치·우 24조는 노음이다. 조가 이루어지면 음양陰陽이 갖추어지는 것이다"라고 전한다.

• 해설 •

〈표 2〉에서 1, 2, 3, 6, 7, 8 / 11, 12, 13, 16, 17, 18 / 21, 22, 23, 26, 27, 28/ 31, 32, 33, 36, 37, 38 / 41, 42, 43, 46, 47, 48 / 51, 52, 53, 56, 57, 58의 36조인 노양과 4, 5, 9, 10 / 14, 15, 19, 20/ 24, 25, 29, 30 / 34, 35, 39, 40 / 44, 45, 49, 50 / 54, 55, 59, 60의 24조인 노음을 말하는 것으로, 이로써 음양의 조화를 이루고자 한 것이다.

이어지는 내용은 본문에 대한 주희의 주석이다. 모두『주자어류』에 전한다.『악학궤범』원문에는 본문보다 작은 글씨(세주)로 기록되어 있다.

6. 주희의 주석

• 원문 •

[“‘旋相爲宮’, 若到應鐘爲宮, 則下四聲, 都當低去, 所以有半聲. 亦謂之子聲, 近時所謂淸聲是也”][244]

• 번역 •

[주희는] “[『율려신서』에] ‘[12율이] 돌아가며 서로 궁이 된다’라고 했는데, 만약 응종이 궁이 되면 아래의 4개 성(상의 대려·각의 협종·치의 유빈·우의 이칙)은 [본래 율관의 길이는 궁성인 응종보다 길지만] 모두 [응종보다 지위가 낮아서] 반을 잘라내기 때문에 반성이 있게 된다. [반성을] 자성이라고도 말하는데, 요즘 말하는 청성이 바로 그것이다”라고 했다.

• 해설 •

앞에서 12율이 돌아가며 궁이 된다는 것은 설명했다. 또 5음(궁·상·각·치·우)이 각각 임금·신하·백성·일·사물을 상징하기 때문에 지위가 낮은 음이 지위가 높은 음의 자리를 넘보아서는 안 된다는 것도 강조했었다. 주희는 그 내용을 응종궁조를 예로 들어 강조한 것이다. 〈표 5〉에 보이듯이 궁음인 응종 이하는 모두 청성(반성, 자성)을 썼다. 청성은 본래의 율명 앞에 ‘氵’을 덧붙여서 표시한다.

---

244) 『朱子語類』 92 「樂」

〈표 5〉 응종궁조

	조	궁	상	각	변치	치	우	변궁
응종궁	궁조	응종	청대려 [汏]	청협종 [浹]	청중려 [㳞]	청유빈 [濮]	청이칙 [洟]	청무역 [潕]

율관을 긴 것부터 차례로 나열하면, 황종 → 대려 → 태주 → 협종 → 고선 → 중려 → 유빈 → 임종 → 이칙 → 남려 → 무역 → 응종이다. 그 소리의 고저로 말하자면 저음부터 고음 순이다. 관의 길이가 길수록 저음이고 짧을수록 고음이다. 응종은 율관의 길이가 12율 중 가장 짧다. 그러므로 응종이 궁음일 경우 그 이하는 모두 청성을 쓸 수밖에 없는 것이다.

〈표 6〉 유빈궁조

	조	궁	상	각	변치	치	우	변궁
유빈궁	궁조	유빈	이칙	무역	변청황종 [潢]	청대려 [汏]	청협종 [浹]	청중려 [㳞]

〈표 6〉은 유빈궁조다. 유빈궁조는 유빈을 궁음으로 한다. 따라서 유빈보다 율관길이가 길어서 유빈보다 저음인 황종·대려·협종·중려는 청성을 쓰고 유빈보다 율관길이가 짧은 이칙과 무역은 정율을 그대로 썼다. 나머지도 이와 마찬가지로 궁음보다 율관길이가 길면 정율을 쓰지 않고 청성(반성, 자성)을 쓰는 것이다.

이어서 주희는 임금으로 상징되는 궁음의 자리를 넘보아서는 안 되기 때문에 궁음보다 상·각·치·우가 저음이면 안 된다고 계속해서 강조한다.

• 원문 •

[○“樂家大率,[245] 最忌臣·民陵君. 故商聲不得過宮聲[246] ○如應鐘爲宮, 其聲, 最短而淸. 或蕤賓爲商, 則是商聲高, 似宮聲, 爲臣陵君, 不可用. 遂乃用蕤賓, 律減半爲淸聲, 以應之. 雖然減半只是此律, 故亦能相應也”][247]

• 번역 •

○[『주자어류』에] “전문음악인들은 대체로 신하와 백성이 임금의 자리를 넘보는 것을 가장 싫어한다. 그렇기 때문에 상성이 궁성을 넘을 수 없다. ○예를 들어 응종이 궁이 되면 그 소리는 [관의 길이가] 가장 짧으니 소리가 높다[淸]. 혹 유빈이 상이면 상성의 음고가 궁성과 비슷하니, 이는 신하가 임금의 자리를 넘보는 것이 되므로 사용할 수 없다. 따라서 유빈을 사용할 때 율관의 길이를 반으로 줄여서 청성이 되도록 하여, 그것으로(상성) 쓰는 것이다. 비록 그렇더라도 [율관의 길이만] 반으로 줄였을 뿐 그 율이기 때문에 [본율 유빈과 청성유빈은] 서로 호응할 수 있는 것이다”라고 전한다.

• 해설 •

위의 내용에서 상성은 유빈이 아니라 대려가 되어야 한다. 성현도 뒤에서 이 부분을 지적한다. 〈표 5〉의 응종궁조를 보면 상성은 청유빈이 아닌 청대려라는 것을 확인할 수 있다. 이를 주희는 유빈이라고 잘못 말한 것이다.

이어지는 내용은 〈표 7〉을 보며 살펴보자.

---

245) 악가樂家는 전문적으로 음악에 종사하는 사람을 말한다. 대솔大率은 대체로, 대개의 뜻이다.

246) 『朱子語類』 92 「樂」

247) 『朱子語類』 39 「先進於禮樂章」

〈표 7〉 청황종을 사용하는 궁조

			궁	상	각	변치	치	우	변궁
1	황종궁	궁조	黃	太	姑	蕤	林	南	應
2	임종궁	궁조	夾	南	應	汏	汰	⿰氵姑	⿰氵蕤
3	태주궁	궁조	太	姑	蕤	夷	南	應	汏
4	남려궁	궁조	南	應	汏	浹	⿰氵姑	⿰氵蕤	洟
5	고선궁	궁조	姑	蕤	夷	無	應	汏	浹
6	응종궁	궁조	應	汏	浹	⿰氵仲	⿰氵蕤	洟	潕
7	유빈궁	궁조	蕤	夷	無	潢	汏	浹	⿰氵仲
8	대려궁	궁조	大	夾	仲	林	夷	無	潢
9	이칙궁	궁조	夷	無	潢	汰	浹	⿰氵仲	淋
10	협종궁	궁조	夾	仲	林	南	無	潢	汰
11	무역궁	궁조	無	潢	汰	⿰氵姑	⿰氵仲	淋	湳
12	중려궁	궁조	仲	林	南	應	潢	汰	⿰氵姑

• 원문 •

약 이 황 종 위 궁 즉 여 율 개 순 약 이 기 타 율 위 궁 편 유 상 능 처 금 차 이
[○"若以黃鐘爲宮, 則餘律皆順. 若以其他律爲宮, 便有相陵處. 今且以
황 종 언 지 자 제 구 궁 후 사 궁 즉 혹 위 각 혹 위 우 혹 위 상 혹 위 치 약 이 위
黃鐘言之, 自第九宮後四宮, 則或爲角, 或爲羽, 或爲商, 或爲徵. 若以爲
각 즉 시 민 능 기 군 약 이 위 상 즉 시 신 능 기 군 치 위 사 우 위 물 개 가 류 추
角, 則是民陵其君. 若以爲商, 則是臣陵其君. 徵爲事, 羽爲物, 皆可類推
고 제 황 종 사 청 성 용 지 청 성 단 기 율 지 반 시 황 종 청 장 사 촌 반
……[248] 故製黃鐘四淸聲, 用之. 淸聲短, 其律之半, 是黃鐘淸長, 四寸半
야 약 후 사 궁 용 황 종 위 각 치 상 우 즉 이 사 청 성 대 지 불 가 용 황 종 본
也. 若後四宮, 用黃鐘爲角·徵·商·羽, 則以四淸聲, 代之. 不可用黃鐘本

248) 『악학궤범』에는 말줄임표 없이 다음 내용이 바로 이어진다. 『주자어류』에는 "「樂記」曰, '五者, 皆亂迭相陵謂之慢, 如此, 則國之滅亡无日矣"라는 내용이 더 있기 때문에 말줄임표를 넣었다.

律, 以避陵慢.[249] 沈存中云, '唯君·臣·民不可相陵, 事·物則不必避'[250]"]

• 번역 •

○[『주자어류』에] "만약 황종이 궁이면 나머지 율은 모두 순조롭다. [그러나] 만약 다른 율이 궁일 때에는 서로 넘보는 곳이 있게 된다. 황종을 예로 들어 말하자면 [다음과 같다]. 제9궁부터 뒤의 네 궁은 [황종이] 각이 되기도 하고 우가 되기도 하고 상이 되기도 하고 치가 되기도 한다. 만약 [정율 황종을] 각에 쓰면 백성이 임금의 자리를 넘보는 것이 되고, [정율 황종을] 상에 쓰면 신하가 임금의 자리를 넘보는 것이 된다. [5음의 상징에 따르면] 치는 일이고 우는 사물이니 모두 [이와 같이] 유추할 수 있다. …… 그렇기 때문에 황종을 네 개의 청성으로 만들어서 그것을 [연주할 때] 사용한다. 청성이 짧은 것은 본래 율관 길이의 반이기 때문으로, 청황종의 길이는 [9촌의 반인] 4촌 반이다. 만약 뒤의 네 궁에서 황종이 각·치·상·우가 되면 4청성으로 그것(황종)을 대신한다. 황종의 본율을 사용할 수 없으니 [청황종을 사용하여] 자리를 넘보는 것을 피하는 것이다. 심존중沈存中은[참고1] '임금·신하·백성은 서로 다른 자리를 넘보아서는 절대 안 되지만, 일과 사물은 반드시 피해야 하는 것은 아니다'라는 말을 했다"라고 전한다.

• 해설 •

황종을 예시로 소리의 높낮이와 신분의 관계 '불가침'을 강조하고 있다.

주희가 제9궁부터 뒤의 네 궁에서는 청황종을 쓴다고 했는데, 여기서 유의할 점은 12궁조만 예로 들어 그 순서로 볼 때 제9궁 이하라는 것이다.

---

249) 『朱子語類』 92 「樂」

250) 『朱子語類』 92 「樂」에는 "談說云, '惟君·臣·民不可相陵, 事·物則不必避"라고 전한다.

〈표 7〉에서 확인할 수 있듯이, 제9궁 이하의 네 궁은 이칙궁·협종궁·무역궁·중려궁을 말하는 것으로, 이칙궁의 각음, 협종궁의 우음, 무역궁의 상음, 중려궁의 치음에 모두 청황종을 사용해야 된다는 것을 강조한 것이다.

또 한 가지 유의할 점은 궁음보다 상·각·치·우가 저음일 경우 모두 청성을 쓴다는 기준은 『율려신서』 60조에만 해당된다는 점이다. 성종 시기에 사용한 12율 7성의 경우는 이와 다르다. 치와 우에 청성을 사용하기도 하고 본율을 사용하기도 한다. 즉 "임금·신하·백성은 서로 다른 자리를 넘보아서는 절대 안 되지만, 일과 사물은 반드시 피해야 하는 것은 아니다"라는 심존중의 의견을 따르고 있다. 이처럼 『율려신서』의 60조를 갖고 오면서도 청성을 쓰는 기준은 『율려신서』와 『악학궤범』이 서로 같지 않다.

7. 성현의 주석

• 원문 •

[ㅇ律法, "應鐘爲宮, 則大呂半聲爲商也" 按此註曰, "應鐘爲宮, 或蕤賓爲之商" 則不知所據. 恐以大呂之誤書也][251]

• 번역 •

ㅇ[성현은 다음과 같이 덧붙였다] 율법에 "응종이 궁이 되면 대려의 반성이 상이 된다"라고 했다. [그런데 주희의] 주석에 보면, "응종이 궁이 되면 유빈이 상이 된다"라고 했으니, 그 근거를 알 수 없다. 아마도 대려를 유빈이라고 잘못 썼을 것이다.

• 해설 •

앞에서 언급했듯이 성현이 주희의 주석에서 잘못된 부분을 지적한 것이다.

지금까지 『율려신서』의 60조, 84성, 12궁조, 7성, 12율, 변율, 청성(반성, 자성)과 5조의 기조필곡 및 청성을 쓰는 이유와 표기 방법 등에 대해 알아보았다. 1장은 채원정의 『율려신서』에 전하는 60조의 내용을 그대로 갖고 온 것이며, 그 내용 중 일부에 대해 주희가 주석을 달았고, 성현이 그 주석의 오류를 수정하며 마친다.

---

251) 『악학궤범』에 세주로 기록되어 있다.

〈참고〉

1. 심존중沈存中(1031~1095)은 심괄沈括을 말한다. 자字가 존중存中이다. 만년에 이르러서 몽계장인夢溪丈人이라는 호號를 가졌다. 그의 사적은 『송사』 「심구전沈溝傳」 속에 함께 실려 있다. 심괄은 북송 시기에 학문에 가장 박식한 사람이라고 평가받았으며, 특히 그 당시의 전장典章 제도와 천문산법 및 악률에 있어서 그 연구가 깊었다고 전한다. 64세를 일기로 세상을 떠날 때까지 40편 이상의 저술을 남겼지만 그 중 가장 유명한 것이 『몽계필담夢溪筆談』을 비롯, 『보필담補筆談』과 『속필담續筆談』 등이다.[252)]

252) 심괄 저/ 최병규 옮김, 『몽계필담』 상, 범우사, 2003, 7~8쪽.

2장

성종조 아악 12율 7성 그림

[時用雅樂十二律七聲圖]

황종·대려·태주·협종 4청성만 쓴다

1. 우리나라에서 아악은 7성, 속악은 5성을 사용한다.

2. 황종이 궁음이 아닐 경우 청황종을 사용한다.

3. 조선에서는 황종·대려·태주·협종 4청성만 썼다.

4. 이칙·남려·무역·응종 네 궁의 상과 각에 청성을 사용한다.

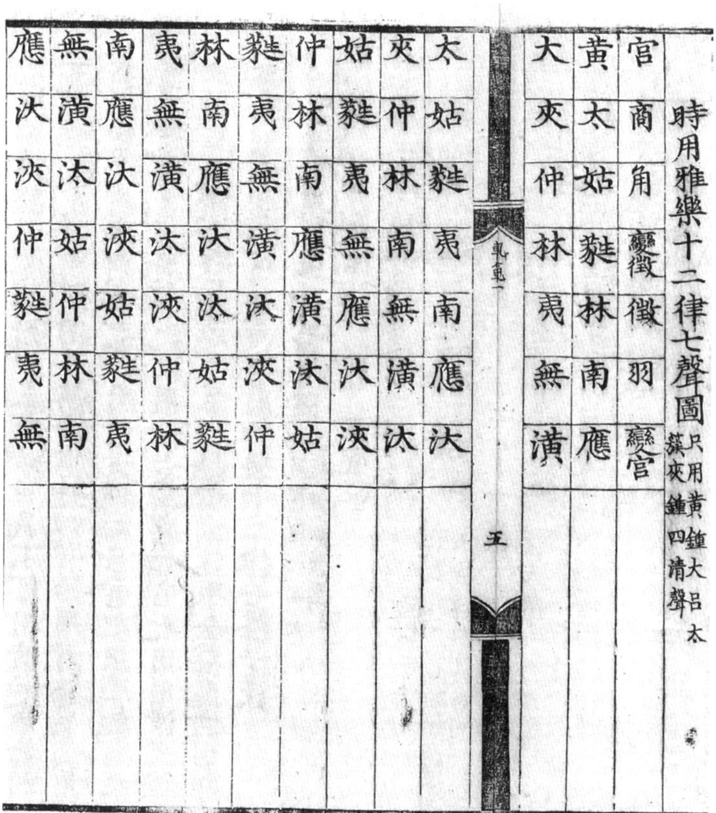

〈그림 12〉『악학궤범』〈시용 아악 십이율 칠성도〉[253)]

253) 〈그림 12〉는『악학궤범』5a와 5b의 〈시용 아악 12율 7성도時用雅樂十二律七聲圖〉를 이어 붙여서 하나의 이미지로 만든 것이다. 〈표 8〉은 〈그림 12〉의 내용을 가독성을 높이기 위해

〈표 8〉 성종조 아악 12율 7성

	궁	상	각	변치	치	우	변궁
황종궁[253]	黃	太	姑	蕤	林	南	應
대려궁	大	夾	仲	林	夷	無	潢
태주궁	太	姑	蕤	夷	南	應	汏
협종궁	夾	仲	林	南	無	潢	汰
고선궁	姑	蕤	夷	無	應	汏	浹
중려궁	仲	林	南	應	潢	汰	姑
유빈궁	蕤	夷	無	潢	汏	浹	仲
임종궁	林	南	應	汏	汰	姑	蕤
이칙궁	夷	無	潢	汰	浹	仲	林
남려궁	南	應	汏	浹	姑	蕤	夷
무역궁	無	潢	汰	姑	仲	林	南
응종궁	應	汏	浹	仲	蕤	夷	無

이 장에서는 성종시기에 사용했던 12궁조와 4청성에 대해 이야기한다. 그 내용을 보면, 우리나라에서 아악은 7성을 사용하고, 속악은 5성을 사용했으며, 특히 황종·대려·태주·협종 4청성만 썼다고 강조한다. 또한 『율려신서』의 60조에는 보이지 않는 세조가 창안한 5음약보를 설명한다.

좌측에서 우측 순으로 재정리한 것이다.

254) 원문에는 황종궁부터 응종궁까지 조명이 기록되어 있지 않으나, 구분을 용이하게 하기 위해 추가했다. 〈시용 아악 12율 7성도〉에는 12궁조와 4청성(황종·대려·태주·협종)만을 사용했고, 『율려신서』 60조에는 있는 변율이 없다는 것이 특징이다.

1. 우리나라에서 아악은 7성, 속악은 5성을 사용한다.

• 원문 •

按, 律有十二聲, 而只用七聲. 旋爲五調, 以成六十調. 我國用律, 雅樂則用七聲. 俗樂則不用二變, 只使五聲. 聲有淸·濁, 下五·下四·下三·下二·下一, 濁宮·商·角·徵·羽也. 宮·上一·上二·上三·上四, 淸宮·商·角·徵·羽也. 今於六十調各律之下, 別書上下一二之法, 以便觀覽.

• 번역 •

살펴보면, 율에는 12성이 있는데, [각 조의 구성은] 7성만 사용한다. [12율이] 돌아가면서 5조가 되니 이로써 60조가 된다. 우리나라에서 율을 쓰는 것은 아악의 경우에는 7성을 쓰지만, 속악의 경우에는 2변(변궁과 변치)을 사용하지 않고 5성만 쓴다. 소리에는 청성과 탁성이 있으니, 하5·하4·하3·하2·하1은 탁성 궁·상·각·치·우이고, 궁·상1·상2·상3·상4는 청성 궁·상·각·치·우다. 지금 60조 각각의 율 아래에 별도로 상하 1·2의 법을 써서 보기에 편하게 했다.(1장의 〈표2〉 참조)

• 해설 •

"율에는 12성이 있는데, [각 조의 구성은] 7성만 사용한다. [12율이] 돌아가면서 5조가 되니, 이로써 모두 60조다"라고 했는데, 이는 앞에서 살펴본 내용이다. '12성'은 황종부터 응종까지이고 '7성'은 궁·상·각·변치·치·우·변궁이다. 그런데 변치와 변궁 24성(12×2=24)은 조를 이루지 못하므로,

〈표 9〉 황종궁선법의 상하법

上4(우)	氵남려
上3(치)	氵임종
上2(각)	氵고선
上1(상)	氵태주
宮	氵황종
下1(우)	남려
下2(치)	임종
下3(각)	고선
下4(상)	태주
下5(궁)	황종

결국 60조(12×5=60)만 조를 이룬다. 1장 60조에서 〈표 2〉의 황종5조부터 응종5조까지(1~60)를 말한다. 이것은 중국의 경우를 말한 것이다.

이어서 우리나라의 경우는 아악은 12궁조와 7성을 사용하고 속악은 5성만 사용한다는 것을 밝히며, 청성과 탁성, 그리고 상하의 법에 대해 설명했다. 청성은 한 옥타브 높은 것이고, 탁성은 한 옥타브 낮은 것이다.

다음 상하의 법을 보자. 〈표 9〉의 황종궁선법의 상하법에 보이듯 궁음인 청황종을 중심으로 해서 청성은 위로 상·각·치·우 순으로 태주를 상1, 고선을 상2, 임종을 상3, 남려를 상4라고 표기했고, 탁성은 아래로 우·치·각·상·궁 순으로 남려를 하1, 임종을 하2, 고선을 하3, 태주를 하4, 황종을 하5라고 표기했다. 이처럼 상하의 법은 율명을 하나하나 기록하지 않고, 궁음을 중심으로 상1·상2·상3·상4, 하1·하2·하3·하4·하5라고만 표시하는 것이다. 그렇게만 표시해도 그 율을 알 수 있으며, 그 율이 청성인지 탁성인지도 한번에 알 수 있다. 이것을 '상하의 법'이라고 하고, '오음약보'라고도 한다.

『악학궤범』 60조는 『율려신서』를 인용했지만, 율명 아래에 상하의 법을 더한 것으로 『율려신서』와 다르다.(〈그림 13〉, 〈그림 14〉) 『율려신서』에는 『악학궤범』과 달리 율명과 그 율명이 정성인지 반성인지 변반성인지만 확인될 뿐, 상하의 법은 보이지 않는다.

악보에는 어떻게 기록되었을까. 〈그림 15〉는 『세조실록』에 전하는 〈희

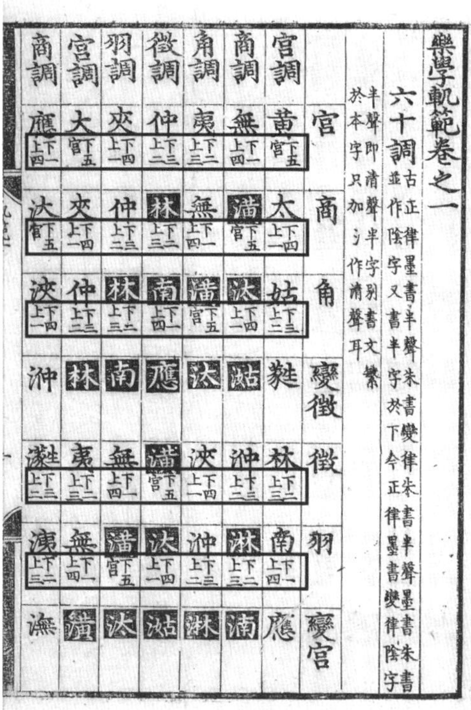

〈그림 13〉『악학궤범』 60조의 부분

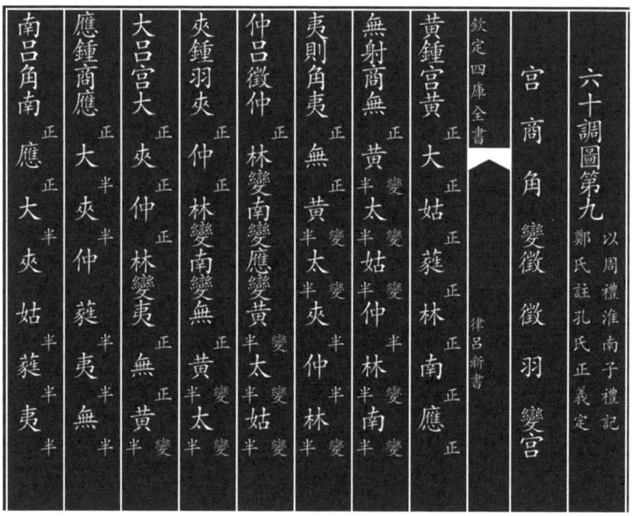

〈그림 14〉『율려신서』 60조의 부분(사고전서 전자판)

문지악熙文之樂〉[255] 악보의 앞부분이다.[256] 세조악보는 3·2·3·3·2·3의 16정간 6대강의 형식으로 그려져 있다. '3'과 '2'는 음의 길이를 표시한다. 악보에서 ①은 청황종조임을 나타내는 것이고, ②의 황종위치는 황종을 주음으로 하는데 그 주음인 황종이 치음이라는 뜻의 위조식爲調式 표기다. 이 말은 좀 어렵게 느껴진다. 선법을 읽는 방법에는 '지조식'과 '위조식'이 있는데, 'ㅇㅇ之ㅇ'의 표기는 지조식, 'ㅇㅇ爲ㅇ'의 표기는 위조식이라고 말한다. 그래서 황종위치를 위조식이라고 말한 것이다. 그 내용이 간단하지 않기 때문에 여기서는 생략하고 11장에서 자세하게 살펴보겠다.

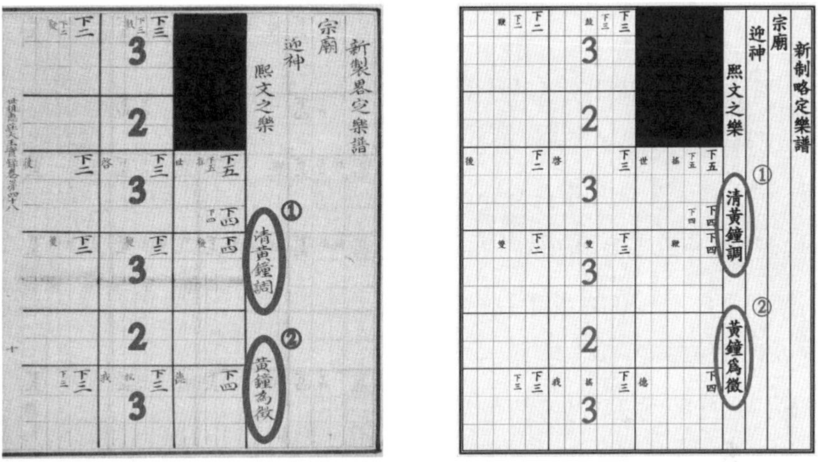

〈그림 15〉『세조실록』 악보 〈희문지악〉

255) 〈희문지악〉은 조선초기 종묘제례악의 한 곡명이다. 세조 때 종묘제향의 영신迎神과 전폐奠幣 절차에서 연주된 이 곡의 악보는『세조실록』48에 전한다. 영신은 제사 때 신을 맞아들이는 절차이고, 전폐는 헌관獻官이 전폐례奠幣禮를 행할 때, 그 폐백幣帛을 받아서 신위神位 앞에 드리는 일을 말한다.

256)『세조실록』「악보」(악보에서 숫자와 원은 필자가 추가했다)

〈표 10〉 황종치선법의 상하법

上4(각)	氵남려
上3(상)	氵임종
上2(궁)	氵중려
上1(우)	氵태주
宮(치)	氵황종
下1(우)	남려
下2(치)	임종
下3(각)	중려
下4(상)	태주
下5(궁)	황종

〈표 9〉는 황종궁선법으로, 황종을 궁음으로 한 상·각·치·우음인 황·태·고·임·남을 상하법으로 쓴 것이다. 〈희문지악〉은 황종치선법으로, 황종이 주음이면서 치음이고, 그것의 궁·상·각·치·우음인 중·임·남·황·태를 오음약보로 쓴 것이다.

좀 더 자세히 설명하면, 〈표 9〉는 황종궁선법이므로 황종을 궁음으로 하여 삼분손익 혹은 8칸씩 건너서[隔八] 나머지 상·각·치·우음을 구하니, 황·태·고·임·남이 된 것이다. 〈그림 15〉의 〈희문지악〉에는 선법이 '황종위치'라고 제시되어 있다. 이 말은 황종이 주음이고, 그 황종이 5음 중 치음이라는 뜻이다. 이로써 나머지 음을 구하면 우선 황종이 치음이므로 황종에서 8칸 건너간 임종이 상음이 되고, 임종에서 8칸 건너간 태주가 우음이 되고, 태주에서 8칸 건너간 남려가 각음이 된다. 다만 황종이 치음이므로 거꾸로 8칸 건너간 중려가 궁음이 되는 것이다. 이를 순서대로 하면 치·우·궁·상·각이고, 이에 해당하는 율명은 황·태·중·임·남이 된다.

이처럼 '청황종조'라는 것으로 탁성 황종이 궁음이 아니라는 것을 표시하고, '황종위치'로써 황종이 주음이고, 그 황종이 치음이라는 것을 표시해 준다. 이를 바탕으로 나머지 음을 구하면 〈표 10〉 황종치선법의 상하법에 보이는 것처럼 5음이 정해지게 된다. 따라서 상하의 법(오음약보)으로 표기만 해도 궁·상·각·치·우에 어떤 율을 연주하는지, 또 그 율이 탁성인지 청성인지도 알 수 있다. 우리가 보기엔 이것도 복잡해 보이지만 당시 사람들은 글자의 획수가 많은 율명을 일일이 기록하지 않아도 되니 매우 편리하다고 생각했던 것이다.

'황종위치'는 황종을 주음으로 하는데 그것이 5음 중 치음이라는 것을 규정한다고 했다. 그렇기 때문에 '황종위치'와 같이 선법만 표시하면 율명을 하나하나 기록하지 않더라도 오음약보만으로도 연주할 수 있었던 것이다. 이에 본문에서 "율 아래에 별도로 상하 1·2의 법을 써서, 이로써 보기에 편하게 했다"라고 한 것이다.

참고로 각 선법에 따른 율명을 〈표 11〉로 정리했다.

〈표 11〉 궁·상·각·치·우의 선법에 따른 율명

궁선법	궁상각치우	황종궁선법	황·태·고·임·남
상선법	상각치우궁	황종상선법	황·태·중·임·무
각선법	각치우궁상	황종각선법	황·태·중·임·무
치선법	치우궁상각	황종치선법	황·태·중·임·남
우선법	우궁상각치	황종우선법	황·협·중·임·무

궁선법은 황종을 궁음으로 해서 삼분손익 혹은 격팔의 방법을 써서 궁·상·각·치·우에 쓸 율을 구한 것이다. 12율(황종·대려·태주·협종·고선·중려·유빈·임종·이칙·남려·무역·응종) 중 황종을 시작으로 해서 궁－치－상－우－각 순으로 율을 구하면 황종(궁)－임종(치)－태주(상)－남려(우)－고선(각)이고, 이를 궁·상·각·치·우 순으로 말하니, 황·태·고·임·남이다.

상선법은 황종을 시작으로 해서 상－각－치－ 우 －궁의 율을 구하는데, 율을 구하는 순서는 궁－치－상－우－각이라고 했다. 따라서 황종(상)－임종(우)－태주(각)까지는 앞의 방법과 같이 8칸씩 건너서 구하고, 치와 궁은 거꾸로 8칸을 건너가야 한다. 황종부터 거꾸로 황종－응종－무역－남려－이칙－임종－유빈－중려이니, 중려가 치가 되고, 중려부터 거꾸로 8칸 건너 간 무역이 궁이 된다. 이를 상·각·치·우·궁 순으로 하니 황·태·중·임·무가 되는 것이다. 나머지도 이와 마찬가지다.

이상의 설명을 통해 중국은 60조를 사용하고, 조선은 12궁조를 사용하는데 아악에는 7성을 쓰지만 속악에는 5성만 쓴다는 것을 확인했다. 특히 조선에서는 중국에서 사용하지 않는 '상하의 법(오음약보)'을 써서 율명을 일일이 기록하는 번거로움을 없앴다는 사실도 알게 되었다. 즉 '조'와 주음의 음만 알면 율명을 모두 기록하지 않아도 연주할 수 있었다는 것이다. 우리에겐 복잡하지만 당시 사람들은 12율과 선법에 익숙했기 때문에 율명을 일일이 쓰는 것보다 오음약보로 기록하는 것이 훨씬 더 간편했을 것이다.

상하의 법은 세조가 고안한 기보법으로 세종이 창안한 정간보와 함께 사용되었다. 그러나 7음 음계에는 부적합한 기보법이고, 또 반드시 선법을 표기해야만 하는 단점이 있다. 오음약보는『세조실록』악보와 〈대악후보〉·〈시용향악보〉·〈금합자보〉에 쓰였지만, 언급했던 단점 때문인지 조선후기에 이르러 사라지게 되었고 지금은 쓰지 않는다.[257)]

257) 오음약보와 관련된 상세한 내용은『증보 한국음악통사』, 308~311쪽 참조.

2. 황종이 궁음이 아닐 경우 청황종을 사용한다.

• 원문 •

○按, 六十調註曰, "自第九宮後四宮, 用黃鐘爲角·徵·商·羽, 則以四淸聲代之" 此獨言黃鐘四淸聲也. 四宮乃夷則·夾鐘·無射·仲呂也. 黃鐘, 於夷則爲角, 夾鐘爲羽, 無射爲商, 仲呂爲徵. 皆取黃鐘半聲而用之. 至于應鐘皆取諸律, 淸聲以爲商·角·徵·羽.

• 번역 •

살펴보건대 60조에 대해 [『주자어류』에], "제9궁부터 이후의 네 궁은 황종을 각·치·상·우로 쓰는데, 네 개의 [황종] 청성으로 그것(황종)을 대신한다"라고 했는데, 이는 단지 네 개의 황종 청성만을 말하는 것이다. 네 궁은 바로 이칙(궁)·협종(궁)·무역(궁)·중려(궁)이다. 황종은 이칙(궁)에서 각이 되고 협종(궁)에서 우가 되고 무역(궁)에서 상이 되고 중려(궁)에서 치가 된다. [이 경우] 모두 황종 반성으로 [연주할 때] 쓴다. 응종(궁)에는 상·각·치·우에 모두 여러 율의 청성(반성)을 쓴다.

• 해설 •

12궁조 중 제9궁 이후의 궁조에서 황종을 쓸 때, 청황종을 쓴다는 것을 다시 한 번 강조한다. 제9궁 이후라는 것은 황종을 시작으로 삼분손익 또는 격팔의 방법으로 상생한 순서에서 9~12까지를 말한다(〈표 12〉). 1장 60조에서 보았던 궁조의 순서가 아니다(1. 황종궁 6. 대려궁 11. 태주궁 16. 협종궁 21. 고선궁 26. 중려궁 31. 유빈궁 36. 임종궁 41. 이칙궁 46. 남려궁 51. 무역궁 56. 응종궁). 한편, 응종궁의 경우는 궁음인 응종 이하 상·각·치·우음에 모두 청대려(상)·청협종(각)·청유빈(치)·청이칙(우)을 쓴다는 것을 밝히며, 궁음보다 나머지 음이 모두 저음이면 안 된다는 것을 또 다시 강조한다.

〈표 12〉 청황종을 사용하는 궁조

			궁	상	각	변치	치	우	변궁
1	황종궁	궁조	黃	太	姑	蕤	林	南	應
2	임종궁	궁조	林	南	應	汏	汰	㴌	㶋
3	태주궁	궁조	太	姑	蕤	夷	南	應	汏
4	남려궁	궁조	南	應	汏	浹	㴌	㶋	洟
5	고선궁	궁조	姑	蕤	夷	無	應	汏	浹
6	응종궁	궁조	應	汏	浹	㳞	㶋	洟	潕
7	유빈궁	궁조	蕤	夷	無	潢	汏	浹	㳞
8	대려궁	궁조	大	夾	仲	林	夷	無	潢
9	이칙궁	궁조	夷	無	潢	汰	浹	㳞	淋
10	협종궁	궁조	夾	仲	林	南	無	潢	汰
11	무역궁	궁조	無	潢	汰	㴌	㳞	淋	湳
12	중려궁	궁조	仲	林	南	應	潢	汰	㴌

3. 조선에서는 황종·대려·태주·협종 4청성만 썼다.

• 원문 •

今雅樂, 只置黃鐘·大呂·太簇·夾鐘半聲, 卽四淸聲也. 究其由所, 蓋“取君·臣·民, 不可相陵, 而事·物, 則不必避”之義.

• 번역 •

지금 아악에는 황종·대려·태주·협종의 반성, 즉 네 개의 청성만 쓴다. 그 이유를 생각해보면 “임금·신하·백성은 서로 자리를 넘보아서는 절대 안 되지만, 일과 사물은 반드시 피해야 하는 것은 아니다”라는 뜻을 취했기 때문일 것이다.

• 해설 •

『율려신서』에 ‘상·각·치·우음은 궁음의 자리를 넘볼 수 없다’라고 했듯이 『율려신서』 60조에는 상·각·치·우에 모두 청성을 쓴다. 『악학궤범』과 비교를 용이하게 하기 위해 12궁조만 배열했다(《표 13》). 그런데 『악학궤범』 〈시용 아악 12율 7성도〉에는 관련 내용에 이어 ‘일과 사물은 반드시 피해야 하는 것은 아니다’라는 심존중의 말을 덧붙이고, 실제 〈시용 아악 12율 7성도〉에 치와 우에 청성을 쓰기도 하고 쓰지 않기도 했다(《표 14》). 특히 주석에서 언급했듯이 황종·대려·태주·협종의 4청성만 쓰는 원칙을 분명하게 보여준다.

〈표 13〉『율려신서』 12궁조

			궁	상	각	변치	치	우	변궁
1	황종궁	궁조	黃	太	姑	蕤	林	南	應
6	대려궁	궁조	大	夾	仲	林	夷	無	潢
11	태주궁	궁조	太	姑	蕤	夷	南	應	汏
16	협종궁	궁조	夾	仲	林	南	無	潢	汰
21	고선궁	궁조	姑	蕤	夷	無	應	汏	浹
26	중려궁	궁조	仲	林	南	應	潢	汰	湖
31	유빈궁	궁조	蕤	夷	無	潢	汏	浹	沖
36	임종궁	궁조	林	南	應	汏	汰	湖	濼
41	이칙궁	궁조	夷	無	潢	汰	浹	沖	淋
46	남려궁	궁조	南	應	汏	浹	湖	濼	洟
51	무역궁	궁조	無	潢	汏	湖	沖	淋	湳
56	응종궁	궁조	應	汏	浹	沖	濼	洟	潕

〈표 14〉 성종조 아악 12율 7성

		궁	상	각	변치	치	우	변궁
1	황종궁	黃	太	姑	蕤	林	南	應
2	대려궁	大	夾	仲	林	夷	無	潢
3	태주궁	太	姑	蕤	夷	南	應	汏
4	협종궁	夾	仲	林	南	無	潢	汰
5	고선궁	姑	蕤	夷	無	應	汏	浹
6	중려궁	仲	林	南	應	潢	汰	姑
7	유빈궁	蕤	夷	無	潢	汏	浹	仲
8	임종궁	林	南	應	汏	汰	姑	蕤
9	이칙궁	夷	無	潢	汰	浹	仲	林
10	남려궁	南	應	汏	浹	姑	蕤	夷
11	무역궁	無	潢	汰	姑	仲	林	南
12	응종궁	應	汏	浹	仲	蕤	夷	無

『율려신서』의 60조 중 12궁조를 정리해 놓은 〈표 13〉과 〈성종조 아악 12율 7성도〉를 정리해 놓은 〈표 14〉를 비교하면 『율려신서』와 『악학궤범』의 청성 사용의 차이를 분명하게 확인할 수 있다. 〈표 13〉과 〈표 14〉에서 음영을 넣은 부분이 청성이다. 〈표 13〉에는 궁·상·각 외에도 치·우, 즉 사와 물에도 모두 청성을 사용했다. 그런데 〈표 14〉에는 치음과 우음에 청성을 사용하기도 하고 전성을 사용하기도 했다. 예를 들어 응종궁의 경우 〈표 13〉에는 상·각·변치·치·우·변궁에 모두 청성을 사용했는데, 〈표 14〉는 "지금 아악은 황종·대려·태주·협종의 반성만 둔다"라고 한 원칙에 따르고 있다.

4. 이칙·남려·무역·응종 네 궁의 상과 각에 청성을 사용한다.

• 원문 •

지 이 칙 남 려 무 역 응 종 사 궁 시 용 청 성 위 상 각 이 칙 궁 지 각 무 역 궁 지
至夷則·南呂·無射·應鐘四宮, 始用清聲爲商·角. 夷則宮之角, 無射宮之
상 용 청 황 종 남 려 궁 지 각 응 종 궁 지 상 용 청 대 려 무 역 궁 지 각 용 청 태
商, 用清黃鐘. 南呂宮之角, 應鐘宮之商, 用清大呂. 無射宮之角, 用清太
주 응 종 궁 지 각 용 청 협 종 이 피 신 민 능 군 임 종 이 하 지 응 종 궁 즉 부 취
族. 應鐘宮之角, 用清夾鐘. 以避臣·民陵君. 林鐘以下至應鐘宮, 則復取
전 성 위 치 우 즉 사 물 즉 불 필 피 야 금 도 시 용 아 악 십 이 율 칠 성 우 후
全聲爲徵·羽. 卽"事·物則不必避"也. 今圖時用雅樂十二律七聲于後.

• 번역 •

이칙·남려·무역·응종 네 궁에 이르면, 비로소 청성을 상·각으로 삼는다. 이칙궁의 각과 무역궁의 상은 청황종을 쓴다. 남려궁의 각과 응종궁의 상은 청대려를 쓴다. 무역궁의 각은 청태주를 쓴다. 응종궁의 각은 청협종을 쓴다. 이로써 신하와 백성이 임금의 자리를 넘보는 것을 피한다. 임종부터 이하 응종궁까지는 다시 전성을 취하여 치와 우로 삼는다. 즉 "사와 물은 반드시 피해야 하는 것은 아니기" 때문이다. 지금 쓰는 아악 12율 7성도는 뒤에 그려둔다.

• 해설 •

"이칙·남려·무역·응종 네 궁에 이르면 비로소 청성을 상과 각에 쓴다"는 말은 〈표 15〉에서 상과 각 아래에 음영을 넣은 부분에 대한 설명이다. 신하·백성은 임금의 자리를 넘보아서는 절대 안 되기 때문에 상음과 각음에 각 궁조의 궁음보다 저음인 경우는 모두 청성을 사용했다.

또 "임종궁부터 이하 응종궁까지는 다시 전성을 취하여 치와 우로 삼는

다"는 말은 아래의 표에서 글자를 기울여 표시한 것에 대한 설명이다. 예를 들어 임종궁조의 우음에 본래 음고를 보면 임종보다 고선이 저음이기 때문에 청고선을 써야 하는데, 우는 사물이기 때문에 자리를 넘보는 것을 반드시 피하지 않아도 되므로 전성을 썼다. 그런데 임종궁과 이칙궁의 경우 치음에는 청성을 사용하고 있다. 결국 치와 우음에는 전성을 사용해도 되지만 황종·대려·태주·협종은 반드시 청성을 썼다는 것을 보여준다.

〈표 15〉 성종조 아악 12율 7성 중 임종궁~응종궁

	궁	상	각	변치	치	우	변궁
임종궁	林	南	應	汏	汰	*姑*	蕤
이칙궁	夷	無	潢	汰	浹	*仲*	林
남려궁	南	應	汏	浹	*姑*	*蕤*	夷
무역궁	無	潢	汏	姑	*仲*	*林*	南
응종궁	應	汏	浹	仲	*蕤*	*夷*	無

이상의 〈성종조 아악 12율 7성도〉의 특징을 정리하면 다음과 같다.

첫째, 조선의 아악은 12궁조만 사용했다. 즉 12상조, 12각조, 12치조, 12우조는 사용하지 않았다.

둘째, 12율과 4청성만 사용하고 변성變聲[258]은 사용하지 않았다.

셋째, 황종·대려·태주·협종 4청성만 사용했다.

넷째, 치음과 우음에 청성을 사용할 때도 있고 사용하지 않을 때도 있다. 단 황종·대려·태주·협종은 반드시 청성을 사용했다.

---

258) 변성變聲은 전성全聲이든 반성半聲이든 정확한 전성이나 반성이 아닌 것을 의미한다. 즉 율관길이의 숫자가 명확하게 떨어지지 않는 것을 말한다. "변율은 정율보다 조금 높다"고 했는데, 12율의 율정을 엘리스 센트법에 따라 측정하면 24cent의 차이가 난다고 한다.(『악학궤범 악론 연구』, 75쪽)

3장

율려가 8칸씩 건너가며 서로 낳고 기에 응하는 것에 대한 그림과 설명

[律呂隔八相生應氣圖說]

1. 황제의 명으로 신하 윤이 곤륜산 해곡의 대나무로 12율을 만들었다.
2. 양율은 좌선左旋 음율은 우전右轉하니 천지에 음양의 소리가 갖추어진다.
3. 8칸씩 건너가며 상생한다.
4. 12율: 12지지地支·절기節氣[259]·효爻·합성合聲·상하생上下生
   1) 황종: 자子·동지冬至·건괘의 초구初九·합대려合大呂·임종 하생
   2) 대려: 축丑·대한大寒·곤괘의 육사六四·합황종合黃鐘·이칙 하생
   3) 태주: 인寅·우수雨水·건괘의 구이九二·합응종合應鐘·남려 하생
   4) 협종: 묘卯·춘분春分·곤괘의 육오六五·합무역合無射·무역 하생
   5) 고선: 진辰·곡우穀雨·건괘의 구삼九三·합남려合南呂·응종 하생
   6) 중려: 사巳·소만小滿·곤괘의 상육上六·합이칙合夷則·황종 상생
   7) 유빈: 오午·하지夏至·건괘의 구사九四·합임종合林鐘·대려 상생
   8) 임종: 미未·대서大暑·곤괘의 초육初六·합유빈合蕤賓·태주 상생
   9) 이칙: 신申·처서處暑·건괘의 구오九五·합소려合小呂·협종 상생
   10) 남려: 유酉·추분秋分·곤괘의 육이六二·합고선合姑洗·고선 상생
   11) 무역: 술戌·상강霜降·건괘의 상구上九·합협종合林鐘·중려 상생
   12) 응종: 해亥·소설小雪·곤괘의 육삼六三·합태주合太簇·유빈 상생
5. 해와 달의 우전과 북두칠성 자루의 좌선을 본받아 12율을 만들다.
6. 12율·12달[月]·12지지·12차

259) 24절기는 12절기와 12중기를 합한 의미이다. 24절후는 1년은 4계, 1계는 3개월, 1개월은 2기, 1기는 3후 등으로 구분된다. 원문에는 절후라고 되어 있다. 절기와 절후의 의미가 똑같지는 않지만 일반적으로 '절후'보다는 '절기'라는 말을 쓰기 때문에 절기로 통일해서 썼다. 한편, 12율과 절기가 『악서』의 〈24기도〉와 『악학궤범』의 〈율려 격팔상생 응기도〉에는 태주에 입춘절과 우수중, 협종에 경칩절과 춘분중, 고선에 청명절과 곡우중이 배열되어 있다. 그런데 본문에는 12율에 대체로 중기에 해당하는 절기를 배열하면서, 태주에 경칩(계칩), 고선에 청명이 배열되어 있다. 절기의 배열 규칙에 따르면 그림에 배열되어 있는 절기가 맞으므로 목차에 그림에 배열되어 있는 절기로 정리했다.

7. 협종은 봄, 임종은 여름, 남려는 가을, 중려는 겨울을 주관한다.

8. 성현의 주석

이 장의 내용은 대체로 『악서』에 전한다. 12율의 기원과 '격팔상생'을 설명하고, 이어서 전통시대 사람들이 12율과 감응관계가 있다고 생각했던 12지지와 절기, 효 등을 모두 배열하고 있다. 다음은 해와 달, 그리고 북두칠성의 회전과 6율과 6려의 생성을 감응관계로 설명한 후, 마지막으로 성현이 간략하게 조선에서는 12율 정성과 4청성을 사용한다는 것을 다시 한번 강조하며 글을 맺는다.

1. 황제의 명으로 신하 윤이 곤륜산 해곡의 대나무로 12율을 만들었다.

• 원문 •

昔“黃帝, 使伶倫,[260] 自大夏之西昆崙之陰,[261] 取嶰谷之竹, 自然圓虛, 其竅厚均者, 斷兩節間而吹之, 以爲黃鐘之宮. 又制十二筩, 以象鳳凰之鳴. 其雄鳴, 爲六. 雌鳴, 亦六”[262] “陽六, 爲律. 陰六, 爲呂. 六律·六呂, 總謂之十二律, 以配十二月. 黃鐘·太簇·姑洗·蕤賓·夷則·無射, 陽聲也. 大呂·應鐘·南呂·林鐘·小呂·夾鐘,[263] 陰聲也”[264]

• 번역 •

옛날(『전한서』「율력지」)에 “황제가 신하이자 음악가인 윤倫에게 대하大夏의 서쪽 곤륜 산의 북쪽에 있는 해곡의 대나무 중 자연적으로 둥글고 속이 비고, 구멍 두께가 균등한 것을 골라 두 개의 마디 사이를 잘라서 그것을 불어 황종궁을 만들라고 했다. 또 봉황의 울음소리를 본받아 12통을 제작하

260) 령伶은 악관을 말하고, 악관의 이름이 윤倫이다.(정영호 편역, 『여씨춘추 12기』, 서울문고, 1992, 137쪽)

261) 대하大夏는 산서 북부의 총칭이다(『여씨춘추』, 151쪽 각주 49). 서역에 있는 나라 박트리아Bactria를 말한다는 견해도 있다.(『신역 악학궤범』, 45쪽 각주 43)

262) 『前漢書』 21 上 「律曆志」 1 上: 黃帝使泠綸, 自大夏之西昆侖之陰, 取竹之解谷生, 其竅厚均者, 斷兩節間而吹之, 以爲黃鐘之宮. 制十二筩, 以聽鳳之鳴, 其雄鳴爲六. 雌鳴亦六.

263) 소려小呂는 중려仲呂이다.

264) 『樂書』 49 「典同」: 陽六, 爲律. 白黃鐘至無射, 陽聲也. 陰六, 爲同. 自大呂至應鐘, 陰聲也.(진양 지음/ 조남권·김종수 옮김, 『역주 악서』 2, 소명출판, 2012, 206쪽)

라고 했다. 수컷의 울음소리를 본받은 것이 여섯 개고, 암컷의 울음소리를 본받은 것도 여섯 개다"라고 전한다. [『악서』에] "[수컷의 울음소리를 본받은] 양율은 여섯 개고, [암컷의 울음소리를 본받은] 음려는 여섯 개다. 6율과 6려를 합하여 12율이라고 말하며, 열두 달과 짝을 이룬다. 황종·태주·고선·유빈·이칙·무역은 양성陽聲이고, 대려·응종·남려·임종·소려小呂·협종은 음성陰聲이다"라고 전한다.

• 해설 •

위의 내용은 『전한서』와 『악서』에 전하는 것으로, 6율 6려, 즉 12율의 기원과 음양의 율명을 나열한 것이다. 황제가 신하이자 음악가인 윤에게 12율을 만들라고 명하자, 윤은 대하의 서쪽 곤륜산의 대나무로 봉황의 울음소리를 본받아 12율을 만든다. 대하는 산서山西 북부지역이고, 곤륜산은 서왕모西王母가 거주하고 있는 곳으로 사람이 신선이 되었을 때 도달할 수 있는 최고의 세계로 불사의 국토로 알려진 곳이다. 『산해경山海經』「서산경西山經」에 '곤륜산에는 새가 있는데, 그 이름이 순조鶉鳥이다'[265]라는 구절이 전하는데, 순조가 바로 봉황이다.[266] 『여씨춘추』에도 이와 관련하여 다음과 같은 내용이 전한다.

> 옛날 황제는 윤이라는 신하에게 명령하여 율을 만들도록 했다. 윤은 대하의 서쪽을 지나 곤륜산의 북쪽에 이르러 해계의 골짜기에서 대나무를 취했다. 가운데 구멍이 크고 두께가 균일한 생 대나무를 고른 뒤 두 마디 사이를 3촌 9분 길이로 자르고 그것을 불어 황종율의 궁음으로 삼았는데, 불면 '삘릴리舍少~'[267]

---

265) 『山海經』「西山經」: 昆侖之丘有鳥焉, 其名曰鶉鳥(郝懿行箋疏: 鶉鳥, 鳳也). 정재서 저, 『산해경』, 민음사, 1999, 97쪽.

266) 이덕일, 『유물로 읽은 우리 역사』, 세종서적, 1999, 75쪽.

267) '舍少'은 대나무로 만든 율관을 불어서 나는 소리를 표현한 의성어이다. 우리나라는 피리

하고 소리가 났다.[268)]

12율은 황제의 명으로 그의 신하이자 음악가인 윤이 대하의 서쪽 곤륜산에서 나는 대나무를 가지고 최초로 만들었다. 12율과 황제, 음악가 윤, 곤륜산, 봉황의 소리를 함께 기억하며 계속 보자.

소리를 대체로 '삘릴리~ 삘릴리~' 분다고 표현한다. 이에 '舍少she shao'을 '삘릴리~'라고 표현했다.

268) 『呂氏春秋』「仲夏紀」「古樂」: 昔黃帝, 伶倫作爲律. 伶倫, 自大夏之西, 乃之阮隃之陰, 取竹於嶰谿之谷. 以生空竅厚均者, 斷兩節間, 其長三寸九分, 而吹之, 以爲黃鐘之宮, 吹曰, '舍少'.(여불위 지음/ 정하현 옮김, 『여씨춘추』, 소명출판, 2011; 2014, 145쪽) 「고악」에는 상고시대부터 주周 성왕成王에 이르기까지의 악무의 역사가 서술되어 있다.

2. 양율은 좌선 음율은 우전하니 천지에 음양의 소리가 갖추어진다.

• 원문 •

"蓋日月, 會於十二次, 而右轉. 聖人, 制六呂以象之. 斗柄,[269] 運於十二辰,[270] 而左旋. 聖人, 制六律以象之. 故陽律, 左旋以合陰, 陰呂, 右轉而合陽"[271] "而天地四方陰陽之聲具焉"[272]

• 번역 •

[『악서』]에 "해와 달은 12차次에서 만나며 오른쪽(시계 반대 방향)으로 돈다. 성인이 오른쪽으로 도는 것을 본떠서 6려를 만들었다. 북두칠성 자루[斗柄]는 12신辰의 방향으로 움직이므로 왼쪽(시계 방향)으로 돈다. 성인이 왼쪽으로 도는 것을 본떠서 6율을 만들었다. 그러므로 양율은 왼쪽으로 돌아서 음과 합쳐지고, 음려는 오른쪽으로 돌아서 양과 합쳐진다", 그리하여 "천지

---

269) 두병斗柄은 북두칠성을 국자 모양으로 보았을 때 그 자루에 해당하는 세 개의 별을 가리킨다. 『악서』에 "북두성은 하늘 가운데 위치하여 옥형玉衡(天體의 美稱)을 운행하여 사방을 덮고 만물을 죽거나 살게 한다[斗居天之中, 運玉衡以冒覆四方, 死生萬物者也]"라고 전한다.(『역주 악서』 4, 123쪽)

270) 12신十二辰은 자子·축丑·인寅·묘卯·진辰·사巳·오午·미未·신申·유酉·술戌·해亥를 말한다.

271) 『樂書』 102 「律呂合陰陽聲」: 蓋日月, 會於十二次, 而右轉. 聖人, 制六同象之. 斗柄, 運於十二辰, 而左旋, 聖人, 制六律以象之. 六律, 陽也, 左旋以合陰, 六同, 陰也, 右轉以合陽(『역주 악서』 4, 115쪽).

272) 『樂書』 102 「律呂辨天地四方聲」: 陽六, 爲律, 自黃鐘至無射, 陽聲也. 陰六, 爲同, 自大呂至應鐘, 陰聲也. 陽聲, 左旋始於子, 終於巳. 陰聲, 右轉始於丑, 終於卯, 而天地四方陰陽之聲具焉.(『역주 악서』 4, 118쪽)

사방에 음양의 소리가 갖추어진다"라고 전한다.

• 해설 •

음력 초하루에는 지구에서 볼 때 해와 달이 같은 방향에 있어서, 지구는 달의 그늘을 향하게 되므로 지구에서 달이 안 보인다. 이것을 '삭朔'이라고 한다. 보름에는 해와 달 사이에 지구가 있어서, 지구에서 달의 둥근 전면이 다 보인다. 이것을 '망[望]'이라고 한다.(〈그림 16〉)

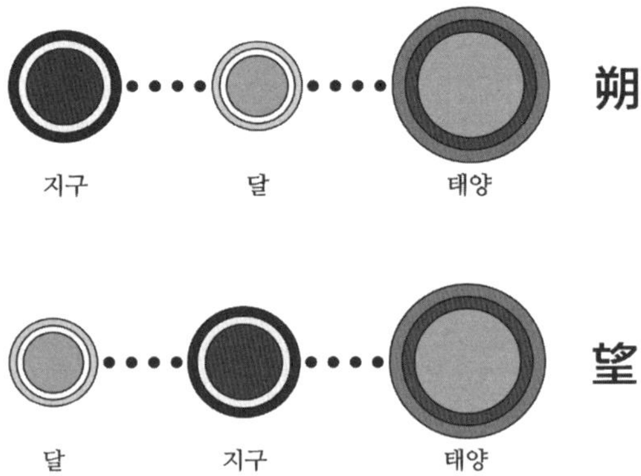

〈그림 16〉 삭朔과 망望

첫 문장에 "해와 달이 12차에서 만난다"라고 했는데, 12차는 어디일까? 12차의 '차次'는 적도 부근을 세로로 12구역으로 나눈 단위를 말한다. 중국의 〈순우천문도淳祐天文圖〉[273]와 우리나라의 〈천상열차분야지도天象列次分野

---

273) 〈순우천문도〉는 중국 남송의 황상黃裳(1147~1195)이 소희紹熙 원년元年(1190)에 그린 천문도를 왕치원王致遠(1193~1257)이 순우 7년(1247) 사천四天에서 이를 밑그림으로 돌에 새긴 세계에서 가장 오래된 석각천문도이다. 〈천상열차분야지도〉와 비교하면, 〈순우천문도〉는 별의 크기를 구별하지 않고 모두 같게 그렸으며, 별자리의 연결법이 다르다. 또한 은하수의 모양과 위치도 다르다. 〈천상열차분야지도〉는 별자리 판 둘레에 서양식 12궁宮과 12방方, 12분分을 적었지만, 이 천문도는 중국 전통의 12차次, 12방方, 12분分, 12야野(2州)를 적었

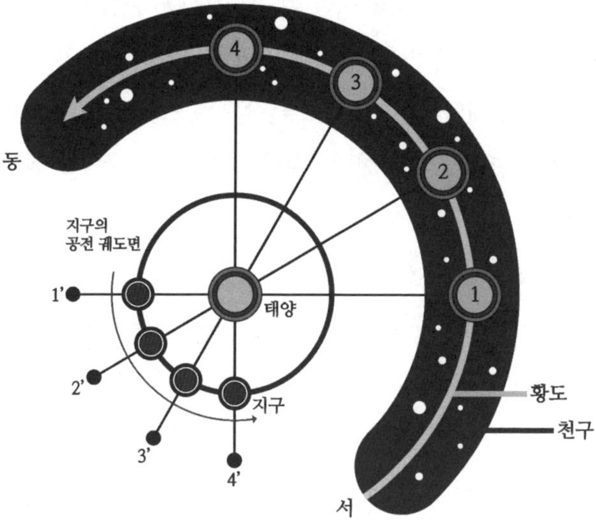

〈그림 17〉 해의 우전(시계 반대방향)

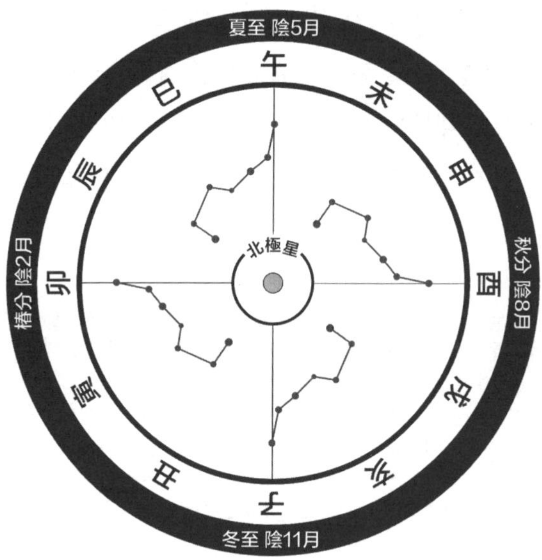

〈그림 18〉 북두칠성 자루의 좌선(시계 방향)

다. 현재 중국 소주 공자묘에 소장되어 있다.(네이버 e뮤지엄)

之圖〉[274]에 담긴 우주관에 따르면 해와 달이 한 해 동안 하늘에서 12회 만나는데, 그 만나는 지점을 12차라고 명명한 것이다. 서양에서는 '황도 12궁'이라고 말한다. 해와 달이 모두 오른쪽으로 도는데,[275] 성인이 그것을 본떠서 음의 율을 만들었다고 한다. 지구가 서쪽에서 동쪽(시계 반대방향)으로 돌기 때문에, 당시 사람들의 눈에는 해와 달이 오른쪽(시계 반대방향)으로 도는 것처럼 보였던 것이다.(〈그림 17〉)

또 북두칠성 자루는 12지지의 방향에 따라 돌아가는데, 성인이 이것을 본떠서 왼쪽(시계 방향)으로 돌면서 양율을 만들었다고 한다(〈그림 18〉). 북두칠성의 자루부분은 각 달에 해당하는 지지의 방향에 따라 시계방향으로 돌아간다. 예를 들면 11월인 자子월에는 자의 방향으로 북두칠성 자루가 향하고, 2월인 묘卯월에는 묘의 방향으로 북두칠성 자루가 향한다. 이렇게 양율은 왼쪽(시계 방향)으로 돌면서 음려와 합해지고, 음려는 오른쪽(시계 반대방향)으로 돌면서 양율과 합해져서 천지사방에 음양의 소리가 갖추어지는 것이다.

이상의 내용은 현상세계를 관계 짓고자 했던 전통시대 사람들의 사고체계를 들여다 볼 수 있는 대목이다. 바로 존 핸더슨이 '상관적 사유'라고 했던 전통시대의 사상적 특징이다.[276] 전통시대 사람들은 하늘은 양, 땅은 음을 상징

274) 〈천상열차분야지도〉는 하늘의 모습인 '천상'을 '차'와 '분야'에 따라 벌려놓은 '그림'이라는 뜻이다. '차'란 목성의 운행을 기준으로 설정한 적도대의 열두 구역을 말하고, '분야'란 하늘의 별자리 구역을 열둘로 나눠 지상의 해당지역과 대응시킨 것을 뜻한다. 조선조 태조 4년(1395)에 고구려 시대 평양에서 각석한 천문도 비석의 탁본을 바탕으로 돌에 새긴 〈천문도〉(국보 제228호 천상열차분야지도각석)가 바로 그것이다. 세월이 흘러 태조본이 마모되자, 세종과 숙종 시기에 복각했으며, 두 비석은 국립고궁박물관에 보관되어 있다.(남문현, 「천상열차분야지도」, 네이버캐스트, 2012. 04. 17) 2007년 1월 22일부터 발행된 만 원권 뒷면 배경에 약식으로 모사한 〈천상열차분야지도〉가 그려져 있다.

275) 당시에는 지구를 중심으로 해와 달이 돈다고 생각했다.

276) '상관적 사유는 중국 우주론을 구성하는 가장 핵심적인 관념이다. 그러나 상관적 사유는 비단 중국 우주론에만 나타나는 것은 아니며, 인류학자들이 원시문명이라고 부르는 관념으로 대부분의 문화 속에 등장한다. 상관적 사유는 인체·국가제체·천체 등과 같은 우주의 여러 영역들 사이의, 또는 그 속의 다양한 실체들 사이의 우주적 감응을 전제로 한다. 다시 말해

하는데, 하늘(양)과 땅(음)이 조화를 이루어야 한다고 생각했다. 뿐만 아니라, 12율도 천지의 조화와 함께 음양의 조화를 이루어야 한다고 생각했다.

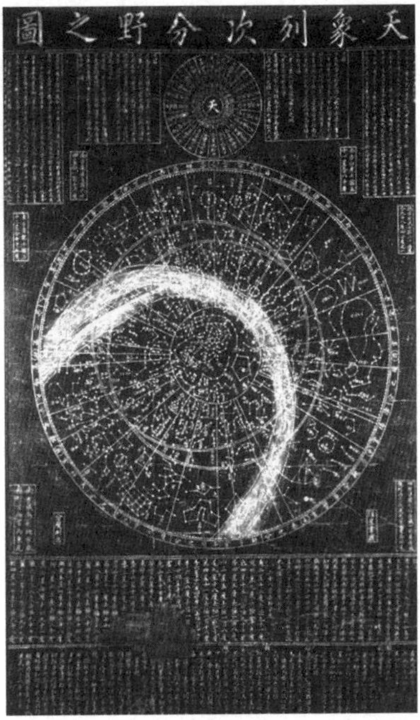

〈그림 19〉 숙종대 석각본 〈천상열차분야지도〉 탁본(성신여대 박물관 소장)[277]

음양의 조화는 실제 음악과 춤의 구현 및 악기의 제작과 무용수들의 자리 배치에도 적용되었다. 예를 들면 연주단이 자리한 당상[등가]은 양, 당하[궁가][278]는 음을 상징하며 이로써 음양의 조화를 이루고자 했다. 또 등가는 양을 상징하므로 등가에서 연주하는 악기는 음陰의 음音을 주음으로 연주함으로써 거듭 음양의 조화를 이루고자 했고, 궁가는 음을 상징하므로 궁가에서 연주하는 악기는 양의 음을 주음으로 연주함으로써 거듭 음양의 조화를 이루고자 했다. 이 외에도 등가와 궁가 사이에서 〈문무〉와 〈무무〉를 추었는데, 〈문무〉는 양을 〈무무〉는 음을 상징한다. 더 나아가 등가는 하늘[天], 궁가는 땅[地], 〈문무〉와 〈무무〉는 사람[人]으로 천지인[三才]을 상징한다.

춤대형에서도 음양의 조화를 살펴볼 수 있다. 동쪽에 위치한 좌측 대형

서 상관적 사유는 서로 감응하는 실체들이 거시적 수준에서 서로 동류라는 것, 그렇기 때문에 특정한 측면에서 서로 간에 감응의 관계가 존재한다는 것을 전제로 한다'(John B. Henderson/ 문중양 옮김, 『중국의 우주론과 청대의 과학혁명』, 소명출판, 2004, 17쪽)

277) 네이버캐스트 과학문화재 〈천상열차분야지도〉

278) 천자는 궁가宮架, 제후는 헌가軒架, 경대부는 판가判架, 사는 특가特架라고 일컫는다. 각각 악기의 배열 위치와 수가 다르다.

의 무용수들은 양을, 서쪽에 위치한 우측 무용수들은 음을 상징하며, 무용수들의 춤절차와 춤동작에 이르기까지 총체적으로 음양의 조화를 이루도록 제작되었다.[279] 동쪽이 좌측이 되고, 서쪽이 우측이 되는 이유는, 임금이 북쪽에 앉아서 남쪽을 향했을 때[南面]에 좌측이 동쪽이고, 우측이 서쪽이기 때문이다. 한 마디로 전통시대에는 어느 것 하나도 음양의 조화를 고려하지 않고 만든 것이 없었던 것이다.

279) 「『악학궤범』 당악정재의 규칙성과 사상성 연구」 참고.

3. 8칸씩 건너가며 상생한다.

• 원문 •

범 십 이 율 상 생 지 위 자 황 종 지 율 수 팔 지 임 종 임 종 수 팔 지 태 주 태 주
“凡十二律相生之位, 自黃鐘之律數八, 至林鐘. 林鐘數八, 至太簇. 太簇
수 팔 지 남 려 남 려 수 팔 지 고 선 고 선 수 팔 지 응 종 응 종 수 팔 지 유 빈
數八, 至南呂. 南呂數八, 至姑洗. 姑洗數八, 至應鐘. 應鐘數八, 至蕤賓,
주 이 부 시
周而復始”

• 번역 •

[『가산도서家山圖書』에][280] “12율이 서로 낳는 자리는 [다음과 같다]. 황종율(자신을 포함)에서 8칸을 가면 임종율에 이르고, 임종율에서 8칸을 가면 태주율에 이르고, 태주율에서 8칸을 가면 남려율에 이르고, 남려율에서 8칸을 가면 고선율에 이르고, 고선율에서 8칸을 가면 응종율에 이르고, 응종율에서 8칸을 가면 유빈율에 이른다. 한 바퀴 돌고나면 다시 처음부터 시작한다”라고 전한다.

• 해설 •

이하의 본문 내용을 쉽게 이해하기 위해 먼저 그림을 보도록 하자. 〈그

---

280) 『가산도서家山圖書』에는 책을 지은 사람의 이름과 성씨가 기록되어 있지 않다. 또한 오직 『영락대전』에만 그 원문이 전한다. 이 책은 먼저 그림을 제시하고 그 뒤에 설명을 덧붙였으며, 『예경』을 근거로 하였고 종류별로 묶어서 표기를 하였는데 말의 의미가 분명하다. 배움에 입문하는 사람에서부터 성인에 이르기까지 모든 예법[儀節]이 지극히 상세하게 구비되어 있다. 이 책은 명물도수名物度數에 대해 상세하다.(『사고제요』)

〈그림 20〉『樂學軌範』〈律呂隔八相生應氣圖〉

〈그림 21〉『樂書』〈二十四氣圖〉

림 20〉은『악학궤범』의 〈율려 격팔상생 응기도〉이고, 〈그림 21〉은『악서』의 〈24기도〉이며, 〈그림 22〉[281]는 〈그림 20〉을, 〈그림 23〉은 〈그림 21〉을 보기 쉽게 옮겨 그린 것이다.

그림을 보니 매우 복잡할 것 같다는 생각이 든다. 하지만 알고 보면 그리 복잡하지 않다. 물론 설명하는 내용들은 모두 전통시대의 '상관적 사유'가 함축되어 있기 때문에 간단하지만은 않지만, 기본적인 내용만 이해하는 것에 초점을 맞춘다면 큰 어려움은 없을 것이다.

본문의 내용은 '격팔상생'으로 12율을 생성하는 방법을 설명한 것이다. 본문에는 황종부터 유빈까지만 설명되어 있지만 '한 바퀴 돌고나면 다시 처음부터 시작한다'는 말로 이와 같은 방법으로 12율을 모두 낳는다는 말을 대신하고 있다. 〈그림 22〉[282]에서 황종에서 시작하여 좌측(시계 방향)으로

281)『악서』〈24기도〉에는 황종에 동지절, 대설중 순으로 되어 있으나(시계 방향), 24절기의 순서로 볼 때 대설절, 동지중이 되어야 한다.『악학궤범』에는 고쳐서 바르게 배열되어 있다. 이에 〈그림 23〉에는『악학궤범』에 의거하여 대설절, 동지중 순으로 고쳐서 배열했다.

282)『악학궤범』의 〈율려 격팔상생 응기도〉는『악서』의 〈24기도二十四氣圖〉(한국음악자료총서

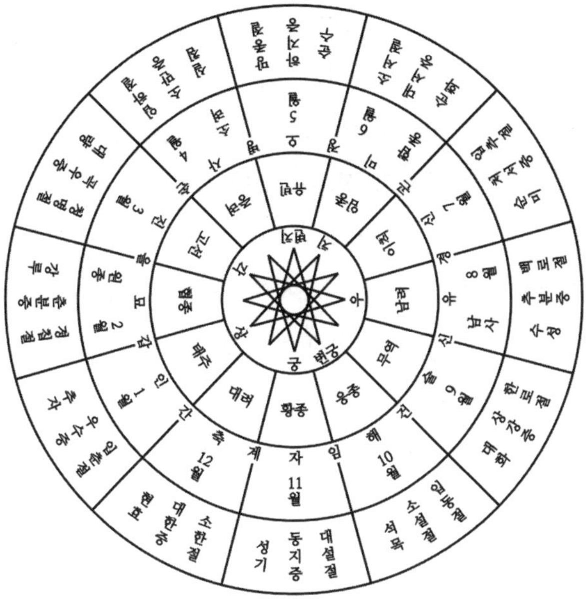

〈그림 22〉『악학궤범』〈율려 격팔상생 응기도〉

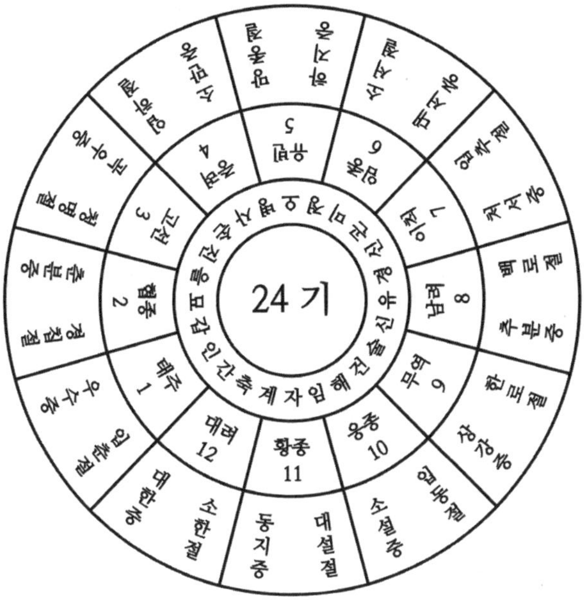

〈그림 23〉『악서』〈24기도〉

8칸 가면 임종이다. 가운데에 별모양으로 연결된 선이 보이는데 황종이 임종하고 중려와 직선으로 연결되어 있다. 황종에서 8칸 가면 임종이고, 중려에서 8칸 가면 황종임을 시각적으로 나타낸 것이다. 임종에서 8칸 건너가면 태주인데, 임종과 태주도 직선으로 연결되어 있다.

또한 〈그림 22〉에서 황종 아래에 배열된 것들은 모두 황종과 감응관계에 있다고 여겼던 것들이다. 즉 전통시대 사람들은 황종은 12지지 중 자, 열 두달 중 11월, 절기로는 대설절과 동지중, 12차에서는 성기와 감응관계가 있다고 생각한 것이라고 이해하면 된다.

자, 이제 하나하나 짚어보자. 그림을 자세히 보면 낯설지 않은 단어들이 보인다. 앞에서 몇 차례씩 언급했던 12율명도 보이고, 1월부터 12월, 또 자·축·인·묘 등의 12지지도 있고, 갑甲·을乙·병丙·정丁 등의 10천간과 춘분春分·추분秋分·동지冬至·하지夏至 등의 절기節氣, 해와 달이 만나는 자리인 12차 등이 보인다. 모두 12율과 상관적 관계에 있다고 생각하는 것들을 배열한 것이다. 이를 더 보기 쉽게 〈표 16〉으로 정리했다. 이렇게 보면 12율과 상관적 관계에 있는 것들이 한 눈에 보인다.

---

9. 『악서』 102, 158쪽)를 인용했으나, 중앙에 '24기'라는 글자가 없고 격팔상생을 표시하는 선들이 이어져 있으며, 7음이 기록되어 있다. 또 절기 옆에 〈24기도〉에는 없는 12차도 나란히 배열했다.(〈그림 22〉와 〈그림 23〉 참조)

〈표 16〉 律呂隔八相生應氣圖說

<table>
<tr><th>12율</th><th colspan="2">황종
黃鐘</th><th colspan="2">대려
大呂</th><th colspan="2">태주
太簇</th><th colspan="2">협종
夾鐘</th><th colspan="2">고선
姑洗</th><th colspan="2">중려
仲呂</th><th colspan="2">유빈
蕤賓</th><th colspan="2">임종
林鐘</th><th colspan="2">이칙
夷則</th><th colspan="2">남려
南呂</th><th colspan="2">무역
無射</th><th colspan="2">응종
應鐘</th></tr>
<tr><td>음양</td><td colspan="2">陽+</td><td colspan="2">陰−</td><td colspan="2">陽+</td><td colspan="2">陰−</td><td colspan="2">陽+</td><td colspan="2">陰−</td><td colspan="2">陽+</td><td colspan="2">陰−</td><td colspan="2">陽+</td><td colspan="2">陰−</td><td colspan="2">陽+</td><td colspan="2">陰−</td></tr>
<tr><td>12地支</td><td colspan="2">자子</td><td colspan="2">축丑</td><td colspan="2">인寅</td><td colspan="2">묘卯</td><td colspan="2">진辰</td><td colspan="2">사巳</td><td colspan="2">오午</td><td colspan="2">미未</td><td colspan="2">신申</td><td colspan="2">유酉</td><td colspan="2">술戌</td><td colspan="2">해亥</td></tr>
<tr><td>10天干
/괘卦</td><td>壬</td><td colspan="2">계癸</td><td colspan="2">간艮</td><td colspan="2">갑甲</td><td colspan="2">을乙</td><td colspan="2">손巽</td><td colspan="2">병丙</td><td colspan="2">정丁</td><td colspan="2">곤坤</td><td colspan="2">경更</td><td colspan="2">신辛</td><td colspan="2">건乾</td><td>임</td></tr>
<tr><td>월</td><td colspan="2">11</td><td colspan="2">12</td><td colspan="2">1</td><td colspan="2">2</td><td colspan="2">3</td><td colspan="2">4</td><td colspan="2">5</td><td colspan="2">6</td><td colspan="2">7</td><td colspan="2">8</td><td colspan="2">9</td><td colspan="2">10</td></tr>
<tr><td>절기</td><td colspan="2">대설
大雪
·
동지
冬至</td><td colspan="2">소한
小寒
·
대한
大寒</td><td colspan="2">입춘
立春
·
우수
雨水</td><td colspan="2">경칩
驚蟄
·
춘분
春分</td><td colspan="2">청명
淸明
·
곡우
穀雨</td><td colspan="2">입하
立夏
·
소만
小滿</td><td colspan="2">망종
亡種
·
하지
夏至</td><td colspan="2">소서
小暑
·
대서
大暑</td><td colspan="2">입추
立秋
·
처서
處暑</td><td colspan="2">백로
白露
·
추분
秋分</td><td colspan="2">한로
寒露
·
상강
霜降</td><td colspan="2">입동
立冬
·
소설
小雪</td></tr>
<tr><td>12次</td><td colspan="2">성기
星紀</td><td colspan="2">현효
玄枵</td><td colspan="2">추자
娵訾</td><td colspan="2">강루
降婁</td><td colspan="2">대량
大梁</td><td colspan="2">실침
實沈</td><td colspan="2">순수
鶉首</td><td colspan="2">순화
鶉火</td><td colspan="2">순미
鶉尾</td><td colspan="2">수성
壽星</td><td colspan="2">대화
大火</td><td colspan="2">석목
析木</td></tr>
</table>

〈표 16〉의 상단에 12개의 율명이 있다. 그 아래에 각각의 율이 양율인지 음율인지 표시했다. 이는 〈율려 격팔상생 응기도〉에는 없지만 아래의 내용들을 설명하는 데 필요하기 때문에 첨가했다. 그 아래로는 12지지, 10천간과 괘,[283] 열두 달, 24절기, 12차를 각각의 율명 아래에 배열했다. 그런데 본문에는 그림에 없는 내용도 나온다. 그래서 본문에 나오는 내용을 〈표 17〉로 정리했다.

283) 축과 인 사이에 간艮, 진과 사 사이에 손巽, 미와 신 사이에 곤坤, 술과 해 사이에 건乾을 배열했다.

〈표 17〉 12율과 12지지 · 절기 · 효 · 괘 · 괘명 · 합성 · 상하생

12율	황종	대려	태주	협종	고선	중려	유빈	임종	이칙	남려	무역	응종
의미	중앙 씨앗	봉양	모임		오래됨 새로움		계승 인도	임금		맡음	싫어 함	
12지지	자子	축丑	인寅	묘卯	진辰	사巳	오午	미未	신申	유酉	술戌	해亥
절기[氣]	동지 冬至	대한 大寒	계칩 啓蟄 285)	춘분 春分	청명 淸明 286)	소만 小滿	하지 夏至	대서 大暑	처서 處暑	추분 秋分	상강 霜降	소설 小雪
효爻	초구 初九	육사 六四	구이 九二	육오 六五	구삼 九三	상육 上六	구사 九四	초육 初六	구오 九五	육이 六二	상구 上九	육삼 六三
괘	䷗	䷒	䷊	䷡	䷪	䷀	䷫	䷠	䷋	䷓	䷖	䷁
괘명 287)	지뢰복 地雷復	지택림 地澤臨	지천태 地天泰	뇌천대장 雷天大壯	택천쾌 澤天夬	중천건 重天乾	지풍구 地風姤	천산둔 天山遯	천지부 天地否	풍지관 風地觀	산지박 山地剝	중지곤 重地坤
합성	대려	황종	응종	무역	남려	이칙	임종	유빈	소려	고선	협종	태주
하생	임종	이칙	남려	무역	응종							
상생						황종	대려	태주	협종	고선	중려	유빈

〈율려 격팔상생 응기도〉에 보이는 것과 본문의 내용에는 다소 차이가 있으니 유의해서 보아야 한다. 먼저 그림과 표를 보며 서로 상관적 관계에 있는 것들을 한번 짚어본 후, 이하의 내용을 읽으면 이해하는 데에 도움이 된다. 즉 '황종은 양율이고, 12지지 중 자子에, 10천간 중 임壬과 계癸에,

1년 중 11월에, 24절기 중 대설과 동지에, 12차 중 성기星紀와 상관적 관계에 있다'는 식으로 이해하면 된다. 나머지 율도 모두 마찬가지다. 이제 위의 그림과 표를 글로 만나보자.

---

284) 우수가 되어야 12율에 모두 중기가 배열되게 된다.

285) 곡우가 되어야 12율에 모두 중기가 배열되게 된다.

286) 괘명은 본문에 나오지 않으나, 12율명의 의미와 괘명의 의미가 관계가 있다는 것을 확인하기 위하여 추가하여 정리했다.

4. 12율: 12지지地支·절기節氣·효爻·합성合聲·상하생上下生

1) 황종: 자子·동지冬至·건괘의 초구初九·합대려合大呂·임종 하생

• 원문 •

황종 황자 중지색야 종 종야 양기 잠맹어황궁 만물
"○黃鐘: 黃者, 中之色也, 鐘, 種也" "陽氣, 潛萌於黃宮"[287)288)] "萬物,
자맹어자 이황종 자지기야 기후 동지 기괘 건지초구 고합어대려
孳萌於子, 而黃鐘, 子之氣也. 其候, 冬至. 其卦, 乾之初九. 故合於大呂,
이하생임종언
而下生林鐘焉"[289)]

• 번역 •

[『전한서』「율력지」에] "황종: 황은 중앙의 색이다. 종鐘은 씨앗[種]이다"라고 전한다. [『악서』에 이르기를 양웅揚雄은] "양의 기운이 땅 속에 엎드려 있다[潛萌]"라고 했다. [『악서』에] "만물은 자子에서 싹이 돋아나므로, 황종은 자의 기운을 지닌다. 절기節氣[290)]로 보면 동지冬至이고 괘로는 건괘의 초구初

---

287) 잠맹潛萌은 땅 속에 엎드린다는 뜻이다.

288) 『前漢書』 21 上 「律曆志」 1 上: 黃鐘: 黃者, 中之色, 君之服也. 鐘者, 種也. 陽氣, 施種於黃泉. 孳萌萬物; 『樂書』 98 「黃鐘」: 揚雄日, "陽氣, 潛萌於黃宮"(『역주 악서』 4, 46쪽. 漢 揚雄 撰, 『太玄經』 1) 황궁은 황천의 의미다. 『樂書』 100 「總論」: 故建子之律, 陽氣鐘於黃泉, 謂之黃鐘.(『역주 악서』 4, 77쪽) 황천은 사람이 죽은 다음 그 혼이 가서 산다는 세상이다.

289) 『樂書』 100: 萬物, 孳萌於子. …… 其候, 冬至. 在卦則乾之初九也. 故合於大呂, 而下生林鍾.(『역주 악서』 4, 76~77쪽)

290) 절기와 절후의 의미가 똑같지는 않지만 일반적으로 '절후'보다는 '절기'라는 말을 쓰기 때문에 '候'를 절기로 통일해서 풀이했다.

九인 까닭에 대려와 합하고 임종을 하생한다"라고 전한다.

• 해설 •

5방의 색으로 보면, 황은 중앙, 청은 동쪽, 백은 서쪽, 적은 남쪽, 흑은 북쪽을 상징한다. 따라서 황은 중앙의 색이다. 이어지는 문장은 64괘 중 12율과 관계를 맺고 있는 괘상을 알아야 이해할 수 있다.

황종은 괘상으로 볼 때 상괘가 땅[地, ☷]이고 하괘가 우레[雷, ☳]인 지뢰복괘地雷復卦다. 괘상을 보면 위의 다섯 효는 음효이고 맨 아래의 효 하나만 양효다[䷗]. 즉 10월[䷁]에 음이 지극히 성하다가 동지가 되면 하나의 양이 땅 속에서 생기므로, 이를 '복復'이라고 일컬으며 지뢰복괘라 이름하고, "양의 기운이 땅 속에 엎드려 있다"라고 풀이한 것이다.

이어서 황종과 상관적 관계에 있다고 생각한 12지지 중 자의 기와 24절기 중 동지를 언급했다. 계속해서 "괘로는 건괘의 초구다"라는 말이 나오는데, '괘'는 고대에 복희씨伏義氏[291]가 만들었다고 하는 역易의 상징부호다. 양효陽爻[—]와 음효陰爻[--]를 배합하여 팔괘八卦를 만들었다. "괘는 건괘의 초구다"라는 말은 양효와 음효를 12율과 관계 지어 설명한 것 중 하나로, 황종은 건의 초구에 해당한다는 말이다. 전통적으로 양효를 건乾, 음효를 곤坤이라고 이야기한다. 그래서 양효 여섯 개를 건의 초구·구이·구삼·구사·구오·상구라고 하고 음효 여섯 개를 곤의 초육·육이·육삼·육사·육오·상육이라고 칭하며, 12율 모두 각각 양효와 음효의 자리와 상관관계를 맺는다(〈그림 24〉).

---

291) 복희의 한자 표기는 伏義 이외에 복희伏犧·복희宓犧·포희包犧·복희虙戲 등으로 문헌에 따라 다소 다르다. 『백호통의』에 "복희는 우러러보아 하늘에서 천문의 이미지를 자세히 보고, 굽어보아 땅에서 법도를 자세히 보았다. 나아가 새와 짐승의 문양, 토양의 적합성을 관찰했을 뿐만 아니라, 가까이는 자기 자신에게서 멀리는 사물에게서 유추를 해서 처음으로 팔괘를 만들었다. 이로써 그이는 신묘하고 명철한 덕에 통하게 되고 만물의 실정을 본뜨게 되었다"라고 전한다.(『백호통의』, 70; 381쪽)

그런데 왜 9와 6으로 양과 음을 상징했을까? 음효는 --으로 가로띠가 2개다. 음효 3개를 배합하면 6이 되므로 음효를 6으로 상징한 것이다. 양효는 — 으로 가로띠 세 개(---)를 이어놓은 것이다. 따라서 양효 3개를 배합하면 9가 되므로 9로 상징한 것이다. 또 『주역』으로 점을 칠 때 6, 7, 8, 9 네 숫자를 사용하는데, 6은 노음을 상징하고, 7은 소양을, 8은 소음을, 9는 노양을 각각 상징한다. 소양과 소음은 변치 않고 노양과 노음은 변화를 한다. 『주역』의 바탕은 변화를 중시하므로 노음인 6과 노양인 9로서 음과 양을 대표하기 때문에 9와 6으로 양과 음을 상징한 것이다. 12율과 효의 자리는 아래와 같다.

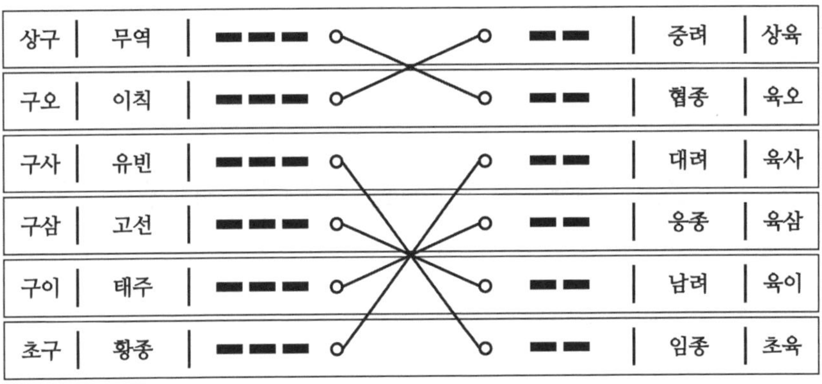

〈그림 24〉 12율과 효의 자리

〈그림 24〉는 양효 6개, 음효 6개의 자리와 12율을 짝지어 놓은 것이다. 선으로 연결한 것은 양율과 음율이 서로 합해진다는 본문의 내용을 표시한 것이다.

여기서 잠깐 팔괘에 대해서 살펴보자.

상고시대에 하수河水(오늘날의 황허유역으로 멍진강孟津江)에서 용마龍馬가 출현하였는데, 그 등에 별모양의 무늬가 있었다고 한다. 이를 곧 하도河圖라고 일컬었다. 복희씨가 그 등에 있는 무늬를 보고 우주 삼라만상의 이치를 깨달아 팔괘를 그림으로써 하도의 이치가 세상에 전하여졌다고 하는데 이를 복희 선천 팔괘伏羲先天八卦라고 말한다.[292] 팔괘에는 또 문왕 후천 팔괘文王後天八卦도 있다. "주周 문왕文王이 낙서洛書의 구궁九宮[293]의 원리를 본체로 하여 선천 팔괘로부터 후천 팔괘로 변화·완성하게 된 것을 그린 것"[294]이다.

하나라의 우임금이 황하의 범람을 막기 위해 일을 하던 당시 낙수洛水[295]에서 등에 무늬가 있는 신묘한 거북이가 나왔는데, 우임금이 그 무늬의 이치를 깨달아 황하의 범람을 막는 데에 성공함으로써 비로소 낙서가 세상에 전해졌다고 한다. 〈표 18〉은『주역』의 팔괘와 자연사물의 대응관계를 정리한 것이다. 이 표의 내용을 기본적으로 알아두면 팔괘가 곳곳에서 등장할 때 반갑게 만날 수 있다.

〈표 18〉 팔괘의 象·數·理

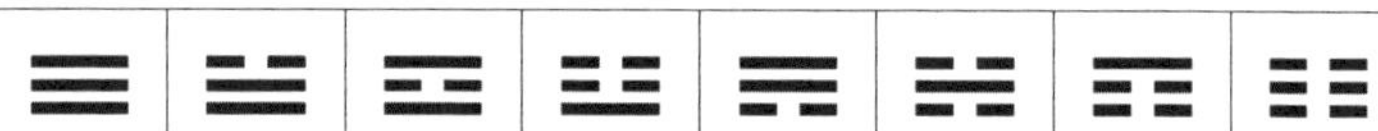

괘상[象]	☰	☱	☲	☳	☴	☵	☶	☷
순서[數]	1	2	3	4	5	6	7	8
괘명[理]	하늘 [건乾]	연못 [태兌]	불 [리離]	우뢰 [진震]	바람 [손巽]	물 [감坎]	산 [간艮]	땅 [곤坤]

팔괘의 괘상과 괘명은 여러 차례 보아도 헛갈린다. 쉽게 외울 수 있는 방법이 있다. 먼저 순서와 함께 괘명을 외우는 방법이다. 여러 번 반복하면 저절로 외워진다.

292) 重山學會 편,『주역과 세계』, 동신출판사, 1988, 64쪽.

293) 9궁九宮은 8방과 중앙을 일컫는다.

294)『주역과 세계』, 74쪽.

295) 낙수洛水는 중국 산시성陝西省에서 발원하여 황하로 흐르는 강을 말한다.

괘상[象]	☰	☱	☲	☳	☴	☵	☶	☷
순서와 괘명	일건천	이태택	삼이화	사진뢰	오손풍	육감수	칠간산	팔곤지

'일건천'은 순서로 1이고 괘명은 건괘이며 건괘는 하늘을 상징한다는 말을 함축한 것이다. '이태택'은 순서로 2이고 괘명은 태괘이며 태괘는 연못을 상징한다는 말을 함축한 것이다. '삼이화'는 순서로 3이고 괘명은 리괘이며 리괘는 불을 상징한다는 말을 함축한 것이다. 이하도 마찬가지로 이해하면 된다.

다음은 괘상을 외우는 방법이다.

괘상[象]	☰	☱	☲	☳	☴	☵	☶	☷
괘상	건삼연	태상절	리중절	진하연	손하절	감중연	간상연	곤삼절

'건삼연'은 건괘(건)는 세 개의 효(삼)가 모두 이어져 있다(연)는 말이다. '태상절'은 태괘(태)는 위의 효(상)가 끊어져 있다(절)는 말이다. 즉 가운데와 아래의 효는 연결되어 있다는 것을 뜻한다. '리중절'은 리괘(리)는 가운데 효(중)가 끊어져 있다(절)는 말이다. 즉 아래와 위의 효는 이어져 있다는 것을 뜻한다. '진하연'은 진괘(진)는 아래의 효(하)가 이어져 있다(연)는 말이다. 즉 가운데와 위의 효는 끊어져 있다는 것을 뜻한다. 다른 괘상도 이와 같은 방법으로 이해하면 된다. 이 또한 여러 번 반복하면 외워지므로 팔괘의 괘상을 어렵지 않게 그릴 수 있게 된다.

다시 본문으로 돌아와서 황종에 대해 더 살펴보자. 『국어』에는 "황종은

6기와 9덕을 기른다"[296]라고 전한다.[297] 6기는 음陰·양陽·풍風·우雨·회晦(어두움)·명明(밝음)을 말하고, 9덕은 수水·화火·금金·목木·토土·곡穀의 6부府와 정덕正德(윤리를 밝힘)·이용利用(필요에 따라 이롭게 씀)·후생厚生(삶을 경제적으로나 정신적으로 풍부하고 윤택하도록 하는 일)의 3사事를 말한다.[298]

특히 전통시대에 황종율은 수, 길이, 무게, 부피의 근본이었기 때문에 매우 중요하게 여겨졌다. 일·십·백·천·만도 황종의 수에서 시작하고, 분分·촌寸·척尺·장丈·인引의 척도도 황종의 길이에서 시작하고, 수銖·양兩·근斤·균鈞·석石의 무게도 황종의 무게에서 시작하고, 약龠·홉合·승升·두斗·곡斛의 부피도 황종의 피리[龠]에서 시작하기 때문이다.[299]

2) 대려: 축丑·대한大寒·곤괘의 육사六四·합황종合黃鍾·이칙 하생

• 원문 •

대려 려 여야 언음대려 조황종 선기이아물야 만물 뉴아
"○大呂: 呂, 旅也,[300] 言陰大呂, 助黃鍾, 宣氣而芽物也"[301] "萬物, 紐芽

---

296)『國語』3「周語下」: 黃鐘, 所以宣養六氣九德也.(좌구명 저/ 신동준 역주,『국어』, 인간사랑, 2005, 126~127쪽. 이하 동일) 이하의 서지사항은 생략한다.『악서』에『국어』를 인용하여 동일한 내용이 전한다.

297) 6부와 3사는『서경書經』「대우모大禹謨」에 보인다. "우가 말했다. '아 제여! 덕은 정사를 훌륭하게 하고 정사는 백성을 기르는 데 있습니다. 수·화·금·목·토·곡을 잘 닦고, 덕을 바르게 하고[正德], 씀을 이롭게 하며[利用], 삶을 두텁게 하는 것[厚生]이 조화되어 아홉 가지 공이 펼쳐져서 아홉 가지 펼쳐진 것을 노래하면, 경계하여 아름답게 하시고 감독하여 두렵게 하시며, 권면하되 아홉 가지 노래로 하셔서 무너지지 않게 하소서'[禹曰, '於, 帝! 念哉. 德惟善政, 政在養民, 水火金木土穀, 惟修, 正德·利用·厚生, 惟和, 九功, 惟叙, 九叙, 惟歌, 戒之用休, 董之用威, 勸之以九歌, 俾勿壞']"(『서경』, 58쪽)

298) 12율명에 대한 보다 상세한 내용은『역주 악서』4, 44~81쪽 참조.

299)『樂書』98「黃鐘」: 黃鐘之律, 萬事之根本也. 故五數起於黃鐘之多, 五度起於黃鐘之丈, 五權起於黃鐘之重, 五量起於黃鐘之龠.(『역주 악서』4, 47쪽)

300) 려旅에는 봉양奉養의 뜻이 있다.

301)『前漢書』21 上「律曆志」;『樂書』98「大呂」;『역주 악서』4, 51쪽.

어 축　　이 대 려　　축 지 기 야　　기 후　대 한　기 괘　곤 지 육 사 야　고 합 어
於丑,[302] 而大呂, 丑之氣也"[303] "其候, 大寒. 其卦, 坤之六四也. 故合於
황 종　이 하 생 이 칙 언
黃鐘, 而下生夷則焉"[304]

• 번역 •

『전한서』 「율력지」와 『악서』에] "대려: 려는 봉양한다는 뜻이니, 음陰인 대려가 황종을 도와 기운을 펴서, 만물을 싹트게 하는 것을 말한다"라고 전한다. [『악서』에] "만물이 축丑에서 오므리고 있다가 싹을 틔우는 것이니, 대려는 축丑의 기운을 지닌다", "절기로 보면 대한大寒이고, 괘로는 곤괘의 육사六四인 까닭에 황종과 합하고 이칙을 하생한다"라고 전한다.[305]

3) 태주: 인寅 · 우수雨水 · 건괘의 구이九二 · 합응종合應鐘 · 남려 하생

• 원문 •

태 주　주　주 야　언 양 기 대 주 지　이 달 물 야　만 물　인 달 어 인　이 태
"○太簇: 簇, 奏也. 言陽氣大奏地, 而達物也"[306] "萬物, 引達於寅, 而太
주　인 지 기 야　기 후　계 칩　기 괘　건 지 구 이 야　고 합 어 응 종　이 하 생 남
簇, 寅之氣也. 其候, 啓蟄[307]. 其卦, 乾之九二也. 故合於應鐘, 而下生南

---

302) 뉴아紐芽는 오므라들어 싹을 틔운다는 말이다.

303) 『前漢書』 21 上 「律曆志」; 『樂書』 98 「大呂」; 『역주 악서』 4, 51쪽.

304) 『樂書』 100 「總論」: 紐牙於丑. …… 其候, 大寒. 其卦, 則坤之六四也. 故合於黃鍾, 而下生夷則焉.(『역주 악서』 4, 76~77쪽)

305) 『국어』에는 "대려는 만물이 퍼져나가는 것을 도와준다[『國語』 3 「周語下」: 大呂, 助宣物也]"라고 전한다.

306) 『前漢書』 21 上 「律曆志」에는 주奏를 움직이다[進]의 의미로 풀었다.

307) 계칩啓蟄은 겨울잠을 자던 동물이 봄이 되자 깨어나서 움직인다는 경칩驚蟄과 의미가 같다. 그런데 〈율려 격팔상생 응기도〉에는 태주에 입춘절立春節과 우수중雨水中이 배열되어 있고, 협종에는 계칩절啓蟄節과 춘분중春分中이 배열되어 있다. 『악서』의 〈24기도〉에도 마찬가지다. 그런데 『악서』의 본문과 『악학궤범』의 본문에는 태주에 경칩, 협종에 춘분을 그 절기로 설명하고 있다. 아마도 진양이 잘못 기록한 것을 『악학궤범』에 그대로 인용한 듯하다.

呂焉"[308]

• 번역 •

[『전한서』「율력지」에] "태주: 주簇는 모인다[奏]는 뜻이다. 양기가 땅에 많이 모이면 만물을 성장하게 한다는 것을 말한다"라고 전한다. [악서]에 "만물이 인寅의 기운에 이끌려 뻗어나가니, 태주는 인의 기운을 지닌다. 절기로 보면 계칩啓蟄이고,[309] 괘로는 건괘의 구이九二인 까닭에 응종과 합하고 남려를 하생한다"라고 전한다.[310]

4) 협종: 묘卯·춘분春分·곤괘의 육오六五·합무역合無射·무역 하생

• 원문 •

"○夾鐘: 陰夾, 助太簇, 宣四方之氣, 而[出]種物也"[311] "萬物, 冒茆於卯, 而夾鐘, 卯之氣也. 其候, 春分. 其卦, 坤之六五也. 故合於無射, 而下生無射焉"[312]

절기의 순서로 보아도 태주에 입춘과 우수, 협종에 경칩과 춘분이 배열되어야 맞다.

308) 『樂書』 100 「總論」: 引遠於寅. …… 其候, 啓蟄. 在卦, 則乾之九二也. 故合於應鐘, 而下生南呂焉.(『역주 악서』 4, 76; 78쪽)

309) 본문에는 중기만 나열했으므로 '우수'가 맞다.

310) 『국어』에는 "태주는 금성金聲의 악기로 연주함으로써 양의 기운을 도와 땅을 뚫고 나가게 한다[『國語』 3 「周語下」: 太簇, 所以金奏贊陽出滯也]"라고 전한다.

311) 『前漢書』 21 上 「律曆志」

312) 『樂書』 100 「總論」: 萬物, 冒茆於卯. …… 其候, 春分. 其卦, 坤之六五也. 故合於無射, 而下生無射焉.(『역주 악서』 4, 76; 78쪽)

• 번역 •

[『전한서』「율력지」에] "협종: 음陰인 협종이 [양인] 태주를 도와 사방의 기를 펼쳐, 초목의 씨앗들을 땅 위로 돋아나게 하는 것을 말한다"[313]라고 전한다. [『악서』에] "만물이 묘卯에서 무릅쓰고 나오니[冒],[314] 협종은 묘의 기운을 지닌다. 절기로 보면 춘분春分이고 괘로는 곤괘의 육오六五인 까닭에 무역과 합하고 무역을 하생한다"라고 전한다.[315]

• 해설 •

사극四隙은 사시四時의 사이에 있는 미세한 기운인데, 만물은 봄에 처음 생겨나고, 봄의 기운이 왕성하여 기를 내면, 나머지 세 계절이 받들어 이루므로 협종이 사시의 미세한 기운을 낸다고 한 것이다.[316]

5) 고선: 진辰 · 곡우穀雨 · 건괘의 구삼九三 · 합남려合南呂 · 응종 하생

• 원문 •

"○姑洗: 姑, 故也, 洗, 新也. 言陽氣養生, 去故就新也"[317] "萬物, 振美於辰, 而姑洗, 辰之氣也. 其候, 淸明. 其卦, 乾之九三. 故合於南呂, 而

---

313) 『전한서』 21 「율력지」에 '出種物'이라고 전하고 『악서』에도 '出種物'로 되어 있다. 『악학궤범』에는 '出' 자가 빠져 있다. 번역문은 두 책에 따라 '출' 자를 넣어 번역했다.

314) 許愼, 『說文解字』 14 下: 묘는 무릅쓴다는 뜻이다. 2월에 만물이 땅을 무릅쓰고 나오니, 문을 여는 것을 상징한다. 그러므로 2월은 천문이 된다[卯, 冒也. 二月, 萬物冒地而出, 象開門之形, 故二月爲天門].

315) 『국어』에 "협종은 네 계절 사이의 미세한 기[四隙]를 낸다[『國語』 3 「周語下」: 夾鐘, 出四隙之細也]"라고 전한다.

316) 『역주 악서』 4, 57쪽 각주 57.

317) 『樂書』 98 「姑洗」: 姑, 故也. 洗, 新也. 陽氣養生, 去故就新也.(『역주 악서』 4, 58~59쪽) 『전한서』「율력지」에는 "姑, 洗. 洗, 絜也. 言陽氣洗, 物辜絜之也"라고 전한다.

下生應鐘焉"[318]

• 번역 •

[『악서』에] "고선: 고姑는 오래된 것, 선洗은 새로운 것이라는 뜻이다. 양의 기운이 생을 길러 오래된 것은 버리고 새로운 것을 취하는 것을 말한다", "만물이 진辰에서 아름다움을 떨치니 고선은 진辰의 기운이다. 절기로 보면 청명이고 괘로는 건괘의 구삼九三인 까닭에 남려와 합하고 응종을 하생한다"라고 전한다.[319]

6) 중려: 사巳·소만小滿·곤괘의 상육上六·합이칙合夷則·황종 상생

• 원문 •

"○仲呂: 言陽已而陰萌, 則萬物, 盡旋而西行"[320] "萬物, 已盛於巳, 而仲呂, 巳之氣也"[321] "其候, 小滿. 其卦, 坤之上六也. 故合於夷則, 而上生黃鐘焉"[322]

• 번역 •

[『악서』에] "중려: 양의 기운이 다 없어지고 음의 기운이 싹트면, 만물이

---

318) 『樂書』 100 「總論」: 萬物, 振美於辰. …… 其候, 淸明. 其卦, 乾之九三. 故合於南呂, 而下生應鐘焉.(『역주 악서』 4, 76; 78쪽)

319) 『국어』에 "고선은 백물을 깨끗이 닦아 신神을 이르게 하고 손님을 맞이한다[『國語』 3 「周語 下」: 姑洗, 所以修潔百物, 考神納賓也]"라고 전한다.

320) 『樂書』 98 「仲呂」; 『역주 악서』 4, 60쪽. 『전한서』 「율력지」에는 "中呂, 言微陰始起, 未成著於其中. 旅助姑洗, 宣氣齊物也"라고 전한다.

321) 『樂書』 98 「仲呂」; 『역주 악서』 4, 60쪽.

322) 『樂書』 100 「總論」; 『역주 악서』 4, 78쪽.

모두 돌아서 서쪽으로 가는 것을 말한다",[323] "만물이 이미 사巳에서 성대하니, 중려는 사의 기운이다", "절기로 보면 소만小滿이고 괘로는 곤괘의 상육上六인 까닭에 이칙과 합하고 황종을 상생한다"라고 전한다.[324]

7) 유빈: 오午·하지夏至·건괘의 구사九四·합임종合林鐘·대려 상생

• 원문 •

"○蕤賓: 蕤, 繼也, 賓, 導也. 言陽始導陰氣, 使繼養萬物也"[325] "萬物, 咢布於午,[326] 而蕤賓, 午之氣也. 其候, 夏至. 其卦, 乾之九四也. 故合於林鐘, 而上生大呂焉"[327]

• 번역 •

[『악서』에] "유빈: 유蕤는 이어받는다는 뜻이고, 빈賓은 인도한다는 뜻이다. 양의 기운이 비로소 음의 기운을 인도하여,[328] [음기가 양의 기운을] 이어받게 하니 만물을 양생하게 하는 것을 말한다",[329] "만물이 오午에서 널리 퍼지니[咢布] 유빈은 오의 기운을 지닌다. 절기로 보면 하지夏至이고, 괘로는

---

323) 서쪽으로 가는 것은 만물이 쇠퇴한다는 것을 뜻한다.

324) 『국어』에 "중려는 속에 있는 기를 발산한다[『國語』 3 「周語下」: 仲呂, 宣中氣也]"라고 전한다.

325) 『前漢書』 21 上 『律曆志』; 『樂書』 99 「蕤賓」; 『역주 악서』 4, 63쪽.

326) 악포咢布는 음양의 기가 서로 교차하며 사방으로 흩어지는 것을 말한다.

327) 『樂書』 100 「總論」: 萬物, 咢布於午. …… 其候, 夏至. 其卦, 乾之九四也. 故合於林鐘, 而上生大呂焉.(『역주 악서』 4, 76; 78쪽)

328) 음기는 오午[초육]에서 생긴다[䷫].

329) 양의 기운이 음의 기운을 인도한다는 것은 양기인 유빈이 음기인 임종을 인도하는 것을 말한다.

건괘의 구사九四인 까닭에 임종과 합하고 대려를 상생한다"라고 전한다.[330]

여기서 잠깐!

이 장에서 율명을 나열한 순서는 율관의 길이(장→단)에 따른 것이다. 즉 황종 → 대려 → 태주 → 협종 → 고선 → 중려 → 유빈 → 임종 → 이칙 → 남려 → 무역 → 응종 순이다. 그렇다보니 상생과 하생을 번갈아 하지 않는다. 황종을 중심으로 해서 상생과 하생을 거듭한 순서로 나열하면, 황종 → 임종 → 태주 → 남려 → 고선 → 응종 → 유빈 → 대려 → 이칙 → 협종 → 무역 → 중려가 된다. 황종·태주·고선 ·유빈·이칙·무역은 양율이고, 임종 ·남려·응종·대려·협종·중려는 음율이다. 양율은 음율을 하생하고, 음율은 양율을 상생한다. 이와 같은 12율의 상생과 하생을 표시하면 아래의 〈그림 25〉와 같다.

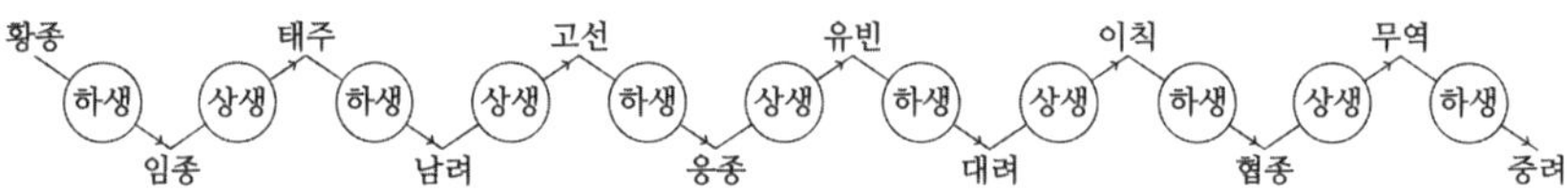

〈그림 25〉 12율의 상생과 하생

그런데 본문의 내용을 자세히 짚어 보면 그러한 규칙에 어긋나는 부분을 발견할 수 있다. 바로 "유빈이 대려를 상생한다"는 부분이다. 〈그림 25〉에 보면 유빈이 대려를 하생해야 상생과 하생의 규칙에 맞는데, 이와는 달리 유빈이 대려를 상생한다고 했으니, 상생과 하생의 규칙에 어긋나게 된다. 즉 거듭 상생을 하는 결과를 낳는다. 이를 그림으로 그리면 〈그림 26〉과 같다.

330) 『국어』에는 "유빈은 신과 사람을 편안하게 하여 술잔을 주고받으며 교류하게 한다[『國語』 3 「周語下」: 蕤賓, 所以安靖神人, 獻酬交酢也]"라고 전한다. 사마천은 "음기가 미약하기 때문에 '유'라고 한다. 양기가 위축되어 운용될 수 없으므로 '빈'이라고 한다[『史記』 25 「律書」 3: 陰氣, 幼少故曰, 蕤, 痿陽, 不用事故曰, 賓]"라고 했다.(『史記』 2 「表序·書」, 111쪽)

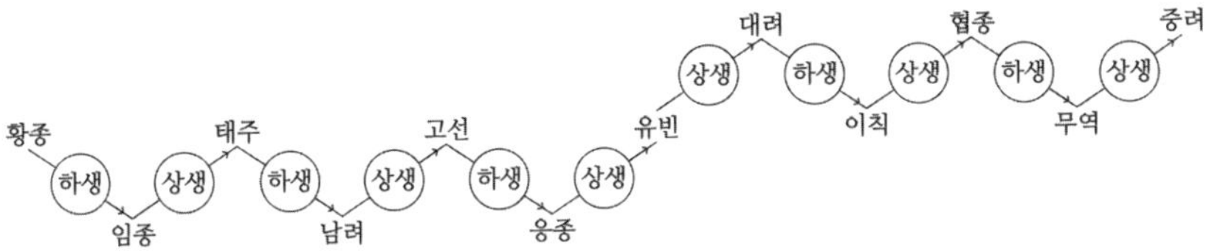

〈그림 26〉 응종과 유빈의 겹상생

실수로 그랬을까? 그렇지 않다. 이렇게 거듭 상생을 한 것은 다음과 같은 이유 때문이다. 다음 장에서 살펴볼 내용이지만 여기서 잠깐 보고 넘어가자.

상생과 하생을 번갈아 하는데, 이 규칙에 따라 유빈이 대려를 하생하게 되면, 대려 율관의 길이가 너무 짧아서 관의 길이를 두 배로 하여 사용해야 한다. 그러나 본문의 내용처럼 응종이 유빈을 상생했는데, 유빈이 대려를 또 상생하게 되면, 관의 길이가 짧아지지 않아서 관의 길이를 두 배로 만들지 않아도 되고, 또한 유빈이 대려를 상생하면 그 다음부터는 상생과 하생을 차례로 해도 모두 온전한 길이를 얻게 되는 결과를 낳게 된다.

『악서』에는 "『여람(여씨춘추)』에 근본을 두고, 회남왕淮南王 유안劉安과 채옹蔡邕은 하생과 상생을 순차적으로 하다가 유빈에 이르러 거듭 상생하는 설을 세웠다. 이와 달리 처음부터 끝까지 하생과 상생을 순차적으로 하면, 대려·협종·중려가 반의 길이를 얻을 수밖에 없다. 이 수치를 모두 두 배 한 것은 정현의 설이다"[331]라고 전한다.

이로써 보면 상생을 거듭하는 것은 회남왕과 채옹의 이론인데, 진양이 이를 수용하여『악서』에 옮긴 것이 된다. 즉 진양은 삼분손익을 거듭하면서 생긴 문제점(율관의 길이가 너무 짧음)을 해결하는 방법으로 회남왕과 채옹의 겹상생법을 택한 것이다. 그런데 이상한 것은『악학궤범』의 율관 그림에는 대

---

331) 『樂書』 101 「律呂相生」 上: 本『呂覽』, 淮南王安·蔡邕之說, 建蕤賓重上生之議. 至於大呂·夾鐘·仲呂之律, 所生分等. 又皆倍焉者, 鄭康成之說也.(『역주 악서』 4, 93~94쪽)

려, 협종, 중려의 율관을 두 배로 한 것이 보인다.(219쪽 〈그림 27〉 참조)

이로써 유추해 보면 성종시기에는 실제로 정현의 이론에 따라 상생과 하생을 규칙적으로 한 후 율관을 두 배로 하여 썼지만, 『악서』를 인용하여 12율을 설명했기 때문에 겹상생하는 문장을 그대로 갖고 올 수밖에 없었던 듯하다. 정현의 이론에 따라 율관을 두 배 하는 방법으로 12율관을 구하는 내용은 다음 장에 나온다.

8) 임종: 미未·대서大暑·곤괘의 초육初六·합유빈合蕤賓·태주 상생

• 원문 •

임 종　임　군 야　언 음 기 수 임 조 유 빈　군 주 종 물 사 장 대 무 성 야　만
"○林鐘: 林, 君也. 言陰氣受任助蕤賓, 君主種物使長大茂盛也"[332] "萬
물　애 매 어 미　이 임 종　미 지 기 야　기 후　대 서　기 괘　곤 지 육 이　고
物, 薆昧於未,[333] 而林鐘, 未之氣也. 其候, 大暑. 其卦, 坤之六二.[334] 故
합 어 유 빈　이 상 생 태 주 언
合於蕤賓, 而上生太簇焉"[335]

• 번역 •

[『전한서』「율력지」에] "임종: 임林은 임금[君]이다. 음의 기운이 유빈을 도우라는 임무를 받고, 임금으로서 땅 속에 있는 만물을 장대하고 무성하게 만드는 것을 말한다"라고 전한다. [『악서』에] "만물이 미未에서 [초목이 우거져] 어두운 것이니 임종은 미의 기운을 지닌다. 절기로 보면 대서大暑이고 괘로는

332) 『前漢書』 21 上 「律曆志」. 종물種物은 씨앗에서 나오는 것이다. 씨앗[種]은 땅 속에 있는 만물[物]을 일컫는다.

333) 애매薆昧는 애매曖昧하다. 즉 확실하지 않음, 희미함을 의미한다.

334) 원문에는 六二로 되어있으나, 初六이 맞다. 번역은 고쳐서 초육으로 하였다.

335) 『樂書』 100 「總論」: 萬物, 薆昧於未. …… 其候, 大暑. 其卦, 坤之六一. 故合於蕤賓, 而上生太簇焉.(『역주 악서』 4, 76~79쪽)

곤괘의 초육初六인 까닭에 유빈과 합하고 태주를 상생한다"라고 전한다.[336)]

9) 이칙: 신申·처서處暑·건괘의 구오九五·합소려合小呂·협종 상생

• 원문 •

이칙 언궐민이시 만물막불화이실야 수미급중 역유의칙의

"○夷則: 言厥民夷時,[337)] 萬物莫不華而實也. 雖未及中, 亦有儀則矣"[338)]

만물 신견어신 이이칙 신지기야 기후 처서 기괘 건지구오 고

"萬物, 申堅於申,[339)] 而夷則, 申之氣也. 其候, 處暑. 其卦, 乾之九五. 故

합어소려 이상생협종언

合於小呂, 而上生夾鐘焉"[340)]

• 번역 •

[『악서』에] "이칙: 백성의 마음이 편안한 때로, 만물이 꽃이 피지 않고 열매를 맺지 않는 것이 없다는 것을 말한다. 비록 꼭 맞게 들어맞지는 못하나 역시 의식의 규칙이 있다", "만물이 신申에서 거듭 단단해지니 이칙은 신의 기운이다. 절기로 보면 처서處暑이고, 괘로는 건괘의 구오九五인 까닭에 소려[중려]와 합하고 협종을 상생한다"라고 전한다.[341)]

---

336) 『국어』에 "임종은 온갖 일을 조화롭게 살피는데, 미쁘고 엄숙하고 순수하며 정성스럽게 한다[『國語』 3 「周語下」: 林鐘, 和展百事, 俾莫不任肅純恪也]"라고 전한다.

337) 궐厥은 '그', '그것'을 뜻한다. 이夷는 마음이 편안하다는 것을 뜻한다.

338) 『樂書』 99 「夷則」: 方厥民夷之時, 萬物莫不華而實之, 雖未及中, 亦各有儀則矣.(『역주 악서』 4, 67쪽)

339) 신申은 거듭하다, 되풀이하다의 뜻이다.

340) 『樂書』 100 「總論」: 萬物, 申堅於申. …… 其候, 處暑. 其卦, 乾之九五. 故合於小呂, 而上生夾鐘焉.(『역주 악서』 4, 76~79쪽)

341) 『국어』에 "이칙은 9덕을 노래하여 백성을 바르게 인도하여, 두 마음을 품지 않게 한다[『國語』 3 「周語下」: 夷則, 所以詠歌九則, 平民無貳也]"라고 전한다.

10) 남려: 유酉 · 추분秋分 · 곤괘의 육이六二 · 합고선合姑洗 · 고선 상생

• 원문 •

"○南呂: 南, 任也. 言陰氣旋助夷則, 任成萬物也"[342] "萬物, 留熟於酉, 而南呂, 酉之氣也. 其候, 秋分. 其卦, 坤之六二也. 故合於姑洗, 而上生姑洗焉"[343]

• 번역 •

[『전한서』 「율력지」에] "남려: 남南은 맡는다는 뜻이다. 음의 기운이 이칙을 두루두루 도와서 만물을 성숙하게 만드는 일을 맡았다는 것을 말한다"라고 전한다. [『악서』에] "만물이 유酉에서 머물러 무성하니 남려는 유의 기운이다. 절기로 보면 추분秋分이고, 괘로는 곤의 육이六二인 까닭에 고선과 합하고 고선을 상생한다"라고 전한다.[344]

11) 무역: 술戌 · 상강霜降 · 건괘의 상구上九 · 합협종合林鐘 · 중려 상생

• 원문 •

"○無射: 射, 厭也. 言陽氣究物,[345] 使氣畢落之, 終而復始無厭已也"[346]

---

342) 『前漢書』 21 上 「律曆志」

343) 『樂書』 100 「總論」: 萬物, 留熟於酉. …… 其候, 秋分. 其卦, 坤之六二也. 故合於姑洗, 而上生姑洗焉.(『역주 악서』 4, 76~79쪽)

344) 『국어』에 "남려는 양을 도와 열매를 맺게 해준다[『國語』 3 「周語下」: 南呂, 贊陽秀也]"라고 전한다.

345) 구물究物은 무엇이 다하여 없어진다는 것을 말한다.

346) 『前漢書』 21 上 「律曆志」

"萬物, 畢入於戌,[347] 而無射, 戌之氣也. 其候, 霜降. 其卦, 乾之上九. 故合於夾鐘, 而上生仲呂焉"[348]

• 번역 •

[『전한서』「율력지」에] "무역: 역射은 싫어한다[厭]는 뜻이다. 양의 기운이 만물에 결실을 맺으면, [음의] 기운을 다 떨어지게 만드는데, [그 기운이] 모두 다하여 다시 처음으로 돌아가더라도 싫증내지 않는다는 것을 말한다"라고 전한다. 『악서』에 "만물이 술戌에서 양기가 땅속으로 모두 들어가니(䷖), 무역은 술의 기운이다. 절기로 보면 상강霜降이고, 괘로는 건괘의 상구上九인 까닭에 협종과 합하고 중려를 상생한다"라고 전한다.[349]

12) 응종: 해亥·소설小雪·곤괘의 육삼六三·합태주合太簇·유빈 상생

• 원문 •

"○應鐘: 言陰氣應無射, 該藏萬物,[350] 而雜陽閡種也"[351] "萬物, 以陰藏,

---

347) 필입畢入은 만물이 모두 이루어져[畢成] 양이 땅에 들어간다[入地]는 뜻이다(『신역 악학궤범』, 50쪽).

348) 『樂書』 100 「總論」; 『역주 악서』 4, 79쪽.

349) 『국어』에 "무역은 성현의 미덕을 두루 펴서 백성들에게 모범을 보이는 것이다[『國語』 3 「周語下」: 無射, 所以宣佈哲人令德, 示民軌儀也]"라고 전한다.

350) 해장該藏은 감추어 둔다는 뜻이다.

351) 『前漢書』 21 上 「律曆志」. 애閡는 가두어 둔다는 뜻이다. 음기와 양기를 섞어서 가두어 두는 것은 만물이 씨앗을 만들기 위해서다.

歸根復命,[352] 而該閡於亥, 應鐘, 亥之氣也.[353] 其候, 小雪. 其卦, 坤之六三. 故合於太簇, 而上生蕤賓焉"[354]

• 번역 •

[『전한서』「율력지」에] "응종: 음의 기운이 무역에 응하여 만물을 모두 감추어 두는데 양의 기운과 섞어서 씨앗을 가두어 둔다는 말이다"라고 전한다. [『악서』에] "만물이 음에 따라 저장되고 근원으로 되돌아가 본원을 회복하여 해亥에서 모두 가두니 응종은 해의 기운이다", "절기로 보면 소설小雪이고, 괘로는 곤의 육삼六三인 까닭에 태주와 합하고 유빈을 상생한다"라고 전한다.[355]

• 해설 •

이상의 내용들은 12율과 상관적 관계에 있는 것들을 나열한 것이다. 〈율려 격팔상행 응기도〉에 보이는 10천간과 12차에 대한 내용은 이하의 내용에 나온다. 내용이 많아서 복잡한 듯 느껴지지만 정리해서 보면 간단하다.

그런데 자세히 보면, 『악학궤범』의 〈율려 격팔상생 응기도〉(〈표 19〉)와 『악서』의 〈24기도〉(〈표 20〉)에 배열된 절기는 서로 같은데, 『악서』를 인용한 『악

352) 『老子』 16: 본으로 돌아감을 정靜이라 하는데, 이것을 일러 명命에 돌아간다고 한다. 명에 돌아가는 것을 가리켜 상常이라 하고, 상을 아는 것을 명明이라 한다[歸根日靜, 靜日是謂, 復命日常. 知常日明].(이경숙, 『도덕경』, 명상, 2004; 2006, 214쪽)

353) 『樂書』 99 「無射」; 『역주 악서』 4, 71쪽.

354) 『樂書』 100 「總論」: 萬物, 留熟於酉. …… 其候, 秋分. 其卦, 坤之六二也. 故合於姑洗, 而上生姑洗焉.(『역주 악서』 4, 76~79쪽)

355) 『국어』에 "응종은 쓰임새를 고루 이롭게 하여 떳떳함을 회복하게 한다[『國語』 3 「周語下」: 應鐘, 均利器用, 俾應復也]"라고 전한다. 『악서』에는 『국어』를 인용한 내용 전체가 『樂書』 102 「樂道論」에 모두 전한다.(『역주 악서』 4, 115~116쪽)

학궤범』 본문의 내용(〈표 21〉)과는 같지 않다.

〈표 19〉 『악학궤범』 〈격팔상생응기도〉의 12율과 24절기

12율	황종	대려	태주	협종	고선	중려	유빈	임종	이칙	남려	무역	응종
절기	대설	소한	입춘	경칩	청명	입하	망종	소서	입추	백로	한로	입동
중기	동지	대한	우수	춘분	곡우	소만	하지	대서	처서	추분	상강	소설

〈표 20〉 『악서』 〈24기도〉의 12율과 24절기

12율	황종	대려	태주	협종	고선	중려	유빈	임종	이칙	남려	무역	응종
절기	대설	소한	입춘	경칩	청명	입하	망종	소서	입추	백로	한로	입동
중기	동지	대한	우수	춘분	곡우	소만	하지	대서	처서	추분	상강	소설

〈표 21〉 『악학궤범』(『악서』 인용) 본문의 12율과 절기

12율	황종	대려	태주	협종	고선	중려	유빈	임종	이칙	남려	무역	응종
중기	동지	대한	계칩 (우수)	춘분	청명 (곡우)	소만	하지	대서	처서	추분	상강	소설

『악학궤범』 〈율려 격팔상생 응기도〉에는 절기와 중기가 모두 12율에 배속되어 있다. 『악서』 〈24기도〉와도 동일하다. 그런데 『악서』를 인용한 『악학궤범』 본문에는 이와는 달리 하나만 배치되어 있고, 대체로 중기를 배열했다. 대체로 중기를 배열한 것은, 아마도 『악서』에 "대통 12개를 만들어 봉황의 울음소리를 본받아 음양의 소리로 나누어 12중기에 대응시켜 율려를 갖추었다. 중기는 24절기 중 매달 중순 이후에 드는 절기이다"라는 내용에 따른 것으로 이해된다. 다만 태주와 고선의 경우만 다르게 배열되어 있는데, 『악서』의 위의 내용에 따른다면 태주에는 우수, 고선에는 곡우가 배열되어야 한다. 그렇게 할 때 "12중기에 대응시켜 율려를 갖추었다"라는 말에 합당하게 된다. 이에 〈표 21〉에는 우수와 곡우를 함께 배열했다.

5. 해와 달의 우전과 북두칠성 자루의 좌선을 본받아 12율을 만들다.

• 원문 •

○『樂書』云, “先王, 制六律·六同之器, 以合六陰·六陽之聲. 黃鐘·太簇·姑洗·蕤賓·夷則·無射, 六陽聲也. 大呂·應鐘·南呂·函鐘·小呂·夾鐘, 六陰聲也. 蓋日月所會之辰,[356] 在天而右轉. 斗柄所建, 在地而左旋, 交錯貿見, 如表裏. 然故, 子合於丑, 寅合於亥, 辰合於酉, 午合於未, 申合於巳, 戌合於卯”[357]

• 번역 •

『악서』에 이르기를, “선왕이 6율律과 6동同의 악기를 제작하여 6음과 6양의 소리에 맞게 했다. 황종·태주·고선·유빈·이칙·무역은 6양의 소리이고, 대려·응종·남려·함종函鐘[임종]·소려[중려]·협종은 6음의 소리이다. 해와 달이 만나는 자리는 하늘에서 오른쪽(시계 반대 방향)으로 돌고[轉], 북두칠성이 가리키는 월건月建[358]은 땅에서 왼쪽(시계 방향)으로 돌기[旋] 때문에, 서로 교차하여 엇갈려 나타나니 마치 속과 겉 같다. 그렇기 때문에 자子는 축丑과 합하고, 인寅은 해亥와 합하고, 진辰은 유酉와 합하고, 오午는 미未와 합하고, 신申은 사巳와 합하고, 술戌은 묘卯와 합한다”라고 했다.

---

356) 『春秋左氏傳』「昭公」7年; 日月之會, 是謂辰. 해와 달이 만나는 것을 신辰이라고 일컫는다.

357) 『樂書』41「大司樂」; 『역주 악서』2, 76~77쪽.

358) 월건月建은 각 달에 해당하는 간지를 말하며, 북두칠성이 손잡이 부분이 가리키는 방향을 말한다.

• 해설 •

앞의 내용들을 정리하며 강조하는 대목이다.

음율은 오른쪽(시계 반대 방향)으로 돌고 양율은 왼쪽(시계 방향)으로 돌며 양율과 음율이 서로 만난다. 이에 따라서 각 율과 관계 맺고 있는 12지지도 만나게 된다. 이를 펼쳐서 보면 〈표 22〉가 된다. 〈표 22〉를 원으로 하여, 화살표 방향으로 각각 좌선과 우전을 하면 〈표 23〉과 같이 만나게 된다. 이것을 "서로 교차하여 엇갈려 나타나니 마치 속과 겉 같다"라고 표현한 것이다.

〈표 22〉 12율과 12지지의 旋轉

양율 좌선 →							← 음율 우전						
陽律	무역	이칙	유빈	고선	태주	황종	대려	응종	남려	임종	중려	협종	陰律
地支	술戌	신申	오午	진辰	인寅	자子	축丑	해亥	유酉	미未	사巳	묘卯	地支

〈표 23〉 12율과 12지지의 합

地支 陽律	자子 황종	인寅 태주	진辰 고선	오午 유빈	신申 이칙	술戌 무역
陰律 地支	대려 축丑	응종 해亥	남려 유酉	임종 미未	중려 사巳	협종 묘卯

이와 관련된 내용이 『세종실록』 중 박연朴堧(1378~1458)의 상소문에도 언급되어 있다. 1426년(세종 8) 4월 25일에 박연은 조정에서 제향할 때에 쓰이는 음악에 관해 상소문을 올렸는데, 그 상소문 중 다음과 같은 내용이 전한다.

"신이 삼가 살펴보니, 『주례』 「춘관」에 '태사가 6율과 6동을 관장하여 음양의 소리를 합하였는데, 황종·태주·고선·유빈·이칙·무역은 양성이요, 대려·응종·남려·함종·소려·협종은 음성입니다. 대개 북두칠성[斗柄]이 12신의 방향으로 운행하여 왼쪽(시계 방향)으로 돌게 되니, 성인이 이를 본떠서 6율을 만들었습니다. 해와 달은 12차에서 만나는데 오른쪽(시계 반대 방향)으로 돌게 되니, 성인이 이를 본떠서 6동六同을 만든 것입니다. 6율은 양이니 왼쪽으로 돌아서 음과 합쳐지고, 6동은 음이니 오른쪽으로 돌아서 양과 합쳐지게 됩니다"[359]라고 했다.

또 "대개 태주는 양이니 인방寅方에 위치하고, 응종은 음이니 해방亥方에 위치하는데, 인·해가 합쳐지는 까닭은 북두칠성의 손잡이 부분이 해亥를 가리킬 때에, 해와 달이 인寅에서 모이고, 북두칠성의 손잡이 부분이 인寅을 가리킬 때에, 해와 달이 해亥에서 모여, 좌우로 빙빙 돌고 교대로 서로 배합하여 서로 떠날 수 없는 것입니다. 다른 달에도 그러하여 각기 그 합함이 있는데, 이것은 성인의 제도에 음과 양을 취합하여 당상과 당하에 반드시 합성을 사용하여, 그것으로써 중성을 갖추고 음양을 고르게 하여 신과 사람을 화합하게 한 것임을 알 수 있습니다"[360]라고 했다.

성현은 12율의 생성과 이치, 그리고 율려의 음양합일을 강조하고 있다. 즉 성인이 12율을 만들었는데, 양율 6개는 북두칠성 자루가 시계방향으로 도는 것을 본떠서 만든 것이고, 음율 6개는 시계 반대방향으로 돌며 해와 달이 만나는 지점을 본떠서 만든 것인데, 이렇게 왼쪽으로 돌고 오른쪽으로 돌면서 서로 교차하여 음양이 합해진다고 했다. 실천적으로도 당상과 당하에서 악기를 연주할 때, 당상은 양으로 상징되므로 음의 음을 주음으로 쓰고, 당하는 음으로 상징되므로 양의 음을 주음으로 써서 음양의 조화를 이루고자 했다.

---

359) 『世宗實錄』 32 世宗 8(1426) 4. 25: 臣, 謹按, 『周禮』「春官」, "太師, 掌六律·六同, 以合陰陽之聲. 黃鐘·大蔟·姑洗·蕤賓·夷則·無射, 陽聲也, 大呂·應鐘·南呂·函鐘·小呂·夾鐘, 陰聲也. 蓋斗柄, 運於十二辰, 而左旋, 聖人, 制六律以象之. 日月, 會於十二次而右轉, 聖人, 制六同以象之. 六律, 陽也, 左旋以合陽[陰], 六同, 陰也, 右轉以合陽"

360) 『世宗實錄』 32 世宗 8(1426) 4. 25: 蓋大蔟陽也, 位於寅, 應鐘陰也, 位於亥. 寅·亥之所以爲合者, 斗柄建亥之月, 日月會於寅, 斗柄建寅之月, 日月會於亥, 左右旋轉交相配合, 不得相離焉, 他月亦然, 各有其合, 是知聖人之制取合陰陽, 而堂上·堂下必用合聲. 所以備中聲, 均陰陽, 而和其神人者也.

6. 12율·12달[月]·12지지·12차

• 원문 •

"黃鐘, 子之氣, 十一月建焉, 而辰, 在星紀. 大呂, 丑之氣, 十二月建焉, 而辰, 在玄枵. 太簇, 寅之氣, 正月建焉, 而辰, 在娵訾. 應鐘, 亥之氣, 十月建焉, 而辰, 在析木. 姑洗, 辰之氣, 三月建焉, 而辰, 在大梁. 南呂, 酉之氣, 八月建焉, 而辰, 在壽星. 蕤賓, 午之氣, 五月建焉, 而辰, 在鶉首. 林鐘, 未之氣, 六月建焉, 而辰, 在鶉火. 夷則, 申之氣, 七月建焉, 而辰, 在鶉尾. 中呂,[361] 巳之氣, 四月建焉, 而辰, 在實沈. 無射, 戌之氣, 九月建焉, 而辰, 在大火. 夾鐘, 卯之氣, 二月建焉, 而辰, 在降婁"[362]

• 번역 •

[『악서』에 이르기를] "황종은 자의 기로 11월을 가리키고 해와 달이 만나는 지점은[辰] 성기星紀에 있다. 대려는 축의 기로 12월을 가리키며 해와 달이 만나는 지점은 현효玄枵에 있다. 태주는 인의 기로 정월을 가리키고 해와 달이 만나는 지점은 추자娵訾에 있다. 응종은 해의 기로 10월을 가리키며 해와 달이 만나는 지점은 석목析木에 있다. 고선은 진의 기로 3월을 가리키고 해와 달이 만나는 지점은 대량大梁에 있다. 남려는 유의 기로 8월을 가리키

---

361) 『악서』와 『악학궤범』에 모두 중려中呂로 되어 있는데, 중려仲呂와 같이 쓴다.

362) 『樂書』 41 「大司樂」; 『역주 악서』 2, 77쪽.

며 해와 달이 만나는 지점은 수성壽星에 있다. 유빈은 오의 기로 5월을 가리키고 해와 달이 만나는 지점은 순수鶉首에 있다. 임종은 미의 기로 6월을 가리키며 해와 달이 만나는 지점은 순화鶉火에 있다. 이칙은 신의 기로 7월을 가리키고 해와 달이 만나는 지점은 순미鶉尾에 있다. 중려는 사의 기로 4월을 가리키며 해와 달이 만나는 지점은 실침實沈에 있다. 무역은 술의 기로 9월을 가리키고 해와 달이 만나는 지점은 대화大火에 있다. 협종은 묘의 기로 2월을 가리키며 해와 달이 만나는 지점은 강루降婁에 있다"라고 했다.

• 해설 •

계속해서 『악서』의 내용을 인용한다. 〈율려 격팔상생 응기도〉에 보면, 12지지 중 자子, 열두 달 중 11월, 또 해와 달이 만나는 지점인 성기가 모두 황종과 같은 방향에 자리하고 있다. 나머지도 그림에 배열된 내용을 글로 쓴 것이다. 설명은 합율의 순서에 따른 것이다.

7. 협종은 봄, 임종은 여름, 남려는 가을, 중려는 겨울을 주관한다.

• 원문 •

○『樂書』云, "夾鐘, 亦謂之圜鐘, 以春主規言之,[363] 函鐘, 亦謂之林鐘, 以夏主庇物言之"[364] 又云, "林鐘, 謂之函鐘者, 以未爲地統, 有含洪之義也.[365] 南呂, 亦謂之南事, 則陰之所成者事而已"[366] 亦云, "以成南爲事故也.[367] 中呂, 亦謂之小呂, 則陰之始萌者小而已"[368] 又云, "對大呂爲小故也"[369]

• 번역 •

○『악서』에 이르기를 "협종을 원종이라고도 말하는 것은, 봄이 곱자를 주관하는 것으로 그것(협종)을 말한 것이다.[370] 함종을 임종이라고도 말하는

---

363) 규規는 곱자를 말한다.

364)『樂書』46「太師」;『역주 악서』2, 164쪽.

365)『樂書』99「林鐘」;『역주 악서』4, 65쪽.

366)『樂書』46「太師」;『역주 악서』2, 164~165쪽.

367) 이 구절은『악서』에서 찾을 수 없고『예기집설』에 전한다. 宋 衛湜 撰,『禮記集說』38「律中大蔟」: 南呂, 亦謂之南事者, 以成南爲事故也.

368)『樂書』46「太師」;『역주 악서』2, 165쪽.

369) 이 구절도『악서』에서 찾을 수 없고『예기집설』에 전한다. 宋 衛湜 撰,『禮記集說』38「律中大蔟」

370)『회남자淮南子』「천문훈天文訓」에 "곱자를 돌리며 봄을 다스리고, 저울을 잡고 여름을 다스리며, 먹줄을 가지고 사방을 제어하며, 자[矩]를 쥐고 가을을 다스리며, 저울추를 잡고 겨울을 다스린다[執規而治春, 執衡而治夏, 執繩而制四方, 執矩而治秋, 執權而治冬]"라고 전한다. 자세한 내용은 유안 편저/ 안길환 편역,『신완역 회남자』, 명문당, 2001, 115~180쪽 참조.

것은, 여름이 만물을 감싸는 것을 주관하는 것으로 그것(임종)을 말한 것이다" 또 "임종을 함종이라고도 말하는 것은, 미未의 기가 지통이 되어 넓게 포용하는 뜻이 있기 때문이다. 남려를 남사南事라고도 말하는 것은, 음기가 [만물을] 이루는 일을 하기 때문"이고, 또 "남려가 이루는 것이 사事[371]이기 때문이다. 중려는 소려라고도 일컫는데, 음이 시작되어 싹트는 것이 작기 때문"이며, 또 "대려의 대칭으로 소려라고 한 것이다"라고 했다.

• 해설 •

『악서』에는 "양이 [12지지 중] 해亥[䷁]에서 싹트기 시작하여 축[䷒]에 이르렀어도 음의 기가 많으므로 대려라고 이름 짓고, 음이 사[䷀]에서 싹트기 시작하여 그 싹튼 시초에는 음의 기가 매우 미미하므로 소려(중려)라고 이름 지은 것이다"[372]라며, 대려라고 이름 지은 이유와 중려를 소려라고도 부르는 이유가 설명되어 있다.

참고로 나열한 괘들은 상괘와 하괘가 건괘[䷀]와 곤괘[䷁]처럼 양효 혹은 음효만으로 이루어졌거나, 양효와 음효가 함께 있더라도 뒤섞여 있지 않고 나란히 자리한 것들이라는 것이 주목된다. 이러한 괘를 '벽괘辟卦'라고 한다. '벽'은 임금이라는 의미로, 12개의 벽괘가 매월 한 달씩 임금의 역할을 하는 것을 의미하는 듯하다. 전통시대 사람들은 양효가 하나 생기는 동지를 한 해의 시작이라고 생각했다. 복괘를 시작으로 하여 양효가 하나씩 늘어나 건괘에 6개의 효가 모두 양효가 되고, 또 하지의 구姤 괘부터 음효가 하나씩 늘어나 곤괘에 6개의 효가 모두 음효가 된다.(〈표 24〉 참고)

371) 사事는 공업 또는 전쟁 등을 말한다.

372) 『樂書』 98 「太呂」: 陽芽於亥, 達而至於丑, 可名於大矣. 故謂之大呂. 陰萌於巳, 探端求之, 可名於小矣. 故謂之小呂.(『역주 악서』 4, 52~53쪽)

〈표 24〉 12율과 괘, 괘명

12율	황종	대려	태주	협종	고선	중려	유빈	임종	이칙	남려	무역	응종
괘	䷗	䷒	䷊	䷡	䷪	䷀	䷫	䷠	䷋	䷓	䷖	䷁
괘명	지뢰복 地雷復	지택림 地澤臨	지천태 地天泰	뇌천대장 雷天大壯	택천쾌 澤天夬	중천건 重天乾	지풍구 地風姤	천산둔 天山遯	천지부 天地否	풍지관 風地觀	산지박 山地剝	중지곤 重地坤

• 원문 •

우운 육률 위지육시 기위 시호음야 육려 위지육간 기위 간호
○又云, "六律, 謂之六始, 其位, 始乎陰也. 六呂, 謂之六間, 其位, 間乎
양야 역위지육동 기정 동호양야 분이언지 즉연 합이론지 개술양
陽也. 亦謂之六同, 其情, 同乎陽也. 分而言之, 則然, 合而論之, 皆述陽
기 이상하통언 차소이균위지십이율야
氣, 而上下通焉. 此所以均謂之十二律也"373)

• 번역 •

○또 『악서』에] 이르기를 "6율을 6시라고도 말하는 것은, 그 위치가 음보다 앞에 있기 때문이다. 6려를 6간이라고 말하는 것은, 그 위치가 양의 사이에 있기 때문이다. 또한 6동이라고도 말하는 것은 그 정情이 양과 같기 때문이다. 나누어서 말하면 그렇고(6율 6려), 합해서 말하면 모두 양의 기운을 좇아 위아래로 통한다. 이 때문에 두루 일러 12율이라고 일컫는다"라고 했다.

• 원문 •

우운 악성지어중음 경고위청 중대위탁 연율지증손 장단 불상
○又云, "樂聲之於衆音, 輕高爲淸, 重大爲濁. 然律之增損·長短, 不常.
성지억양 청탁 불일 증즉전탁 감즉유청 청탁수수 이본음부실 안
聲之抑揚·淸濁, 不一. 增則轉濁, 減則愈淸. 淸濁雖殊, 而本音不失. 安

373) 『樂書』 100 「總論」; 『역주 악서』 4, 80쪽.

有定長定短, 配屬高下者耶? 至如黃鐘九寸, 聲之最濁者也, 中減則聲淸. 應鐘四寸有奇, 聲之最淸者也, 倍增則聲濁. 一律如此, 餘管可知”[374] 又云傳曰, “三倍黃鐘, 大如雷霆, 三減黃鐘, 細如昆蟲. 上下聲同, 是其眞性”[375]

• 번역 •

○또 [『악서』에 이르기를] “악성樂聲이 여러 음보다 가볍고 높은 것은 청성이고, 무겁고 큰 것은 탁성이다. 그러나 율관 길이가 늘어나거나 줄어들어 길고 짧은 것이 일정하지 않고, 소리의 높고 낮음과 맑고 탁함도 일정하지 않다. [율관길이를] 두 배로 늘리면 한층 더 탁하고, [율관길이를] 반으로 줄이면 [그 소리가] 더욱 맑다. [소리의] 청탁은 비록 다르지만 본율의 의미는 잃어버리지 않는다. 어찌 [율관길이의] 길고 짧음을 정해놓고 [지위의] 높고 낮음에 배속하겠는가? 예를 들어 황종 9촌은 소리가 가장 탁한데, [율관길이를] 반으로 줄이면 소리가 맑아진다. 응종 4촌 여의 소리는 가장 맑은데, [율관길이를] 두 배로 늘리면 소리가 탁해진다. 하나의 율이 이와 같으니 나머지 율관도 알 수 있다”라고 했다. 또 『악서』에 이르기를 “황종 율관을 3배 늘리면 [그 소리가] 우레와 같이 크고, 3분의 1로 줄이면 곤충의 소리처럼 가늘다. 상하의 소리는 [그 본원은] 같으니, 이것이 [소리의] 진정한 성질이다”라고 했다.

---

374) 『樂書』 103 「律呂淸濁」; 『역주 악서』 4, 141쪽.

375) 『樂書』 98 「黃鐘」; 『역주 악서』 4, 48쪽. 진성眞性은 인위적인 것이 아닌 있는 그대로의 성질性質을 말한다.

• 해설 •

율관을 두 배로 늘리거나 반으로 줄여도 그 율의 의미는 잃지 않는다. 즉 청탁에 따라 본율의 의미를 잃어버리는 것도 아니고, 지위가 높거나 낮다고 말할 수도 없다. 궁·상·각·치·우는 각각의 지위가 다르지만, 율은 그 청탁에 따른 지위가 있는 것이 아니다. 그 예로 황종은 청황종이든 탁황종이든 그 의미가 같다는 것을 강조했다.

8. 성현의 주석

• 원문 •

按, 我國用樂之聲, 雅樂, 則用十二律正聲及四淸聲. 俗樂, 則用十二律正聲及十二淸聲, 又用淸中淸·濁中濁. 此所謂三倍三減之法歟!

• 번역 •

생각해보면 우리나라에서 사용하는 樂의 소리는 아악 중 12율 정성과 4청성을 사용하고, 속악은 12율 정성과 12율 청성을 사용하고, 또 청중청과 탁중탁을 사용한다. 이것이 3배 3감의 법이라는 것이다.

• 해설 •

12율의 정성과 청성, 탁성, 그리고 청중청, 탁중탁은 모두 다섯 옥타브의 음역을 이룬다. 그러나 실제로는 속악에 다섯 옥타브가 모두 쓰이지 않고, 가야금과 대금의 음역은 모두 두 옥타브 남짓하다고 한다.[376)]

이 장에서는 대체로 『한서』「율력지」와 『악서』를 인용하여 관련 내용들을 설명했다. '율려 격팔상생 응기도설'은 '율려 즉 12율이 8칸씩 건너가며 서로 낳고, 기에 응하는 것에 대한 그림과 설명'이라는 말이다. 즉 12율이 어떻게 만들어지는지, 상생과 하생의 규칙은 어떠한지, 그리고 12율 각각 어느 기(12지지, 24절기)에 응하는지, 그리고 12차의 자리 중 어디와 감응관계

376) 『신역 악학궤범』, 54쪽, 각주 130.

에 있는지 등에 대해 그림과 함께 설명한 것이다.

이 장을 간단하게 정리하면, 황제의 명으로 신하 윤이 해곡의 대나무로 황종 율관을 만들었는데, 봉황의 울음소리를 모방하여 12율을 제작한다. 12율 중 음율은 해와 달이 오른쪽으로 도는 것을 본받고, 양율은 북두칠성 자루가 왼쪽으로 도는 것을 본받은 것으로, 양율은 왼쪽으로 돌고 음율은 오른쪽으로 돌며 천지에 음양의 소리를 갖춘다. 그리고 격팔상생, 12율·12지지·절기·효·합성·상하생 및 12율의 상징과 의미를 설명한 후, 끝으로 간단하게 조선에서 실제 사용한 12율의 청성과 탁성에 대해 덧붙였다.

12율과 감응의 관계에 있다고 본 12지지, 절기, 효, 합성 등, 내용이 많아서 복잡해 보이지만 〈표 16〉과 〈표 17〉을 보면 간단하게 내용을 확인할 수 있다.

4장

12율관의 둘레와 길이에 대한 그림과 설명

[十二律管圍長圖說]

1. 12율관의 둘레와 길이를 구하다.
2. 『악서』: 자연의 그릇에 자연의 사물을 채워 악기를 만들다.
3. 성현: 대나무의 아래와 위의 둘레와 지름이 일정해야 한다.
4. 황종관: 길이 9촌·둘레 9분·용적 810분·기장 1,200알을 사용한다.

이 장에서는 『악서』를 인용하여 12율관의 둘레와 길이를 구하는 방법을 이야기한다. 다만 본문의 율관 길이는 채원정의 계산법인데, 성현은 그 계산법을 정확하게 이해하지 못하는 오류를 범한다. 그 내용을 차근차근 살펴보자.

1. 12율관의 둘레와 길이를 구하다.

• 원문 •

“黃鐘: 長九寸, 圍九分, [以下十一律圍, 竝同] 三分損一下生林鐘. ○大呂: 長四寸一分八厘三毫, 三分益一上生夷則, 倍數長, 八寸三分七厘六毫. ○太簇: 長八寸, 三分損一下生南呂. ○夾鐘: 長三寸六分六厘三毫六絲, 三分益一上生無射, 倍數長, 七寸四分三厘七毫三絲. ○姑洗: 長七寸一分, 三分損一下生應鐘. ○仲呂: 長三寸二分八厘六毫二絲三忽, 倍數長, 六寸五分八厘三毫四絲六忽. 以七百二十九乘, 三分益一再生變黃鐘. ○蕤賓: 長六寸二分八厘, 三分損一下生大呂. ○林鐘: 長六寸, 三分益一上生太簇. ○夷則: 長五寸五分五厘一毫, 三分損一下生夾鐘. ○南呂: 長五寸三分, 三分益一上生姑洗. ○無射: 長四寸八分八厘四毫八絲, 三分損一下生仲呂. ○應鐘: 長四寸六分六厘, 三分益一上生蕤賓”[377]

• 번역 •

[『악서』에] “황종 (율관)은 길이가 9촌이고 둘레는 9분이며,[378] [이하 11율

377) 『악서』 98 「황종」 「대려」 「태주」 「협종」 「고선」 「중려」와 『악서』 99 「유빈」 「임종」 「이칙」 「남려」 「무역」 「응종」의 맨 첫 문장에 각각의 율관 길이가 전한다.(『역주 악서』 4, 44~73쪽)

378) 누에가 자아내는 실을 홀忽이라고 한다. 10홀=1사絲, 10사=1호毫, 10호=1리釐(厘는 속자), 10리=1분分, 10분=1촌寸, 10촌=1척尺, 10척=1장丈(3.33미터). 분은 1자[尺]의 1백분의 1이고, 촌은 1자의 10분의 1에 해당하는 길이다. 이것은 10분척에 해당하는 설명이다. 이

관의 둘레는 모두 같다] 삼분손일하여 임종을 하생한다. ㅇ대려는 길이가 4촌1분8리3호이고 삼분익일하여 이칙을 상생하는데 [대려의] 수를 두 배 한 길이는 8촌3분7리6호이다. ㅇ태주는 길이가 8촌이고 삼분손일하여 남려를 하생한다. ㅇ협종은 길이가 3촌6분6리3호6사이고 삼분익일하여 무역을 상생하는데 [협종의] 수를 두 배 한 길이는 7촌4분3리7호3사이다. ㅇ고선은 길이가 7촌1분이고 삼분손일하여 응종을 하생한다. ㅇ중려는 길이가 3촌2분8리6호2사3홀인데 [중려의] 수를 두 배 한 길이는 6촌5분8리3호4사6홀이다. 729를 곱한 것에서 삼분익일하여 변황종을 재생한다. ㅇ유빈은 길이가 6촌2분8리이고 삼분손일하여 대려를 하생한다. ㅇ임종은 길이가 6촌이고 삼분익일하여 태주를 상생한다. ㅇ이칙은 길이가 5촌5분5리1호이고 삼분손일하여 협종을 하생한다. ㅇ남려는 길이가 5촌3분이고 삼분익일하여 고선을 상생한다. ㅇ무역은 길이가 4촌8분8리4호8사이고 삼분손일하여 중려를 하생한다. ㅇ응종은 길이가 4촌6분6리이고 삼분익일하여 유빈을 상생한다"라고 전한다.

• 해설 •

이 장에서 주목할 것은 황종 율관의 길이와 나머지 율관들의 길이를 구하는 방법이다.[379] 먼저 황종 율관의 길이에 대해 살펴보자. 맨 처음 황제의 명으로 음악가인 윤이 황종 율관을 제작했을 때 그 길이는, 기장을 세워서 길이를 산출했던 종서척縱黍尺으로 기장 9개를 세워서 9번 쌓아(9×9=81개) 그것을 1척으로 삼았다. 이를 9분척인 '황제지척黃帝之尺'이라고 한다. 즉 1척이 9촌이고, 1촌이 9분이다. 이후 하나라에 이르면 기장 10개를 횡으

장에서 율관길이는 9분척으로 계산한 것이다.

379) 남상숙은 황종장과 율산법에 대해 결정적인 연구 업적을 남겼나. 1설의 내용은 그 연구 결과를 간략하게 정리한 것이다. 자세한 내용은 『『악학궤범』 악론 연구』, 14~65쪽 참조.

로 10회 늘어놓아(10×10=100개) 그것을 1척으로 삼았다. 이를 10분척인 '하우지척夏禹之尺'이라고 한다. 즉 1척이 10촌이고 1촌이 10분이다. 이후 『여씨춘추』「고악古樂」[380]에는 황종 율관의 길이가 3촌 9분, 『사기』「율서律書」에는 8과 1/10촌이라고 제시되었다.[381] 그러던 것이 정현과 유흠이 기존의 81(9×9)분의 9촌을 90(9×10)분의 9촌으로 오역을 했고, 그것이 『한서』「율력지」에 전하게 되어, 진양의 『악서』와 채원정의 『율려신서』에도 90분의 9촌으로 기록된 것이며, 『악학궤범』도 그것을 그대로 받아들인 것이라고 한다.

이처럼 『악학궤범』의 황종 율관 길이인 9촌은 90분의 9촌을 의미한다. 그것은 이 장의 뒷부분에서 성현이 "황종 율관의 길이는 9촌이고, 구멍둘레는 9분이며, 용적은 810분으로 기장 1,200알을 사용하니, 이로써 황종의 율에 맞는다"[382]라며, 용적이 810이라고 한 것에서 1촌이 10분임을 알 수 있다.(1촌=10분, 9촌=90분, 용적=810(9×90))

그러나 이를 기준으로 하면 이 장에서 율관 길이를 구하는 계산과 맞지 않는다. 이 장에서 계산한 12율관의 길이는 9분척이며, 이것은 채원정의 계산법으로, 1척尺=9촌寸=81분分(9×9)=729리厘(81×9)인 종서척縱黍尺으로서 9분척이기 때문이다. 12율관의 길이를 구할 때에도 우리에게 익숙한 10분법(10진법)이 아닌 9분법(9진법)으로 계산해야 한다.[383]

본문에서 나열한 율관의 순서는 삼분손익을 통해 순차적으로 구한 12율관의 순서가 아니라, 산출된 율관 길이의 장 → 단 순서다. 장 → 단 순서로 율관의 길이를 말한 후, 그 율이 상생하고 하생하는 율의 이름을 나열한 것이다. 그 점을 염두에 두고 이하의 내용을 살펴보자.

---

380) 『呂氏春秋』「古樂」: 昔黃帝令, 伶倫作爲律, 伶倫自大夏之西, 乃之阮, 隃之陰, 取竹於嶰溪之谷, 以生空竅厚鈞者, 斷兩節間, 其長三寸九分而吹之.

381) 『史記』 25 「律書」 3: 黃鐘長, 八寸十分一宮.

382) 『樂學軌範』: 黃鐘管長, 九寸, 空圍, 九分, 積, 八白一十分, 用黍, 千二百糠, 以中黃鐘之律.

383) 『『악학궤범』 악론 연구』, 21쪽.

9진법으로 계산하여 구한 12율관의 길이는 〈표 25〉와 같다. 소수점 이하의 숫자도 있기 때문에 다소 복잡하고, 우리에게 익술하지 않은 9분법이기 때문에 처음엔 계산하기 조금 헛갈리겠지만 몇 차례 반복하다 보면 9분법 계산의 재미를 느낄 수 있다.

〈표 25〉 삼분손익법으로 구한 12율관의 길이

12율	길이	삼분	손익
황	9	9÷3=3	9−3=6
임	6	6÷3=2	6+2=8
태	8	8÷3=2.6	8−2.6=5.3
남	5.3	5.3÷3=1.7	5.3+1.7=7.1
고	7.1	7.1÷3=2.33	7.1−2.33=4.66
응	4.66	4.66÷3=1.52	4.66+1.52=6.28
유	6.28	6.28÷3=2.086	6.28−2.086=4.183
대	4.183(×2) 8.376	4.183÷3=1.357 8.376÷3=2.725	4.183+1.357=5.551 4.183−2.725=5.551
이	5.551	5.551÷3=1.7763	5.551−1.7763=3.6636
협	3.6636(×2) 7.4373	3.6636÷3=1.2212 7.4373÷3=2.4424	3.6636+1.2212=4.8848 7.4373−2.4424=4.8848
무	4.8848	4.8848÷3=1.58756	4.8848−1.58756=3.28623
중	3.28623(×2) 6.58346	3.28623÷3=1.095076 6.58346÷3=2.18715	3.28623+1.095076=4.39261 6.58346−2.18715=4.38531

〈표 25〉에 보면 대려·협종·중려 율관은 길이를 두 배로 한 것을 확인할 수 있다. 대려는 유빈 율관의 길이인 6촌2분8리에서 삼분손일하여 4촌1분8리3호인 대려의 길이를 얻었다. 그러나 율관 길이가 너무 짧아 온전한 소리를 낼 수 없으므로 그것의 두 배를 한다. 다음 협종은 이칙 율관의 길이인 5촌5분5리1호에서 삼분손일하여 3촌6분6리3호6사인 협종의 김이를 얻었으나, 율관의 길이가 너무 짧아 온전한 소리를 낼 수 없으므로, 얻은 율관

길이에 두 배를 하여 협종의 온전한 소리를 얻는다. 중려도 무역 율관의 길이인 4촌8분8리4호8사에서 삼분손일하여 3촌2분8리6호2사3홀인 중려의 길이를 얻었으나, 마찬가지로 율관의 길이가 너무 짧아 온전한 소리를 낼 수 없으므로 얻은 수치에 두 배를 한다.

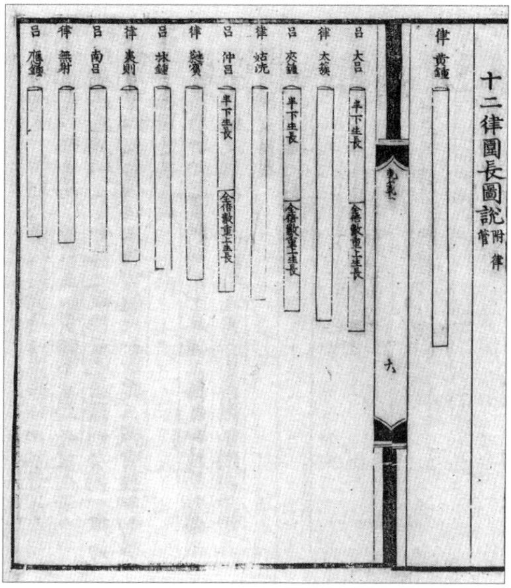

〈그림 27〉『악학궤범』「12율위장도설」

『악학궤범』에 그려져 있는 〈그림 27〉[384]에도 두 배로 늘린 대려·협종·중려 율관이 보인다. 이렇게 삼분손익을 반복하여 구한 12율관을 장 → 단 순으로 나열하면, 〈그림 27〉에서 우측에서 좌측 순으로 황종 → 대려 → 태주 → 협종 → 고선 → 중려 → 유빈 → 임종 → 이칙 → 남려 → 무역 → 응종이 된다. 이 내용은 바로 앞 장에서 잠깐 살펴보았던 것이다. 앞장에서 언급했듯이 삼분손익을 거듭하면서 생긴 너무 짧은 율관의 문제를 겹상생으로 해결했는데, 여기서는 정현의 견해에 따라 율관의 길이를 두 배 하는 것으로 문제를 해결했다. 본문의 내용은 삼분손익법을 통해 산출된 율관의 길이를 나열한 것이라 아래의 한 문장만 빼면 크게 어렵지 않다.

바로 "중려의 길이는 3촌2분8리6호2사3홀(3.28623)이고 수를 배한 길이는 6촌5분8리3호4사6홀(6.58346)이다. 729로 곱한 것의 3분의 1을 더하여 변황종을 재생한다"는 문장이다. 왜 '729'를 곱할까? 그 이유를 알아야 이

---

384) 〈그림 28〉은 『악학궤범』 권1 9a와 9b를 붙여서 하나의 이미지로 만든 것이다.

문장이 이해된다.

729를 곱하는 이유를 설명하기 전에 우선 율관 길이를 말할 때 쓰이는 '원수元數'와 '전수全數', '실수實數'의 개념을 알아보자. 그래야 729를 곱하는 이유를 명확하게 알 수 있다. 첫째, '원수'다. 황종에서 마지막 중려까지 삼분손익법으로 계산하기 위해서는 3으로 11번을 나누게 된다. 그렇기 때문에 3의 11승인 177,147이 12율의 '원수'가 된다. 둘째, '전수'다. 황종의 '전수'는 177,147분의 177,147이다. 나머지 율의 전수는 177,147분의 X가 된다. 셋째, '실수'다. 황종의 '실수'는 177,147이고, 임종의 실수는 황종의 실수 177,147에서 삼분손일한 118,098이 된다. 원수와 전수, 실수의 개념을 간략하게 알아보았다.

이제 "중려의 길이는 3촌2분8리6호2사3홀이고, 수를 배한 길이가 6촌5분8리3호4사6홀이다. 729를 곱한 것의 3분의 1을 더하여 변황종을 재생한다"라는 내용을 이해해 보도록 하자. 여기서 첫 번째 중요한 것은 729를 중려 율관의 길이가 아닌, 중려의 실수에 곱해야 한다는 것이다. 앞에서 3의 11승을 한 177,147이 12율의 원수라고 했다. 삼분손익을 11번 하기 때문이다. 황종의 실수는 177,147이라고 했다. 그 실수를 삼분손익법으로 반복하여 계산하면 중려의 실수는 131,072가 된다. 바로 이 중려의 실수인 131,072에 729를 곱하는 것이다.

두 번째 중요한 것은 729를 곱하는 이유다. 중려 이후부터는 정율이 아니라 변율이 나오는데 변율이 모두 6개다. 즉 변황종·변임종·변태주·변남려·변고선·변응종으로 모두 여섯이다. 중려를 시작으로 하여 6개의 변율을 구하려면 6번의 삼분손익을 하므로 3의 6승인 729가 6변율의 원수가 된다. 12율관의 원수는 황종을 시작으로 하여 삼분손익을 11번하므로 3의 11승인 177,147이 12율의 원수가 되고, 중려 다음에 나오는 변율은 삼분손익을 6번 하므로 3의 6승인 729가 6변율의 원수가 된다. 따라서 중려의 실수에 729를 곱한 95,551,488에서 삼분손익을 해야 변황종의 실수를 구할 수 있다. 즉 중려의 실수인 131,072에 729를 곱한 95,551,488에서 삼분손일한

127,401,984가 변황종의 실수다.

다시 한 번 강조하면, 중려의 길이가 아닌 중려의 실수에 729를 곱하는 것이며, 그것은 바로 변황종의 실수를 구하기 위한 것이라는 점이다. 남상숙은 "성현이 채원정의 율산 방법을 충분히 이해하지 못하고 있다"라고 지적하며, "채원정이 729를 곱해준다고 한 것은 중려의 율관 길이가 아니라 중려의 실이다"라며 오류를 바로잡았다.

2. 『악서』: 자연의 그릇에 자연의 사물을 채워 악기를 만들다.

• 원문 •

○『樂書』云, “蓋律以竹爲管者, 天生自然之器也. 以黍爲實者, 天生自然之物也. 以天生自然之物, 實天生自然之器, 則分寸之長短, 容受之多寡, 聲音之淸濁, 權衡之輕重, 一本之自然, 而人爲不預焉. 此中和之聲所以出, 而大樂所以成也”[385] ……[386] “後世有, 作易竹以銅, 是以人爲之器, 實天生之黍, 則分寸·容受, 安得不差, 聲音·輕重, 安得不紊乎?”[387]

• 번역 •

○『악서』에 이르기를 “모든 율관을 대나무로 만드는 이유는 [대나무가] 하늘이 낳은 자연의 그릇이기 때문이다. 기장으로 [율관을] 채우는 이유는 [기장이] 하늘이 낳은 자연물이기 때문이다. 하늘이 낳은 자연물로써 하늘이 낳은 자연의 그릇을 채우면, [율관] 길이의 장단과 용량의 많고 적음, 성음의 청탁과 무게의 경중이 [모두] 그 근본이 자연이므로 인위적인 것이 간여하지 않은 것이 된다. 이것이 [율관에서] 중화의 소리가 나오는 까닭이며, 대악이 이루어지는 까닭이다” …… “후세에 어떤 사람이 대나무를 동銅으로 바꾸어 [율관을] 만들었다고 하는데, 이것은 사람이 만든 그릇에 하늘이 낳

385) 『樂書』 96 「原律」; 『역주 악서』 4, 14쪽.

386) 『악학궤범』에는 말줄임표 없이 다음 문장으로 이어진다. 생략된 내용은 『역주 악서』 4, 14~15쪽 참조.

387) 『樂書』 96 「原律」; 『역주 악서』 4, 15쪽.

은 기장을 채운 것이니, 길이와 용량에 어찌 차이가 없을 수 있고, 성음과 경중이 어찌 어지럽지 않을 수 있겠는가?"라고 하였다.

3. 성현: 대나무의 아래와 위의 둘레와 지름이 일정해야 한다.

• 원문 •

○按, 律管之制, 取年久海竹,[388] 圍經相准者, 斷兩節間, 自黃鐘至應鐘, 依本律寸分之數, 而裁之. 然竹孔之圍, 下闊而上俠, 若從闊孔吹之, 則聲高, 從俠孔吹之, 則聲下. 必刳去俠處, 使上下孔圍相准. 然後可正聲音. 或用銅·鐵鑄造, 雖年久聲不差, 訛.

• 번역 •

[신 성현이] 살펴보니, 율관의 제작은 오래된 해죽海竹 중에서 위아래의 둘레와 지름이 일정한 것을 골라 두 개의 마디 사이를 잘라서 황종부터 응종에 이르기까지 본율 길이의 수에 의거하여 그것(12율관)을 만드는 것이다. 그런데 대나무 구멍의 둘레가 아래는 넓은데 위가 좁으면, 넓은 구멍으로 불면 소리가 높고, 좁은 구멍으로 불면 소리가 낮게 된다. 반드시 좁은 부분을 파내어 위와 아래의 구멍둘레가 서로 일정하도록 만들어야 한다. 그런 연후에 소리를 정할 수 있다. 간혹 동과 철을 사용하여 만들면, 비록 오래되어도 소리에 차이가 없다고 하는데 잘못 전해진 것이다.[389]

---

388) 해죽海竹은 화본목禾本目 옥산죽속玉山竹屬에 속하는 대나무의 일종이다.

389) "간혹 ~ 잘못 전해진 것이다"(『고전국역총서 악학궤범』과 『신역 악학궤범』에는 이 부분의 번역이 누락되었다) 『북역 악학궤범』에는 "혹 동이나 철을 가지고 불어 만들면 비록 해가 오래 되어도 소리가 틀리지 않는다"라고 풀이했다.(『북역 악학궤범』, 55쪽)

4. 황종관: 길이 9촌·둘레 9분·용적 810분·기장 1,200알을 사용한다.

• 원문 •

안 황종관장 구촌 공위 구분 적 팔백일십분 용서 천이백강
○按, 黃鐘管長, 九寸, 空圍, 九分, 積, 八白一十分, 容黍, 千二百糠,
이중황종지율 금원중유동율관이부 이영조척도지 황종장 준일척
以中黃鐘之律. 今院中有銅律管二部, 以營造尺度之,[390] 黃鐘長, 准一尺.
도척지제 영조척장 이황종척준지 즉팔촌구분구리 약가일리 즉편
度尺之制, 營造尺長, 以黃鐘尺准之, 則八寸九分九厘, 若加一厘, 則便
위구촌의 우십이관위경 미유섬호지차 연차율관 여고제불심상원
爲九寸矣. 右十二管圍經, 微有纖毫之差,[391] 然此律管, 與古制不甚相遠.
시용악기 개이차관정지 경자년 화사정동 대령관이래 기소지대평소
時用樂器, 皆以此管正之. 庚子年, 華使鄭同, 帶伶官而來, 其所持大平簫
지음 여본국지악성초해
之音, 與本國之樂聲稍諧.

• 번역 •

○[신 성현이] 살펴보니, 황종 율관의 길이는 9촌이고, 구멍둘레는 9분이며, 용적은 810분으로 기장 1,200알을 담으니, 이로써 황종의 율에 맞았다. 지금 장악원에 동銅으로 만든 율관 2개[部]가 있는데, 영조척으로 그것을 재니 황종의 길이가 1척에 가깝다. 척도의 제도로 볼 때 영조척의 길이는 황종척을 기준으로 하면 8촌 9분 9리가 되므로, 1리를 더한다면 곧 9촌이 된다. 오른쪽 [율관]《그림 27》의 둘레와 지름에도 아주 미세한 차이는 있

---

390) 영조척營造尺은 당나라 이래 역대로 건물을 짓거나 공사를 할 때 사용했던 자이다. 조선시대의 자는 그 쓰임새에 따라 황종척黃鐘尺·주척周尺·조례기척造禮器尺·포백척布帛尺·영조척營造尺으로 나뉜다. 영조척의 1촌은 3cm이다.(http://www.gogung.go.kr)

391) 섬호纖毫는 아주 가는 털을 말하는 것으로 아주 미세한 차이를 말한다.

지만 이 율관은 옛 제도와 그다지 다르지 않다. 현재 사용하는 악기는 모두 이 율관을 기준으로 해서 정한 것이다. 경자년庚子年(1480, 성종 11년)에 중국사신 정동鄭同이 악사를 대동하고 왔는데,[392] 그가 갖고 온 태평소의 음이 우리나라 음악의 소리와 조금 조화로웠다.

• 해설 •

〈그림 28〉 영조척(국립고궁박물관소장)유물번호 창덕26760 재질 놋쇠 크기(세로: 30.5cm, 가로: 1.9cm)

『세종실록』에는 율관을 만들 때 거서를 사용한 것과 관련하여 다음과 같은 내용이 전한다. 세종 9년(1427) 9월 4일에 사직단의 신위神位를 고쳐 만드는 것에 대해서 논의하던 중, 세종이 "거서로 율관을 고쳐 만드는 것은 비록 박연일지라도 되지 않을 것이다. 중국의 황종을 본떠서 만든다면 비록 거서가 아니더라도 될 것이다"[393]라고 했다.

또 세종 12년(1430) 9월 11일에 아악 연주의 타당함 등을 의논하던 중에 "우리나라가 동쪽 일각에 위치하고 있어 춥고 더운 기후 풍토가 중국과 현격하게 다른데 어찌 우리나라의 대나무로 황종의 관을 만들겠는가? 황종의 관은 반드시 중국의 관을 사용해야 될 것이다"[394]라고 했다.

---

392) 1480년 성종 11년이 되는 해이다. 『성종실록』 권115 성종 11년(1480) 3월 27일 기사에 "평안도 관찰사 현석규玄碩圭가 임금에게 급하게 아뢰기를, '이달 24일에 주문사奏聞使의 통사通事가 먼저 압록강을 넘어와서 보고하기를, '중국 사신인 태감太監 정동鄭同과 강옥姜玉이 칙서를 가지고 이달 11일에 북경을 떠났습니다'라고 아뢰니, 서계書啓를 가지고 온 황상黃裳에게 유의襦衣 2령領을 내려주라고 하였다"라는 내용이 전한다. 이로써 볼 때, 1480년 3월 11일에 정동과 강옥이 칙서를 갖고 북경에서 출발했으며, 이 때 악사를 대동하고 왔을 확률이 높다. 언제 조선에 도착했는지는 전하지 않는다.

393) 『世宗實錄』 37 世宗 9(1427) 9. 4: 以秬黍改造律管, 雖朴堧不能矣. 以中國黃鐘, 準而作之, 則雖非秬黍可矣.

394) 『世宗實錄』 49 世宗 12(1430) 9. 11: 我國, 在東表, 寒暑風氣, 與中國頓殊, 豈可用我朝之竹

세종은 황종음을 확인하기 위해 거서를 사용하지만 우리나라의 거서로 율관을 만드는 일은 제아무리 악학에 뛰어난 박연일지라도 어려울 것이라고 말하며, 황종관도 중국의 대나무를 사용해서 만들어야 한다는 점을 강조한다. 계속해서 보자.

세 종: "박연이 만든 황종의 관은 어느 법제에 의거해 재정한 것인가?"

맹사성[395]: "송나라와 원나라의 법제에 의하여 당나라의 기장 1천 2백 알을 [황종율관] 속에 넣어서 만든 것입니다"

세 종: "지금 거서를 가지고 황종의 관을 재정한다는 것은 옳지 않은 것으로 본다. 중국 사람들은 황종의 관에 거서를 담아서 그 양을 안다는 것이지, 거서를 가지고 황종을 바로 잡는다는 것이 아니다. 옛 사람이 말하기를, '상당上黨(장쑤성江苏省에 위치함)의 거서를 가지고 음률을 정한다'고 했으니, 우리나라의 거서를 가지고 황종의 관을 정한다는 것은 더욱 불가한 것이다"[396]

이처럼 세종은 황종율관을 정할 때 사용하는 거서는 반드시 중국의 것이어야 한다고 강조했다. 그런데 2년이 조금 더 지난 1433년 1월 1일의 기사에 박연이 우리나라의 거서를 사용하여 중국의 황종관과 같은 음을 내는 율관을 제작했다는 사실과 더불어 우리 땅에서 생산된 경석磬石으로 편

而爲黃鐘之管乎? 黃鐘, 須用中國之管可也.

395) 맹사성孟思誠(1360~1438)은 조선 전기의 재상으로 자가 자명自明. 호는 고불古佛·동포東浦이다. 세종 때에 우의정과 좌의정을 지냈으며, 황희와 함께 조선 전기 문화 창달에 크게 기여하였고, 성품이 청백하고 검소하기로 이름이 났다. 『태종실록』을 편찬하였으며, 작품에 「강호사시가」가 있다.

396) 『世宗實錄』 49 世宗 12(1430) 9. 11: 上日, "朴堧所造黃鐘之管, 據何制而裁〔裁〕正乎?" 思誠曰, "據宋·元之制, 而容唐黍一千二百以造" 上日, "今以秬黍, 定黃鐘之管, 未可也. 中國之人以黃鐘之管, 盛秬黍而知其量也, 非以秬黍而正黃鐘也. 古人云, '定律以上黨之黍', 則以我國之黍, 而定黃鐘之管, 甚不可也"

경을 만들었다는 놀라운 소식이 전한다. 그 감격적인 순간을 실록의 내용을 통해 확인해 보자.

> 을사년乙巳年(1425) 가을에 거서가 해주에서 나고, 병오년丙午年(1426) 봄에 경석이 남양에서 생산되자, 임금이 감격하여 오래된 것을 새롭게 고치고 싶은 마음이 생겨서 박연에게 편경을 만들라고 명하였다. …… 해주의 거서 모양에 맞춰 밀[蠟]을 녹여서 두 번째로 큰 알갱이를 만들어서 분分을 쌓아 관을 만들었는데, 그 모양이 우리나라 붉은 기장[丹黍]의 작은 것과 꼭 같았다. 이에 한 알갱이를 1분으로 삼고 열 알갱이를 1촌寸으로 하는 방법으로 9촌을 황종의 길이로 삼으니 곧 90분이다. 1촌을 더하면 황종척黃鐘尺이 된다. 원의 지름은 3분4리6호의 법을 취하였다. 이에 해죽海竹 중에서 단단하고 두껍고 몸이 큰 것을 골라 구멍을 뚫으니 바로 원경의 분의 수에 맞았으며, 관의 길이를 비교해서 계산하니 바로 촌법寸法에 맞았다. 밀로 기장 알갱이 모양을 1,200알을 만들어서 관 속에 넣으니 진실로 남고 모자람이 없었고, 이를 불어 보니 중국의 종과 경의 황종 소리와 당악 필률觱篥의 합자合字[397] 소리와 서로 조화를 이루었다. 이로 인하여 이 관을 삼분손익하여 12율관을 만들어 부니 소리가 곧 화하고 합하였다.[398]

밀[蠟][399]을 녹여서 거서 모양의 낱알을 만들고 그것을 쌓아 그 길이를 기준으로 황종관을 만들었는데, 그 거서 낱알의 크기가 우리나라 붉은 기

---

397) 합자보를 말하는 것으로, 결국 필률의 선율을 일컫는다.

398) 『世宗實錄』 59 世宗 15(1433) 1. 1: 乙巳秋, 秬黍, 生於海州, 丙午春, 磬石, 産於南陽, 上, 慨然有革舊更新之志, 乃命朴堧, 造編磬. …… 因海州秬黍之形, 用蠟燃成次大之粒, 積分成管, 其形, 與我國丹黍之小者正同. 卽以一粒爲一分, 累十粒爲寸法, 以九寸爲黃鐘之長, 乃九十分也. 添一寸爲黃鐘尺也. 圓經, 取三分四釐六毫之法, 乃擇海竹之堅厚躰大者, 攢透孔穴, 正得圓經之分, 較量管長, 正得寸法. 却將蠟造黍粒千二百箇, 入於管中, 固無盈縮, 吹之, 與中國鐘磬黃鐘聲及唐樂觱篥合字聲相協. 因以此管三分損益, 以成十二律管, 吹之, 聲, 乃諧協.

399) 밀[蠟]은 벌집을 만들기 위하여 꿀벌이 분비하는 물질로 누런 빛깔로 상온에서 단단하게 굳어지는 성질이 있다.

장의 작은 것과 같았다고 한다. 10개의 낱알을 1촌으로 삼아 9촌인 황종관의 길이를 정하고,[400] 또 관의 지름이 3.46cm인 대나무관에 기장 1,200알을 넣으니 남고 모자람이 없이 딱 맞을 뿐만 아니라, 이를 불어 보니 중국의 종과 경의 황종 소리와 서로 조화로웠다는 것이다. 그리고 그 황종관의 길이를 시작으로 삼분손익을 반복하여 12율관을 만들었는데 소리가 모두 조화로웠다는 것이다.

박연은 이처럼 12율관을 제작하는 데에 성공한다. 그럼에도 불구하고 칭찬은 고사하고 도리어 잘못되었다는 지적을 받게 된다. 「서」에서 언급했듯이 박연이 만든 율관에 대한 의심과 비판의 목소리가 높았는데, 이에 대해 박연은 중국의 경의 소리가 도리어 12율에 맞지 않고 소리가 각각 조금 높거나 낮다는 점을 지적하며, 황종관을 기준으로 삼분손익을 반복하여 12율관을 만들어보니 음률이 맞았다고 자신 있게 말한다.

이러한 결과에 대해 세종과 대신들이 인정했는지 여전히 반대했는지 더 이상의 논의는 없지만, 이후 세종이 이칙음에 대한 의문을 제기하는 대목이 나오는 것으로 볼 때, 박연이 만든 12율관이 세종과 대신들에게 인정을 받은 듯하다.[401] "경磬이 완성되자 박연에게 명하여 樂을 제작하는 임무를 전담하게 했고, 이후 병오년 가을부터 무신년 여름까지 남양의 돌을 다듬어서 종묘 영녕전永寧殿의 편경 및 여러 제사에 쓸 편경, 등가 편경, 특경 등을 제작했는데 모두 528매였다"[402]라고 하니 박연이 만든 경의 소리가 12율에 맞았기 때문에 그것을 계기로 많은 경을 제작한 것으로 여겨진다.

---

400) 박연이 만든 황종 율관은 1촌이 10분이다.

401) 이와 관련된 내용은 「서」에서 세종의 업적을 언급하며 살펴보았다.

402) 『世宗實錄』 59 世宗 15(1433) 1. 1: 上日, "中國之磬, 果不諧協, 今造之磬, 似爲得正. 磬石之得, 已爲一幸, 今聽聲音, 亦甚淸美, 制律較音, 出於不意, 予甚喜之. 但夷則一枚, 其聲差高, 何哉?" 堧卽審視而啓日, "限墨尙在. 未盡磨也." 退而磨之, 墨盡而聲乃正. 磬成之後, 命堧專掌制樂之任, 自丙午秋至戊申夏, 攻南陽之石, 宗廟永寧殿編磬及諸祀通用編磬·登歌編磬·特磬成, 共五百二十八枚.

이처럼 박연은 조화로운 소리를 내는 12율관을 제작하는 데에 성공했을 뿐만 아니라, 경을 제작하는 데에도 성공했다. 더구나 세종과 같이 음률에 밝은 성군 덕분에 음고의 작은 차이까지도 고칠 수 있었다. 이후 박연은 세종의 신임을 얻어 樂을 제작하는 임무를 맡아 수많은 악기를 제작하는 데 성공한다.[403)]

〈참고〉

고대에는 황종율관의 길이를 정하는 일이 매우 중요했다. 그 이유는 바로 황종율관을 기준으로 하여 도량형을 정했기 때문이다. 황종율관을 기준으로 하여 만든 도량형에 관해 『서경』에 다음과 같이 전한다.

> 이것을 가지고 도度를 살펴 장단을 헤아리면 황종의 길이를 90분으로 해서 1이 1분이 되니, 10분이 1촌이고, 10촌이 1척이고 10척이 1장이고 10장이 1인이다. 이것을 가지고 양量을 살펴 많고 적은 것을 헤아리면 황종의 관에 곡식 중에 중간 크기인 기장 1,200알이 들어가는바, 이것을 약龠이라 하니, 10약이 1홉[合]이고, 10홉이 1되[升]며, 10되가 1말[斗]이고, 10말이 1곡斛이 된다. 이것을 가지고 형衡을 고르게 하여 가벼운 것과 무거운 것을 저울질 하면 황종의 약에 들어가는 1,200알 기장의 그 무게가 12수銖인바, 2약이면 24수이니, 이것이 1냥(兩)이고, 16냥이 1근斤이고, 30근이 1균鈞이고 4균이 1석石이다.[404)]

403) 이석주, 「난계 박연의 악론」, 『韓國思想과 文化』 제71집, 한국사상문화학회, 2014, 199~230쪽 참조.

404) 『書經』 「舜典」: "以之審度而度長短, 則九十分黃鍾之長, 一爲一分, 十分爲寸, 十寸爲尺, 十尺爲丈, 十丈爲引. 以之審量而量多少, 則黃鍾之管, 其容子穀秬黍中者一千二百, 以爲龠, 而十龠爲合, 十合爲升, 十升爲斗, 十斗爲斛. 以之平衡而權輕重, 則黃鍾之龠所容千二百黍, 其重十二銖, 兩龠則二十四銖爲兩, 十六兩爲斤, 三十斤爲鈞, 四鈞爲石"(『서경집전』 상, 48~49쪽)

5장

변율 變律

1. 중려궁에 황종·임종·태주·남려·고선·응종의 6변율을 쓴다.

2. 우리나라 아악은 4청성만 사용한다.

3. 변성은 정율보다 조금 높고 변반은 본래 반성보다 조금 높다.

4. 우리나라는 4청성만 쓰고 변반의 제도는 쓰지 않는다.

이 장에서는 성현이 『율려신서』의 내용을 바탕으로 중국에서는 6변율을 쓰지만, 우리나라 아악의 경우는 변율은 쓰지 않고 4청성만 사용한다는 것을 강조한다.

1. 중려궁에 황종·임종·태주·남려·고선·응종의 6변율을 쓴다.

• 원문 •

按『律書』, 仲呂之下, 又置黃鐘·林鐘·太簇·南呂·姑洗·應鐘六變律. 或取其全聲, 或取其半聲, 以爲蕤賓以下商·角·徵·羽·變宮·變徵之用焉. 蓋爲律呂之數, 往而不返, 而臣·民·事·物, 不敢陵君也.

• 번역 •

[신 성현이 살펴보니] 『율려신서』에는 중려 다음에 황종·임종·태주·남려·고선·응종 6변율을 두었다. 혹은 그 전성을 취하기도 하고 그 반성을 취하기도 하며, 유빈궁 이하(대려궁·이칙궁·협종궁·무역궁·중려궁)에 상·각·치·우·변궁·변치로 썼다. 율려의 수가 앞으로 가기만 하고 거꾸로 되돌아오지 못하는 것은 신하·백성·일·사물이 감히 임금의 자리를 넘볼 수 없기 때문이다.

• 해설 •

『율려신서』에는 변율과 변율반성을 사용했는데, 그 중 중려궁조를 예로 들면서 변율과 변율반성에 대해 설명하고 있다. 〈표 26〉에서 율명을 진하게 표시한 것이 변율이고 진하면서 기울게 표시한 것이 변반율이다. 맨 아래의 중려궁조를 보면 궁음인 중려를 제외하고는 모두 변율과 변율반성을 사용했다. 그래서 본문에서 "중려 다음에 황종·임종·태주·남려·고선·응종 6변율을 두었다"라고 한 것이다.

〈표 26〉은 황종을 시작으로 해서 삼분손익을 한 결과를 순서대로(위→아

래) 배열한 것이다. 황중궁·임종궁·태주궁·남려궁·고선궁·응종궁에는 모두 정율을 쓰고, 유빈궁·대려궁·이칙궁·협종궁·무역궁·중려궁에는 변율과 변반율을 썼다.

〈표 26〉『율려신서』 12궁조의 변율과 변반율

	궁	상	각	변치	치	우	변궁
황종궁	황종	태주	고선	유빈	임종	남려	응종
임종궁	임종	남려	응종	청대려	청태주	청고선	청유빈
태주궁	태주	고선	유빈	이칙	남려	응종	청대려
남려궁	남려	응종	청대려	청협종	청고선	청유빈	청이칙
고선궁	고선	유빈	이칙	무역	응종	청대려	청협종
응종궁	응종	청대려	청협종	청중려	청유빈	청이칙	청무역
유빈궁	유빈	이칙	무역	***청황종***	청대려	청협종	청중려
대려궁	대려	협종	중려	**임종**	이칙	무역	***청황종***
이칙궁	이칙	무역	청황종	***청태주***	청협종	***청중려***	***청임종***
협종궁	협종	중려	**임종**	**남려**	무역	***청황종***	***청태주***
무역궁	무역	***청황종***	***청태주***	***청고선***	청중려	***청임종***	***청남려***
중려궁	중려	**임종**	**남려**	**응종**	***청황종***	***청태주***	***청고선***

'반성', '자성'은 정율의 절반을 말한다. 임금의 자리를 넘보면 안 되기 때문에 궁음보다 음이 낮은 음(율관이 길이가 길면)이 상·각·변치·치·우·변궁에 쓰일 경우 '반성(자성)'을 만들어서 써야 한다.

그렇다면 변율은 왜 생기는 것일까? 변율이 생기는 이유는 7성의 음정은 일정한데 음 사이의 간격이 일정하지 않기 때문이다. 즉 율은 대율(114)과 소율(90)로 이루어져 있어서 24cent의 차이가 나는데, 중려-유빈-임종

사이에서 소율이 반복되기 때문에 변율이 생긴다고 한다.[405] 그림을 보며 다시 보자.[406]

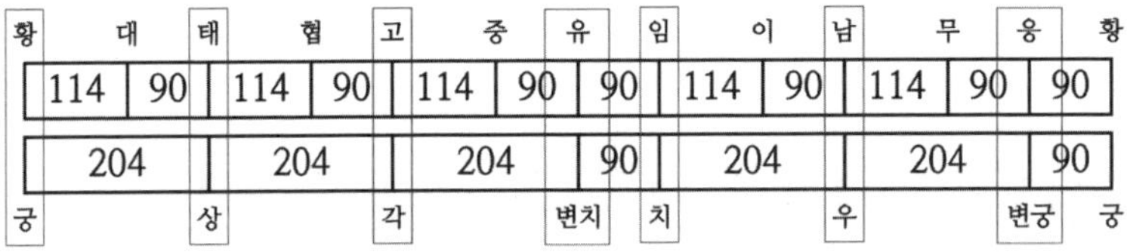

〈그림 29〉 황종궁의 7성

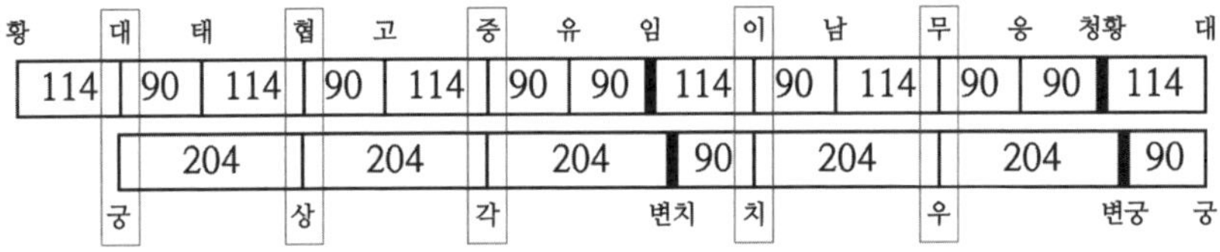

〈그림 30〉 대려궁의 7성

〈그림 29〉와 〈그림 30〉은 삼분손익법에 의하여 산출된 12율의 율정을 엘리스 센트법으로 나타낸 것이다. 〈그림 29〉는 '궁'을 황종에 맞춘 것으로, 궁음을 포함해서 나머지 상·각·변치·치·우·변궁이 모두 정율의 위치에 있다. 그러나 〈그림 30〉은 '궁'을 대려에 맞춘 것으로 '변치'와 '변궁'이 정율의 위치에 있지 않고 어긋나 있다. 이처럼 변율은 조를 옮길 때 어쩔 수 없이 생기게 된다.

〈그림 31〉은 본문의 내용에서, '궁'을 중려에 맞추니 궁음 외에는 모두

---

405) 『『악학궤범』 악론 연구』, 74~77쪽; 『신역 악학궤범』, 58쪽 각주 150.

406) 그림은 『『악학궤범』 악론 연구』, 75쪽의 그림을 옮긴 것이며, 그 위에 구분을 용이하게 하기 위해 필자가 표시를 하였다.

정율을 쓰지 못하고 변율 혹은 변반성을 쓰게 된다는 것을 시각적으로 보여준다. 어떤 것이 변율이고 어떤 것이 변반성인지는 〈표 26〉에서 확인할 수 있다.

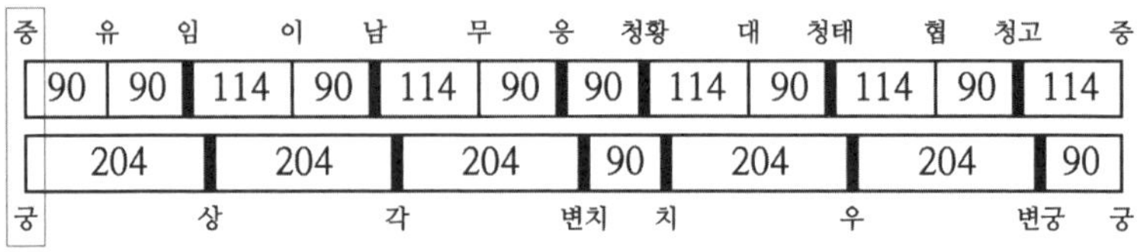

〈그림 31〉 중려궁의 7성

2. 우리나라 아악은 4청성만 사용한다.

• 원문 •

今本國雅樂, 只用黃鐘·大呂·太簇·夾鐘四淸聲. 自仲呂以下至應鐘, 則還用全聲以爲徵·羽·變宮·變徵焉. 蓋爲臣·民, 不可陵君, 而事物, 則不必避也.

• 번역 •

[신 성현이 살펴보니] 지금 우리나라의 아악은 황종· 대려·태주·협종의 4청성만을 사용한다. 중려 이하부터 응종까지는 여전히 전성을 써서 치·우·변궁·변치로 쓴다. 모두 신하와 백성은 임금의 자리를 넘볼 수 없지만 일과 사물은 반드시 자리를 넘보지 못하는 것은 아니기 때문이다.

• 해설 •

위의 내용은 2장 성종조 시용 아악 12율 7성도[時用雅樂十二律七聲圖]에서 살펴보았던 내용이다. 중국과 달리, 우리나라는 황종·대려·태주·협종의 4청성만 사용하는데, 이는 신하와 백성은 임금의 자리를 넘보면 안 되지만, 일과 사물은 반드시 그렇지 않아도 된다는 것을 거듭 강조한 것이다.

〈표 27〉『율려신서』와 〈표 28〉『악학궤범』을 비교해 보면 『율려신서』와 달리 변치·치·우·변궁에 4청성을 제외하고는 모두 전성全聲을 사용한 것을 확인할 수 있다.

〈표 27〉『율려신서』 12궁조

궁조	궁	상	각	변치	치	우	변궁
중려궁	仲	林	南	應	潢	汰	湖
유빈궁	蕤	夷	無	潢	汏	浹	浺
임종궁	林	南	應	汏	汰	湖	濷
이칙궁	夷	無	潢	汰	浹	浺	淋
남려궁	南	應	汏	浹	湖	濷	洟
무역궁	無	潢	汰	湖	浺	淋	湳
응종궁	應	汏	浹	浺	濷	洟	潕

〈표 28〉 성종조 아악 12율 7성

궁조	궁	상	각	변치	치	우	변궁
중려궁	仲	林	南	應	潢	汰	姑
유빈궁	蕤	夷	無	潢	汏	浹	仲
임종궁	林	南	應	汏	汰	姑	蕤
이칙궁	夷	無	潢	汰	浹	仲	林
남려궁	南	應	汏	浹	姑	蕤	夷
무역궁	無	潢	汰	姑	仲	林	南
응종궁	應	汏	浹	仲	蕤	夷	無

3. 변성은 정율보다 조금 높고 변반은 본래 반성보다 조금 높다.

• 원문 •

연 율 서 　 혹 용 변 성 　 혹 용 변 반 지 처 　 대 려 궁 지 변 치 　 내 변 임 종 야 　 변 궁
然『律書』, 或用變聲, 或用變半之處. 大呂宮之變徵, 乃變林鐘也, 變宮,
내 변 반 황 종 야 　 협 종 　 중 려 　 이 칙 　 무 역 지 궁 　 병 유 변 성 　 변 반 지 처 　 즉 변 성
乃變半黃鐘也. 夾鐘·仲呂·夷則·無射之宮, 竝有變聲·變半之處. 則變聲,
소 고 어 정 율 　 이 변 반 　 소 고 어 본 반 　 연 후 　 서 합 고 제
少高於正律, 而變半, 少高於本半. 然後, 庶合古制.

• 번역 •

그러나 『율려신서』에는 변성을 쓰기도 하고 변반성을 쓰기도 했다. 대려궁의 변치는 변임종이고, 변궁은 변반황종이다. 협종궁·중려궁·이칙궁·무역궁에는 모두 변성과 변반성을 썼다. 변성은 정률보다 조금 높고, 변반성은 본래의 반성보다 조금 높다. 그렇게 한 후에야 거의 옛 제도에 맞을 것이다.

• 해설 •

본문의 내용을 〈표 29〉와 〈표 30〉으로 정리했다. 진하게 표시한 것은 반성이고, 진하면서 기울기를 한 것은 변반성이다.

〈표 29〉 『율려신서』 대려궁의 변성과 변반성

	궁	상	각	변치	치	우	변궁
대려궁	대려	협종	중려	**임종**	이칙	무역	***청황종***

〈표 30〉『율려신서』 협종궁·중려궁·이칙궁·무역궁의 7성

	궁	상	각	변치	치	우	변궁
협종궁	협종	중려	**임종**	**남려**	무역	***청황종***	***청태주***
중려궁	중려	**임종**	**남려**	**응종**	***청황종***	***청태주***	***청고선***
이칙궁	이칙	무역	***청황종***	***청태주***	청협종	***청중려***	***청임종***
무역궁	무역	***청황종***	***청태주***	***청고선***	청중려	***청임종***	***청남려***

4. 우리나라는 4청성만 쓰고 변반의 제도는 쓰지 않는다.

• 원문 •

금아악사청성 개정반성 이무변반지제 지어속악 즉제도 기교 현
今雅樂四淸聲, 皆正半聲, 而無變半之制. 至於俗樂, 則制度, 奇巧, 絃·
괘 역다 고십이성청 탁구재 이우유청중지청언
棵, 亦多. 故十二聲淸·濁俱在, 而又有淸中之淸焉.

• 번역 •

지금 [우리나라] 아악의 4청성은 모두 정반성이며 변반의 제도는 없다. 속악의 경우는 제도(음의 구성)가 정교하고 [현악기의] 현과 [거문고의] 괘 또한 많다. 그런 까닭에 12율의 청성과 탁성이 모두 있고, 또 청중의 청성이 있다.

• 해설 •

이상 중국은 변율과 변반율까지 사용했지만 조선은 4청성만 사용하고, 변율과 변반율의 제도는 없다는 것과 속악에서는 현악기의 줄과 거문고의 괘가 많기 때문에 청성과 탁성이 있고, 2옥타브 높은 청중청까지 사용한다는 내용을 살펴보았다.

6장

반고班固 율력지의 상생 그림과 설명

[班志相生圖說][408]

407) 반지班志는 반고班固의 『전한서前漢書』 「율력지律曆志」를 말한다. 그런데 이하의 내용은 『전한서』에서는 찾기 어렵고, 『상서통고尙書通考』에 그림과 함께 전한다.

1. 양은 음을 하생하고 음은 양을 상생한다.
2. 6율은 건효에서 기원하여 좌선하고 6려는 곤효에서 기원하여 우전한다.

이 장에서는 『상서통고』의 내용을 바탕으로 반고가 말한 율려의 상생을 설명한다. 이어서 『악서』의 내용을 통해 자리[位]가 같은 것은 부부를 상징하고, 자리가 다른 것은 아들과 어머니를 상징하며, 양율은 아내를 얻고 음려는 아들을 낳는데, 이것이 바로 음양상생의 올바름이라고 강조한다.

1. 양은 음을 하생하고 음은 양을 상생한다.

• 원문 •

"同位者, 象夫妻. 異位者,[408] 象子母. 所謂律取妻. 而呂生子. 此陰陽相生之正也. 其法, 皆陽下生陰. 陰上生陽. 下生者, 皆三分損一. 上生者, 皆三分益一. 此馬遷·班固, 所生之寸數也"[409]

• 번역 •

[『상서통고尙書通考』에] "자리[位]가 같은 것은 부부를 상징하고, 자리가 다른 것은 아들과 어머니를 상징한다. 이른바 [양의] 율은 아내를 얻고 [음의] 려는 아들을 낳는다. 이것이 음양상생의 올바름이다. 그 법은 모두 양은 음을 하생하고 음은 양을 상생하는 것이다. 하생하는 것은 모두 삼분하여 하나를 빼고, 상생하는 것은 모두 삼분하여 하나를 더한다. 이것은 사마천과 반고가 만든 수의 체계이다"라고 전한다.

---

408) 위位는 좌우상하를 뜻하고, 방方은 동서남북을 뜻한다.(『신역 악학궤범』, 59쪽 각주 162)

409) 원문은 원나라 황진성黃鎭成이 지은 『상서통고』에 그림과 함께 내용이 고스란히 전한다. 『상서통고』에는 「반지격팔상생도班志隔八相生圖」라고 되어 있다. 황진성의 자는 원진元鎭이며, 소무邵武 사람이다. 천거로 강남유학제거江南儒學提擧에 제수되었으나, 관직을 맡기 전에 죽었다. 이 책은 옛 이론을 인용하여 사대四代의 법령·예악·제도 등을 상고하고, 또 간간이 논단을 덧붙였는데, 매우 자세히 갖추어져 있다.(『사고제요』)

• 해설 •

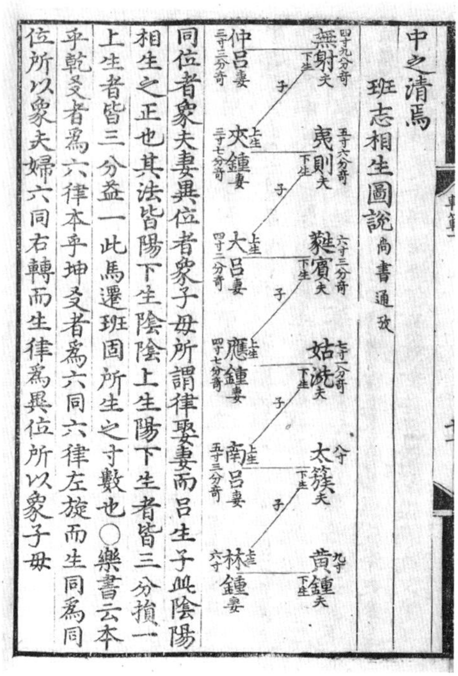
中之清焉

班志相生圖說 尚書通攷

無射夫 四寸九分奇 下生 子 仲呂妻 三寸三分奇 上生

夷則夫 五寸六分奇 下生 子 夾鍾妻 三寸七分奇 上生

蕤賓夫 六寸三分奇 下生 子 大呂妻 四寸二分奇 上生

姑洗夫 七寸一分奇 下生 子 應鍾妻 四寸七分奇 上生

太簇夫 八寸 下生 子 南呂妻 五寸三分奇 上生

黃鍾夫 九寸 下生 林鍾妻 六寸 上生

同位者象夫妻異位者象子母所謂律娶妻而呂生子此陰陽相生之正也其法皆陽下生陰陰上生陽下生者皆三分損一上生者皆三分益一此馬遷班固所生之寸數也○樂書云本乎乾爻者爲六律本乎坤爻者爲六同六律左旋而生同爲同位所以象夫婦六同右轉而生律爲異位所以象子母

〈그림 32〉『악학궤범』〈班固「律曆志」의 相生圖〉

〈그림 32〉는『악학궤범』에 수록되어 있고, 〈그림 33〉은『상서통고』에 전하는 내용이고, 〈그림 34〉는 〈그림 32〉를 가로로 옮겨 놓은 것이다. 〈그림 32〉에서 남편을 상징하는 율은 오른쪽에 위치해 있고, 아내를 상징하는 려는 왼쪽에 위치해 있다. 본문에서 "자리가 같은 것은 부부를 상징하고, 자리가 다른 것은 자식과 어머니를 상징한다"라고 했듯이, 율과 려가 나란히 있는 것은 부부를 상징하며, 자리가 대각선으로 이어진 것은 어머니와 자식을 상징한다. 가장 아래의 오른쪽에 있는 황종은 남편을 상징하며 왼쪽의 아내인 임종을 하생하고, 아내를 상징하는 임종은 오른쪽 사선 위로 자식인 태주를 상생한다. 그래서 양은 음을 하생하고 음은 양을 상생한다고 표현한 것이다. 나머지도 이와 같다. 하생할 때는 삼분거일, 상생할 때는 삼분익일한다.

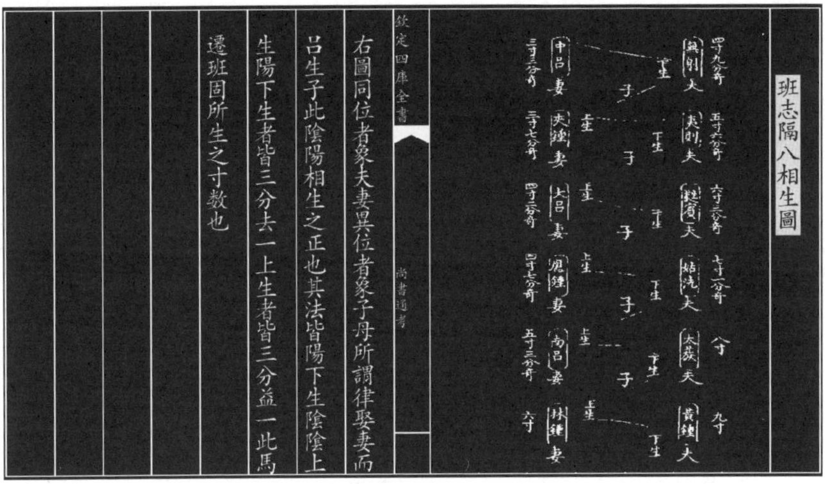

班志隔八相生圖

欽定四庫全書　尚書通考

右圖同位者象夫妻異位者象子母所謂律娶妻而呂生子此陰陽相生之正也其法皆陽下生陰陰上生陽下生者皆三分去一上生者皆三分益一此馬遷班固所生之寸數也

〈그림 33〉『상서통고』「반지격팔상생도」(『사고전서』 전자판)

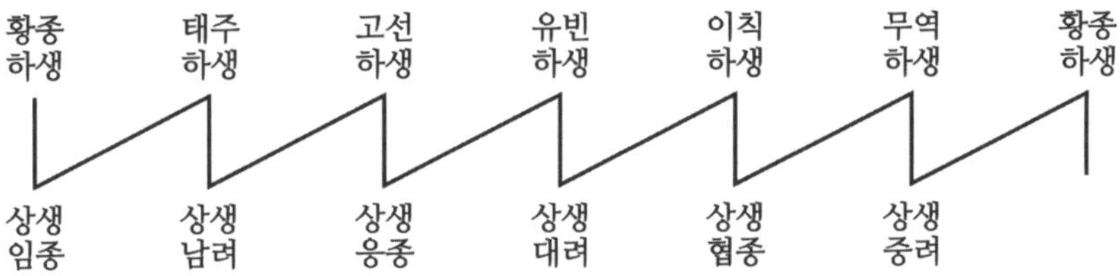

〈그림 34〉 반고 「율력지」의 상생도

2. 6율은 건효에서 기원하여 좌선하고 6려는 곤효에서 기원하여 우전한다.

• 원문 •

○『樂書』云, "本乎乾爻者, 爲六律. 本乎坤爻者, 爲六同.[410] 六律, 左旋而生同, 爲同位所以象夫婦. 六同, 右轉而生律, 爲異位所以象子母"[411]

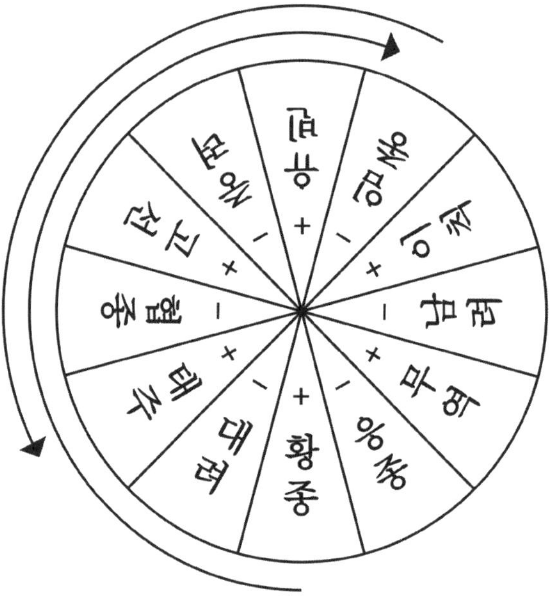

〈그림 35〉 順八逆六

410) 6려는 6율의 사이에 있기 때문에 6간間이라고도 하고, 그 정이 6율과 같기 때문에 6동이라고도 한다.(『樂書』 100 「總論」; 『역주 악서』 4, 80쪽)

411) 『樂書』 40 「大司樂」; 『역주 악서』 2, 71쪽.

• 번역 •

『악서』에 이르기를 "건효에서 기원한 것은 6율이고, 곤효에서 기원한 것은 6동이다. 6율은 왼쪽으로 돌아서[左旋] 동(6려)을 낳는데, 자리가 같으므로 부부를 상징한다. 6동은 오른쪽으로 돌아서[右轉] 율(6율)을 낳는데, 다른 자리에 있는 까닭에 아들과 어머니를 상징한다"라고 하였다.

• 해설 •

6율은 양율이며 건효에서 기원하고, 6율이 왼쪽으로 돌아 6려를 낳는다고 했다. 양인 황종에서 시작하여 왼쪽(시계 방향)으로 8칸 건너가 음인 임종을 낳는다는 말이다. 다음 음이 양을 낳는 것은 오른쪽(시계 반대 방향)으로 돌아 6칸을 건너가서 율을 낳는 것이다. 임종에서 시작하여 오른쪽(시계 반대 방향)으로 6칸 건너 양인 태주를 낳는다. 8칸 건너가서 차례로 12율을 상생하는 것과 그 순서는 같다(황종→임종→태주→남려→고선→응종→ 유빈→ 대려→이칙→ 협종→ 무역→ 중려). 양율은 북두칠성의 자루가 12지지의 방향에 따라 움직이는 것을 본받아 왼쪽(시계방향)으로 8칸을 건너가 음율을 낳고, 음율은 해와 달이 도는 것을 본받아 오른쪽으로 돌아가니 오른쪽(시계 방향)으로 6칸을 건너가 양율을 낳는 것이다. 이를 "순팔順八과 역육逆六이라고 말한다"[412]

이상, 양은 음을 하생하고 음은 양을 상생한다는 내용과 6율은 건효에서 기원하여 왼쪽으로 돌면서 음율을 낳고, 6려는 곤효에서 기원하여 오른쪽으로 돌면서 양율을 낳는다는 내용을 살펴보았다.

---

412) 『신역 악학궤범』, 60쪽 각주 166.

7장

양율과 음려 자리의 그림과 설명

[陽律陰呂在位圖說]

이 장에서는 양율과 음려의 자리가 바뀐 것에 대해 이야기한다. 특히 대려·협종·중려 3려는 양의 자리에 있으면서, 겨우 반성을 얻었으니 반드시 율관의 길이를 두 배로 해서 사용해야 한다고 강조한다.

• 원문 •

『律書』云, "六陽辰, 當位自得. 六陰辰, 則居其衝. 其林鐘·南呂·應鐘三呂, 在陰, 無所增損. 其大呂·夾鐘·仲呂三呂, 在陽則止得半聲,[413] 必用倍數, 方與十二月之氣相應. 蓋陰之從陽, 自然之理也"[414] [子, 爲陽辰, 黃鐘, 當位自得也. 丑, 爲未衝. 林鐘, 以未而居丑, 居其衝也. 他倣此][415]

• 번역 •

『율려신서』에 이르기를, "양의 지지 6개(子·寅·辰·午·辛·戌의 6율)는 마땅히 제자리에 있어서 스스로 만족하지만, 음의 지지 6개(丑·卯·巳·未·酉·亥의 6려)는 [제자리가 아니라] 마주하는 자리에 있다. 임종·남려·응종 3려는 음의 자리에 있고, [율관길이의 숫자에] 덜고 더하는 것이 없지만, 대려·협종·중려 3려는 양의 자리에 있으면서, 겨우 반성을 얻었으니 반드시 [율관길이의 숫자에] 두 배를 해서 사용해야 한다. 그래야 비로소 [12율이] 열두 달의 기와 상응하게 된다. 대개 음이 양을 따르는 것은 자연의 이치이다"라고 하였다. [자는 양의 지지인데, 황종은 제자리에 있으니 스스로 만족한다. 축은 미의 맞은편에 있다. 임종은 미인데 맞은편인 축에 자리한다. 다른 것도 이와 같다]

413) 『율려신서』에는 '겨우 반성뿐이어서 반드시[止得半聲必]'의 부분은 없다. 다만 권2에 '大呂·夾鐘·仲呂, 止得半聲必用倍數, 乃與天地之氣相應'라는 유사한 내용이 전한다.

414) 『律呂新書』 1 「黃鐘生十一律」 3

415) 이 부분은 『악학궤범』에 세주로 기록되어 있다.

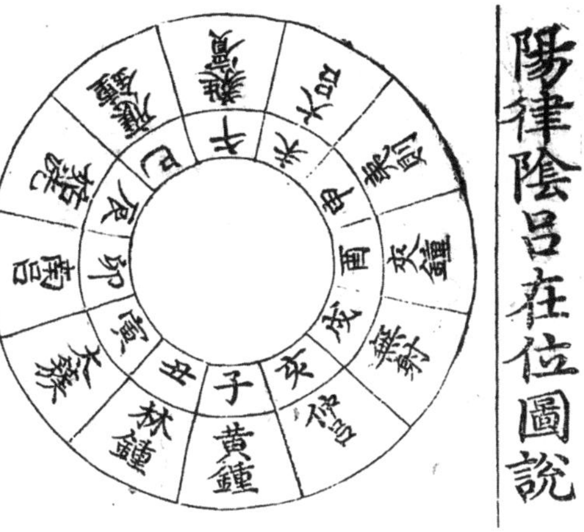

〈그림 36〉『樂學軌範』〈陽律陰呂在位圖〉

• 해설 •

〈그림 36〉 양율과 음려 자리의 그림[陽律陰呂在位圖]에는 자·축·인·묘……의 12지지가 시계 방향으로 돌아가며 배치되어 있다. 12지지에 배속된 12율의 순서는 황종→임종→태주→남려→고선→응종→유빈→대려→이칙→협종→무역→중려 순서다. "마주하는 자리에 있다"라는 말은 원래 임종은 〈그림 37〉에 보이는 것처럼 12율의 음고 순서로 보면 '미未'의 자리에 있어야 하는데, 〈그림 38〉[416]에 보이듯 맞은편인 '축丑'의 자리에 있다. 그리고 '축'의 자리에 있어야 하는 대려는 마주하는 '미'의 자리에 있다. 이것을 '음의 지지 6개의 (6려)는 마주하는 자리에 있다'라고 표현한 것이다. 즉 대려·협종·중려는 서로 맞은편에 있는 임종·남려·응종과 자리가 바뀌어, 본래의 자리가 아니라 맞은편에 자리하고 있다.

이어서 "임종·남려·응종 3려는 음의 자리에 있고, [율관길이의 숫자에] 더하고 감하는 것이 없지만, 대려·협종·중려 3려는 양의 자리에 있으면서,

416) 〈그림 38〉은 〈그림 36〉의 독음과 열두달을 포함하여 정리한 것이다.

〈그림 37〉 12율과 12지, 12개월

〈그림 38〉『악학궤범』〈양율음려재위도〉

겨우 반성을 얻었으니 반드시 [율관길이의 숫자에] 두 배를 해서 사용해야 한다"라고 했다.

하생을 하면 대려 율관의 길이가 너무 짧아져서 관의 길이를 두 배로 하여 사용해야 한다.[417] 그러나 유빈이 대려를 상생하여 겹상생을 하면 그 다음부터는 상생과 하생을 차례로 해도 온전한 길이를 얻게 된다.[418] 그렇다보니 대려·협종·중려는 본래 하생율로 음의 자리에 있어야 하는데, 상생율이 되면서 양의 자리에 있게 된 것이다. 이후영은 '여기서의 음과 양의 개념은 황종관을 9촌으로 놓고, 그 반인 4촌 5분 이상이면 양, 이하면 음으로 보았다. 따라서 4촌 1분 8리 3호인 대려와 3촌 6분 6리 3호인 협종, 3촌 2분 8리 6호 2사 3홀인 중려는 황종의 반성인 4촌 5분보다 짧기 때문에 모두 2배를 해서 양에 속하게 한 것'이라고 설명하였다.[419]

---

417)『樂書』101「律呂相生」上에 나오는 정현의 주장이다. "至於大呂·夾鐘·仲呂之律, 所生分等, 又皆倍焉者, 鄭康成之說也"

418)『樂書』101「律呂相生」上에 나오는 회남왕과 채옹의 주장이다. "淮南王安·蔡邕之說, 建蕤賓重上生之議"

419) 채원정 저/ 이후영 역주,『국역 율려신서』, 문진, 2011, 100~101쪽.

8장

5성에 대한 그림과 설명

[五聲圖說]

1. 5성과 오행: 궁[土]·상[金]·각[木]·치[火]·우[水]

2. 궁은 4성의 벼리이다.

3. 치는 복을 뜻한다.

4. 상은 밝음을 뜻한다.

5. 우는 덮음을 뜻한다.

6. 각은 접촉을 뜻한다.

7. 5성과 기능[用]·방위[位]·색깔[色]·본성[性]·감정[情]·행동[事]·맛[味]·냄새[嗅]

8. 5성이 7음으로 될 수 없다.

9. 사람은 사물에 감동하여 소리를 형성한다.

10. 5성의 소리와 입모양

이 장에서는 5성과 감응관계에 있는 것들을 다룬다. 5성과 오행의 관계 및 하늘의 수와 땅의 수, 생수와 성수에 대해 말하고, 5성과 감응관계에 있는 기능[用]·방위[位]·색깔[色]·본성[性]·감정[情]·행동[事]·맛[味]·냄새[嗅]를 모두 배열한다. 끝으로 5성의 소리와 입모양을 설명한다.

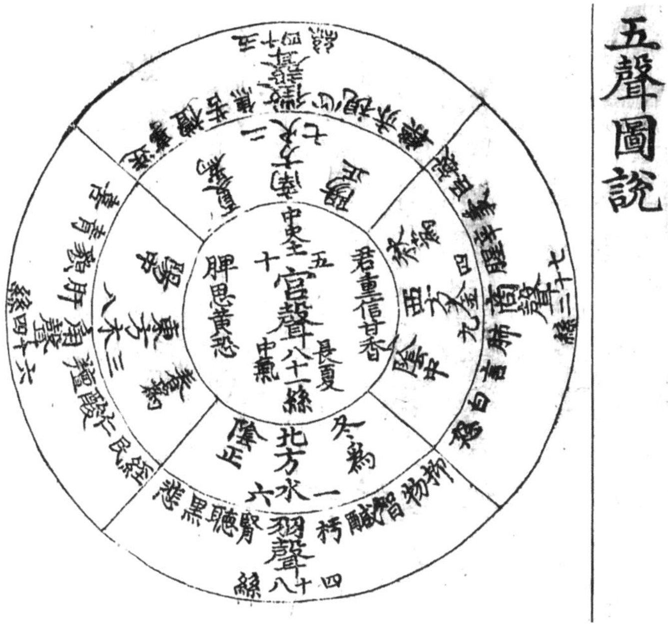

〈그림 39〉『樂學軌範』〈五聲圖〉

『악학궤범』 5성도에는 5성과 방위, 오행, 그리고 현악기 12율의 실의 수가 배열되어 있다. 또한 기능[用]·방위[位]·색깔[色]·본성[性]·감정[情]·행동[事]·맛[味]·냄새[嗅] 등 전통시대에 5성과 감응관계가 있다고 생각했던 것들을 배열해 놓았다.

〈그림 40〉『樂書』〈五聲圖〉

1. 5성과 오행: 궁[土]·상[金]·각[木]·치[火]·우[水]

• 원문 •

『樂書』云, “夫物生而有情,[420] 情發而爲聲. 故天五與地十合而生土於中, 其聲爲宮. 地四與天九合而生金於西, 其聲爲商. 天三與地八合而生木於東, 其聲爲角. 地二與天七合而生火於南, 其聲爲徵. 天一與地六合而生水於北, 其聲爲羽”[421]

• 번역 •

『악서』에 이르기를 “물物[목·화·토·금·수]이 생겨나니 감정[情]이 있게 되고, 그 감정이 [밖으로] 드러나 소리[聲]가 되는 것이다. 하늘의 수 5와 땅의 수 10이 합쳐져 중앙에 토를 낳으니 그 소리가 궁이 되고, 땅의 수 4와 하늘의 수 9가 합쳐져 서쪽에 금을 낳으니 그 소리가 상이 된다. 하늘의 수 3과 땅의 수 8이 합쳐져 동쪽에 목을 낳으니 그 소리가 각이 되고, 땅의 수 2와 하늘의 수 7이 합쳐져 남쪽에 화를 낳으니 그 소리가 치가 되고, 하늘의 수 1과 땅의 수 6이 합쳐져 북쪽에 수를 낳으니 그 소리가 우가 된다”라고 하였다.

---

420) 물物에는 물질, 물건, 사물 이 외에도 사정事情, 사건[affair]의 의미도 있다.

421) 『樂書』 105 「五聲」 上; 『역주 악서』 4, 153~154쪽.

• 해설 •

위의 내용은 5방과 5성의 관계, 그리고 각 방위와 관계있는 하늘의 수와 땅의 수를 나열한 것이다. 〈그림 39〉에서 좌측의 '동방 목'의 '목' 좌우의 8과 3, 우측의 '서방 금'의 '금' 좌우의 9와 4, 아래쪽의 '북방 수'의 '수' 좌우의 6과 1, 위쪽의 '남방 화'의 '화' 좌우의 7과 2가 바로 5방의 하늘의 수와 땅의 수다. 하늘의 수는 양으로 1·3·5·7·9이고, 땅의 수는 음으로 2·4·6·8·10이다. 천5·지4·천3·지2·천1은 생수生數이고, 지10·천9·지8·천7·지6은 성수成數다. 5방을 중심에 두고 오른쪽의 숫자(1·2·3·4·5)는 생수이고, 왼쪽의 숫자(6·7·8·9·10)는 성수다. 예를 들어 북방의 경우 1은 생수이고 6은 성수다.

한편 하도의 도상인 〈그림 41〉에 보면 중앙의 토(궁성)에 숫자 10이 있다. 이로써 볼 때 『악학궤범』 5성도는 하도河圖의 이치를 따른 것이라는 점을 짐작할 수 있다.[422]

『악학궤범』〈5성도〉에 있는 숫자와 하도의 숫자를 비교해 보면 그 방위와 숫자 배열이 같다는 것을 알 수 있다.

이제 〈그림 41〉을 보며 하도에 배열된 숫자의 의미를 살펴보자.

성수인 6(북)·7(남)·8(동)·9(서)·10(중앙)은 수·화·목·금·토의 생수인 1(북)·2(남)·3(동)·4(서)·5(중앙)에 각각 5를 더한 것이다. 그래서 1과 6이 짝이 되고, 3과 8이 짝이 되고, 2와 7이 짝이 되고, 4와 9가 짝이 되는 것이다. 숫자에 담긴 의미는 이 뿐만이 아니다. 하도는 수·화·목·금·토 다섯 개의 별이 실제로 출몰하는 때와 장소를 기록한 것이다. 즉 수성은 11월과 6월의 황혼 북쪽에, 화성은 2월과 7월의 황혼 남쪽에, 목성은 3월과 8월의 황혼 동쪽에, 금성은 4월과 9월의 황혼 서쪽에, 토성은 5월과 10월의 황혼 천중에 보인

---

422) 한대 이후 하도와 낙서의 내용은 분명하게 밝혀지지 못하고 의견이 분분하다가, 송대에 이르러 하도와 낙서의 도상이 확정되었다. 임병학은 역학의 근본문제인 역수원리를 체용적 구조로 표상한 것이 하도와 낙서라고 밝혔다.(임병학, 「易學의 河圖洛書原理에 關한 硏究: 關于易學河圖洛書原理的硏究」, 충남대학교 박사학위논문, 2004)

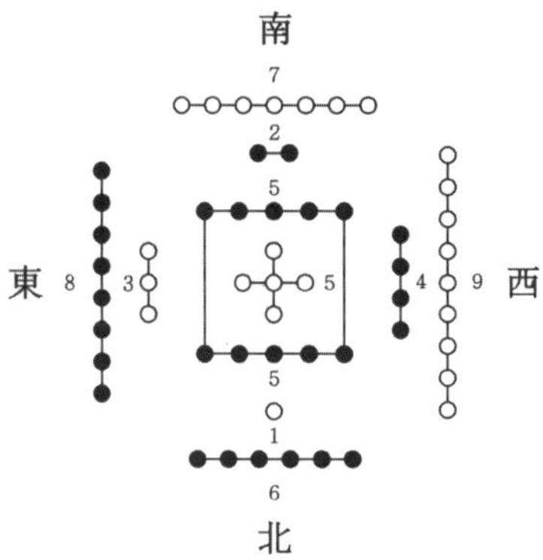

〈그림 41〉 河圖 圖像

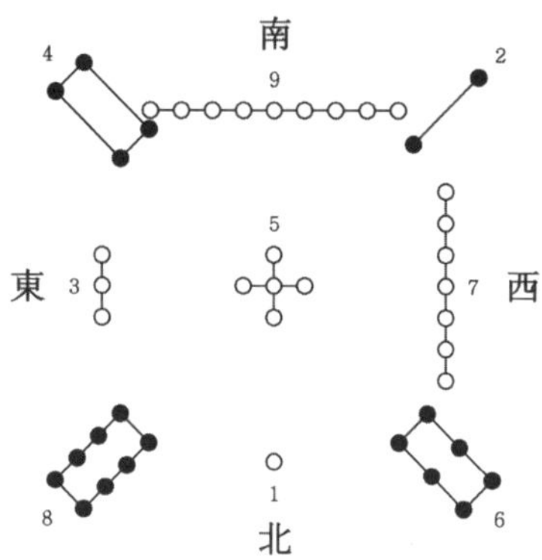

〈그림 42〉 洛書 圖像

다고 한다.[423] 이렇듯 5성, 5방, 숫자가 매우 치밀하게 연결되어 있다. 이제 숫자들이 왜 그 방위에 자리하고 있는지, 왜 서로 짝이 되는지 이해가 된다.

이어지는 2~6까지는 5성에 대한 설명으로 각각의 소리의 특징과 의미 및 현악기 줄에 쓰이는 실의 수에 대해 이야기한다. 대체로『전한서』와 진양의『악서』에 전하는 내용들을 조합한 것이다.

423) 周春材 글·그림/ 김남일·강태의 옮김,『의역동원 역경』, 청홍, 2003, 32~33쪽 부분 인용.

2. 궁은 4성의 벼리이다.

• 원문 •

○“宮, 中也. 居中央, 暢四方, 唱始施生, 爲四聲綱也”[424][425] “其性圓, 其聲若牛之鳴窌而主合”[426], “宮, 無爲而覆物. 君之象也,[427] 足以御臣”, “其聲, 雄洪. 調則政和·國安. 亂則其國危”[428] 其絲數八十一, 三分損一下生徵.[429]

• 번역 •

“[『전한서』에] 궁은 중앙이다. 중앙에 머물러 사방에 통하고, 먼저 주도하여 만물을 낳으니 4성(상·각·치·우)의 벼리이다”라고 하였다. “[『악서』에] 성

---

424) 『前漢書』 21 「律曆志」

425) 벼리[綱]는 그물의 위쪽 코를 꿰어 놓은 줄로, 그것을 잡아당겨 그물을 오므렸다 폈다 할 수 있다. 즉 궁성을 시작으로 해서 나머지 상·각·치·우가 정해지는 것이니, 그물이 벼리를 이탈할 수 없는 것처럼 4성도 궁성에서 이탈할 수 없다는 의미다.

426) 합合은 입을 다물고 내는 소리다. 소리는 비장에서 나오고 입을 다물고 내는 소리를 궁이라고 한다. 이 장의 뒷부분에 그 내용이 나온다.

427) 『주역周易』 「계사전繫辭傳」에 “나타나는 것을 상象이라 하고 형태를 이루는 것을 기器라 한다[見乃謂之象, 形乃謂之器]”라고 전한다.(김상섭, 『주역 계사전』, 성균관대학교출판부, 2017, 98쪽) ‘상’과 ‘형’을 구분하자면, ‘상’은 조짐을 나타내는 것이고 ‘형’은 실체에 속하는 것이라고 할 수 있다.

428) 5성에 대한 설명은 앞부분은 『전한서』 21 「율력지」를 인용하고, 이어서 『악서』 105 「5성」 中의 내용을 부분 인용한 것이다. 이하 동일하므로 출처 제시는 생략한다. 다만 글자에 차이가 있는 경우 인용서의 원문을 제시한다.

429) 『玉海』 7 「律曆」: 『사기색은』에 이르기를 “궁의 줄을 가장 굵게 81실을 쓴다[『史記索隱』曰, “宮絃最大, 用八十一絲”]라고 하였다.

질은 원만하고, 소리는 소가 움막에서 우는 소리처럼 주로 입을 다물고 내는 소리 같다"라고 했고, "궁은 아무것도 하지 않아도 사물을 보호하니 임금의 형상이므로 신하를 거느릴 수 있다"라고 했으며, "소리는 웅장하고 크다. [소리가] 조화로우면 정치가 화합하고 나라가 안정되지만 조화롭지 않으면 나라가 위태롭다"라고 하였다. 그 실의 수는 81[430]이고 삼분손일하여 치를 하생한다.

430) 앞에서는 율관으로써 12율을 설명했고, 여기서는 현악기에 쓰이는 줄의 실의 숫자로써 설명한다.

3. 치는 복을 뜻한다.

• 원문 •

○“徵, 祉也.[431] 物盛大, 而繁祉也”[432] “其性, 明而辨物, 其聲, 若豕之負駭而主分”[433] “徵, 出無而驗有, 事之象也, 足以成物”, “其聲, 倚倚戲戲然. 調, 則百物理, 亂, 則庶績隳”[434] 其絲數, 五十四, 三分益一上生商.

• 번역 •

“『전한서』에] 치는 하늘에서 내리는 복을 뜻한다”라고 전한다. “『악서』에] 사물이 성대하니 복이 많다. 성질은 밝아서 사물을 분명하게 구분한다. 소리는 지고 가던 돼지가 놀라서 우는 소리처럼 주로 이를 닫고 입술을 열고 내는 소리 같다”, “치는 무無에서 나왔는데 효험이 있고, 일[事]의 형상으로 사물을 이룰 수 있다”, “끼이잉~ 끼이잉~[倚倚戲戲] 소리를 내는데,[435] 소리가 조화로우면 만물이 다스려지지만, 어지러우면 여러 가지 업적이 무너진다”라고 전한다. 실의 수는 54이고, 삼분익일하여 상을 상생한다.

---

431) 지祉는 하늘에서 내리는 복을 뜻한다.

432) 번지繁祉는 큰 복을 뜻한다.

433) 분分은 합슴의 반대로 이를 다물고 입을 벌리는 것을 말한다. 소리는 심장에서 나오고 이를 맞물고 입술을 벌려 내는 소리를 치라고 한다.

434) 서적庶績은 각종 사업으로 이룬 실적을 말한다.

435) 의의희희倚倚戲戲는 돼지울음소리를 표현한 의성어다. 우리나라는 돼지가 ‘꿀꿀꿀’ 운다고 하고, 놀라서 우는 돼지소리는 ‘꽥액~ 꽥액~’ 정도로 표현한다. 여기서는 현악기가 내는 소리를 표현한 것이기 때문에 ‘끼이잉~ 끼이잉~’이라고 풀었다.

4. 상은 밝음을 뜻한다.

• 원문 •

○“商, 章也.[436] 物成熟, 可章度也”[437] “其性, 方, 其聲, 若羊之離群而主張”[438], “商有爲而通物, 臣之象也, 足以治民”, “其聲, 鏘鏘鎗鎗然. 調, 則刑法不作, 威令行, 亂, 則其官毁” 其絲數, 七十二, 三分損下生羽.

• 번역 •

“[『전한서』에] 상은 명백함을 뜻한다. 만물이 성숙함을 헤아릴 수 있다”라고 전한다. “[『악서』에] 성질은 바르고, 소리는 양이 무리에서 이탈할 때 내는 소리처럼 주로 입을 벌리고 내는 소리 같다”, “상은 유능하여 사물의 이치와 사람의 감정을 훤히 아는 신하의 형상이므로 백성을 다스릴 수 있다”, “띠이잉~ 띠이잉~[鏘鏘鎗鎗][439] 소리를 내는데, 소리가 조화로우면 형법을 시행하지 않고 위엄 있는 명령만으로도 실행되지만, 조화롭지 않으면 그 관청이 무너진다”라고 전한다. 실의 수는 72이고, 삼분손일하여 우를 하생한다.

---

436) ‘장章’은 ‘창彰’의 뜻으로 쓰여 명백하다는 의미다.

437) 『前漢書』 21 上 「律曆志」: 商之爲言章也. 物成孰, 可章度也.

438) 장張은 입을 벌리는 것을 말한다. 소리는 폐에서 나오고 입을 벌리고 입술을 오므리고 내는 소리를 상이라고 한다.

439) 장장쟁쟁鏘鏘鎗鎗은 금속이나 옥이 부딪치는 소리 또는 타악기의 소리를 나타내는 의성어이다. 보통 ‘뚱땅~ 뚱땅~’, ‘띵띵~’ 정도로 표현한다. 여기서는 현악기가 내는 소리를 표현하는 것이기 때문에 ‘띠이잉~ 띠이잉~’이라고 풀었다.

5. 우는 덮음을 뜻한다.

• 원문 •

○“羽, 宇也. 物聚藏, 宇覆之也”“其性, 潤而澤物. 其聲, 若馬之鳴野而主吐”[440] “羽, 因時而翕張,[441] 物之象也. 足以致用”, “其聲, 詡詡酗其然.[442] 調, 則倉凜實,[443] 庶物備, 亂, 則其民憂, 其財匱” 其絲數, 四十八, 三分益一上生角.

• 번역 •

○“[『전한서』에] 우는 덮는다는 뜻이다. 만물이 모여 덮는 것이다”라고 전한다. “[『악서』에] 그 성질은 윤택하여 사물을 윤이 나게 하고, 소리는 말이 들에서 우는 소리처럼 주로 이를 벌리고 입술을 오므리고 내는 소리 같다”, “우성羽聲은 때에 따라서 [이를] 다물기도 하고 벌리기도 한다. 사물의 형상이므로 쓰기에 충분하다”, “허어엉~ 허어엉~[詡詡酗酗][444] 소리를 내는데, 소리가 조화로우면 곳간이 가득차고 여러 가지 물건이 갖추어지지만,

440) 토吐는 이를 벌리고 입술을 오므리는 것을 말한다.

441) 인시因時는 때를 따름을 뜻한다.

442) 『악서』에는 ‘후후후후연詡詡酗酗然’이라고 되어 있다.

443) 창름倉廩은 가을에 거두어 들인 곡식을 보관하는 창고를 일컫는다.

444) 후후후후詡詡酗酗 중 ‘후후詡詡’에 대해 “윗니와 아랫니가 벌어져 있고 입술이 모아진 것을 우라고 일컫고, 그 음은 후후우우詡詡吁吁하다[齒開脣聚謂之羽, 其音詡詡吁吁然]”라는 말이 전하기도 하는데, 여기서는 현악기가 내는 소리를 표현하면서 말이 들에서 오는 것과 같다고 했기 때문에 ‘허어엉~ 허어엉~’이라고 풀었다.

알맞지 않으면 백성이 근심하고 재물이 없다"라고 전한다. 실의 수는 48이고, 삼분손일하여 각을 상생한다.

6. 각은 접촉을 뜻한다.

• 원문 •

○"角, 觸也. 物觸而出, 戴芒角也"[445] "其性, 直. 其聲, 若雞之鳴木而主湧"[446] "角, 善觸而難馭, 民之象也. 足以興事", "其聲, 喔喔確確然. 調, 則四民安, 亂, 則其民怨" 其絲數, 六十四, 而生變宮·變徵也.

• 번역 •

○"[『전한서』에] 각은 접촉을 뜻한다. 사물이 지면을 뚫고 [땅 위로] 나오는데, 까끄라기를 머리 위에 이고 있는 것이다"라고 전한다. "[『악서』에] 성질은 곧고, 소리는 닭이 나무에서 우는 소리처럼 주로 입술을 올리고 소리를 낸다", "각은 부딪치기를 잘해서 부리기 어렵다. 백성의 형상이므로, 일(사건)을 일으키기에 충분하다", '끼이익~ 끼이익~'[447] 소리는 내는데, 소리가 알맞으면 백성이 편안하지만, 조화롭지 않으면 백성들이 원망한다"라고 전한다. 실의 수는 64이고, 변궁을 하생하고, 이어서 변치를 상생한다.

---

445) 망각芒角은 까끄라기, 벼나 보리 등의 낟알 껍질에 붙은 깔끄러운 수염, 또는 그 동강이를 말한다.

446) 용涌은 입술을 올리는 것을 말한다.

447) 악악확확喔喔確確은 닭의 울음소리를 나타내는 의성어다. 여기서는 현악기가 내는 소리를 표현하면서 닭이 나무에서 우는 소리와 같다고 했기 때문에 '끼이익~ 끼이익~~'이라고 풀었다.

〈표 31〉 5성의 특성

五聲	宮	徵	商	羽	角
意	中(중앙)	祉(복)	章(밝음)	宇(덮음)	觸(접촉)
性	圓 (원만하다)	辨物 (사물을 구별한다)	方(바르다)	澤物(사물을 윤택하게 한다)	直(곧다)
聲1	合(입을 다물고 내는 소리 같다)	分(이를 닫고 입술을 열고 내는 소리 같다)	張(입을 벌리고 내는 소리 같다)	吐(이를 다물거나 벌리고 내는 소리 같다)	湧(입술을 올리고 내는 소리 같다)
象	君(임금)	事(일)	臣(신하)	物(사물)	民(백성)
聲2	雄洪 (웅장하고 크다)	倚倚巇巇 (끼이잉~ 끼이잉~)	鏘鏘鎗鎗 (띠이잉~ 띠이잉~)	詡詡酗酗 (허어엉~ 허어엉~)	喔喔確確 (끼이익~ 끼이익~)
調	政和國安 (정치 화합, 나라 안정됨)	百物理 (만물이 다스려짐)	刑法不作威令行 (형법없이 명령만으로 실행됨)	物備 (물건이 갖추어짐)	民安 (백성이 편안해짐)
亂	國危 (나라가 위태롭다)	庶績隳 (업적이 무너진다)	官毁 (관청이 무너진다)	民憂財匱 (백성이 근심하고 재물이 없어진다)	民怨 (백성이 원망한다)
絲數	81	54	72	48	64
生	徵를 下生	商을 上生	羽를 下生	角을 上生	變宮을 下生 變徵를 上生

이상의 내용은 5성 각각의 뜻[意], 성질[性], 그리고 소리의 특성 및 악기 소리, 그리고 소리가 조화로울 때와 그렇지 않을 때의 나라의 정치와 백성의 형편을 들어 풀이했다. 사실 어떤 소리를 낼 때의 입모양인지, 어떻게 해야 조화로운 것인지 등 그 의미가 명확하게 전달되지는 않는다. 다만 전통시대 사람들이 생각했던 5성 각각에 대한 특징을 더듬어 볼 수 있는 정도다. 이상의 내용을 〈표 31〉로 간단하게 정리했다.

7. 5성과 기능·방위·색깔·본성·감정·행동·맛·냄새

• 원문 •

○“其用, 則爲敏·經·迭·抑·重. 其位, 則爲左·右·上·下·中. 其色, 則爲靑·黃·赤·白·黑. 其性, 則爲仁·義·禮·智·信. 其情, 則爲喜·怒·悲·憂[448]·恐. 其事, 則爲貌·言·視·聽·思. 其味, 則爲甘·辛·酸·苦·鹹. 其臭, 則爲香·腥·羶·焦·朽. 在天運而爲五氣, 在地列而爲五行, 在人竅而爲五臟. 則中聲所止無往不在焉”[449]

• 번역 •

○[『악서』에 이르기를 5성과 관련하여] “작용하는 데[用]에는 민첩함[敏]·바름[經]·빠름[迭]·억누름[抑]·무거움[重]이 있고, 방위[位]에는 동[左]·서 [右]·남[上]·북[下]·중앙[中]이 있고, 색깔[色]에는 청·황·적·백·흑이 있고, 본성[性]에는 인·의·예·지·신이 있고, 감정[情]에는 기쁨[喜]·성냄[怒]·슬픔[悲]·근심[憂]·두려움[恐]이 있고, 행동[事]에는 공경하기[貌]·말하기[言]·보기[視]·듣기[聽]·생각하기[思]가 있고, 맛[味]에는 단맛[甘]·매운맛[辛]·신맛[酸]·쓴맛[苦]·짠맛[鹹]이 있고, 냄새[嗅]에는 향내[香]·비린내[腥]·누린내[

448) 『악학궤범』 원문에는 ‘우憂’, 〈5성도설〉에는 ‘락樂’으로 되어 있다. 『악서』의 원문에도 ‘우’로 되어 있어서 우로 정리했다.

449) 『樂書』 105 「五聲」 下의 기록과 배열순서가 약간 다를 뿐 내용은 모두 같으나, 다만 한 가지 『악서』에는 “하늘에서 움직이니 다섯 가지 樂이 있다[在天運而爲五樂]”라고 했는데, 『악학궤범』에는 “다섯 가지 기운[氣]이 있다”라고 하여 차이가 있다.(『역주 악서』 4, 162쪽)

羶]·탄내[焦]·썩은 내[朽]가 있다. 하늘의 운행에 있어서는 5기가 있고, 땅의 행렬에 있어서는 오행이 있고, 사람의 중요한 부분에 있어서는 5장이 있다. 5성[中聲][450]은 머무는 곳마다 있다"라고 하였다.

〈표 32〉 5성 도설

5음五音	궁宮	상商	각角	치徵	우羽
작용하는 것[用]	무거움 [重]	민첩함 [敏]	바름 [經][452]	빠름 [迭]	억누름 [抑]
방위[位]	중앙	서	동	남	북
색깔[色]	황黃	백白	청靑	적赤	흑黑
본성[性]	믿음 [信]	의로움 [義]	자애로움 [仁]	예의 [禮]	지혜 [智]
감정[情]	두려움 [恐]	성냄 [怒]	기쁨 [喜]	근심 [憂]	슬픔 [悲]
행동[事]	생각하다 [思]	말하다 [言]	공경하다 [貌]	보다 [視]	듣다 [聽]
맛[味]	단맛 [甘]	매운맛 [辛]	신맛 [酸]	쓴맛 [苦]	짠맛 [鹹]
냄새[嗅]	향내 [香]	비린내 [腥]	누린내 [羶]	불내 [焦]	썩은내 [朽]
5기五氣	장하 長夏	추위 秋爲	춘위 春爲	하위 夏爲	동위 冬爲
오행五行	토土	금金	목木	화火	수水
5장五臟	비장 [脾]	폐 肺	간 肝	심장 [心]	콩팥 [腎]
실의 수[絲]	81	72	64	54	48
수數[生數·成數]	5 · 10	4 · 9	3 · 8	2 · 7	1 · 6
신분	임금 [君]	신하 [臣]	백성 [民]	일 [事]	사물 [物]

450) 중성中聲은 중화의 소리를 뜻한다.

451) 경經은 바르다, 이치, 법의 의미가 있다. 5음 중 각角의 이칭이기도 하다.

• 해설 •

복잡해 보이지만 5성과 감응관계에 있다고 생각하는 것들을 배열한 것이다. 그 내용을 〈표 32〉와 〈그림 43〉으로 정리했다.[452]

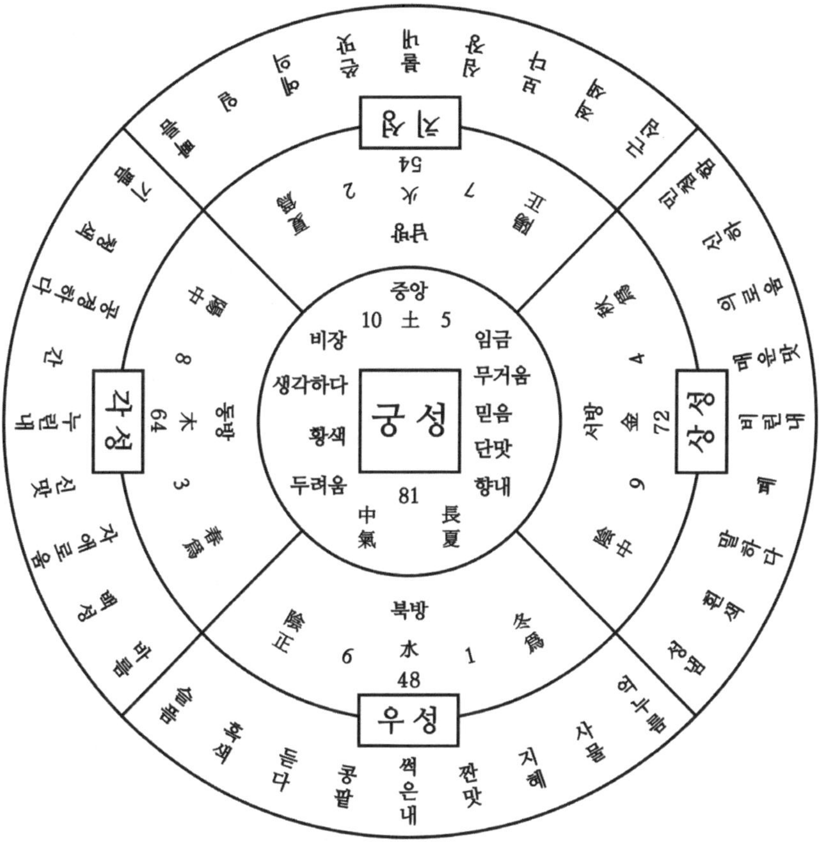

〈그림 43〉 〈5성도〉

452) 본문에는 실의 수와 생수, 성수, 그리고 5성의 신분에 대한 내용은 없다. 그러나 〈5성도〉에는 배열되어 있기 때문에 〈표 32〉에 함께 정리했다.

8. 5성이 7음으로 될 수 없다.

• 원문 •

○『樂書』云, “二變, 出乎五聲, 而滛於五聲存之, 無益也, 削之可也. 蓋五聲之於樂, 猶五星之在天, 五行之在地, 五常之在人也. 五聲, 可益爲七音, 然則, 五星·五行·五常, 亦可益而七之乎? 其說, 必不行矣”[453)]

• 번역 •

○『악서』에 이르기를, “2변은 5성에서 나왔지만, 5성을 넘어 있는 것은 무익하니 없애는 것이 옳다. 樂에서 5성은 마치 5성星이 하늘에 있고, 오행行이 땅에 있으며, 5상常이 사람에게 있는 것과 같기 때문이다. 5성이 7음으로 늘어날 수 있다면, 5성·오행·5상 또한 7성·7행·7상으로 늘릴 수 있다는 말인가? 그 말은 절대로 행할 수 없는 것이다”라고 하였다.

453)『樂書』107「明二變」;『역주 악서』4, 194쪽.

9. 사람은 사물에 감동하여 소리를 형성한다.

• 원문 •

○又云, "人, 感物以形聲. 聲, 本無而爲有. 故五聲之別, 宮, 爲上平聲, 商, 爲下平聲, 角, 爲入聲, 徵, 爲上聲, 羽, 爲去聲. 知此可與言聲律矣"[454]

• 번역 •

○또 『악서』 이르기를 "사람은 사물에 감동한 것을 소리로 드러낸다. 소리[聲]는 본래 없다가 있게 되는 것이다. 그러므로 5성은 나뉘어, 궁은 상평성上平聲이 되고, 상은 하평성下平聲이 되고, 각은 입성入聲이 되고, 치는 상성上聲이 되고, 우는 거성去聲이 된다. 이것을 알아야 성과 율을 함께 말할 수 있는 것이다"라고 하였다.

• 해설 •

한어漢語 자음의 성조에는 평성·상성·거성·입성의 4종류가 있는데, 총칭하여 '4성'이라고 한다. 평성은 낮고 평이한 소리, 상성은 낮았다가 올라가는 소리, 거성은 높고 긴 소리, 입성은 짧고 빨리 끝나는 소리다.

더 이상의 설명은 없지만, 이하의 내용에 목소리에 대해 설명한 것으로 미루어 짐작해 보면, 궁은 상평성 상은 하평성으로 낮고 평이하게 소리를 내고, 각은 입성으로 짧고 빠르게 소리를 내고, 치는 상성으로 낮았다가 올

---

454) 『樂書』 107 「辨四聲」; 『역주 악서』 4, 190쪽.

라오는 소리를 내고, 우는 거성으로 높고 길게 소리를 낸다는 특징을 설명하고자 한 듯한다.

10. 5성의 소리와 입모양

• 원문 •

우 운 성 출 어 비 합 구 이 통 지 위 지 궁 출 어 폐 개 구 이 토 지 위 지 상 출
○又云, “聲出於脾, 合口而通之謂之宮. 出於肺, 開口而吐之謂之商. 出
어 간 이 장 치 용 문 위 지 각 출 어 심 이 치 합 문 개 위 지 치 출 어 신 이 치 개 문
於肝, 而張齒湧吻謂之角. 出於心, 而齒合吻開謂之徵. 出於腎, 而齒開吻
취 위 지 우
聚謂之羽”[455)]

• 번역 •

○또 [『악서』에] 이르기를 “소리가 비장에서 나오며, 입을 다물고 그것을 통해서 내는 소리를 궁이라고 한다. 소리가 폐에서 나오며, 입을 벌리고 입술을 오므리고 내는 소리를 상이라고 한다. 소리가 간에서 나오며, 이를 벌리고 입술을 올려서 내는 소리를 각이라고 한다. 소리가 심장에서 나오며, 이를 맞물고 입술을 벌려 내는 소리를 치라고 한다. 소리가 콩팥에서 나오며, 이를 벌리고 입술을 오므리고 내는 소리를 우라고 한다”라고 하였다.

• 해설 •

이상의 내용을 통해, 궁[土]·상[金]·각[木]·치[火]·우[水]의 5성과 오행, 5성의 실의 수, 그리고 5성과 연관하여, 기능, 방위, 색깔, 본성, 감정, 행동, 맛, 냄새 및 소리의 특징, 그리고 소리를 낼 때의 입 모양의 특징까지 짚어보았다.

---

455) 『樂書』 105 「五聲」 中; 『역주 악서』 4, 157쪽.

9장

8음에 대한 그림과 설명

[八音圖說]

1. 8음은 팔괘·팔풍과 짝한다.

2. 8음의 악기는 절기와 짝한다.

3. 금성金聲을 들으면 무신武臣을 생각한다.

4. 석성石聲을 들으면 변방에서 죽은 신하를 생각한다.

5. 사성絲聲을 들으면 뜻이 의로운 신하를 생각한다.

6. 죽성竹聲을 들으면 대중을 모으는 신하를 생각한다.

7. 혁성革聲을 들으면 군대를 지휘하는 장수를 생각한다.

8. 토음土音을 들으면 너그럽고 후한 것을 생각한다.

9. 포음匏音을 들으면 공경하고 사랑하는 것을 생각한다.

10. 목음木音을 들으면 자기를 맑게 하는 것을 생각한다.

11. 12율은 팔풍에 따른다.

이 장에서는 『악서』, 「악기」, 『사기』 및 『예기집설대전』에 전하는 진호의 주석까지 포함해서 8음과 감응관계에 있는 것을 설명한다. 먼저 8음은 팔괘·팔풍과 짝하고, 8음의 악기는 절기와 짝한다고 설명하고, 이어서 8음을 듣고 느끼는 감정 등을 나열한다.

〈그림 44〉『樂書』〈八音圖〉

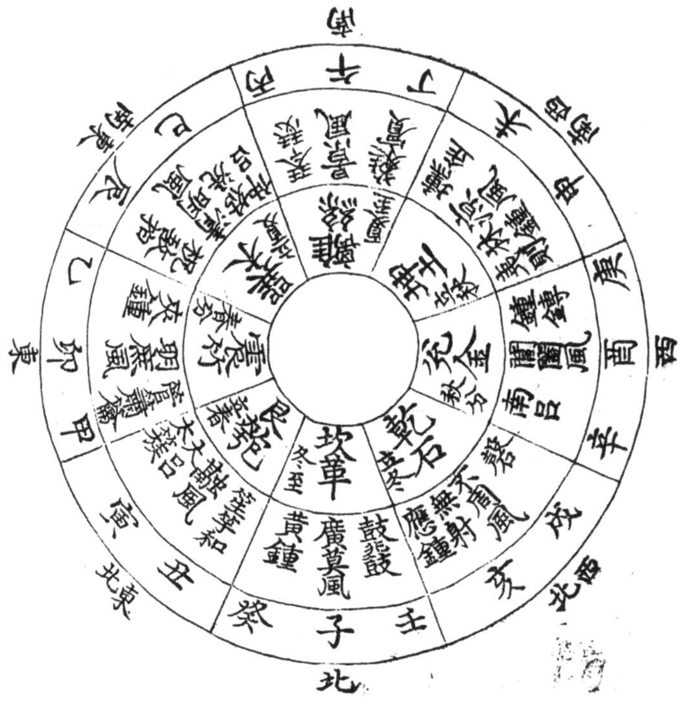

〈그림 45〉『樂學軌範』〈八音圖〉

〈그림 46〉『악서』〈8음도〉

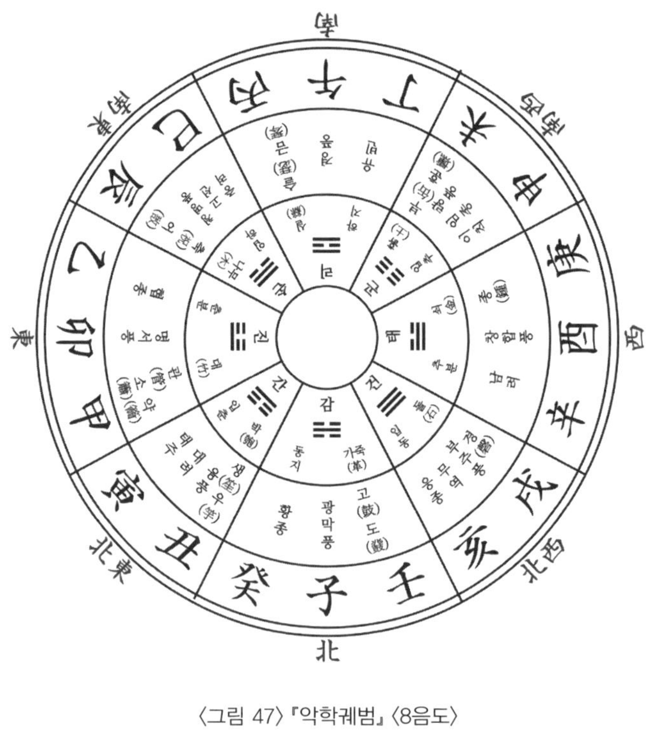

〈그림 47〉『악학궤범』〈8음도〉

1. 8음은 팔괘·팔풍과 짝한다.

• 원문 •

『樂書』云, "八音, 配於八卦·八風.[456] 金, 兌·閶闔風. 石, 乾·不周風. 絲, 離·景風. 竹, 震·明庶風. 匏, 艮·融風. 土, 坤·涼風. 革, 坎·廣莫風. 木, 巽·淸明風"[457]

• 번역 •

『악서』에 이르기를 "8음은 팔괘와 팔풍과 짝을 이룬다. 쇠의 소리는 태괘와 창합풍, 돌의 소리는 건괘와 부주풍, 실의 소리는 리괘와 경풍, 대나무의 소리는 진괘와 명서풍, 박의 소리는 간괘와 융풍, 흙의 소리는 곤괘와 양풍, 가죽의 소리는 감괘와 광막풍, 나무의 소리는 손괘와 청명풍과 짝을 이룬다"라고 하였다.

• 해설 •

8음은 악기의 소재가 되는 금金·석石·사絲·죽竹·포匏·토土·혁革·목木의 재료들로 만든 악기를 가리킨다. 본문은 전통시대 사람들이 8음이 팔괘 및 팔풍과 감응관계에 있다고 생각했다는 것을 보여준다.

---

456) 『樂書』 104에 "八音, 配於八卦·八風"의 문장은 없고, 이하의 내용이 순서를 달리하여 전한다.

457) 『樂書』 104 「律呂從八風」에는 혁革 → 포匏 → 죽竹 → 목木 → 금金 → 석石 → 토土 → 사絲 순으로 설명되어 있다.(『역주 악서』 4, 147쪽)

팔풍은 바람의 주기가 45일이라서 1년 360일 동안 8차례의 변화가 있기 때문에 붙여진 이름이다.[458] 『악서』에 따르면, 소호씨少昊氏[459]가 팔풍의 조화를 본뜬 때부터 8음이 갖추어졌다고 한다.[460] 『백호통의』에는 위의 팔풍 중 '융풍'이 없고, 대신 '조풍條風'이 있다. 『백호통의』에 아래의 내용이 전한다.

> '풍風'은 무엇을 의미하는가? '풍'은 '싹트다[萌]'의 뜻이다. 바람은 만물을 길러서 결실을 맺도록 한다. 따라서 팔풍은 팔괘八卦와 상관적 관계에 있다. 양陽은 5월달에 제 자리를 잡고 9월달에 극성해진다. 오구五九, 즉 45일마다 일기日氣가 바뀌고, 그때마다 바뀜으로 인해 바람이 분다. 즉 음과 양이 만남으로써 바람이 생겨난다. 동지冬至로부터 45일이 지나면 조풍條風이 불어온다. '조'는 '자라나다[生]'의 뜻이다. 여기에서 45일이 지나면 명서풍明庶風이 불어온다. '명서'는 '여럿을 반갑게 맞이한다[迎衆]'의 뜻이다. 여기에서 45일이 지나면 청명풍淸明風이 불어온다. '청명'은 '시퍼렇게 날이 선 [곡식의] 까끄라기[淸芒]'를 가리킨다. 여기서 45일이 지나면 경풍景風이 불어온다. '경'은 '크다[大]'의 뜻이다. 양기陽氣로 인해 생물이 한껏 자라난다. 여기서 45일이 지나면 량풍涼風이 불어온다. '량'은 '차다[寒]'의 뜻이다. 음기가 [주도적으로] 작용하기 시작한다. 여기서 45일이 지나면 창합풍昌盍風이 불어온다. '창합'은 '거두어서 간수하도록 경계한다[戒收藏]'의 뜻이다. 여기서 45일이 지나면 부주풍不周風이 불어온다. '부주'는 '사귀지 않는다[不交]'의 뜻이다. 음과 양이 만나서 서로에게 변화를 일으키지 않았다. 여기서 45일이 지나면 광막풍廣漠風이 불어온다. '광막'은

---

458) 바람의 주기가 45일이므로 1년 360일 동안 8차례의 변화가 있다. 이것이 곧 팔풍이며 다시 팔방과 연결된다. 절기는 대개 15일마다 바뀌므로 일 년에 24차례가 있다.(『백호통의』, 274쪽 각주 4)

459) 소호씨少昊氏는 중국 전설상의 임금으로 황제의 아들이다. 이름은 현효玄囂 또는 지摯이고, 호는 금천씨金天氏라고 전한다.

460) 『樂書』 106 「八音」 上: 소호씨가 팔풍의 조하를 본뜬 때부터 8음이 모두 갖추어졌나[自少皞氏, 効八風之調, 而八音, 固已大備].(『역주 악서』 4, 168쪽)

'크고 까마득하다[大莫]'는 뜻이다. 양기가 작용을 개시한다.[461)]

461) 『白虎通義』「八風」: 風者, 何謂也? 風之爲言萌也. 養物成功. 所以象八卦. 陽立于五, 極于九. 五九四十五, 日變, 變以爲風. 陰合陽以生風也. 距冬至四十五日條風至. 條者. 生也. 四十五日, 明庶風至. 明庶者, 迎衆也. 四十五日淸明風至. 淸明者, 淸芒也. 四十五日景風至. 景者, 大也. 言陽氣長養也. 四十五日涼風至. 涼, 寒也. 行陰氣也. 四十五日昌盍風至. 昌盍者, 戒收藏也. 四十五日不周風至. 不周者, 不交也. 言陰陽未合化也. 四十五日廣莫風至, 廣莫者, 大莫也. 開陽氣也.(『백호통의』, 273~274쪽)

2. 8음의 악기는 절기와 짝한다.

• 원문 •

○又云, "八音聲器, 分於八節. 金聲, 春容秋分之音也,[462] 莫尚於鐘. 石聲, 溫潤立冬之音也,[463] 莫尚於磬. 絲聲, 纖微夏至之音也, 莫尚於琴·瑟. 竹聲, 清越春分之音也,[464] 莫尚於管·籥. 匏聲, 崇聚立春之音也,[465] 笙·竽繁焉. 土音, 函胡立秋之音也,[466] 壎·缶繁焉. 革聲, 隆大冬至之音也, 鼗·鼓繁焉. 木聲, 無餘立夏之音也, 柷·敔繁焉"[467]

---

462) 용용舂容은 당겨 치는 것에 힘을 쓰는 것을 말한다. 『예기』「학기學記」에 "질문에 훌륭히 응대하는 것은 마치 종을 치는 것과 같은 것이다. 종을 작게 치면 소리가 작게 울리고, 크게 치면 크게 울리는 것처럼 큰 것으로 때리면 큰 소리로 울리고, 때리는 사람이 차분하게 힘을 충분히 주어서 때리면 종은 더욱 크고 아름다운 소리로 답한다[善待問者如撞鐘. 叩之以小者則小鳴, 叩之以大者則大鳴. 待其從容, 然後盡其聲]"(정병섭 역자, 『예기집설대전: 학기』, 학고방, 2014, 197쪽) 이에 대해 정현鄭玄은 "용용은 무겁게 당겨 치는 것을 말한다[謂重撞擊也]"라고 하였다.(『예기집설대전: 학기』, 학고방, 2014, 199쪽)

463) 온윤溫潤은 온화하고 부드럽고 윤기가 있는 것을 말한다. 『예기』「빙의聘義」에 "옛날 군자는 덕을 옥에 비유했다. 온윤하면서 광택이 있음은 인이다[夫昔者, 君子比德於玉焉, 溫潤而澤仁也]"(『신완역 예기』 하, 1597쪽) 이에 대해 공손달孔穎達은 "온윤하여 인을 광택 내는 것이란 옥색이 온화하고 부드럽고 윤기가 있는 광택이 나는 것을 말하는 것으로, 인은 또한 온화하고 윤택하기 때문에 인이다[溫潤而澤仁也者, 言玉色溫和柔潤而光澤, 仁者亦溫和潤澤, 故云仁也]"라고 하였다.

464) 청월清越의 의미는 『예기』「빙의」에 "이것을 두드리니, 그 소리가 맑게 일어나면서도 길다[叩之, 其聲清越以長]"라고 전한다.(『신완역 예기』, 959쪽)

465) 숭취崇聚는 취합聚合의 의미로 여러 소리를 모으는 것을 말한다. 여러 음이 동시에 나오는 것을 말한다는 풀이도 가능하다.(『신역 악학궤범』, 68쪽)

466) 함호函胡는 묵직하고[重濁], 모호하다[含混]는 뜻이다. 청월의 반대다.(『신역 악학궤범』, 68쪽)

467) 『樂書』 106 「八音」 上; 『역주 악서』 4, 168쪽.

• 번역 •

○ 또 『악서』에] 이르기를 "8음의 악기는 여덟 절기에 분배된다. 쇠의 소리는 차분하면서도 우렁찬[舂容] 추분의 음으로 종鐘보다 나은 것이 없다. 돌의 소리는 온화하고 부드러운[溫潤] 입동의 음으로 경磬보다 나은 것이 없다. 실의 소리는 가늘고 작은 하지의 음으로 금琴·슬瑟보다 나은 것이 없다. 대나무의 소리는 맑고 멀리 퍼지는[淸越] 춘분의 음으로 관管·약籥이 대표적이다. 박의 소리는 여러 음이 동시에 나오는[崇聚] 입춘의 음으로 생笙·우竽가 잇따른다. 흙의 소리는 널리 감싸는 듯한[函胡] 입추의 음으로 훈壎·부缶가 잇따른다. 가죽의 소리는 웅장한 동지의 음으로 도鼗·고鼓가 잇따른다. 나무의 소리는 여음이 없는 입하의 음으로 축柷·어敔가 잇따른다"라고 했다.

• 해설 •

『악서』에는 이어서 다음의 내용을 덧붙이며, 각각의 음들이 본문의 내용과 같은 특징들이 있지만 어느 것 하나도 지나치지 말 것을 경고한다.

> 쇠로 만든 악기 소리는 자칫하면 지나치게 무거울 수 있고, 돌로 만든 악기 소리는 자칫하면 지나치게 가벼울 수 있으며, 실로 만든 악기 소리는 자칫하면 지나치게 가늘 수 있고, 대로 만든 악기 소리는 자칫하면 지나치게 높을 수 있으며, 박으로 만든 악기 소리는 자칫하면 지나치게 길 수 있고, 흙으로 만든 악기 소리는 자칫하면 지나치게 클 수 있고, 나무로 만든 악기 소리는 자칫하면 지나치게 짧을 수 있다. 따라서 8음이 서로 저마다 지닌 조리條理를 빼앗지 않아야 음악이 조화되어, 소리가 자칫 지나치게 되는 잘못이 없게 된다.[468]

468) 『樂書』 106 「八音」 上: 然金, 失之重, 石, 失之輕, 絲, 失之細, 竹, 失之高, 匏, 失之長, 土, 失之下, 革, 失之洪, 木, 失之短, 要皆不相奪倫, 然後 克諧而無失也.(『역주 악서』 4, 168쪽)

아래의 〈표 33〉은 1과 2의 내용에서 8음과 감응 관계에 있는 괘·바람·절기와 더불어 12율, 10천간, 12지지, 방위를 모두 포함하여 배열한 것이다. 본문의 내용과 더불어 8음과 감응관계에 있는 것들을 한 눈에 확인할 수 있다.

〈표 33〉 팔음·팔괘·팔풍·절기·12율·10천간·12지지·방위

8음	팔괘	팔풍	절기	율	10천간	12지지	방위
금金 (쇠: 종)	태兌 [☱]	창합풍 閶闔風	추분 秋分	남려	경庚 신辛	유酉	서
석石 (돌: 경)	건乾 [☰]	부주풍 不周風	입동 立冬	무역 응종		술戌 해亥	북서
사絲 (실: 금·슬)	리離 [☲]	경풍 景風	하지 夏至	유빈	병丙 정丁	오午	남
죽竹 (대: 관·약)	진震 [☳]	명서풍 明庶風	춘분 春分	협종	갑甲 을乙	묘卯	동
포匏 (박: 생·우)	간艮 [☶]	융풍 融風	입춘 立春	대려 태주		축丑 인寅	북동
토土 (흙: 훈·부)	곤坤 [☷]	양풍 涼風	입추 立秋	임종 이칙		미未 신申	남서
혁革 (가죽: 도·고)	감坎 [☵]	광막풍 廣漠風	동지 冬至	황종	임壬 계癸	자子	북
목木 (나무: 축·어)	손巽 [☴]	청명풍 淸明風	입하 立夏	고선 중려		진辰 사巳	남동

3. 금성金聲을 들으면 무신武臣을 생각한다.

• 원문 •

○ 又云, '君子聽音, 必有所思'[469]

○ "金聲, 鏗, 鏗以立號, 號以立擴, 擴[古曠反]以立武. 君子, 聽鐘聲, 則思武臣"[470] "鏗然,[471] 有號令之象也. 擴,[472] 則盛氣之充滿也. 令嚴, 氣壯, 立武之道. 故君子, 聽之思武臣"[473]

---

469) 『악서』에는 "君子聽音, 必有所思"는 전하지 않고, "군자가 음악을 듣는 것은 마음으로 듣는 것이지, 귀로 듣는 것이 아니다[君子之於音聽之, 在心, 不在耳]"라는 내용이 『樂書』 106 「八音」 中에 전한다.

470) 『樂書』 106 「八音」 中에는 "금성은 견강하다. 견강한 소리는 충만한 기를 일으키고, 충만한 기는 굳세다. 따라서 금성이 바르면, 사람들은 무를 생각한다.[金聲鏗, 鏗以立橫, 橫以勁武. 金聲正, 則人思武矣]"라고 전한다. 「악기」와 『사기』에는 "鐘聲, 鏗, 鏗以立號, 號以立橫, 橫以立武. 君子聽鐘聲, 則思武臣"라고 전한다. 『악서』와 「악기」, 『사기』의 '가득 차다'는 의미의 '횡橫'이 『악학궤범』에는 '채우다'는 의미의 '광擴'으로 바뀌었다. 여기까지는 「악기」 〈위문후魏文侯〉와 사마천의 『사기史記』 「악서」의 내용과 동일하다.(『동양의 음악사상 악기』, 163~167쪽; 사마천/ 정범진 외 옮김, 『사기』 2, 까치, 1996, 90~91쪽) 이하는 「위문후」의 해당 내용의 주석에 해당한다. 8음에 대한 내용의 출처는 동일하므로 이하 생략한다.

471) 갱鏗은 금속소리를 나타내는 의성어로, 옥이나 좋은 금속의 울리는 소리가 매우 맑은 것을 표현한다. 이 외에 쟁쟁琤琤, 쟁쟁錚錚 등이 있으며, 주로 쇠와 옥의 소리를 표현할 때 쓰인다. 쟁연錚然은 쇠붙이가 부딪쳐 울리는 것처럼 소리가 다소 날카로운 것을 표현하는 말이다.

472) '擴'은 채운다는 뜻일 때는 '광', 가로 또는 가득차다의 의미일 때는 '횡'으로 읽는다.

473) 명나라 호광胡廣 등이 찬한 『예기대전禮記大全』 19에는 금성에 대한 전체 문장이 고스란히 전한다.

• 번역 •

○또 '군자가 8음을 들으면 반드시 생각하는 바가 있다'라고 전한다.

○[「악기」에 이르기를][474] "금성은 [그 소리가] 쟁쟁하니 이로써 군대를 호령하고, 그렇게 함으로써 기운을 일으켜 세워, 그것으로써 무력의 위엄과 위세를 확고히 하려는 것이다. [따라서] 군자는 종성을 들으면 무신武臣을 생각한다"라고 하였다. [이에 대해 진호는 쇠가 부딪히며 내는] "쟁쟁하는 소리에는 호령하는 형상이 있다. 광은 강한 기운이 충만하다는 것이다. 명령이 엄하고 기가 굳세다는 것은 무력의 법도를 세웠다는 것이다. 그러한 까닭에 군자는 종성을 들으면 무신을 생각한다"[475]라고 덧붙였다.

474) "○성은 …… ~를/을 생각한다"는 부분은 『악서』와 「악기」, 『사기』에 모두 전한다. 다만 가장 오래된 문헌이고, 이어지는 내용이 『예기집설대전』에 전하는 송말원초 진호의 주석에 해당하기 때문에 "「악기」에 이르기를"이라고 하였다. 이하 동일하다.

475) 8음의 소리와 관련하여 보다 많은 내용은 『역주 악서』 4, 205~212쪽 참조.

4. 석성石聲을 들으면 변방에서 죽은 신하를 생각한다.

• 원문 •

석성 경 경이립변 변이치사 군자 청경성 즉사사봉강지신
○"石聲, 磬,[476] 磬以立辨, 辨以致死. 君子, 聽磬聲, 則思死封疆之臣",
구설경독위경 위기성 경경연 소이변별지의야 사생지제 비명변
"舊說磬讀爲罄, 謂其聲, 罄罄然,[477] 所以辨別之意也. 死生之際, 非明辨
어의 이강개여석자 불능결 봉강지신 치수어피차지한 이능치사
於義, 而剛介如昔者,[478] 不能決. 封疆之臣, 致守於彼此之限, 而能致死
어환난지중 고군자 문경성이지소사야
於患難之中. 故君子, 聞磬聲而知所思也"

• 번역 •

○[「악기」에 이르기를] "석성은 명랑하게 울리니 이로써 구분[의 기준]을 세우고, 그렇게 함으로써 죽음을 두려워하지 않도록 하는 것이다. [따라서] 군자는 석경石磬 소리를 들으면 변방에서 죽은 신하를 생각한다"라고 하였다. [이에 대해 진호는] "옛날에는 경磬을 경罄으로 읽었고 그 소리가 경경罄罄하다고 한 것은, 변별의 뜻이 있기 때문이다. 생사의 갈림길에서 의로운 것을 명백하게 판단하지 않으면 강개함이 돌처럼 견고하지 않아 결단을 내릴 수 없다. 변방의 신하는 생사의 경계에서 절개를 지킬 수 있기에, 환난

476) 『악서』와 『사기』에는 '갱硜'으로 전한다.

477) 정현은 『석명釋名』「석악기釋樂器」의 "경磬은 경罄으로 그 소리가 경경[罄罄然]하며 견고하고 촘촘하다"라고 한 내용을 근거로 하여 "경磬은 마땅히 경罄이 되어야 한다. 글자가 잘못되었다"라고 하였다.

478) 『예기집설대전』에는 석昔이 석石으로 되어 있다. 의미상 石이 맞다. 원문은 그대로 두고 번역은 石으로 했다.

중에 목숨을 바칠 수 있는 것이다. 그런 까닭에 군자는 석경 소리를 들으면 변방에서 죽은 신하를 생각해야 하는 것을 안다"라고 하였다.

5. 사성絲聲을 들으면 뜻이 의로운 신하를 생각한다.

• 원문 •

○"絲聲, 哀, 哀以立廉,[479] 廉以立志. 君子, 聽琴·瑟之聲, 則思志義之臣" "人之處心, 雖當放逸之時, 而忽聞哀怨之聲, 則亦必爲之測然, 而收斂, 是哀能立廉也. 絲聲, 凄切有廉劌裁割之義. 人有廉隅,[480] 則志不誘於欲. 士無故不去琴瑟, 有以也夫"

• 번역 •

○[「악기」에 이르기를] "사성은 슬프니, 이로써 청렴한 마음을 일으키고, 청렴한 마음으로써 뜻을 세우는 것이다. [따라서] 군자는 금과 슬의 소리를 들으면 뜻이 의로운 신하를 생각한다"라고 하였다. [이에 대해 진호는] "사람의 마음이 비록 제멋대로 일 때가 있을지라도 문득 슬퍼하고 원망하는 소리를 듣게 되면 반드시 마음이 측은해져서 마음을 삼가게 되는데, 그것은 슬픈 소리가 절의를 일으키기 때문이다. 사성이 처량하고 슬픈 것은 모서리[廉]를 잘라내듯 결단을 잘하는 뜻이 있기 때문이다. 사람에게 절의[廉隅]가 있다는 것은 뜻이 욕심에 미혹되지 않는다는 것이다. 선비가 아무런 이유 없이 금과 슬을 옆에 두는 것은 바로 이런 뜻이 있기 때문이다"라고 덧붙였다.

479) 정현은 '렴廉'을 '렴우廉隅'로 풀어 모서리, 모남, 절개를 지킴의 뜻으로 해석하였다. 비애가 깃든 소리를 들음으로써 절의를 세운다는 뜻이다.(『사기』 2, 91쪽 각주 139)

480) 염우廉隅는 청렴하고 매사에 조심성이 많으며, 절의가 있다는 뜻이다.

6. 죽성竹聲을 들으면 대중을 모으는 신하를 생각한다.

• 원문 •

○"竹聲, 濫, 濫以立會, 會以聚衆. 君子, 聽笙·竽·簫·管之聲, 則思畜聚之臣" "舊說, 濫, 讀爲擥. 擥聚之義, 故可以會, 可以聚畜. 聚之臣, 謂節用·愛人·容民·畜衆者, 非謂聚斂之臣也. 君子, 聞竹聲, 則思容民,[481] 畜衆之臣也"

• 번역 •

○[「악기」에 이르기를] "죽성은 널리 울려 퍼지니, 이로써 많은 사람들을 모으려는 생각을 일으키고, 그렇게 함으로써 대중들을 모이게 하는 것이다. 군자는 생·우·소·관과 같은 죽성을 들으면 대중들을 모으는 신하를 생각한다"라고 하였다. [이에 대해 진호는] "옛날에는 람濫을 람擥으로 읽었다. 람擥은 모은다는 뜻이 있기 때문에 집회를 열 수 있고 대중들을 모이게 할 수 있다. 대중들을 모으는 신하는 비용을 절감하고[節用], 백성을 사랑하며[愛人], 백성을 포용하고[容民], 대중을 모이게 하는[畜衆] 사람이지, [백성의 재물을 탐내어 함부로] 거두어들이는 신하를 말하는 것이 아니다. [그런 까닭에] 군자는 죽성을 들으면 백성들을 널리 포용하며 대중들을 모으는 신하를 생각한다"라고 덧붙였다.

---

481) 용민容民은 백성들을 너그러이 받아들인다는 뜻이다.

7. 혁성革聲을 들으면 군대를 지휘하는 장수를 생각한다.

• 원문 •

○"革聲, 讙, 讙以立動, 動以進衆. 君子, 聽鼓·鼗之聲, 則將思師之臣"[482)]

• 번역 •

○[「악기」에 이르기를] "혁성은 크니, 이로써 마음을 움직이게 하고, 그렇게 함으로써 군대를 나아가게 하는 것이다. [그런 까닭에] 군자는 고鼓와 도鼗의 소리를 들으면 군대를 지휘하는 장수를 생각한다"라고 했다.

• 해설 •

『예기』「악기」와 『사기』「악서」에는 이하의 토·포·목의 소리에 대한 언급이 없다. 다만 주석에 응씨應氏가 "8음 가운데 다섯 가지만 열거하고 토·포·목을 말하지 않은 것은 토성은 무겁고 탁하고, 포성은 소리가 짧고 막히며, 목성은 질박해서 가볍고 맑아 길게 울려 퍼지는 소리의 울림이 없기

---

482) 『악서』에는 "혁음은 시끌벅적하다. 시끌벅적한 소리는 무리를 나아가게 한다. 따라서 혁음이 바르면, 사람들은 굳세고 용감한 것을 생각한다[革音讙, 讙以進衆. 革音正, 則人思毅勇矣]"라고 전하고, 「악기」와 『사기』에는 "고·비의 소리는 크니, 큰 소리는 움직이는 것을 일으키고, 움직이는 것은 무리를 나아가게 하는 것이니, 군자가 고·비의 소리를 들으면 장수인 신하를 생각하게 된다. 이와 같이 군자가 음을 듣는 것은 갱갱한 소리를 들을 뿐 아니라, 그 소리가 또한 마음에 합치되는 바가 있는 것이다[鼓·鼙之聲讙, 讙以立動, 動以進衆. 君子聽鼓·鼙之聲, 則思將帥之臣. 君子之聽音, 非聽其鏗鎗而已也, 彼亦有所合之也]"라고 전한다.

때문이다. 그러나 나무로 북을 치고, 포 또한 우와 생 가운데 포함되어 있다"[483]라고 덧붙이는 말만 전한다.

『악학궤범』에는 『악서』를 인용한 토·포·목의 소리에 대한 설명이 있다. 그런데 앞의 다섯 가지는 '군자'가 듣고 'ㅇㅇ한 신하를 생각한다'라고 표현했고, 나머지 3음은 '일반사람'이 들으면 'ㅇㅇ를/을 생각한다'라고 표현했다. 『예기』「악기」와 『사기』「악서」처럼 아예 언급을 하지 않은 것은 아니지만, 군자가 듣고 느끼는 소리와 일반사람이 듣고 느끼는 소리에 차등을 두었다.

483) 『禮記』「樂記」: 八音, 擧其五而不言匏·土·木者, 匏聲, 短滯. 土聲, 重濁. 木聲, 樸質而無輕淸悠颺之韻, 然, 木以擊鼓, 而匏亦在竽·笙之中矣.(『동양의 음악사상 악기』, 167쪽)

8. 토음土音을 들으면 너그럽고 후한 것을 생각한다.

• 원문 •

○"土音, 濁, 濁以立太, 太以含育.[484] 土音正, 則人思寬厚矣"[485]

• 번역 •

○[『악서』에 이르기를] "토음은 탁하니 이로써 널리 수용하고, 그렇게 함으로써 [만물을] 포용하고 자라게 하는 것이다[育]. 토음이 바르면 사람은 너그럽고 후한 것을 생각한다"라고 하였다.

484) 화육化育은 하늘과 땅의 자연스런 이치로 만물을 낳고 자라게 한다는 뜻이다.

485) 『樂書』 106 「八音」 中; 『역주 악서』 4, 174쪽.

9. 포음匏音을 들으면 공경하고 사랑하는 것을 생각한다.

• 원문 •

○"匏音, 啾, 啾以立淸, 淸以思謹. 匏音正, 則人思恭愛矣"[486]

• 번역 •

○[『악서』에 이르기를] "포음은 소리가 가늘고 높으니, 이로써 맑은 것을 세우고, 그렇게 함으로써 삼갈 것을 생각하는 것이다. 포음이 바르면 사람들은 공경하고 사랑하는 것을 생각한다"라고 하였다.

486) 『樂書』 106 「八音」 中; 『역주 악서』 4, 175쪽.

10. 목음木音을 들으면 자기를 맑게 하는 것을 생각한다.

• 원문 •

목음 직 직이립정 정이관욕 목음정 즉인사결기의
○木音, 直, 直以立正, 正以寬欲. 木音正, 則人思絜己矣.[487]

• 번역 •

○[『악서』에 이르기를] "목음은 곧으니 바름을 세우고, 바름으로 욕심을 줄이는 것이다. 목음이 바르면 사람은 자기를 맑게 하는 것을 생각한다"라고 하였다.

• 해설 •

이상 8음의 특징과 그 소리를 듣고 생각하는 것들을 설명한 본문의 내용을 〈표 34〉로 정리했다.

---

487) 『樂書』 106 「八音」 中; 『역주 악서』 4, 175쪽.

〈표 34〉『악학궤범』「8음」

八音	聲1	聲2	思
金聲	舂容	鏗	君子聽鐘聲則思武臣
石聲	溫潤	硜	君子聽磬聲則思死封疆之臣
絲聲	纖微	哀	君子聽琴瑟之聲則思志義之臣
竹聲	淸越	濫	君子聽竽笙簫管之聲則思畜聚之臣
革聲	崇聚	讙	君子聽鼓鼙之聲則思將師之臣
土聲	函胡	濁	土音正則人思寬厚矣
匏聲	隆大	啾	匏音正則人思恭愛矣
木聲	無餘	直	木音正則人思絜己矣

11. 12율은 팔풍에 따른다.

• 원문 •

우운 율려종팔풍 정북지풍 종황종지율 동북지풍 종대려 태주
○又云,「律呂從八風」,“正北之風, 從黃鐘之律. 東北之風, 從大呂·太簇
지율 정동지풍 종협종지율 동남지풍 종고선 중려지율 정남지풍
之律. 正東之風, 從夾鐘之律. 東南之風, 從姑洗·仲呂之律. 正南之風,
종유빈지율 서남지풍 종임종 이칙지율 정서지풍 종남려지율 서북
從蕤賓之律. 西南之風, 從林鐘·夷則之律. 正西之風, 從南呂之律. 西北
지풍 종무역 응종지율 기비전소위악생어풍지위호 팔방지풍
之風, 從無射·應鐘之律.[488] 豈非傳所謂‘樂生於風’之謂乎?[489] 八方之風,
주어십이율 여차 즉순기응지 화악흥이정성격의 상하간성지유사
周於十二律, 如此, 則順氣應之, 和樂興而正聲格矣, 尙何姦聲之有邪?
악기왈 팔풍 종율불간
「樂記」曰, ‘八風, 從律不姦’”[490] [491]

• 번역 •

○또 [『악서』] 「율려는 팔풍에 따른다」에 이르기를 “율려는 팔풍을 따른다. 정북의 바람은 황종의 율을 따르고, 동북의 바람은 대려와 태주의 율을

---

488) 『樂書』 104 「律呂從八風」: “正北之風, 從黃鐘之律, 而黃鐘, 冬至之氣也. 東北之風, 從大呂·太簇之律, 而大呂·太簇, 大寒·啓蟄之氣也. 正東之風, 從夾鐘之律, 而夾鐘, 春分之氣也. 東南之風, 從姑洗·仲呂之律, 而姑洗·仲呂, 穀雨·小滿之氣也. 正南之風, 從蕤賓之律, 而蕤賓, 夏至之氣也. 西南之風, 從林鐘·夷則之律, 而林鐘·夷則, 大暑·處暑之氣也. 正西之風, 從南呂之律, 而南呂, 秋分之氣也. 西北之風, 從無射·應鐘之律, 而無射·應鐘, 霜降·小雪之氣也” 『악서』에는 팔풍과 12율에 절기까지 배열되어 있다.(『역주 악서』 4, 148쪽)

489) 『淮南子』 「主術訓」: 樂生於音, 音生於律, 律生於風.(劉安 編者/ 안길환 편역, 『신완역 회남자』, 명문당, 2001, 424쪽)

490) 『禮記』 「樂記」: 八風, 從律而不姦.(『동양의 음악사상 악기』, 116쪽)

491) 『樂書』 104 「律呂從八風」; 『역주 악서』 4, 148쪽.

따르고, 정동의 바람은 협종의 율을 따르고, 동남의 바람은 고선과 중려의 율을 따르고, 정남의 바람은 유빈의 율을 따르고, 서남의 바람은 임종과 이칙의 율을 따르고, 정서의 바람은 남려의 율을 따르고, 서북의 바람은 무역과 응종의 율을 따른다. 어찌 전하는 것처럼 '樂이 바람에서 생긴다'라는 말이 아니겠는가? 8방의 바람이 12율에 따라 도는 것이 이와 같으니 순한 기운이 그것에 응하고, 조화로운 樂이 흥성하여 정성正聲이 갖추어지니, 그밖에 어찌 바르지 않은 소리[姦聲]가 있을 수 있겠는가? 「악기」에 이르기를 '팔풍은 12율에 따라 어지럽지 않다'"라고 하였다.

· 해설 ·

이 장에서는 자연의 재료로 만든 여덟 가지의 악기와 팔괘와 팔풍, 절기와의 관계를 살펴보고, 이어서 8음의 특성과 그 소리를 들었을 때의 느낌 및 효과 등에 대해 이야기한 후, 끝으로 12율이 팔풍에 따르기 때문에 정성正聲이 갖추어진다는 내용에 대해 살펴보았다.

10장

5음 율려 28조에 대한 그림과 설명

[五音律呂二十八調圖說]

1. 속악의 조는 28조이다.

2. 태주·고선·유빈·남려·응종은 중관中管이라고 부른다.

이 장에서는 속악 28조에 대해 다룬다. 28조는 구자악龜玆樂에서 생긴 연악조燕樂調를 말한다. 다만 『악서』를 인용한 『악학궤범』의 본문 내용과 『악학궤범』에 그려져 있는 〈5음 28조〉의 내용이 다르다는 문제가 있다. 그 내용을 차근차근 살펴보자.

1. 속악의 조는 28조이다.

• 원문 •

『樂書』云, “俗樂之調, 有七宮·七商·七角·七羽, 合二十八調, 而無徵調也. 正宮·高宮·中呂宮·道調宮·南呂宮·仙呂宮·黃鐘宮是謂七宮, 越調·大石調·高大石調·雙調·小石調·歇指調·林鐘商是謂七商, 越角·大石角·高大石角·小石角·雙調角·歇指角·林鐘角是謂七角, 中呂調·正平調·高平調·仙呂調·般涉調·高般涉調·黃鐘羽是謂七羽. 凡此俗樂異名, 實胡部所呼也”[492]

• 번역 •

『악서』에 이르기를 “속악의 조에는 7궁·7상·7각·7우가 있으니, 모두 합하여 28조이며, 치조는 없다. 정궁·고궁·중려궁·도조궁·남려궁·선려궁·황종궁을 7궁이라고 말하고, 월조·대석조·고대석조·쌍조·소석조·헐지조·임종상을 7상이라고 말하며, 월각·대석각·고대석각·소석각·쌍조각·헐지각·임종각을 7각이라고 말하고, 중려조·정평조·고평조·선려조·반섭조·고반섭조·황종우를 7우라고 말한다. 이것들은 속악의 다른 이름인데, 실은 호부를 말하는 것이다”라고 하였다.

• 해설 •

여기서 말하는 28조는 수나라와 당나라 시기에 최고로 유행했던 구자

---

492) 『樂書』 157 「曲調下」; 『역주 악서』 6, 150쪽.

악에서 생긴 연악조로, 본문은 진양 『악서』를 인용하여 28조를 설명한 것이다. 그런데 『악학궤범』과 『악서』의 내용에 약간의 차이가 있다. 또한 『신당서』에도 28조가 전하는데, 마찬가지로 약간의 차이가 있다. 『악서』와 『신당서』의 내용을 보자.

속악의 조에는 7궁·7상·7각·7우를 합하여 28조가 있는데, 치조는 없다. 정궁正宮·고궁高宮·중려궁中呂宮·도조궁道調宮·남려궁南呂宮·선려궁仙呂宮·황종궁黃鐘宮을 7궁이라고 말한다. 월조越調·대석조大石調·고대석조高大石調·쌍조雙調·소석조小石調·헐지조歇指調·임종상林鐘商을 7상이라고 말한다. 월각越角·대석각大石角·고대석각高大石角·소석각小石角·쌍조각雙調角·헐지각歇指角·임종각林鐘角을 7각이라고 말한다. 중려조中呂調·정평조正平調·고평조高平調·선려조仙呂調·반섭조般涉調·고반섭조高般涉調·황종우黃鐘羽를 7우라고 말한다. 무릇 속악의 다른 이름인데, 실은 호부를 말하는 것이다.[493)]

대체로 속악이라고 말하는 것은 28조다. 정궁正宮·고궁高宮·중려궁中呂宮·도조궁道調宮·남려궁南呂宮·선려궁仙呂宮·황종궁黃鐘宮이 7궁이다. 월조越調·대식조大食調·고대식조高大食調·쌍조雙調·소식조小食調·헐지조歇指調·임종상林鐘商이 7상이다. 대식각大食角·고대식각高大食角·쌍각雙角·소식각小食角·헐지각歇指角·임종각林鐘角·월각越角이 7각이다. 중려조中呂調·정평조正平調·고평조高平調·선려조仙呂調·황종우黃鐘羽·반섭조般涉調·고반섭高般涉이 7우다.[494)]

---

493) 『樂書』 157 「曲調下」: "俗樂之調, 有七宮·七商·七角·七羽合二十八調, 而無徵調也. 故正宮·高宮·中呂宮·道調宮·南呂宮·仙呂宮·黃鐘宮是謂七宮. 越調·大石調·高大石調·雙調·小石調·歇指調·林鐘商是謂七商. 越角·大石角·高大石角·小石角·雙調角·歇指角·林鐘角是謂七角. 中呂調·正平調·高平調·仙呂調·般涉調·高般涉調·黃鐘羽是謂七羽. 凡此俗樂異名實胡部所呼也"

494) 『新唐書』 「禮樂志」 12: "凡所謂俗樂者, 二十有八調. 正宮·高宮·中呂宮·道調宮·南呂宮·仙呂宮·黃鐘宮爲七宮. 越調·大食調·高大食調·雙調·小食調·歇指調·林鐘商爲七商. 大食角·高

『악학궤범』의 본문 내용에 이어, 『악서』와 『신당서』의 내용을 살펴보았는데, 다소 차이가 있다. 게다가 『악학궤범』의 본문의 내용과 『악학궤범』 5음 율려 28조 그림에도 약간의 차이가 있어서, 그 내용을 모두 〈표 35〉로 정리했다.

〈표 35〉 『악학궤범』 본문·『악학궤범』 〈28조도〉·『악서』·『신당서』

七宮	악학궤범	正宮 · 高宮 · 中呂宮 · 道調宮 · 南呂宮 · 仙呂宮 · 黃鐘宮
	28조도	正宮 · 高宮 · 中呂宮 · 道調宮 · 南呂宮 · 仙呂宮 · 黃鐘宮
	신당서	正宮 · 高宮 · 中呂宮 · 道調宮 · 南呂宮 · 仙呂宮 · 黃鐘宮
	악서	正宮 · 高宮 · 中呂宮 · 道調宮 · 南呂宮 · 仙呂宮 · 黃鐘宮
七商	악학궤범	越調 · 大石調 · 高大石調 · 雙調 · 小石調 · 歇指調 · 林鐘商
	28조도	大石調 · 高大石調 · 雙調 · 小石調 · 歇指調 · 商調 · 越調
	신당서	越調 · 大食調 · 高大食調 · 雙調 · 小食調 · 歇指調 · 林鐘商
	악서	越調 · 大石調 · 高大石調 · 雙調 · 小石調 · 歇指調 · 林鐘商
七角	악학궤범	越角 · 大石角 · 高大石角 · 小石角 · 雙調角 · 歇指角 · 林鐘角
	28조도	大石角調·高大石調·雙調角·小石角調·歇指角調·商角調·越角調
	신당서	越角 · 大食角 · 高大食角 · 小食角 · 雙角 · 歇指角 · 林鐘角
	악서	越角 · 大石角 · 高大石角 · 小石角 · 雙調角 · 歇指角 · 林鐘角
七羽	악학궤범	中呂調 · 正平調 · 高平調 · 仙呂調 · 般涉調 · 高般涉調 · 黃鐘羽
	28조도	般涉調 · 高般涉 · 中呂調 · 正平調 · 高平調 · 仙呂調 · 羽調
	신당서	中呂調 · 正平調 · 高平調 · 仙呂調 · 般涉調 · 高般涉 · 黃鐘羽
	악서	中呂調 · 正平調 · 高平調 · 仙呂調 · 般涉調 · 高般涉調 · 黃鐘羽

〈표 35〉에 보면, 7궁은 모두 똑같다. 7상의 경우는 『악학궤범』과 『악서』는 같고, 『신당서』에는 '석石' 자를 '식食' 자로 쓴 것에 차이가 있으며, 『악학궤

大食角·雙角·小食角·歇指角·林鐘角·越角爲七角. 中呂調·正平調·高平調·仙呂調·黃鐘羽·般涉調·高般涉爲七羽"

범』 28조도에는 『악학궤범』과 『악서』, 그리고 『신당서』의 '임종상'이 '상조'로 표기된 것이 다를 뿐이다. 7각의 경우는 『악학궤범』, 『악서』, 『신당서』에는 모두 '○○각角'으로 표기했는데, 28조도에는 '쌍조각' 외에 모두 '○○조調'로 표기되어 있다. 또한 7상과 마찬가지로 『악학궤범』, 『악서』, 『신당서』의 '임종각'이 28조도에는 '상각조'로 표기되어 있다. 7우의 경우는 『악학궤범』과 『악서』에는 '고반섭조'라고 되어 있는데, 『신당서』와 28조도에는 '고반섭'으로 기록되어 있고, 『악학궤범』, 『악서』, 『신당서』의 '황종우'가 28조도에는 '우조'로 기록되어 있다.

결국 『악학궤범』과 『악학궤범』에서 인용한 『악서』의 28조는 모두 같다고 볼 수 있다. 다만 『신당서』 「예악지」에 대식조·고대식조·소식조 및 대식각·고대식각·소식각의 '식食' 자가 『악서』와 『악학궤범』의 '석石' 자와 다르다는 것인데, '식'과 '석植'은 음이 통하는 것으로 문제될 것이 없다.

문제는 『악학궤범』에 도해되어 있는 〈5음 28조도〉의 28조명이 『악학궤범』 본문 및 『악서』의 그것과 다르다는 것이다.

또한 28조도라는 명칭과는 달리 그림에는 중관조 20개가 추가로 더 보이기 때문이다. 이에 대해 남상숙은 "28조와 공척보와의 관련에 대한 성현의 오류"라고 지적하면서, '성현이 중관조가 포함되지 않아야 할 28조도에 중관조를 포함시킨 것은 바로 『사원詞源』[495]의 〈5음 궁조 배속도五音宮調配屬圖〉를 기본 틀로 하여 〈5음 율려 28조도〉를 만들었기 때문이라며, 그 둘은 비슷한 것처럼 보이지만, 둘은 무관하다고 지적했다.[496] [497] 남상숙은 "〈5음

495) 『사원詞源』은 남송말 원대 사작가詞作家인 장염이 말년인 70세 경에 자신의 창작 경험을 바탕으로 쓴 자전적 성격의 사학 이론서로 남송 사단을 풍미했던 풍아사파의 사학 이론뿐만 아니라, 『송사』 전반을 총정리했다고 평가받는다. 사詞란, 송대에 유행한 가곡의 가사이다. 상권은 주로 사의 악율에 관한 것을 논술하였고, 하권은 사의 수사修辭·의경意境을 논하고 다른 사인들의 비평도 실었다.(윤동렬, 「南宋 『詞源』 硏究」, 『중국학연구』 16, 중국학연구회, 1999, 391쪽)

496) 이와 관련한 자세한 내용은 『『악학궤범』 악론 연구』, 171~179쪽 참조.

497) 이에 대해 이혜구는 "28조도설의 조명과 본문의 조명이 다른 이유는 그 인용서가 다르기

율려 28조도〉는 〈5음 궁조 배속도〉와 〈율려 격팔 상생도〉에서 기본 틀을 얻고, 여기에 『송사』 등을 참조하여 28조명을 기록하고, 다시 『사원』을 참조하여 중관조를 채웠다고 볼 수 있다"[498]라고 했다.

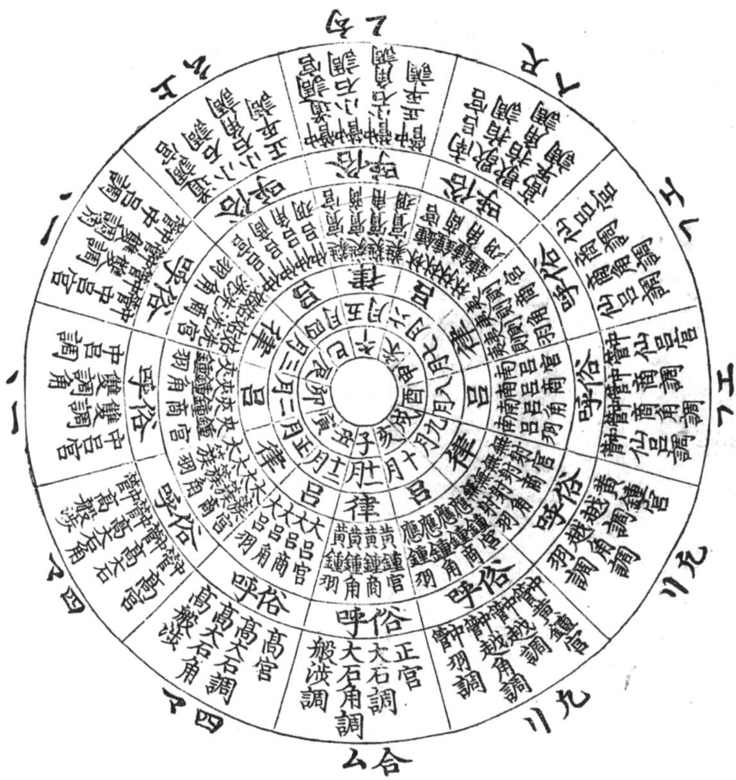

〈그림 48〉 『樂學軌範』 〈五音律呂二十八調圖〉

때문이다. 28조도설의 이칙상夷則商·속호俗乎·상조商調는 『송사』를 인용한 듯하고(王光祈, 『중국음악사』, 1957, 상책, 132쪽), 본문의 28조명의 상조 대신 임종상을 쓴 것은 『당서』를 인용한 듯하다(왕광기, 앞의 책 참조). 도설의 이칙각·속호·상각조도 본문의 임종각에 해당한다. 도설의 무역우·속호·우조도 본문의 황종우에 해당한다. 도설과 본문의 대석조는 『신당서』 「예악지」의 대식조와 같다. 우리 문헌에서는 『삼국사기』 「악지」에 평조, 황종조, 월조, 반섭조 같은 28조에 나오는 조명과 같은 것이 보인다"라고 하였다.(『신역 악학궤범』, 72쪽 각주 250)

498) 『『악학궤범』 악론 연구』, 179쪽.

2. 태주·고선·유빈·남려·응종은 중관中管이라고 부른다.

• 원문 •

按, 黃鐘爲合字, 大呂·太簇爲四字, 夾鐘·姑洗爲一字, 仲呂爲上字, 蕤賓爲勾字, 林鐘爲尺字, 夷則·南呂爲工字, 無射·應鐘爲凡字, 合八字. 然上字·勾字, 於大笒·觱篥, 同出一孔故. 實用七字. 各有四調, 合二十八調也. 太簇·姑洗·蕤賓·南呂·應鐘五律, 則各稱中管, 倂入於七律. 黃鐘淸聲[淸聲, 卽半聲. 後倣此]爲六字, 大呂淸聲爲五字, 太簇淸聲爲高五字, 夾鐘淸聲爲尖五字, 是謂四淸聲也.

• 번역 •

[신 성현이] 살펴보면, 황종은 합合 자, 대려와 태주는 사四 자, 협종과 고선은 일一 자, 중려는 상上 자, 유빈은 구勾 자, 임종은 척尺 자, 이칙과 남려는 공工 자, 무역과 응종은 범凡 자로, 합해서 여덟 자이다. 그러나 상上 자(중려)와 구勾 자(유빈)는 대금과 필률에서 하나의 구멍에서 같이 나오기 때문에 실제로는 일곱 자를 사용한다. 모두 각각 4조가 있으니 합해서 28조가 된다. 태주·고선·유빈·남려·응종 5율은 각각 중관中管이라고 부르며, 나머지 7율(황종·대려·협종·중려·임종·이칙·무역) 사이에 끼워 넣었다. 황종청성[청성은 반성이다. 이하 동일하다]은 육六자로, 대려청성은 오五자로, 태주청성은 고오高五자로, 협종청성은 첨오尖五자로 표시하는데, 이것을 4청성이라고 말한다.

• 해설 •

합合·사四·일一·상上·구勾·척尺·공工·범凡 등으로 표시하는 악보를 공척보工尺譜라고 한다. 이혜구는 '공척보는 우리나라에서 『악학궤범』 당시에 주로 당악에 쓰인 것 같다. 『세조실록』에도 12율보와 병기되었다'[499]라고 했고, 이와 관련하여 송방송은 '공척보는 중국 송나라 때 만들어졌으며, 고려 때 우리나라에 소개되어 율자보律字譜와 함께 사용되었다. 세조 때 오음약보로 표기할 수 없는 7음 음계의 음이 출현할 때 공척보의 일부 글자가 오음약보에서 보조로 사용되었다. 그 이후 공척보는 성종 때 『악학궤범』 권7에서 당비파唐琵琶·당적唐笛·퉁소의 산형散形에 사용됐을 뿐'[500]이라고 했다.

이 장에서 살펴본 28조는 구자악에서 생긴 연악조를 말하는 것으로, 『악학궤범』 권7의 당비파와 당적 및 퉁소에 쓰이기 때문에 그에 해당하는 이론을 정리한 듯하다.

〈참고〉

돌아가면서 궁이 되는 12조는 이론상으로는 존재했지만, 실제 사용한 것은 거의 황종1균뿐이라고 한다. 그러다가 호악의 영향을 받게 되자 사용하는 조가 복잡해졌고, 급기야 '개황악의開皇樂議'라는 커다란 논쟁을 피할 수 없게 되었다.

개황악의란 수나라 개황 연간(581~600)에 있었던 율학律學과 관련된 조정 내의 논쟁을 말한다. 그 내용을 간략하게 말하면 다음과 같다. 예로부터 전해오는 음악 이론 중 12율이 돌아가면서 궁이 되는 선궁법에 따르면 12율이 모두 궁음이 될 수 있으나, 실제로는 황종1균만 사용해 왔다. 그러

499) 『신역 악학궤범』, 73쪽 각주 255.

500) 『증보 한국음악통사』, 285쪽.

다가 육조六朝 시대[501] 이후부터 성행한 호악의 영향을 받자 조의 의미가 복잡해지기 시작한다. 특히 외국에서 들어온 음악의 침투(소지파蘇祇婆의 5단 7조)와 중원음악과의 교류는 개황악의가 발생하게 된 중요한 원인이 되었다. 이에 9년간의 긴 세월 동안 개황악의를 거치며, 7조를 채용할 것인지(鄭譯), 아악은 궁조에만 국한할 것인지(何妥, 牛弘) 등에 대해 논의를 거듭한 결과, 수나라에서는 아악에는 황종 1궁조만을 연주하기로 하고, 속악에는 상조商調·각조角調·치조徵調·우조羽調를 사용하기로 결정한다. 이와 같은 개황악의는 당나라 아악의 번영을 일으켰으며 동시에 중국의 악율학에 심원한 영향을 끼치게 된다.

수당시기의 연악조는 주나라와 수나라시대의 인도악조, 소지파 7조, 당나라가 전한 것, 송나라가 전한 것, 일본에 전해진 여러 조들을 한데 묶어야만 비로소 그 전모를 접할 수 있듯이, 간단하게 설명하기 어렵다. 이에 대한 자세한 내용은 하야시겐죠林謙三의 『수당연악조연구』를 참고할 수 있다. 이 책은 중국에서 1955년 궈모뤄郭沫若에 의해 번역되었고(『隋唐燕樂調研究』, 上海: 商務印書館), 국내에서는 궈모뤄 번역본을 저본으로 번역하여 1994년에 번역·출간되었다.[502]

---

501) 육조 시대(229~589)는 중국 삼국 시대의 오나라, 동진 및 남조의 유송, 남제, 양나라와 진나라가 존속했던 기간을 모두 합한 시대를 말한다.

502) 송방송·임영학 공역, 『수당대 연악조의 연구』, 대일, 1994.

11장

3궁 三宮

1. 천·지·인 제사의 악무 구성
2. 북극성[北辰]·곤륜崑崙·후직后稷에 제사지낸다.
3. 28수宿와 3궁三宮
4. 천궁·지궁·인궁
5. 천궁·지궁·인궁의 주음
6. 상조를 쓰지 않는 이유
7. 주나라와 송나라가 피해야 하는 악조는 서로 다르다.
8. 인궁에 황종을 썼으니 천궁과 지궁을 피한 것이 아니다.
9. 옛날에는 소리가 조화로웠다.
10. 〈운문〉·〈함지〉·〈구소〉를 춤추는 이유
11. 8변·9변·6변을 하는 이유
12. 6대악을 나누어 차례를 매긴다.

이 장에서는 천·지·인 제사에 쓰이는 악무구성에 대해 이야기한다. 북극성[北辰]·곤륜崑崙·후직后稷에 제사를 지낸다는 내용에 이어, 28수와 3궁과의 감응관계를 배열한다. 또 상조商調를 쓰지 않는 이유와 〈운문〉·〈함지〉·〈구소〉를 추는 이유, 이어서 제사의 음악이 각각 8변·9변·6변을 하는 이유 등을 설명한다. 특히 언급했던 위조식 지조식에 대해 상세하게 살펴볼 것이며, 진양이 『주례』의 천궁·지궁·인궁에 제시된 율을 조명으로 이해하지 못하고 문제를 제기하는 대목도 짚어볼 것이다.

1. 천·지·인 제사의 악무 구성

• 원문 •

『周禮』「春官·大司樂」曰,[503] “①凡樂, 圜鐘爲宮·黃鐘爲角·太簇爲徵·姑洗爲羽, 雷鼓·雷鼗·孤竹之管·雲和之琴瑟·〈雲門〉之舞, 冬日至於地上之圜丘, 奏之. 若樂六變, 則天神皆降可得而禮矣. ②凡樂, 函鐘爲宮·太簇爲角·姑洗爲徵·南呂爲羽, 靈鼓·靈鼗·孫竹之管·空桑之琴瑟·〈咸池〉之舞, 夏日至於澤中之方丘, 奏之, 若樂八變, 則地示皆出可得而禮矣. ③凡樂, 黃鐘爲宮·大呂爲角·太簇爲徵·應鐘爲羽, 路鼓·路鼗·陰竹之管·龍門之琴瑟·〈九德〉之歌·〈九磬〉之舞, 於宗廟之中, 奏之, 若樂九變, 則人鬼可得而禮也”[504]

• 번역 •

『주례』「춘관·대사악」[505]에 이르기를 “①[하늘 제사에 쓰이는] 음악[의 구성]은 원종위궁·황종위각·태주위치·고선위우이고, [악기는] 뇌고雷鼓·뇌도雷鼗, 고죽孤竹의 관管과 운화雲和의 금슬琴瑟 [악기를 연주하며], [요임금의 악무인] 〈운문雲門〉의 춤을 동지에 지상의 원구에서 [천신에게] 올리는데, 樂이 6번 변하면 천신天神이 모두 내려오니 예를 갖추었다고 할 수 있다.

---

503) 『악학궤범』에는 “『周禮』曰, 「春官·大司樂」”으로 되어 있으나, 『주례』에 의거하여 바로잡는다.

504) 『周禮註疏』 22; 『주례』, 262~262쪽.

505) 대사악大司樂은 주나라 춘관에 속했던 관직의 명칭이다. 樂을 관장했으며 대악정大樂正이라고도 한다.

②[땅 제사에 쓰이는] 음악[의 구성]은 함종위궁·태주위각·고선위치·남려위우이고, [악기는] 영고靈鼓·영도靈鼗, 손죽孫竹의 관과 공상空桑의 금슬 [악기를 연주하며], [황제의 악무인] 〈함지咸池〉의 춤을 하지에 못 가운데의 네모진 언덕에서 [지신에게] 올리는데, 樂이 8번 변하면 지신地神[地示]이 모두 나오니 예를 갖추었다고 할 수 있다. ③[조상 제사에 쓰이는] 음악[의 구성]은 황종위궁·대려위각·태주위치·응종위우이고, [악기는] 노고路鼓·노도路鼗, 음죽陰竹의 관과 용문龍門의 금슬 [악기를 연주하며], [순임금의 악무인] 〈구덕九德〉의 노래·〈구소九磬〉[506]의 춤을 종묘의 가운데에서 [조상에게] 올리는데 樂이 9번 변하면 조상에게 예를 갖추었다고 할 수 있다"라고 하였다.

• 해설 •

위의 내용은 『주례』「춘관 · 대사악」에 전하는 것으로, 하늘과 땅과 조상[人鬼]에 제사를 지내는 때와 장소, 그리고 연주할 때 쓰는 음악의 조식調式과 악기 및 악무명 등을 나열한 것이다. 번호(①②③)는 하늘과 땅, 조상에 지내는 제사를 구분하기 쉽게 붙였다. 이를 간단하게 〈표 36〉으로 정리했다.

〈표 36〉 상단의 좌측에서 우측 순서로 보자. 맨 좌측은 제사를 올리는 대상을 구분한 것이다. 바로 하늘, 땅 그리고 조상에 지내는 제사를 말한다. 그 다음은 각각의 제사를 드릴 때 연주하는 음악의 조식을 배열한 것이다. 그런데 조식명이 알쏭달쏭하다. 황종·태주·고선 등의 율명과 궁·각·치·우는 익숙한데, 원종위궁·황종위각·태주위치·고선위우 등은 무엇을 말하는지 잘 모르겠다.

506) 『樂書』 166: 〈磬〉, 舜樂也, 謂之〈九磬〉之舞.

〈표 36〉 天·地·人 제사

대상	조식	악기1	악기2	악무	절기	장소	변수
천	원종위궁 황종위각 태주위치 고선위우	뇌고 뇌도	고죽의 관 운화의 금슬	운문	동지	원구	6
지	함종위궁 태주위각 고선위치 남려위우	영고 영도	손죽의 관 공상의 금슬	함지	하지	방택	8
인	황종위궁 대려위각 태주위치 응종위우	노고 노도	음죽의 관 용문의 금슬	구덕(노래) 구소(춤)	×	종묘	9

이것을 이해하기 위해서는 전통시대 사람들이 악조를 구분했던 방식을 이해해야 한다. 그들은 악조를 'ㅇㅇ之ㅇ'와 'ㅇㅇ爲ㅇ'의 두 가지 방식으로 구분했다.[507] 본문의 것은 'ㅇㅇ爲ㅇ'의 방식이다. 이를 '위조식爲調式'이라고 부른다. 그리고 'ㅇㅇ之ㅇ'은 '지조식之調式'이라고 부른다.[508] '지之' 자와 '위爲' 자가 있으니 지조식인지 위조식인지를 구분하는 것은 어렵지 않다. 그런데 그것에 담긴 내용은 다소 헷갈리니 집중해서 보아야 한다.

간단하게 설명하면, 위조식은 '주음이 되는 율명+爲+[주음의] 음계이름'으로 구성되고, 지조식은 '궁음의 율명+之+[주음의] 음계이름'으로 구

507) '위조식'과 '지조식'에 대한 내용은 『『악학궤범』 악론 연구』, 68~117쪽에서 부분 발췌하여 설명하였다. 단 중심음이라고 쓴 용어를 이 책에서는 주음으로 통일하여 정리하였다.

508) 이 명칭은 하야시겐조林謙三에 의하여 처음 사용되었고, 우리 학계에는 키시베 시게오의 "당속악 28조와 구자서역 7조"의 번역문(하야시 겐조/ 송방송 옮김, 「당속악 28조와 구자서역 7조」『한국음악사학보』 제3집, 한국음악사학회, 1989, 125~153쪽)을 통해 처음으로 소개되었다.(『『악학궤범』 악론 연구』, 78쪽) 이보형은 '위조지시법爲調指示法', '지조지시법之調指示法'이라는 용어를 사용했다.(이보형, 「『악학궤범』 60조도의 구성원리와 오음약보의 의미」, 『한국음악사학보』 제29집, 한국음악사학회, 2002, 443쪽)

성된다. 예를 들어 보면, 본문에서 천신악의 조식은 원종위궁圜鐘爲宮·황종위각黃鐘爲角·태주위치太簇爲徵·고선위우姑洗爲羽라고 했다. '원종위궁'이라는 조식으로 알 수 있는 것은 원종[협종]이 주음이 되는 율명이며, 그 주음의 음계 이름이 궁이라는 것이다. 따라서 음악을 원종[협종]으로 시작하고 원종[협종]으로 끝낸다. '황종위각'은 황종이 주음이고 그 황종이 각음이다. 따라서 각음인 황종으로 음악을 시작하고 끝낸다. '태주위치'는 태주가 주음이고 그 태주가 치음이다. 따라서 치음인 태주로 음악을 시작하고 끝낸다. '고선위우'는 고선이 주음이면서 우음이다. 따라서 우음인 고선으로 음악을 시작하고 끝낸다. 'ㅇㅇ爲ㅇ'으로 된 위조식은 위와 같은 방식으로 풀어서 이해하면 된다.

주의할 것은, 위조식은 주음은 알 수 있지만 궁음을 알 수 없다는 점이다. 즉 'ㅇㅇ爲宮'인 궁조를 제외하면 나머지는 모두 음악을 시작하고 끝내는 율명과 그 율명이 궁·상·각·치·우 중 어떤 음인지만 알 뿐, 그 조의 궁음은 알 수 없다.

다음은 지조식이다. 지조식은 '궁음의 율명+之+주음의 음계이름'으로 구성된다. 하나만 예를 들어보자. '태주지치'는 태주가 궁음의 율명이고 어떤 율이 치음인지는 모르지만, 치음이 주음의 음계 이름이므로 치음에 해당하는 율로 음악을 시작하고 끝낸다는 것을 표시한다. 다만 치음에 쓰이는 율명은 지조식만으로는 알 수 없다. 이처럼 지조식은 궁조 이외에는 주음에 쓰이는 율명을 알 수 없다는 것이 단점이다.

좀 더 명확하게 그 차이를 확인하기 위해 같은 조건에서 비교해 보자. '태주위치'는 태주가 치음이고 치음인 태주로 음악을 시작하고 끝내지만 궁음은 알 수 없고, '태주지치'는 궁음이 태주라는 것은 곧바로 알 수 있지만 음악을 시작하고 끝내는 주음인 치음의 율명은 알 수 없다. 그 결과를 보면, '태주위치'의 구성음은 임종(궁)·남려(상)·응종(각)·태주(치)·고선(우)이고, '태주지치'의 구성음은 태주(궁)·고선(상)·유빈(각)·남려(치)·응종(우)이다. 이처럼 위조식이냐 지조식이냐에 따라 각각의 구성음이 확연히 달라진다. 이와 같이 위조식과 지조식은 차이가 있다. 단, 궁조의 경우는 위조식과 지조식의 결과가 같기 때문에 위조식인지 지조식인지 구별하는 것의 의미가 없다. 그러나 다른 조들은 설명한 것처럼 서로 다르니 유심히 살펴보아야 한다.

다시 〈표 36〉으로 돌아가서 보자. 조식 옆에는 천·지·인 제사에 쓰이는 북이 배열되어 있다. 뇌고雷鼓·뇌도雷鼗·영고靈鼓·영도靈鼗·노고路鼓·노도路鼗 등의 북들이 하늘과 땅과 조상에 제사를 지낼 때 각각 나뉘어 쓰였다. 이러한 북들은 그 명칭이 다를 뿐만 아니라, 북면北面의 수도 각각 다르다. 그런데 전해지는 기록을 살펴보면 천신과 지신의 제사에 썼던 북면의 수가 뒤바뀐 경우가 종종 보인다.

먼저 『주례』「지관地官·고인鼓人」에 "뇌고는 신사神祀에 두드린다"[509]라는 말이 있는데, 이에 대해 정현鄭玄은 "뇌고는 8면의 북이다. 신사는 천신에 제사지낸다는 뜻이다"[510]라고 덧붙였다.

『악서』의 내용은 이와 다르다. "천신의 樂은 6번 변하므로 뇌고와 뇌도가 6면의 가죽으로 되어 있고, 지기의 樂은 8번 변하므로 영고와 영도가 8면의 가죽으로 되어 있다"[511]라고 했다. 이처럼 정현의 주석과 『악서』의 내용에는 차이가 있다. 이 외에도 6면으로 기록된 곳도 있고 8면으로 기록된 곳도 있어서 다소 헛갈린다.[512]

『악서』에는 하늘에 지내는 제사에 북면이 6면인 뇌도와 뇌고를 쓰는 것은 음악 연주가 여섯 번 변화하기 때문이고, 땅에 지내는 제사에 북면이 8

509) 『周禮』「地官·鼓人」: 以雷鼓, 鼓神祀.(池載熙·李俊寧 解譯, 『주례』, 자유문고, 2002, 151쪽)

510) 『周禮』「地官·鼓人」: 鄭玄 注: 雷鼓, 八面鼓也. 神祀, 祀天神也.(『주례』, 151쪽)

511) 『樂書』 42 「周禮訓義」〈春官·大司樂〉: "天神之樂, 六變, 而雷鼓·雷鼗六面. 地示之樂, 八變, 而靈鼓·靈鼗八面"(역주 악서』 2, 96쪽)

512) 『五禮通考』 5 「地官·鼓人」: 以靁鼓, 鼓神祀. 注靁鼓, 八面鼓也.; 『宋史』 127: 雷鼓, 兩架各八面, 止用一人; 『周禮訂義』 20: 亦宜用雷鼓, 八面; 『禮書』 121: 雷鼓, 鼓神祀. 雷鼓, 八面鼓也. …… 靈鼓, 鼓社祭. 靈鼓, 六面鼓也.; 『通典』 144: 雷鼓, 鼓神祀. 雷鼓, 八面鼓.

면인 영도와 영고를 쓰는 것은 음악 연주가 여덟 번 변화하기 때문이라고 그 이유가 분명하게 밝혀져 있다. 그런데 자세히 살펴보면 『주례』에도 『악서』와 유사한 내용이 전한다. "음악이 6번 변화를 가져오면 천신이 다 하강하니 예를 갖추었다고 할 수 있다. …… 음악이 8번 변화를 가져오면 지기가 출현하니 예를 갖추었다고 할 수 있다"[513]라고 전한다.

이 내용으로 추측해 보면, 『주례』에 북면의 수가 언급되어 있지는 않지만 하늘에 지내는 제사에 6면의 북을 쓰고, 땅에 지내는 제사에 8면의 북을 썼을 가능성이 크다. 아마도 '뇌고가 8면'이라고 한 정현의 주석으로 인해 이후의 기록에 혼동이 생긴 듯하다.

『악학궤범』에는 『악서』(〈그림 49〉)와 마찬가지로 하늘에 지내는 제사에 쓰이는 북의 면수가 6면으로 그려져 있다(〈그림 50〉). 그러나 『세종실록』에 전하는 〈그림 51〉을 보면 세종 시기에는 8면의 뇌고를 썼다는 것을 확인할 수 있다. 아마도 이때까지는 정현의 설을 받아들였던 듯하다. 이후 성현이 하늘제사에 8면의 북을 사용하는 것은 바람직하지 못하다며, 진양의 이론을 근거로 하여 6면으로 바꿀 것을 건의했고, 이에 따라 6면으로 바뀌게 되어,[514] 『악학궤범』에는 6면의 뇌고가 그려져 전하게 된 것으로 보인다.

이어지는 내용도 악기에 대한 것이다. 하늘과 땅, 조상에 지내는 제사에 각각 고죽의 관, 손죽의 관, 음죽의 관과 운화의 금슬, 공상의 금슬, 용

513) 『周禮』「春官·大司樂 : 若樂, 六變, 則天神皆降, 可得而禮矣. …… 若樂, 八變, 則地示皆出, 可得而禮矣.(『주례』, 262~263쪽)

514) 『世宗實錄』 47, 世宗 12(1430), 2. 19(5): 천신에게 제사할 적에는 묘궁 환종의 음율을 사용하여 음악은 여섯 번 변하는 것을 사용하고, 6면의 북을 사용하는 것은 선천의 수에 묘가 그 여섯을 얻은 때문이며, 지기에게 제사할 적에는 미궁 함종의 음율을 사용하여, 음악은 여덟 번 변하는 것을 사용하고, 8면의 북을 사용하는 것은 선천의 수에 미가 그 여덟을 얻은 때문이라고 하였으니, 진양의 이 설은 근거가 있는 듯합니다. …… 두 북이 바뀌어졌사오니 진씨의 말에 의거하여 이를 고치게 하시기 바라옵니다[祀天神, 用卯宮圜鐘之律, 樂, 用六變. 鼓, 用六面者, 先天之數, 卯得其六故也. 祭地祇, 用未宮函鐘之律, 樂, 用八變. 鼓, 用八面者, 先天之數, 未得其八故也. 陳暘此說, 似有據依. …… 故此二鼓, 易換. 願依陳氏之說, 改之].

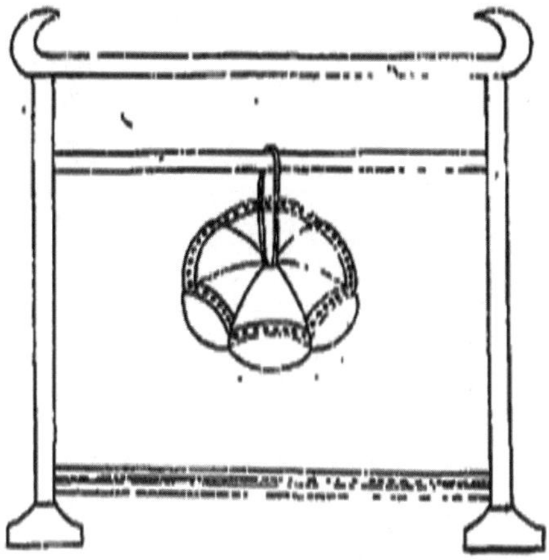

〈그림 49〉『樂書』106 雷鼓

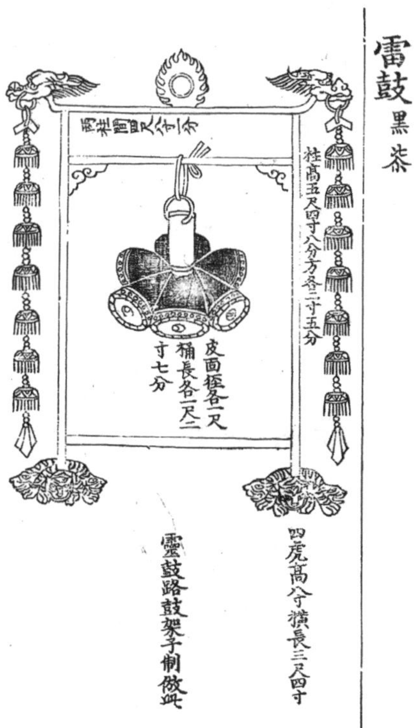

〈그림 50〉『樂學軌範』雷鼓

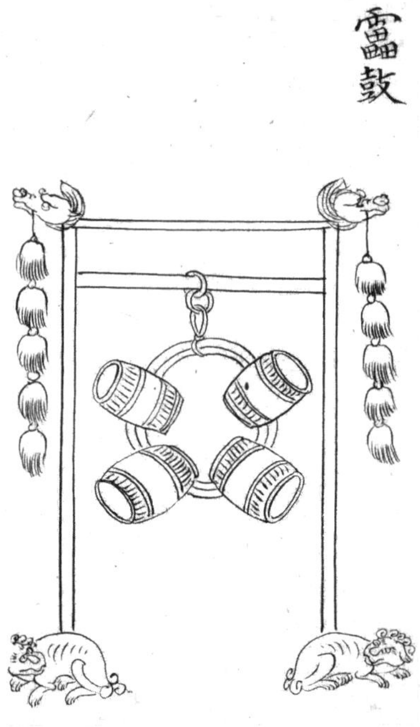

〈그림 51〉『世宗實錄』雷鼓

문의 금슬을 사용한다고 했다. 고죽은 홀로 자라는 것이고, 손죽은 대가지가 뿌리 끝에서 자란 것이고, 음죽은 산의 북쪽에서 자란 것이라고 한다.[515] 운화, 공상, 용문은 모두 산의 이름으로, 각각의 산에서 나오는 재료로 만든 금슬(현악기)을 가리키는 것이라고 이해할 수 있다.

다음은 하늘 제사에는 〈운문〉을, 땅 제사에는 〈함지〉를, 조상 제사에는 〈구소〉를 춘다고 했는데, 악무명과 관련된 이야기는 이 장의 10. 〈운문〉·〈함지〉·〈구소〉를 춤추는 이유에서 살펴볼 것이다.

515)『周禮』「春官·大司樂」: 鄭玄 注: 孤竹, 竹特生者. 孫竹, 竹枝根之末生者. 陰竹, 生於山北者.

이어서 '하늘 제사는 동지에, 땅 제사는 하지에 예를 올린다'며, 절기와의 관련성을 언급한다. 하늘 제사를 동지에 올리는 것은 하늘[天]은 양으로 동지에 양효가 하나 생기기 때문이고, 땅 제사를 하지에 올리는 것은 땅[地]은 음陰으로 하지에 음효가 하나 생기기 때문이다.(〈표 37〉 참조)

한편, 하늘 제사를 원구(둥근 언덕)에서 지내고, 땅 제사를 방구(네모진 언덕)에서 지내는 것은 하늘은 둥글고 땅은 네모진 것[天圓地方]을 상징하기 때문이다.

〈표 37〉 괘상과 절기

소설	상강	추분	처서	대서	하지	소만	곡우	춘분	우수	대한	동지	절기
䷁	䷖	䷓	䷋	䷠	䷫	䷀	䷪	䷡	䷊	䷒	䷗	卦

2. 북극성[北辰]·곤륜崑崙·후직后稷에 제사지낸다.

• 원문 •

"此三者, 皆禘大祭也. 天神則主北辰, 地祇則主崑崙, 人鬼則主后稷, 先奏是樂, 以致其神. 禮之以玉而祼焉,[516] 乃後合樂而祭之. 「大傳」曰, '王者, 必禘其祖之所自出' 「祭法」曰, '周人, 禘嚳而郊稷' 謂此祭天圜丘, 以嚳配之"[517]

• 번역 •

[『주례』에 이르기를] "이 세 가지 [천지인 제사]는 모두 체제禘祭인 대제이다. 천신으로 북극성을 주신으로 모시고, 지신으로 곤륜崑崙을 주신으로 모시며, 조상신[人鬼]으로 후직后稷을 주신으로 모시는데, 먼저 樂을 올리고 이로써 신을 맞이한다. [다음은] 옥과 술[祼]로 예를 올린 후에, [등가와 헌가에서] 함께 연주하며 제사를 올리는데, [예기] 「대전」에 '반드시 왕이어야 체제사를 지낼 수 있다'[518]라고 전한다. [예기] 「제법」에 전하는 '주나라 사

516) 관祼은 관창祼鬯을 말한다. 관창은 제사 때, 울창주鬱鬯酒를 땅에 부어 강신降神하게 하던 일을 말한다.

517) 『周禮註疏』 22

518) 『禮記』 「大傳」에 "예에 왕자가 아니면 체禘 제사를 지내지 않으니, 왕자는 그 시조로부터 나온 조상을 체제사하고 그 선조에게 배향한다[禮, 不王不禘, 王者, 禘其祖之所自出, 以其祖配之]"라고 하였다.(『신완역 예기』, 903쪽)

람은 곡嚳[519]에게 체제를 지내고 후직后稷에게 교제郊祭[520]를 지낸다'[521]라는 말은, 하늘 제사는 원구에서 지내고 제곡을 배향[522]하는 것을 말한 것이다" 라고 하였다.

• 해설 •

천신으로는 북극성을 주신으로 모신다고 했다. 이로써 보면 북극성을 매우 중요하게 여겼다는 것을 알 수 있다. 아마도 사람의 손이 닿지 않는 저 높은 하늘 위에서 움직이지 않고 한 자리에 가만히 있으면서 아래를 내려다보고 있고, 또 다른 별들이 북극성을 중심으로 회전하는 모습을 보며, 북극성을 높이고 숭배하게 되었을 것이다.

이어서 지신으로는 곤륜을 주신으로 모신다고 했다. 고대에 곤륜은 여러 신들과 선인仙人들이 살고 있다고 알려진 신비에 가득 찬 곳이었다. '황제가 그의 신하인 윤에게 대하의 서쪽 곤륜의 북쪽에서 나는 대나무로 황종의 궁을 만들게 했다'라고 하는 대목에도 등장하는 율려의 발원지이기도 하다. 그곳은 아득히 멀어 누구나 쉽게 갈 수 있는 곳이 아니다. 그런 곳이니 지신으로 모셔질 만하다.

다음은 조상신으로는 후직을 주신으로 모신다고 했다. 후직은 주나라 왕조의 시조다. 유태씨有邰氏의 딸이자 제곡帝嚳의 아내인 강원姜原(후직의 어

---

519) 곡嚳은 중국 제왕의 이름이다. 『사기』「오제기」에 "제곡은 고신으로, 황제의 증손이다[帝嚳, 高辛者, 黃帝之曾孫也]"라고 전한다.(『사기』 1, 10쪽)

520) 교제郊祭는 고대에 중국 황제가 교외에서 하늘 또는 땅에 올리는 제사를 말하며 교사郊祀라고도 한다. 동지에 남교南郊에서 하늘에 제사를 올리고, 하지에 북교北郊에서 땅에 제사를 지내는 것이 일반적이다. 북경에 가면 천단天壇과 지단地壇을 볼 수 있는데, 모두 명·청시대의 유적이다. 천단이 원구圓丘이고, 지단이 방구方丘인 것은 천원지방의 사상을 체현한 것이다.

521) 『禮記』「祭法」: 周人, 禘嚳而郊稷(『신완역 예기』, 1153쪽)

522) 배향은 공로가 있는 신하의 위패를 종묘에 모시는 것을 말한다. 학덕이 있는 사람의 위패를 문묘나 사당, 서원 등에 모신다.

머니)이 어느 날 거인의 발자국을 밟고 잉태하여 아들을 낳았는데, 그가 바로 후직이다. 이를 불길하게 여겨서 그 아이를 내다버리기를 세 차례나 반복했는데도 강원의 아들인 후직은 그때마다 구조되었다고 한다.[523] 이처럼 상서로운 탄생과 기이한 일 덕분에 조상신의 주인이 되었나보다.

이어지는 내용에서 예로써 옥폐를 올리고 땅에 술을 부은 후, 등가와 헌가에서 올리는 합악合樂으로써 제사를 지낸다고 했다. 옥폐는 천신과 지기에 올리고, 땅에 술을 붓는 것은 종묘 제향에 행하는 것이다. 사람이 죽으면 혼魂과 백魄이 분리되어 혼은 하늘로 올라가고, 백은 사후에도 몸속에 살며 땅에 묻힌다. 땅에 묻힌 '백'을 위해서 땅에 울창주를 붓고, 하늘로 올라간 '혼'을 위해서 향을 피워 올리는 것이다. 이러한 의식은 지금도 여전히 남아 있다.

523) 『사기』 4 「주본기」 4; 『사기 본기』, 69쪽; 『중국역대인명사전』, 2190~2191쪽.

3. 28수宿와 3궁三宮

• 원문 •

"圜鐘, 夾鐘也. 夾鐘, 生於房·心之氣, 房·心, 爲大辰天帝之明堂[524]. 函鐘, 林鐘也. 林鐘, 生於未之氣, 未, 坤之位. 或曰天社,[525] 在東井·輿鬼之外, 天社, 地神也. 黃鐘, 生於虛·危之氣, 虛·危, 爲宗廟. 以此三者爲宮, 用聲類之求"[526]

• 번역 •

[『주례』에 이르기를] "원종은 협종이다. 협종은 방수房宿와 심수心宿의 기에서 생기는데, 방수와 심수는 천제天帝의 명당明堂인 큰 별이다. 함종은 임종이다. 임종은 미未의 기에서 생기는데 미는 곤坤의 자리이다. 또는 천사天社는 동정東井과 여귀輿鬼의 밖에 있다고도 하니 천사는 지신이다. 황종은 허수虛宿와 위수危宿의 기에서 생기는데, 허수와 위수는 종묘宗廟에 해당되는 방위이다. 이 세 개(협종·임종·황종)를 궁음으로 하여 구성음(궁·상·각·치·우)을 구해서 [천지인 제사에] 쓴다"라고 하였다.

---

524) 명당明堂은 별자리의 이름이다. 또한 명당은 고대에 제왕이 정교政教를 행하던 곳이다.

525) 천사天社는 지신地神의 별자리로 땅의 신을 일컫는다.

526) 『周禮註疏』 22

〈표 38〉 28수·12지지·3궁·12달·12차

		28宿	위치	12지지	3궁	12달	12次
천신 天神	동방 7수	각角	명당 明堂	진	고선	3	대량 大梁
		항亢					
		저氐		묘	협종 [天宮]	2	강루 降婁
		방房·심心					
		미尾		인	태주	1	추자 娵訾
		기箕					
인귀 人鬼	북방 7수	두斗	종묘 宗廟	축	대려	12	현효 玄枵
		견우牽牛					
		여女		자	황종 [人宮]	11	성기 星紀
		허虛·위危					
		실室		해	응종	10	석목 析木
		동벽東壁					
	서방 7수	규奎		무	무역	9	대화 大火
		누婁					
		위胃		유	남려	8	수성 壽星
		필畢 · 묘昴					
		자觜		신	이칙	7	순미 鶉尾
		삼參					
지기 地祇	남방 7수	동정東井·여귀輿鬼	천사 天社	미	임종 [地宮]	6	순화 鶉火
		유柳					
		칠성七星		오	유빈	5	순수 鶉首
		장張					
		익翼		사	중려	4	실침 實沈
		진軫					

• 해설 •

위의 내용은 천·지·인의 제사에 쓰이는 각 음악의 궁음이자 주음, 그리고 그것과 감응관계에 있다고 여기는 28수와 12지지를 언급한 것이다. 본문에는 3궁만 설명했는데 12율 전체를 〈표 38〉로 정리했다. 〈표 38〉에는 이상의 내용과 함께 살펴볼 수 있는 12차도 추가했다.

또한 〈표 38〉의 내용을 방향을 알 수 있도록 〈그림 53〉으로 그렸다. 〈그림 53〉에 보면 배치된 각각의 방향을 알 수 있다. '달이 날마다 하늘에 나타나는 위치가 달라지다가 28일쯤 지나면 다시 제자리로 돌아오므로, 매일 하늘에 보이는 달의 위치를 기준으로 별자리를 스물여덟 개로 나누어 28수라고 했다'[527]. 각 구역에는 여러 개의 별자리들이 있는데, 그 중에서 대표적인 것을 수宿로 정한 것이고, 28수를 7개씩 나누어서 동·서·남·북에 배치했다.

천·지·인에 올리는 제사 음악에 쓰인 협종·임종·황종이 28수 중 어느 별자리와 감응관계에 있는지를 설명한 것이다. 〈그림 53〉에서 확인할 수 있듯이, 전통시대 사람들은 하늘 제사에 쓰인 협종은 28수 중 방과 심, 12차 중 강루, 12지지 중 묘와 감응관계가 있다고 보았고, 땅제사에 쓰인 임종은 28수 중 동정과 여귀, 12차 중 순화, 12지지 중 미와 감응관계가 있다고 보았으며, 조상제사에 쓰인 황종은 28수 중 허와 위, 12차 중 성기, 12지지 중 자와 감응관계가 있는 것으로 생각했다는 것을 알 수 있다.

〈표 39〉의 내용은『우리 별자리』에 전하는 28수의 뜻이다.[528]

527) 안상현 지음,『우리 별자리』, 현암사, 2000, 23쪽.

528) 〈표 39〉의 내용은『우리 별자리』, 24~25쪽.

〈그림 52〉 24 방위도

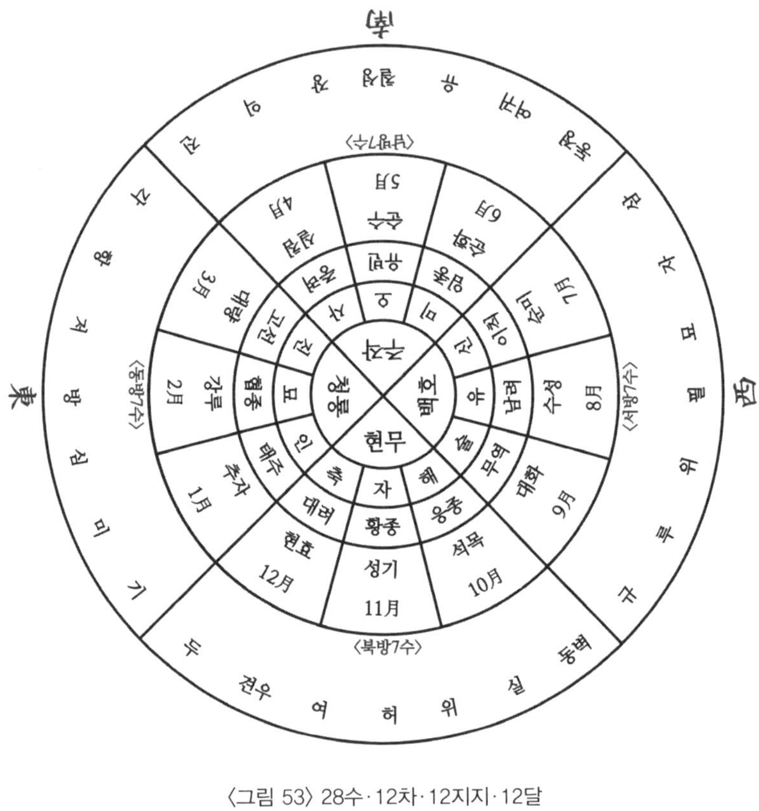

〈그림 53〉 28수·12차·12지지·12달

〈표 39〉 28수

	28宿	뜻		별자리	뜻
동방 7수	각角	청룡의 뿔	서방 7수	규奎	호랑이의 꼬리
	항亢	청룡의 목		누婁	호랑이의 몸
	저氐	청룡의 가슴		위胃	호랑이의 몸
	방房	청룡의 배		필畢	호랑이의 몸
	심心	청룡의 심장		묘昴	호랑이의 몸
	미尾	청룡의 꼬리		자觜	호랑이의 머리
	기箕	청룡의 항문		삼參	호랑이의 앞발
북방 7수	두斗	거북의 머리와 뱀	남방 7수	동정東井	주작의 벼슬
	견우牽牛	뱀의 몸		여귀輿鬼	주작의 눈
	여女	거북		유柳	주작의 부리
	허虛	거북		칠성七星	주작의 목, 심장
	위危	뱀		장長	주작의 모이주머니
	실室	반룡		익翼	주작의 날개
	동벽東壁	규룡		진軫	주작의 꼬리

4. 천궁·지궁·인궁

• 원문 •

"① 天宮, 夾鐘, 陰聲. 其相生從陽數, 其陽, 無射. 無射, 上生中呂,[529] 中呂, 與地宮同位不用也. 中呂, 上生黃鐘. 黃鐘, 下生林鐘, 林鐘, 地宮又不用. 林鐘, 上生太簇. 太簇, 下生南呂, 南呂, 與無射同位, 又不用, 南呂, 上生姑洗. ② 地宮, 林鐘. 林鐘, 上生太簇, 太簇, 下生南呂, 南呂, 上生姑洗. ③ 人宮, 黃鐘. 黃鐘, 下生林鐘, 林鐘, 地宮又辟之, 林鐘, 上生太簇. 太簇, 下生南呂, 南呂, 與天宮之陽同位, 又辟之, 南呂, 上生姑洗, 姑洗, 南呂之合, 又辟之, 姑洗, 下生應鐘. 應鐘, 上生蕤賓, 蕤賓之宮, 林鐘之陽也, 又辟之, 蕤賓, 上生大呂. 凡五聲, 宮之所生. 濁者爲角, 淸者爲徵·羽. 此樂無商者, 祭尚柔, 商, 堅剛也"[530]

• 번역 •

[『주례』에 이르기를] "① 하늘 제사에 쓰는 궁음 협종은 음陰의 소리이다. 양의 수에 따라 상생하니 그 양은 무역이다. 무역은 중려를 상생하는데 중려는 지궁地宮과 같은 자리에 있으므로 사용할 수 없어서 중려가 [다시] 황

529) 원문에 '中呂'라고 되어 있는데, '仲呂'를 말한다. '中呂'와 '仲呂'는 같이 쓰인다. 이하 동일하다.

530) 『周禮註疏』 22

종을 상생한다. 황종은 임종을 하생하는데, 임종은 지궁이므로 또 사용할 수 없어서, 임종이 [다시] 태주를 상생한다. 태주는 남려를 하생하는데, 남려는 무역과 같은 자리에 있으므로 또 사용할 수 없어서, 남려가 [다시] 고선을 상생한다. ② 땅 제사에 쓰는 궁음은 임종이다. 임종은 태주를 상생하고, 태주는 남려를 하생하고, 남려는 고선을 상생한다. ③조상에게 드리는 제사에 쓰는 궁음은 황종이다. 황종은 임종을 하생하는데, 임종은 지궁이므로 또 그것을 피해 임종이 [다시] 태주를 상생한다. 태주는 남려를 하생하는데, 남려는 천궁의 양과 같은 자리에 있으므로, 또 그것을 피해, 남려가 [다시] 고선을 상생하는데, 고선은 남려의 합이라 또 그것을 피해 고선이 [다시] 응종을 하생한다. 응종은 유빈을 상생하는데, 유빈의 궁은 임종의 양이기 때문에 또 그것을 피해, 유빈이 [다시] 대려를 상생한다. 5성은 궁이 낳은 것으로 탁음은 각조가 되고 청음은 치조와 우조가 된다. 樂에 상조가 없는 것은 제사에는 부드러운 것을 숭상하는데 상조는 굳세고 강하기 때문이다"라고 했다.

• 해설 •

위의 내용은 무엇을 기준으로 한 것인지 도무지 알 수 없다. 천신에 제사를 지낼 때 협종·무역·황종·태주·고선을 쓴다고 하고, 지신에 제사 지낼 때는 임종·태주·남려·고선을 쓴다고 하고, 조상신에 제사 지낼 때는 황종·태주·응종·대려를 쓴다고 하여, 율명의 수도 다르고, 또 인궁에 황종을 쓰는 등 기준이 들쭉날쭉하다. 『악서』에도 위의 내용에 대해 문제를 삼은 대목이 전한다.

선대 유학자들은 "천궁에서 중려·함종·남려·무역을 쓰지 않고, 인궁에서 함종·남려·고선·유빈을 피한다"고 하였다. 쓰지 않는 것은 낮기 때문이고 피하는 것은 높기 때문으로, 천궁과 지궁에서는 인궁의 율을 쓰지 않고 인궁에서는 천궁과 지궁의 율을 피했음을 뜻한다. 그러나 실은 인궁에서 황종을 쓰니, 어찌 선대 유학자들의 말대로 천궁과 지궁의 율을 피한 것이라고 할 수 있겠는가?[531]

『악서』의 지적처럼 신분의 높낮이로 인하여 하늘과 땅 제사에 조상신 제사에 배속된 율을 '쓰지 않는다'라고 하고, 조상신 제사에는 하늘과 땅 제사에 배속된 율은 '피한다'라고 했다. 말은 그렇게 해놓고 정작 사용할 때에는 조상신 제사에 천신에 제사 드릴 때 쓰는 황종을 썼으니, 앞뒤가 맞지 않는다고 지적한 것이다. 이혜구도 『주례』의 내용에 대해 "중려와 임종이 다 같이 남쪽 방향에 있고, 남려와 무역도 같은 서쪽 방향에 있다. 그런데 같은 위치 외에 인궁을 설명할 때 고선이 남려와 합성이라는 이유로 쓰지 않기도 하여 그 성을 쓰는 근거가 확고하지 않다"[532]라고 지적했다. 왜 이런 일이 생겼을까.

이에 대해 남상숙이 답을 찾아냈다.[533] 그것은 바로 제시된 율명이 모두 '조명調命'이라는 점을 밝힌 것이다.

첫째, 천궁인 협종은 협종위궁을 말한다. 이어서 황종을 사용한다고 했는데, 이것은 황종위각이다. 또 임종을 사용하지 않고 태주를 사용한다고 했는데, 이때 태주는 태주위치를 말하며, 남려를 사용하지 않고 고선을 사용한다고 했는데, 이때의 고선도 고선위우를 말한다. 협종위궁은 앞의 '위조식'에서 설명했듯이 협종이 궁음이면서 주음이고, 태주위치는 태주가 치음이면서 주음이다.

둘째, 지궁이다. 임종은 태주를 상생하고 태주는 남려를 하생하고 남려는 고선을 상생한다고 설명했다. 여기서의 임종은 임종위궁이며, 태주는

531) 『樂書』 4 「禮記訓義」: 先儒言, 天宮, 不用仲呂·函鐘·南呂·無射, 人宮, 避函鐘·南呂·姑洗·蕤賓. 不用者, 卑之也, 避之者, 尊之也. 以謂天地之宮, 不用人宮之律, 人宮, 避天地之律. 然則 人宮, 用黃鐘, 孰, 謂避天地之律耶?(『역주 악서』 1, 161쪽)

532) 『신역 악학궤범』, 76쪽 각주 283.

533) 이하의 내용은 『『악학궤범』 악론 연구』, 101~109쪽 참조.

태주위각, 남려는 남려위우, 고선은 고선위치를 말한다.

셋째, 인궁이다. 여기서도 황종위궁, 대려위각, 태주위치, 응종위우를 사용했다는 것을 말하는 것이다. 이처럼 『주례』에 제시된 율명은 위조식의 율명이다.

여기서는 이 정도로 하고 자세한 내용은 다음 장에서 살펴보도록 하겠다.

끝으로 상조가 없는 것은 제사에는 부드러운 것을 숭상하기 때문에 금에 해당하는 굳세고 강한 것을 쓰지 않으므로 상조가 없다고 설명했는데, 뒤에서 상을 쓰지 않은 진짜 이유가 나온다. 잠시 후에 보도록 하자.

5. 천궁·지궁·인궁의 주음

• 원문 •

악서 운 주관 삼궁 개이중성위주 고천통 이중춘지원종위궁
○『樂書』云, "『周官』三宮, 皆以中聲爲主. 故天統, 以仲春之圜鐘爲宮,
인통 이중동지황종위궁 지어지통지궁 불이중하지유빈 이이계하함
人統, 以仲冬之黃鐘爲宮. 至於地統之宮, 不以仲夏之蕤賓, 而以季夏函
종자 이토왕육월위장하 족이전지통지중 우비유빈소능진고야 기비
鐘者, 以土王六月爲長夏, 足以全地統之中, 又非蕤賓所能盡故也. 豈非
득존무이상지지재 선유 이황종위천통 대려위지통 태주위인통 시위
得尊無二上之旨哉! 先儒, 以黃鐘爲天統, 大呂爲地統, 太簇爲人統. 是爲
삼정가야 위지위삼통 부지해거운이 우운 인궁이황종 사자소수
三正可也, 謂之爲三統, 不知奚據云爾"[534] 又云 "人宮以黃鐘, 死者所首
지방야 지궁이함종 만물치양지방야 천궁이원종 제소출지방야
之方也. 地宮以函鐘, 萬物致養之方也. 天宮以圜鐘, 帝所出之方也"[535]

• 번역 •

『악서』에 이르기를 "『주례』(춘관)[536]에 3궁은 모두 중성中聲을 위주로 한다. 그렇기 때문에 천통은 중춘仲春의 원종(협종)을 궁으로 삼고, 인통은 중동仲冬의 황종을 궁으로 삼는다. 지통의 궁에 이르면 중하仲夏의 유빈을 쓰지 않고 계하季夏의 함종(임종)을 쓰는 것은 토기가 왕성한 6월을 여름[長夏]으로 삼아야 충분하고 온전한 지통의 중심이 될 수 있기 때문이며, 유빈이 [중의 역할을] 다 할 수 없기 때문이기도 하다(〈표 40〉 참고). 어찌 '둘을 모두

534) 『樂書』 98 「十二律」; 『역주 악서』 4, 49쪽.

535) 『樂書』 98 「十二律」; 『역주 악서』 4, 56쪽.

536) 원문을 『주례』에서 찾을 수 없다.

높일 수 없다'[537]라는 뜻을 얻은 것이 아니겠는가! 선대의 유학자들은 황종을 천통으로 삼고 대려를 지통으로 삼고 태주를 인통으로 삼았다고 했다. 이것을 삼정三正[538]이라고 한 것은 옳지만 삼통三統이라고 한 것은 무엇을 근거로 말한 것인지 모르겠다"[539] "인궁이 황종인 까닭은 [황종이] 죽은 자의 머리를 두는 방위와 감응관계가 있기 때문이다. 지궁이 함종(임종)인 까닭은 [임종이] 만물을 자라게 하는 방위와 감응관계가 있기 때문이다. 천궁이 원종(협종)인 까닭은 [협종이] 천제가 나오는 방위와 감응관계가 있기 때문이다"라고 하였다.

• 해설 •

천궁·지궁·인궁은 모두 중성을 주로 하기 때문에 천궁에는 중춘(2월)의 협종, 인궁에는 중동(11월)의 황종을 쓴다고 했다. 다만 지궁의 경우는 중하(5월)의 율관인 유빈을 쓰지 않고, 계하(6월)의 율관인 임종을 쓰는 것은 토의 기운이 강할 뿐만 아니라, 유빈이 중의 역할을 다 할 수 없기 때문이라고 한다. 〈표 40〉은 이해를 돕기 위해『예기』「월령」의 일부 내용과 괘상을 함께 정리한 것이다.

괘상을 보면 양기와 음기에 대한 설명을 쉽게 이해할 수 있다.

537)『禮記』「坊記」: 天無二日, 土無二王, 家無二主, 尊無二上, 示民有君臣之別也.(『신완역 예기』하, 1307쪽)

538) 삼정三正은 하·은·주 3대에 정월을 정할 때 기준으로 삼은 것을 말한다. 하·은·주는 각각 인월(1월)·축월(12월)·자월(11월)을 정월로 삼았다.

539)『樂書』98「十二律」;『역주 악서』4, 49쪽.

〈표 40〉『예기』「월령」

춘			하			土	추			동		
1	2	3	4	5	6		7	8	9	10	11	12
맹춘	중춘	계춘	맹하	중하	계하		맹추	중추	계추	맹동	중동	계동
태주	협종	고선	중려	유빈	임종	황종	이칙	남려	무역	응종	황종	대려
䷊	䷡	䷪	䷀	䷫	䷠		䷋	䷓	䷖	䷁	䷗	䷒

이어서 선대 유학자들이 '황종을 천통으로 삼고 대려를 지통으로 삼고 태주를 인통으로 삼았다'며, 이를 '삼정이라고 한 것은 옳지만 삼통이라고 말한 것'의 근거가 어디에 있는 것인지 의문이라고 지적한다.

동중서董仲舒(BC 170?~BC 120?)의 『춘추번로春秋繁露』에 따르면, 삼통과 삼정은 같은 의미다. 삼정은 흑통으로부터 시작한다. 흑통이란 태양이 달과 영실營室[540]에서 만나고, 북두칠성의 손잡이 모양이 [12지지 중] 인寅의 위치를 가리킬 때를 말하는 것으로 인통이라고도 한다. 삼정 중의 백통은 태양이 달과 허虛[541]에서 만나고, 북두칠성의 손잡이 모양이 [12지지 중] 축丑의 위치를 가리킬 때를 말하는 것으로 지통이라고도 한다. 삼정 중의 적통은 태양이 달과 견우牽牛[542]에서 만나고, 북두칠성의 손잡이 모양이 [12지지 중] 자子의 위치를 가리킬 때를 말하는 것으로 천통이라고도 한다.[543] 하夏·상商·주周 3대의 정월 초하루를 가리키는 것으로, 하나라의 정월은 인월寅月(1월)로 인통이고, 상나라의 정월은 축월丑月(12월)로 지통이고, 주나라의 정

540) 28수 중의 하나다.

541) 28수 중의 하나다.

542) 28수 중의 하나다.

543) 동중서 저/ 신정근 역, 『춘추: 역사 해석학』, 태학사, 2006, 356~362쪽.

월은 자월子月(11월)로 천통이라고 말하며, 이를 삼정三正이라고도 일컫는다.

그러나 본문에서의 삼통은 『춘추번로』에서 말하는 의미의 삼통이 아니다. 다시 말하면 『춘추번로』에 전하는 '삼통'은 하·상·주의 정월인 인통·지통·천통의 삼정으로, 이를 삼통이라고도 칭할 수 있다고 한 것이고, 본문에서의 '삼통'은 천·지·인에 지내는 제사에 쓰이는 궁음이자 주음인 협종, 임종, 황종을 지칭한 것이다. 하·상·주의 정월 초하루를 가리키는 '삼정' 및 '삼통'과 본문의 '삼통'은 그 맥락이 다르다. 따라서 하·상·주의 정월을 삼정 또는 삼통이라고 말해도 무관하지만, 여기서의 협종, 임종, 황종은 삼통이라고 해야 옳다. 진양은 무엇을 근거로 "삼정이라고 한 것은 옳지만 삼통이라고 한 것은 무엇을 근거로 말한 것인지 모르겠다"라고 한 것인지 의문이다.

끝으로 천·지·인의 궁이 각각 황종·임종(함종)·협종(원종)인 이유를 말했다. 인궁이 황종인 까닭은 죽은 자의 머리를 두는 방향이 북쪽(11월)이기 때문이며, 11월과 감응관계에 있는 것이 바로 황종이기 때문이다. 지궁이 임종인 까닭은 만물이 자라나는 6월에 해당하는 임종궁을 연주하면 지기가 나온다고 생각했기 때문이다. 천궁이 협종인 까닭은 진방震方의 윗자리인 묘위卯位에 해당하는 것이 협종이므로 협종궁을 연주하면 천신이 내려온다고 생각했던 것이다.[544](〈표 38〉 참조)

544) 『世宗實錄』 47, 세종 12년 2월 19일(5) 참조.

6. 상조를 쓰지 않는 이유

• 원문 •

又云 "三宮, 不用商聲者, 商, 爲金聲, 而周以木王. 其不用, 則避其所剋而已. 太師'掌六律六同, 以合陰陽之聲, 皆文之以五聲' 宮·商·角·徵·羽, 則古樂之聲, 闕一不可. 周之作樂, 非不備五聲. 其無商者, 文去, 實不去也. ……[545] 與周之佩玉, 左徵角, 右宮羽, 亦不用商同意夫. 豈爲祭尙柔, 而堅剛也哉?"[546]

• 번역 •

[『악서』에 이르기를] "3궁(천·지·인 제사)에서 상성商聲(실은 상조)을 쓰지 않는 것은 상은 금성金聲인데, 주나라는 목덕木德으로 왕이 되었기 때문이다. 상성(실은 상조)을 쓰지 않는 것은 그것의 상극을 피하려는 것이다(金克木). 태사太師가 '6율과 6동을 관장하여 음양의 소리를 합하고, 모두 5성으로 문채를 냈다'[547]라고 하였다. 궁·상·각·치·우와 같은 옛 樂의 소리는 하나라도

---

545) 『악학궤범』에는 "故也筍卿, 以審詩·商, 爲太師之職, 然則詩爲樂章, 商爲樂聲, 樂章之有商聲, 大師必審之者, 爲避小剋而已[그렇기 때문에 순경은 시와 상을 살피는 것이 태사의 직분이라고 하였다. 시는 악장이고 상은 악성이니, 악장에 상성이 있는지를 태사가 반드시 살피는 것은 상극을 피하기 위한 것일 뿐이다]"라는 『악서』의 내용이 생략되어 있다.(『역주 악서』 2, 92쪽)

546) 『樂書』 41 「周禮訓義」; 『역주 악서』 2, 92쪽.

547) 5성을 문식한다는 뜻은 『주례』의 주에 "12율로 5성을 조율하고 5성이 차례를 이루어 마치 비단에 무늬가 있는 것 같다는 뜻이다"라고 설명되어 있다. "성은 무늬이고 율은 바탕이다[律以聲爲文, 聲以律爲質]"(『송사』 127 「악」2)라는 말도 전한다.

빠져서는 안 된다. 주나라가 樂을 제작함에 5성을 갖추지 않은 것이 아니다. 상이 없다는 것은 글에서만 빼고 실제는 빼지 않았다. …… 주나라의 군자가 옥을 차는데, 왼편에는 치성과 각성을 오른편에는 궁성과 우성을 찬다. 마찬가지로 상조를 쓰지 않는 것과 같은 뜻이다. 어찌 제사는 화평한 것을 숭상하는데, 상은 굳세고 강하기 때문에 [쓰지 않는 것이라고] 말하는가?"라고 하였다.

• 해설 •

위의 내용은 『악서』 권41에 전한다. 이 장의 4. 천궁·지궁·인궁에서 『주례』를 인용하여 "제사는 부드러운 것을 숭상하는데 상성은 금으로, 굳세고 강하기 때문에 쓰지 않는다"라고 했다. 그러나 진양은 금이 굳세고 강하기 때문이 아니라 주나라가 목덕으로 왕이 되었고, 목은 금과 상극이기 때문에 이를 피하기 위해 상성을 쓰지 않은 것이라고 지적한 것이다. 또한 5성은 하나라도 빠져서는 안 되기 때문에 기록에만 빠진 것이고 실제는 썼다고 말한다. 그러나 이혜구가 이미 지적했듯이,[548] 주나라가 쓰지 않은 것은 상성이 아니라 상조다. 그래서 앞에서 천지인에 제사 지낼 때 쓰는 악조에 상조가 없었던 것이다.(천신–원종위궁, 황종위각, 태주위치, 고선위우. 지신–함종위궁, 태주위각, 고선위치, 남려위우. 인귀–황종위궁, 대려위각, 태주위치, 응종위우) 진양은 상성과 상조를 혼동했다.

548) 『신역 악학궤범』, 78쪽 각주 312.

7. 주나라와 송나라가 피해야 하는 악조는 서로 다르다.

• 원문 •

又云, "聖朝祫享之樂,[549] 奏〈懷安〉九成之曲. 黃鐘爲宮, 三奏, 大呂爲角二奏, 太簇爲徵, 二奏, 應鐘爲羽, 二奏. 是不知去商者, 周人之制而已. 以用人之制, 推之, 則聖朝, 以火德王天下, 論避其所剋, 當去羽音矣. 今太常用樂, 不審詩羽, 而審詩商, 蓋失古人之旨遠矣, 樂安得而和哉?"[550]

• 번역 •

또 [『악서』에] 이르기를 "송나라 협향祫享의 樂은 〈회안〉 곡 9성으로 [구성된] 곡이다. 황종위궁은 3번 연주하고, 대려위각은 2번 연주하고, 태주위치는 2번 연주하고, 응종위우는 2번 연주한다. [송나라의 악조에 상조가 없는데, 이는] 상조를 쓰지 않는 것은 주나라 사람들의 제도일 뿐이라는 것을 몰라서 그런 것이다. 주나라 사람들의 제도로 이를 헤아려 보면, 송나라는 화덕으로 천하를 이뤘으니, 그 상극을 피하는 것으로 말하자면, 마땅히 우조를 쓰지 않아야 한다. 지금 태상에서 樂을 쓰는데, 우조를 살피지 않고 상조를 살피는 것은 모두 옛 사람들의 뜻을 잘못 이해한 것이니, 樂이 어찌 조화로울 수 있겠는가?"라고 하였다.

549) 협향祫享은 천자와 제후가 3년마다 조상의 신주를 태조묘에 모셔서 한꺼번에 지내는 제사를 말한다.

550) 『樂書』 105 「三宮無商」; 『역주 악서』 4, 165쪽.

• 해설 •

주나라의 樂에 상조를 쓰지 않은 것은 목덕으로 나라를 세웠기 때문에 상극을 피하기 위해서라고 했다. 그런데 송나라에서 이를 그대로 따라서 상조를 빼고 쓰지 않았으니, 이것은 옛 선인들의 뜻에 어긋난다고 지적한 것이다. 목덕으로 나라를 세운 주나라는 그 상극인 금성, 즉 상조를 쓰지 않은 것이므로, 화덕으로 나라를 세운 송나라는 그 상극이 물[水]이므로 물에 해당하는 우조를 쓰지 않아야 마땅하다.(〈그림 54〉, 〈그림 55〉 참고)

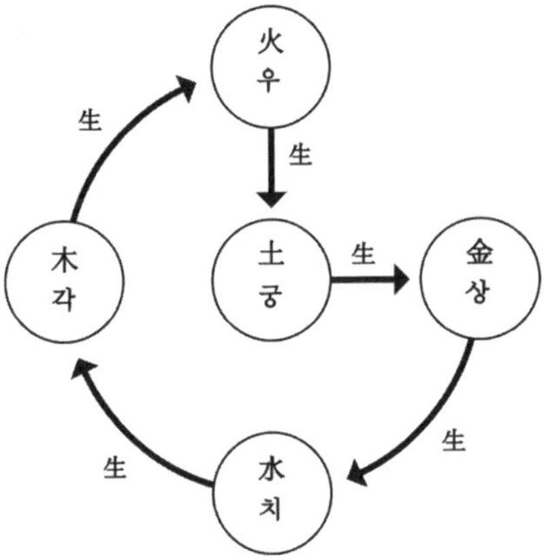

〈그림 54〉 〈오행상생도〉
(토생금, 금생수, 수생목, 목생화, 화생토)

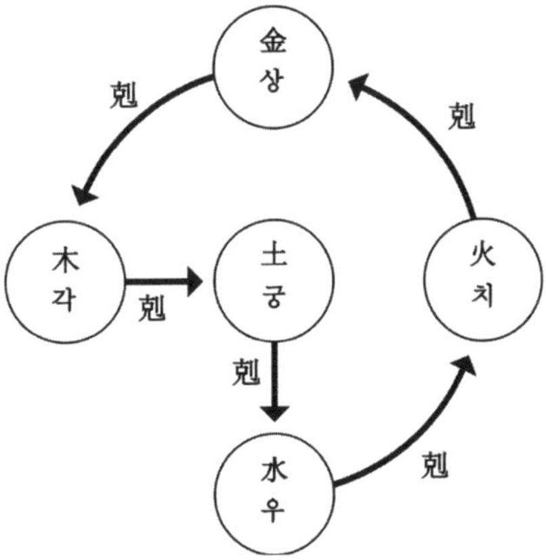

〈그림 55〉 〈오행상극도〉
(토극수, 수극화, 화극금, 금극목, 목극토)

8. 인궁에 황종을 썼으니 천궁과 지궁을 피한 것이 아니다.

• 원문 •

又云, "先儒, 言'天宮, 不用中呂·函鐘·南呂·無射. 人宮, 避函鐘·南呂·姑洗·蕤賓, 不用者, 卑之也. 避之者, 尊之也' 以謂天地之宮, 不用人宮之律, 人宮, 避天地之律. 然則人宮用黃鐘, 孰謂避天地之律耶?"[551] "隋廢旋宮之法, 止用黃鐘一均七聲, 餘五律啞而不擊. 故云縣八用七, 失其制也"[552]

• 번역 •

또 [『악서』에] 이르기를 "선대 유학자들이 말하기를 '천궁에는 중려·함종(임종)·남려·무역을 쓰지 않고, 인궁에는 함종(임종)·남려·고선·유빈을 피하는데, '쓰지 않는다'고 말한 것은 그것을 낮추어 보기 때문이며, '피한다'고 말한 것은 그것을 존귀하게 여기기 때문이다'라고 하였다. 천궁과 지궁에 인궁의 율을 쓰지 않고 인궁에는 천궁과 지궁의 율을 피한다고 했다. 그런데 인궁에 황종을 썼으니 어찌 천궁과 지궁의 율을 피한 것이라고 말하겠는가?"라고 하였다. [진양은] "수隋나라는 선궁법(돌아가면서 궁이 되는 법)을 없애고 황종 1균의 7성(황종·임종·태주·남려·고선·응종·유빈)만 쓰고, 남은 5율(대려·협종·중려·이칙·무역)은 벙어리처럼 치지 않았다. 그렇기 때문에 8개(실은 12개)의

---

551) 『樂書』 41 「周禮訓義」; 『역주 악서』 2, 92~93쪽.

552) 明, 唐順之撰, 『稗編』 39 「樂」 4, 陳暘, 「十二律摠論」

종을 걸어 놓고 7개만 썼으니, 그 제도를 잃어버린 것이다"[553]라고 하였다.

• 해설 •

진양은 『주례』의 천궁과 지궁, 인궁에 제시된 율명을 조명으로 이해하지 못했기 때문에, 앞에서와 마찬가지로 이에 대해 계속 문제를 제기하고 있다. 3궁에 언급된 율명을 조명으로 보면 진양이 제기한 문제는 자연히 해결된다.

---

553) 『신역 악학궤범』, 79쪽 각주 323번에, "8개의 종을 걸어놓으면 벙어리 종이 1개가 될 것이고, 12개의 종을 걸어놓아야 벙어리 종이 5개가 될 것이다"라고 했다.

9. 옛날에는 소리가 조화로웠다.

• 원문 •

우운 고자금슬지용 각이성류소의 운화 양지야 기금슬 의어원
○又云, "古者琴瑟之用, 各以聲類所宜. 雲和, 陽地也, 其琴瑟, 宜於圜
구주지 공상 음지야 기금슬 의어방택주지 용문 인공소착이성야
丘奏之. 空桑, 陰地也, 其琴瑟, 宜於方澤奏之. 龍門, 人功所鑿而成也,
기금슬 의어종묘주지 전제생처공상 이윤생우공상 우착용문
其琴瑟, 宜於宗廟奏之. 顓帝生處空桑,[554] 伊尹生于空桑,[555] 禹鑿龍門.
개이지명지 즉운화 기우공소위운토자여
皆以地名之, 則雲和, 豈「禹貢」所謂'雲土'者歟?"[556]

• 번역 •

또 [『악서』에] 이르기를 "옛날에 금과 슬을 연주하면, 각각 소리의 구성이 조화로웠다. 운화는 양지이니, [운화에서 나온 재료로 만든] 금과 슬은 마땅히 원구에서 연주해야 한다. 공상은 음지이니, [공상에서 나온 재료로 만든] 금과 슬은 마땅히 [네모진] 못에서 연주해야 한다. 용문은 사람이 뚫어서 만든 것이니,[557] [용문에서 나온 재료로 만든] 금과 슬은 마땅히 종묘에서 연주해야 한다. 전제顓帝(顓頊)가 살던 곳이 공상이고, 이윤伊尹은 공상

---

554) 전욱顓顼은 고대 중국의 신화상의 제왕이다. 오제의 한 명으로 소호의 뒤를 이어 제위에 올랐다. 공상에서 거주했다고 전한다.

555) 이윤伊尹은 중국 은나라의 이름난 재상으로 탕왕을 도와 하나라의 걸왕을 멸망시키는 데 큰 역할을 했고, 선정을 베풀어 덕망이 높았다.

556) 『樂書』 42 「周禮訓義」; 『樂書』 119 「琴瑟」; 『역주 악서』 2, 100~101쪽; 『역주 악서』 4, 362쪽.

557) 漢 焦贛 撰, 『焦氏易林』 4 「升之」 46에 "우임금이 용문을 뚫어, 물의 원천을 유통시켜 동쪽으로 유도하여 푸른 바다로 흘러가게 하니, 백성이 편안히 지낼 수 있게 되었다[禹鑿龍門, 通利水源. 東注滄海, 民得安存]"라고 전한다.

에서 태어났으며, 우임금은 용문을 뚫었다. 모두 땅이름인데, 운화가 어찌 「우공禹貢」편의 이른바 '운택에 고였던 물이 빠져 바닥이 드러난 것'을 말하는 것이겠는가?"라고 하였다.

• 해설 •

이 장의 처음에 『주례』 「춘관·대사악」에 '① 운화의 금슬을 사용하고, [요임금의 악무인] 〈운문〉의 춤을 동지에 지상의 원구에서 [천신에게] 올리고, ② 공상空桑의 금슬을 사용하고, [황제의 악무인] 〈함지〉의 춤을 하지에 못 가운데의 네모진 언덕에서 [지신에게] 올리고, ③ 용문의 금슬을 사용하고, 〈구덕〉의 노래·〈구소〉의 춤을 종묘의 가운데에서 [조상의 영혼에] 올린다'는 내용을 살펴보았다. 여기서는 운화에서 나온 재료로 만든 금슬을 왜 원구에서 연주해야 하는지, 공상에서 나온 재료로 만든 금슬을 왜 네모진 못에서 연주해야 하는지, 용문에서 나온 재료로 만든 금슬을 왜 종묘에서 연주해야 하는지에 대해 밝히고 있다. 즉 운화는 양지이므로 천신 제사를 지내는 원구에서 운화에서 나온 재료로 만든 악기로 연주하고, 공상은 음지이므로 지신 제사를 지내는 방택에서 공상에서 나온 재료로 만든 악기로 연주하며, 용상은 사람이 만든 것이니 조상 제사를 지내는 종묘에서 용문에서 나온 재료로 만든 악기로 연주하는 것이다.

이어서 "운화가 어찌 「우공」편의 이른바 '운택에 고였던 물이 빠져 바닥이 드러난 것을 말하는 것이겠는가?"라고 덧붙이고 있는데, 이 말은 『서경』에 나온다. 『서경』 권3 「우공」에 "타와 잠이 이미 물길을 따르니 운택에서 흙이 나오고 몽택이 다스려졌다[沱潛旣道, 雲土夢作乂]"[558]라는 구절이 있다. 이는 "타수와 잠수를 다시 잘 흐르게 만들자 운택에 고였던 물이 빠져 바닥이

558) 『서경집전』 상, 185쪽.

들어나고 몽택의 못물 역시 잘 다스려져 경작하게 되었다"[559]라는 뜻이다. 진양은 '운화'가 「우공」편의 '운화'와는 관련이 없다는 것을 강조한 것이다.

559) 김종수, 『역주 증보문헌비고-악고』 상, 국립국악원, 1994, 46쪽.

10. 〈운문〉·〈함지〉·〈구소〉를 춤추는 이유

• 원문 •

○又云, "天神以〈雲門〉, 則天氣也. 地示以〈咸池〉, 法地澤也. 人鬼以〈九德〉之歌·〈九磬〉之舞者, 以舜繼體而帝,[560] 禹以繼體而王, 皆足以承宗廟·奉祭祀故也"[561]

• 번역 •

또 [『악서』에] 이르기를 "천신에 〈운문〉을 바치는 것은 [운문]이 천기이기 때문이다. 지시地示에 〈함지〉를 바치는 것은 [함지]가 땅의 못을 본받았기 때문이다. 조상신에 〈구덕〉의 노래를 바치고 〈구소〉의 춤을 바치는 것은 순이 [요堯를] 계승하여[繼體] 제帝가 되었고, 우가 순을 계승하여 왕이 되었으니, 모두 종묘를 이어 받고 제사를 받들기에 충분하기 때문이다"라고 하였다.

• 해설 •

천신에 바치는 〈운문〉은 〈대장大章〉과 〈대권大卷〉으로 불리기도 한다. 그 이유는 다음과 같다.

560) 계체繼體는 제왕帝王의 자리를 이었음을 뜻한다.

561) 『樂書』 42 「周禮訓義」; 『역주 악서』 2, 104쪽.

> 『주례』「춘관·대사악」에 "〈운문〉을 춤추어 천신에게 제사를 지냈다"[562]라고 했고, 『전傳』에는 "구름은 천기에서 나오고, 비는 지기에서 나온다"[563]라고 하였다. 곧 요堯의 樂을 〈운문〉이라고 이름 지은 것은 천기가 출입하는 것에 따른 것이다. 대개 구름이 사물을 이루면 나가서는 흩어져 무늬를 이루어서 그 인仁이 드러나며, 들어와서는 모아져서 감아 돌아가니 그 지혜가 감춰진다. 요의 준덕俊德은 나아가면 해와 같고 바라보면 구름과 같으므로 〈운문〉의 본뜻이다. 그 인은 하늘과 같아서 그 문장을 밝힘이 〈대장大章〉의 본뜻이다. 그 지혜는 신神과 같아서 백성이 이름 부를 수 없는 것이 〈대권大卷〉의 본뜻이다. 요의 한 가지 樂이 세 가지 이름으로 불리는 것은 아마도 그 도가 한번은 드러나고[一顯] 한번은 감춰지고[一晦] 한번은 말려지고[一卷] 한번은 펴지니[一舒], 헤아릴 수 없어서가 아니겠는가?[564]

구름은 천기에서 나오고, 천기가 구름을 통해 출입하기 때문에, 구름 운雲과 문문門의 뜻을 담은 요의 樂인 〈운문〉을 추어 천신에 제사를 지낸다. 그리고 구름이 사물을 이루면 무늬를 이루는데, 요의 樂에도 인仁이 드러나기 때문에, 크고 위대하다는 대大와 문채, 문장[章]의 뜻을 담아 〈대장〉이라고도 부른 것이다. 또한 요의 지혜는 구름이 감아 돌아가서 감춰진 모습과 같이 겉으로 잘 드러나지 않기 때문에 말다, 감아 돌다[卷]라는 의미로 〈대권〉이라고도 한 것이다.

다음은 〈함지咸池〉를 보자.

---

562) 『周禮』「春官·大司樂」: 舞〈雲門〉, 以祀天神.(『주례』, 262쪽)

563) 『黃帝內經』「素問」 1: 雨出地氣, 雲出天氣.

564) 『樂書』 166 〈雲門〉·〈大卷〉·〈大章〉: 『周官』「大司樂」, "舞〈雲門〉, 以祀天神" 『傳』曰: "雲出天氣, 雨出地氣" 則堯之樂以〈雲門〉名之, 以天氣所由出入故也. 蓋雲之爲物, 出, 則散以成章, 而其仁顯, 入則聚以爲卷, 而其智藏. 堯之俊德, 就之如日, 望之如雲, 〈雲門〉之實也. 其仁如天, 煥乎其文章, 〈大章〉之實也. 其智如神, 而民無能名, 〈人卷〉之實也. 堯一樂而三名之, 豈非以其道, 一顯·一晦·一卷·一舒, 不可爲量然邪?"

장주莊周는 "황제의 〈함지咸池〉"[565]라며, "황제가 동정洞庭[566]의 들에서 〈함지〉를 펼쳤다"[567]라고 하였다. 『악위樂緯』[568] · 『여씨춘추呂氏春秋』· 『전한지前漢志』[569] · 『백호통의白虎通義』· 『문선文選』[570]에도 〈함지〉를 지었다고 하였으니, 〈함지〉가 황제의 樂이라는 것을 믿을 수 있다. …… 〈함지〉는 비록 황제가 지은 것이지만, 요임금 또한 그것을 다듬어서 사용하였다. [요임금이] 〈대장〉 樂을 지었을 때는 충분히 갖추어졌다고 할 수 없었는데, 황제의 樂을 다듬어서 사용한 후에 樂이 완비되었다. 그렇기 때문에 "〈대장〉이 그것을 드러냈고, 〈함지〉에 이르러 완비되었다"[571]라고 했던 것이다. 〈운문〉·〈대권〉·〈대장〉은 요가 천도天道를 체득한 것을 드러낸 것이고, 〈함지〉는 요가 지도地道를 체득한 것을 드러낸 것이다.[572]

---

565) 『莊子』「天下」: 黃帝有〈咸池〉 (안동림 역주, 『장자』, 현암사, 1993; 2001, 781쪽)

566) 동정洞庭은 중국 후난성湖南省 북부에 있는 호수 이름이다. 장강 남쪽 유역에 있으며 4개의 수로를 통해 장강과 연결되어 있다. 둥팅호洞庭湖는 후난성의 여러 강들을 연결하고, 호수 주변의 후난성 북부 및 장강 유역의 도시들 사이를 연결하는 교통의 연계지다.

567) 『莊子』「天運」: 북문성이 황제에게 물었다. "제왕께선 〈함지〉의 음악을 동정의 들판에서 베푸셨습니다만 저는 처음에 듣고는 두려워졌고, 다시 듣자 그 두려움이 사라졌으며, 마지막에 듣고는 뭐가 뭔지 알지 못하게 되었습니다. 정신은 흔들리고 말도 나오지 않아 도통 나 자신을 어떻게 할 수가 없었습니다[北門成問於皇帝曰, "帝張〈咸池〉之樂於洞庭之野, 吾始聞之懼, 復聞之怠, 卒聞之而惑, 蕩蕩默默, 乃不自得]."(『장자』, 373쪽)

568) 『악위樂緯』는 경서經書에 대해 다양한 위서, 즉 시위詩緯·역위易緯·서위書緯·예위禮緯·악위樂緯·춘추위春秋緯·효경위孝經緯, 7위 중의 한 가지를 가리킨다.

569) 『전한지』는 『한서』를 말한다. 중국 후한시대의 역사가 반고班固가 저술한 기전체의 역사서다. 12제기帝紀·8표表·10지志·70열전列傳으로 구성되어 있으며, 총 100권이다. 『전한서』 또는 『서한서』라고도 한다. 한 무제에서 끊긴 사마천의 『사기』의 뒤를 이은 정사正史로 여겨진다.

570) 원문에는 이선李善이라고 기록되어 있다. 이선(630 추정~690)은 중국 당나라의 문인 겸 학자이다. 박학다식했지만 문장을 잘 지을 줄 몰라 사람들이 서록西麓이라 불렀고, 교수 및 학문 방법 등에 있어 오로지 『문선』을 위주로 하여 문선학文選學이라 불리었다. 현경顯慶 3년(658) 『문선주文選註』 60권을 지어 조정에 바치기도 했다. 이 책은 당나라 이전 고서 주석의 최고 수준이며, 후대에 많은 영향을 끼쳤다. 이에 『문선』이라는 책명 대신 방대한 주석을 단 이선이라고 기록한 것이다. 『문선주』는 깊이 있고 날카로운 분석과 방대한 수집 자료로 학술적 가치가 크다.(『중국역대인명사전』, 1405쪽)

571) 『禮記』「樂記」: 大章, 章之也. 咸池, 備矣.; 『동양의 음악사상 악기』, 90쪽.

572) 『樂書』 166 〈大咸〉: 莊周, 嘗謂"黃帝之〈咸池〉", 又謂 "黃帝, 張〈咸池〉之樂於洞庭之野".

『악서』에는 또 "구름이 천기이기 때문에 천신에 〈운문〉의 춤을 추는 것이고, 함지는 땅의 못을 말하므로 지신에 〈함지〉의 춤을 추는 것"[573]이라고도 전한다.

다음은 종묘에서 조상에 예를 올릴 때에 바치는 〈구덕〉의 노래와 〈구소〉의 춤이다. 먼저 〈구덕〉과 관련된 내용이다. 본문에 "조상에게 지내는 제사에 〈구소〉의 춤을 추고 〈구덕〉의 노래를 하는 것은 순이 요를 계승하여 제가 되고, 우가 순을 계승하여 왕이 되었기 때문"[574]이라고 했다.

『춘추좌전주소春秋左傳注疏』[575]에는 "구공九功의 덕은 모두 노래할 수 있으니, 구가九歌라 일컫는다. 육부六府와 삼사三事를 일러 구공이라 하는데, 수·화·목·금·토·곡을 일컬어 육부라 하며, 정덕正德·이용利用·후생厚生을 일컬어 삼사라 한다"[576]라고 했다. 『서경』「대우모」에도 "수·화·금·목·토와 곡을 잘 닦고, 덕을 바르게 하고(正德) 씀을 이롭게 하며(利用), 삶을 두텁게 하는 것(厚生)이 조화되어 아홉 가지 공이 펼쳐져서 아홉 가지 펼쳐진 것을 노래하며, 경계하여 아름답게 하시고 감독하여 두렵게 하시며, 권면하되 아홉 가지 노래로 하셔서 무너지지 않게 하소서"[577]라며, 구덕의 내용

『樂緯』·『呂氏春秋』·『前漢志』·『白虎通』·李善, 亦謂黃帝作〈咸池〉, 則〈咸池〉爲黃帝之樂, 信矣. …… 〈咸池〉, 雖黃帝所作, 而堯亦修而用之. 故其作〈大章〉之樂, 未足以爲備, 至修用黃帝之樂, 然後備樂矣. 故曰: "〈大章〉章之也, 〈咸池〉備矣" 〈雲門〉·〈大卷〉·〈大章〉所以表堯之體天道也, 〈咸池〉所以表堯之體地道也.

573) 『樂書』 42: 天神以〈雲門〉, 則天氣也. 地祇以〈咸池〉, 法地澤也.(『역주 악서』 2, 104쪽)

574) 『樂書』 42: 人鬼, 〈九德〉之歌·〈九磬〉之舞者, 以舜以繼體而帝, 禹以繼體而王.(『역주 악서』 2, 104쪽)

575) 『춘추좌전주소』는 『춘추』의 전傳에 대한 주석이다. 『춘추』는 노나라 은공 원년(기원전 722)에서 애공 14년(기원전 481)까지의 역사서이다. 『춘추』는 경과 전으로 나뉘는데, 전에는 공양전公羊傳, 곡량전穀梁傳, 좌씨전左氏傳이 있다. 오늘날에는 좌씨전이 가장 널리 알려져 있다. 이에 대한 자세한 내용은 『신정근 교수의 동양고전이 뭐길래?』, 78~87쪽 참조.

576) 『春秋左傳注疏』 18: 九功之德, 皆可歌也, 謂之九歌. 六府·三事謂之九功, 水·火·金·木·土·穀謂之六府, 正德·利用·厚生, 謂之三事.

577) 『書經』「大禹謨」: 禹曰, "於! 帝, 念哉. 德惟善政, 政在養民. 水·火·金·木·土·穀, 惟修. 正德·利用·厚生, 惟和. 九功惟敍, 九敍惟歌. 戒之用休, 董之用威, 勸之以九歌, 俾勿壞"(『서경』,

이 동일하게 전한다.

다음은 〈구소〉를 보자.

> 〈소磬〉라는 악무는 통하지 않은 곳이 없으니, 천지 사이에서 그것을 연주하면 사망四望[578]의 신에 다다르게 할 수 있고, 종묘 안에서 그것을 연주하면 조상의 영혼에 예를 올릴 수 있다. 『서書』에는 "〈소소簫韶〉 구성九成"[579]이라고 되어 있는데, 제왕이 이룬 업적이 있으면 樂을 지어 그 형상으로써 다스리고자 했기 때문이다. 그러므로 큰 도는 9번 변한 후에 상 또는 벌을 줄 수 있고, 왕의 도는 9번 변한 후에 순기淳氣[580]가 윤택해질 수 있다. 그런 즉 〈소악韶樂〉이 9번 변하니 봉황[儀鳳][581]과 뭇 짐승들이 춤추지[舞獸][582] 않을 수 있었겠는가?[583]

〈소磬〉는 〈소韶〉와 같은 것으로, 〈소〉 악무가 아홉 곡으로 구성되어 있기 때문에 〈구소〉라고 한 것이다. 아홉 가지 덕을 찬양하는 것인데, 9덕은

58쪽)

578) 사망四望은 옛 제사의 이름이다. 천자가 사방을 향해 산천에 제사를 지내는 것을 일컫는다.

579) 『書經』「益稷」: 기가 말했다. "훈을 두드리고, 거문고와 비파를 연주하며 노래하니, 할아버지와 아버지의 신이 와서 이르는데, 우 나라의 국빈들은 자신의 자리에 있고, 제후들은 자리를 양보합니다. 당하에서는 피리와 작은 북을 연주하고, 축과 어를 두드려서 시작과 끝으로 삼습니다. 생황과 쇠북을 번갈아 울리자 새와 짐승이 춤을 추었으며, 〈소소〉를 아홉 번 연주하자, 봉황이 와서 춤을 추었습니다[夔曰, 戞擊鳴球, 搏拊琴瑟以詠, 祖考來格, 虞賓在位, 羣后德讓. 下, 管鼗鼓, 合止柷敔. 笙·鏞以間, 鳥獸蹌蹌, 〈簫韶〉九成, 鳳皇來儀]"(『서경』, 100쪽) 명구鳴球는 훈壎을 말한다.

580) 순기淯氣는 순화淳和의 기를 말한다. 즉 질박質朴·온화溫和하고, 인후仁厚·평화平和로우며, 순정醇正·중화中和한 기를 말한다.

581) 의봉儀鳳은 위의威儀가 있는 봉황을 말한다.

582) 『書經』「益稷」: 기가 말했다. "아! 석경을 연주하자 모든 짐승들이 춤을 추고, 여러 관직의 우두머리가 진실로 화합합니다[夔曰, "於! 予擊石拊石, 百獸率舞, 庶尹允諧]"(『서경』, 101쪽) 무수舞獸는 백수솔무百獸率舞를 말한다.

583) 『樂書』 166 〈大磬〉: 則〈磬〉之爲樂無所不通, 奏之天地之間, 則四望之神可格也. 奏之宗廟之中, 則人鬼之靈可禮也. 『書』曰, "〈簫韶〉九成" 蓋帝王功成作樂, 所以象成者也. 故大道至九變, 然後賞罰可行. 王道至九變, 然後淳氣可洽, 然則〈韶樂〉九變, 有不可以儀鳳舞獸哉?

도度·맥莫(貊)·명明·류類·장長·군君·순順·비俾(比)·문文을 말하며, 각각의 의미는 다음과 같다. '도'는 마음으로 의리를 만듦, '맥'은 덕이 바르고 응대가 화해로움, '명'은 사방을 비추어 임함, '류'는 부지런히 베풀되 사사로이 하지 않음, '장'은 가르치되 게으르지 않음, '군'은 상으로 축하하고 형벌로 위엄을 보임, '순'은 자애롭고 온화하여 두루 기쁜 마음으로 복종함, '비'는 선을 가려서 좇음, '문'은 천지를 조직하여 무늬를 이룸을 뜻한다.[584)]

---

584) 『악기집석』, 651쪽 각주 5.

11. 8변·9변·6변을 하는 이유

• 원문 •

○ 又云, "聲本於日[585], 律本於辰. 故甲·己[586]之數九, 乙·庚八, 丙·辛七,[587] 丁·壬六, 戊·癸五. 此聲之數也. 子·午之數九, 丑·未八, 寅·申七, 卯·酉六, 辰·戌五, 巳·亥四. 此律之數也. 蓋圜鐘, 卯位之律也, 而丁爲之幹. 故其樂六變. 函鐘, 未位之律也, 而乙爲之幹. 故其樂八變. 黃鐘, 子位之律也, 而甲爲之幹. 故其樂九變. 天神以陽升, 卒有以降而禮之者, 六變之樂有以召之也. 地示以陰藏, 卒有以出而禮之者, 八變之樂有以召之也. 人鬼域於陰陽之間而無不之, 卒有以接而禮之者, 九變之樂有以召之也."[588]

• 번역 •

또 [『악서』에] 이르기를 "5성은 해(10천간)를 근본으로 하고, 12율은 신辰(12지지)을 근본으로 한다. 그렇기 때문에 갑甲과 기己의 수는 9이고, 을乙과 경庚의 수는 8이고, 병丙과 신辛의 수는 7이고, 정丁과 임壬의 수는 6이고, 무戊와

585) 『송사』에는 '本'이 '生'으로 기록되어 있다. 『宋史』 128 「樂志」 81 「樂」3: 聲, 生於日, 律, 生於辰.

586) 원문에 '己'가 누락되어 『악서』에 따라 첨가하였다.

587) 원문에 '丙辛七'이 누락되어 『악서』에 따라 첨가하였다.

588) 『樂書』 42 「周禮訓義」; 『역주 악서』 2, 105~106쪽.

계癸의 수는 5다. 이것이 5성의 수이다. 자子와 오午의 수는 9이고, 축丑과 미未의 수는 8이고, 인寅과 신申의 수는 7이고, 묘卯와 유酉의 수는 6이고, 진辰과 술戌의 수는 5이고, 사巳와 해亥의 수는 4이다. 이것이 12율의 수이다. 대개 원종(협종)은 묘의 자리(6)의 율이고 정丁을 간幹으로 한다. 그런 까닭에 그 樂은 여섯 번 변한다. 함종(임종)은 미의 자리(8)의 율이고 을乙을 간幹으로 한다. 그런 까닭에 그 樂은 여덟 번 변한다. 황종은 자의 자리(9)의 율이고 갑甲을 간으로 한다. 그런 까닭에 그 樂은 아홉 번 변한다. 천신은 양으로써 [하늘에] 올라가 있는데, 마침내 [땅으로] 내려옴으로써 예를 올릴 수 있는 것은 6변의 樂으로 천신을 부를 수 있기 때문이다. 지시地示는 음으로써 [땅 속] 깊은 곳에 있는데 마침내 [땅 위로] 나옴으로써 예를 올릴 수 있는 것은 여덟 번 변하는 樂으로 지신을 부를 수 있기 때문이다. 인귀는 음양의 사이에 있어서 가지 않는 데가 없는데, 마침내 접하여 예를 올릴 수 있는 것은 아홉 번 변하는 樂으로 조상신을 부를 수 있기 때문이다"라고 하였다.

• 해설 •

위의 내용을 〈표 41〉로 정리했다.

〈표 41〉 인귀 9변, 지신 8변, 천신 6변

	人鬼	地神		天神		
變數	9	8	7	6	5	4
地支	子·午	丑·未	寅·申	卯·酉	辰·戌	巳·亥
律	황종	임종		협종		
天干	甲·己	乙·庚	丙·辛	丁·壬	戊·癸	
數	9	8	7	6	5	

천신에 예를 올릴 때 왜 6변의 樂을 쓰는지, 지신에 예를 올릴 때 왜 8변의 樂을 쓰는지, 인신에 예를 올릴 때 왜 9변의 樂을 쓰는지 그 이유를 언급

한 것인데, 이에 대해 『악서』 권42의 내용을 인용하며 간단하게 정리한 내용이 『역주 악서』에 다음과 같이 전한다.

> 제사에서의 강신 절차에 연주되는 악조와 변수를 살펴보겠다. 진양은 상제가 진방에서 나오므로 진방에 해당하는 협종궁을 연주하면 천신이 내려오고, 6월에 만물이 무성하게 자라나므로 6월에 해당하는 임종궁을 연주하면 지기가 나오고, 죽은 사람이 머리를 두는 정북에 해당하는 황종궁을 연주하면 인귀가 나온다. 협종, 임종, 황종이 묘, 미, 자의 위치에 해당하고, 정, 을, 갑을 줄기로 삼는데, 그 수가 각각 6, 8, 9이므로 천신, 지기, 인귀의 강신에 6변, 8변, 9변을 한다고 설명하고 있다.[589]

589) 『역주 악서』 1, 32쪽.

12. 6대악을 나누어 차례를 매긴다.

• 원문 •

又云, “『周禮』「大司樂」, 乃分樂而序之, 以祭以享以祀. 乃奏黃鐘, 歌大呂, 舞〈雲門〉, 以祀天神. 乃奏太簇, 歌應鐘, 舞〈咸池〉, 以祭地示. 乃奏姑洗, 歌南呂, 舞〈大韶〉, 以祀四望. 乃奏蕤賓, 歌函鐘, 舞〈大夏〉, 以祭山川. 乃奏夷則, 歌小呂, 舞〈大濩〉, 以享先妣. 乃奏無射, 歌夾鐘, 舞〈大武〉, 以享先祖”[590] “言奏則堂下之樂, 言歌則堂上之樂”[591] …… “分律而序之, 自黃鐘以至無射. 分同而序之, 自大呂以至夾鐘. 分舞而序之, 自〈雲門〉以至〈大武〉. 然先妣在先祖上, 則姜嫄也. 姜嫄特祀, 後世以爲禖神而序之先祖之上, 則先祖所自出故也”[592]

• 번역 •

또 [『악서』에] 이르기를 “『주례』「대사악」에 [6대악의] 樂을 나누어 그것의 차례를 매기고, 이로써 제祭하고 향享하고 사祀한다. [당하에서는] 황종궁을 연주하고 [당상에서는] 대려궁을 노래하며, 〈운문〉을 춤추어 이로써 천신에 제사를 지낸다[祀]. [당하에서는] 태주궁을 연주하고 [당상에서는]

590) 『樂書』 41 「周禮訓義」; 『역주 악서』 2, 74~75쪽.

591) 『樂書』 41 「周禮訓義」; 『역주 악서』 2, 78쪽.

592) 『樂書』 41 「周禮訓義」; 『역주 악서』 2, 79쪽.

응종궁을 노래하며, 〈함지〉를 춤추어 이로써 지신에 제사를 지낸다[祭]. [당하에서는] 고선궁을 연주하고 [당상에서는] 남려궁을 노래하며, 〈대소〉를 춤추어 이로써 사망에 제사를 지낸다[祀]. [당하에서는] 유빈궁을 연주하고 [당상에서는] 함종궁을 노래하며, 〈대하〉를 춤추어 이로써 산천에 제사를 지낸다[祭]. [당하에서는] 이칙궁을 연주하고 [당상에서는] 소려궁을 노래하며, 〈대호〉를 춤추어 이로써 돌아가신 선조의 어머니[先妣]에게 제사를 지낸다[享]. [당하에서는] 무역을 연주하고 [당상에서는] 협종을 노래하며, 〈대무〉를 춤추어 이로써 선조에게 제사를 지낸다[享]"라고 하였다. "주奏라는 말은 당하의 樂이고, 가歌라는 말은 당상의 樂이다"라고 하였다. …… "[당하에서 연주하는 樂의] 율(6율)을 나누어 차례를 매기면 황종에서부터 무역에 이른다(황종-태주-고선-유빈-이칙-무역). [당상에서 노래하는 樂의] 동(6려)을 나누어 차례를 매기면 대려에서부터 협종에 이른다(대려-응종-남려-임종-중려-협종). 춤(6대무)을 나누어 차례를 매기면 〈운문〉으로부터 〈대무〉에 이른다(운문-함지-대소-대하-대호-대무). 그런데 선비先妣가 선조의 앞에 있는 것은 [선비]가 강원姜嫄이기 때문이다. 강원에게 특별히 제사를 지내는 것은, 후세에 아들을 낳은 신으로 삼았기에 차례를 선조의 앞에 둔 것으로, [강원이] 선조를 낳았기 때문이다"라고 하였다.

• 해설 •

위의 내용은 천신·사망·지신·산천·선비·선조에 올리는 사祀·제祭·향享의 악가무 구성과 그것을 구분해서 차례를 매기게 된 이유를 설명한 것이다. 그 내용을 간략하게 〈표 42〉로 정리했다.

〈표 42〉 祀·祭·享의 神·奏·歌·舞

	神	奏의 주음(당하)	歌의 주음(당상)	舞
祀	천신	황종	대려	운문
	사망	고선	남려	대소
祭	지신	태주	응종	함지
	산천	유빈	함종(임종)	대하
享	선비(강원)	이칙	소려(중려)	대호
	선조	무역	협종	대무

위의 내용에서 각 제사를 올릴 때 당하에서의 연주[奏]와 당상에서의 노래[歌]에 배속된 율은 음양의 합을 이루고 있다. 3장에서 양율과 음율이 해와 달, 그리고 북두칠성 자루가 돌아가는 방향에 따라 회전하여 합일한다는 내용을 살펴보았다. 이에 따라 제사를 지낼 때에도 당상과 당하의 樂이 음양의 합을 이루도록 구성한 것이다. 아래의 〈표 43〉과 〈표 44〉에서 확인할 수 있다.

〈표 43〉 12율과 12지지의 선전旋轉

양율 좌선 →		← 음율 우전	
陽律	무역 이칙 유빈 고선 태주 황종	대려 응종 남려 임종 중려 협종	陰律
地支	술戌 신申 오午 진辰 인寅 자子	축丑 해亥 유酉 미未 사巳 묘卯	地支

〈표 44〉 12율과 12지지의 음양합일

地支 陽律	자子 황종	인寅 태주	진辰 고선	오午 유빈	신申 이칙	술戌 무역
陰律 地支	대려 축丑	응종 해亥	남려 유酉	임종 미未	중려 사巳	협종 묘卯

12장

3대사三大祀 강신악조降神樂調

1. 『송사』와 『주례』의 천신 강신악
2. 『당육전』의 악조명은 위조식인지 지조식인지 알 수 없다.
3. 옛 악은 12궁만 썼다.
4. 수나라에서 5인引을 5음音으로 고쳤다.
5. 수월용율 및 5방과 5음
6. 『송사』의 천신 강신악 악조
7. 『송사』의 천신 강신악 악조의 오류

이 장에서는 3대사 강신악조에 대해 다룬다. 먼저 『송사』와 『주례』의 천신 강신악을 살펴본 후, 이어서 『당육전唐六典』의 악조명을 살펴볼 것이다. 또 『옥해玉海』의 수월용율隨月用律 및 5방과 5음, 『송사』의 천신 강신악 악조의 내용을 이어서 살펴본 후, 끝으로 성현이 『송사』의 천신 강신악 악조의 오류를 지적하고 바르게 수정하며 마무리한다.

1. 『송사』와 『주례』의 천신 강신악

• 원문 •

『宋史』云, "降天神之樂, 六奏, 舊用夾鐘之均三奏, 謂之夾鐘爲宮, 夷則之均一奏, 謂之黃鐘爲角, 林鐘之均二奏, 謂之太簇爲徵·姑洗爲羽, 而「大司樂」, '凡樂, 圜鐘爲宮·黃鐘爲角·太簇爲徵·姑洗爲羽',[593] 而圜鐘者, 夾鐘也. 用夾鐘均之七聲, 以其宮聲爲始終, 是謂圜鐘爲宮, 用黃鐘均之七聲, 以其角聲爲始終, 是謂黃鐘爲角, 用太簇均之七聲, 以其徵聲爲始終, 是謂太簇爲徵, 用姑洗均之七聲, 以其羽聲爲始終, 是謂姑洗爲羽. 今用夷則之均一奏, 謂之黃鐘爲角, 林鐘之均二奏, 謂之太簇爲徵·姑洗爲羽, 則祀天之樂, 無夷則·林鐘而用之, 有太簇·姑洗而去之矣"[594]

• 번역 •

『송사』에 이르기를 "천신을 강림하게 하는 樂은 6번 연주하는데 옛날에는 협종균을 3번 연주하는 것을 협종위궁이라고 했고, 이칙균을 1번 연주하는 것을 황종위각이라고 했고, 임종균을 2번 연주하는 것을 태주위치와 고선위우라고 했는데, [『주례』]의 「대사악」에 '樂(천신강신악)은 원종위궁·황종위각·태주위치·고선위우이다'라고 했으니, 원종은 협종이다. 협종균의 7성을 쓰고

593) 『周禮註疏』 22

594) 『宋史』 128 「志」 81 「樂」 3

그 궁성으로 음악을 시작하고 그치니, 이것을 원종위궁이라고 한다. 황종균의 7성을 쓰고 그 각성으로 음악을 시작하고 그치니, 이것을 황종위각이라고 한다. 태주균의 7성을 쓰고 그 치성으로 음악을 시작하고 그치니 이것을 태주위치라고 한다. 고선균의 7성을 쓰고 그 우성으로 음악을 시작하고 그치니, 이것을 고선위우라고 한다. 지금 [황종균 대신] 이칙균으로 한 번 연주하는 것을 황종위각이라고 하고, 임종균을 두 번 연주하는 것을 태주위치와 고선위우라고 하니, [이것은] 천신에 제사지내는 樂에 이칙균과 임종균이 없는데도 이것을 쓰고, 태주균과 고선균이 있는데도 그것을 쓰지 않는 것이다"라고 하였다.

• 해설 •

본문의 내용을 이해하려면 앞에서 설명했던 위조식과 지조식을 이해해야 한다. 앞에서 위조식과 지조식에 대해 상세하게 살펴보았듯이, 위조식은 황종위각의 경우 각음인 황종으로 음악을 시작하고 끝낸다는 뜻이고(균은 따져보아야 알 수 있다. 균은 7성 혹은 5성을 구성하는 기준음, 즉 궁·상·각·변치·치·우·변궁의 첫음인 궁을 말한다), 지조식은 태주지치의 경우 태주를 균으로 하는 7성 중 치음으로 음악을 시작하고 끝낸다는 뜻이다. 다만 음악을 시작하고 끝내는 치음의 율명이 무엇인지는 따져보아야 알 수 있다.

궁조를 제외하면 조식만으로 알 수 있는 것은, 위조식은 주음은 알 수 있지만 궁음(균)은 알 수 없고, 지조식은 궁음(균)은 알 수 있지만 주음은 알 수 없다. 이것이 위조식과 지조식의 차이라고 했다.

본문 첫 문장에 "협종균을 3번 연주하는 것을 협종위궁이라고 했고, 이칙균을 한 번 연주하는 것을 황종위각"이라고 했다. 궁조는 지조식이나 위조식이나 결과가 같으니 생략하고, 이칙균을 황종위각이라고 한 말이 맞는지 따져보자. 황종위각은 황종으로 음악을 시작하고 끝내는 것이며, 궁음은 따져보아야 알 수 있다. 이칙균이라고 했으니 이칙이 궁음인지, 이제 8칸씩 건너가면서 7성을 구해서 확인해 보자.

궁음인 이칙에서 8칸 건너가니 협종(치)이고, 또 8칸을 건너가니 무역(상)이고, 같은 방법으로 나머지 성을 구하니 중려(우)－황종(각)－임종(변궁)－태주(변치)가 된다. 따라서 황종위각은 이칙균이 맞다.

⑤각		⑦변치	②치		④우		⑥변궁	①궁		③상	
황종	대려	태주	협종	고선	중려	유빈	임종	이칙	남려	무역	응종

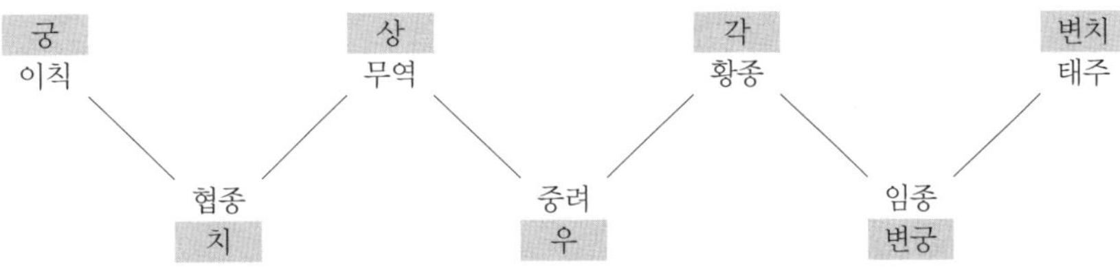

이어서 "임종균을 두 번 연주하는 것을 태주위치와 고선위우"라고 했다. 위의 방식으로 따져보면 아래에 보이는 것처럼 임종이 궁음일 때 태주가 치음이고 고선이 우음이니, 이 말도 맞다.

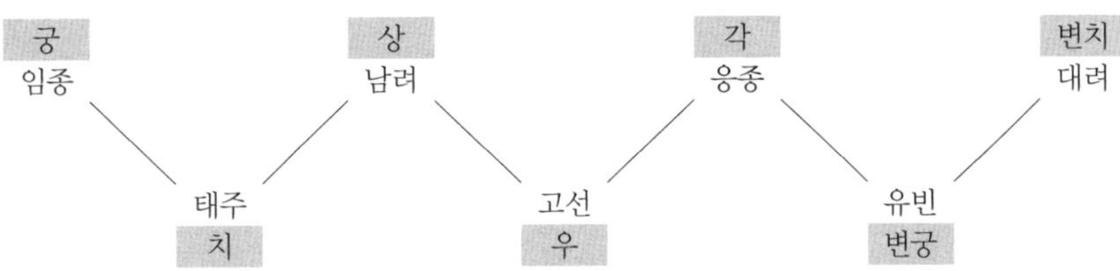

그러나 "황종균의 7성을 쓰고 그 각성으로 음악을 시작하고 그치니, 이것을 황종위각이라고 한다. 태주균의 7성을 쓰고 그 치성으로 음악을 시작하고 그치니 이것을 태주위치라고 한다. 고선균의 7성을 쓰고 그 우성으로 음악을 시작하고 그치니, 이것을 고선위우라고 한다"라며, 모두 위조식으

로 말했으니, 이 부분이 잘못되었다. 설명에 부합하려면 모두 지조식으로 바꾸어야 한다. 즉 황종균의 7성을 쓰고 그 각성으로 음악을 시작하고 그치는 것은 황종위각이 아니라 '황종지각'이고, 태주균의 7성을 쓰고 그 치성으로 음악을 시작하고 그치는 것은 태주위치가 아니라 '태주지치'다. 이하도 마찬가지다.

2. 『당육전』의 악조명은 위조식인지 지조식인지 알 수 없다.

• 원문 •

"『唐典』, 祀天, 以夾鐘宮·黃鐘角·太簇徵·姑洗羽, 乃『周禮』也. 宜用夾鐘爲宮, 其黃鐘爲角, 則用黃鐘均, 以其角聲爲始終, 太簇爲徵, 則用太簇均, 以其徵聲爲始終. 姑洗爲羽, 則用姑洗均, 以其羽聲爲始終. 祭地祇·享宗廟, 皆視此均法以度曲"[595]

• 번역 •

[『송사』에 이르기를] "『당육전』에 천신에 제사를 드릴 때에는, 협종궁·황종각·태주치·고선우를 쓴다고 했으니, 『주례』와 같다. 마땅히 협종위궁을 쓰고 황종위각은 황종균이므로 그 각성으로 음악을 시작하고 끝마치고, 태주위치는 태주균이므로 그 치성으로 음악을 시작하고 끝마치고 고선위우는 고선균이므로 그 우성으로 음악을 시작하고 끝내야 한다. 지신[地祇]에 제사지내고 종묘에 제사지낼 때에도 모두 이 균법을 본받아 곡을 지어야 한다"라고 하였다.

• 해설 •

"『당육전』에 천신에 제사를 드릴 때에는 협종궁·황종각·태주치·고선우를 쓴다"라고 했는데, 이것만으로는 그것이 위조식인지 지조식인지 알 수

595) 『당육전』에서 찾을 수 없다. 『宋史』 128 「志」 81 「樂」 3에 전한다.

없다. 다만 『주례』와 같다고 했으니 그 내용을 보자. 11장에서 『주례』「춘관·대사악」에 "대개 樂이 원종위궁·황종위각·태주위치·고선위우이고 …… 천신이 모두 내려오니 예를 갖추었다고 할 수 있다"라고 한 것을 보면, 협종궁·황종각·태주치·고선우를 위조식으로 보아야 한다. 그런데 이어지는 내용에서 위조식이 아닌 지조식으로 설명했다. "황종위각은 황종균이므로 그 각성으로 음악을 시작하고 끝마친다"라고 했는데, 이것은 황종위각이 아닌 황종지각에 대한 설명이다. 황종위각이라고 했으면 각음인 황종으로 음악을 시작하고 끝내고, 그 균은 따져보아야 알 수 있기 때문이다. 따라서 지조식인 황종지상이 되어야 한다. 그러나 태주·고선·임종과 같이 율명은 말했지만 궁·상·각과 같은 음계명을 말하지 않았기 때문에 엄밀하게 말하면 지조식과 위조식으로 설명할 수 없다. 결국 『당육전』의 악조명은 위조식인지 지조식인지 알 수 없다는 문제점을 안고 있는 것이다.[596]

• 원문 •

○又云, "自唐以來至國朝, 三大祀樂譜, 并依『周禮』. 然其說, 有黃鐘爲角·黃鐘之角. 黃鐘爲角者, 夷則爲宮, 黃鐘之角者, 姑洗爲角. 十二律之於五音, 皆如此率而世俗之說, 乃去之字, 謂太簇曰黃鐘商, 姑洗曰黃鐘角, 林鐘曰黃鐘徵, 南呂曰黃鐘羽. 今葉防, '但通世俗夷部之說, 而不見『周禮』正文. 所以稱本寺均差互', 其說難行"[597]

596) 『당육전』의 내용은 『『악학궤범』 악론 연구』, 90~91쪽 부분 인용 및 참조.

597) 『宋史』 128 「志」 81 「樂」 3

• 번역 •

○ 또 [『송사』에] 이르기를 "당나라부터 송나라에 이르기까지 3대사(祀·祭·享)의 악보는 모두 『주례』에 의거한다. 그러나 그 설명에는 황종위각과 황종지각 두 가지로 되어 있다. 황종위각이란 이칙이 궁이고, 황종지각이란 고선이 각이다. 12율의 5음은 모두 이와 같은데, 지之자를 빼고 태주를 황종상, 고선을 황종각, 임종을 황종치, 남려를 황종우라고 설명하기도 한다. 예를 들어 섭방葉防은 '다만 일반적으로 외국악[夷部]을 설명할 때에만 통하는 것이지, 『주례』의 문장에서는 볼 수 없다. 그렇기 때문에 송나라 태상시의 균과 차이가 있다'고 했으나, 그것으로 설명하기 어렵다"라고 하였다.

• 해설 •

"태주를 황종상, 고선을 황종각, 임종을 황종치, 남려를 황종우"라고 했는데, 이 말은 황종지상, 황종지각, 황종지치, 황종지우를 말하는 것이다.

3. 옛 악은 12궁만 썼다.

• 원문 •

○又云, “古樂止用十二宮. 周六樂, 奏六律, 歌六呂, 惟十二宮也. 王大食三侑注云,[598] ‘朔月·月半, 隨月用律, 亦十二宮也. 十二管, 各備五聲, 合六十聲, 五聲, 成一調, 故十二調. 古人, 於十二宮, 又特重黃鐘一宮而已. 齊景公作, 徵招·角招之樂,[599] 師涓·師曠有淸商·淸角·淸徵之操, 漢·魏以來, 燕樂或用之, 雅樂, 未聞有商·角·徵·羽爲調者, 惟迎氣五引而已. 『隋書』云, ‘梁·陳雅樂, 并用宮聲是也’[600]”[601]

• 번역 •

○또 [『송사』에] 이르기를 “옛 악은 12궁만 썼다. 주나라의 6악은 [헌가에서] 6율을 연주하고, [등가에서] 6려를 노래하니, 오직 12궁뿐이다. 왕의 대식大食 3유三侑의 주에 이르기를, ‘초하루와 보름에 그 달의 율을 쓰는 것[隨月用律] 역시 12궁이다(궁선법). 12관이 각각 5성(5조: 궁조·상조·각조·치조·우조)을 갖고 있는 것이니 합하여 60성이 되고, 5성(5조: 궁조·상조·각조·치조·우조)이 1조를

---

598) 왕의 대식大食 3유三侑는 왕이 큰 식사[大食]를 할 때에 음식을 권하는 절차[侑食]가 세 번 있다는 것을 말한다.

599) 招는 대체로 부르다(초)의 의미로 쓰는데, 여기서는 악곡 이름(소)의 의미로 쓰였다.

600) 『隨書』 15 「音樂志」

601) 『宋史』 131 「志」 84 「樂」 6

이루기 때문에 12조가 되는데, 옛 사람들이 12궁 중에서 특히 황종 1궁을 중히 여겼던 것뿐이다. 제齊(BC 1046~BC 221) 나라의 경공景公(BC 548~BC 490)이 지은 치소徵招와 각소角招의 樂과 악사樂師 사연師涓[602]과 사광師曠[603]의 청상·청각·청치의 조操[604]가 있었는데, 한漢·위魏 이래의 연악에 간혹 쓰였던 것인지는 모르겠으나, 아악에 상(조)·각(조)·치(조)·우(조)가 있다는 말은 아직 듣지 못했으니, [상·각·치·우조는] 오직 영기迎氣[605] 5인(기를 맞이하는 5곡)에만 있을 뿐이다. 『수서隋書』에 이르기를 '양梁나라와 진陳나라의 아악은 모두 궁성을 썼다'라고 한 것이 바로 이말이다"라고 하였다.

• 원문 •

○『文獻通考』云, "隋代雅樂, 唯奏黃鐘一宮. 郊廟·廟享, 用一調, 迎氣, 用五調"[606]

• 번역 •

○『문헌통고文獻通考』에 이르기를 '수나라의 아악은 오직 황종 1궁만 연주

---

602) 사연師涓은 춘추 시대 위衛나라 악관으로 음율을 잘 판별했다. 일찍이 위령공衛靈公을 따라 진晉나라에 와서 진평공晉平公을 위해 거문고를 연주했는데, 연주하는 소리를 듣고 진나라의 악관 사광師曠이 망국의 음악이라며 연주를 멈추게 한 일이 전한다.(『중국역대인명사전』, 651쪽)

603) 사광師曠은 춘추 시대 진晉나라 사람으로 진평공晉平公 때 악사를 지냈다. 전하는 말로 태어날 때부터 장님이었는데, 음율을 잘 판별했고 소리로 길흉까지 점쳤다고 한다. 『금경禽經』을 지었다고 전해진다.(『중국역대인명사전』, 631쪽)

604) 조操는 금琴의 곡이란 뜻이다. 근심 중에도 지조를 잃지 않기 때문에 조라고 한다.(『風俗通義』「聲音」 제6 〈琴〉)

605) 영기迎氣는 제사를 지내며 춘하추동의 기氣를 맞이하는 것을 말한다.

606) 『文獻通考』 129 「歷代樂制」

하였다. 교묘郊廟와 종묘宗廟의 제향에서는 하나의 조만 썼고 영기에는 5조를 썼다'라고 전한다"라고 하였다.

• 해설 •

옛 악은 12궁조만 썼으며, 음을 상징하는 헌가에서는 양율인 6율을 연주하고 양을 상징하는 등가에서는 음율인 6려를 노래하여 음양의 조화를 이루었음을 말하고 있다. 우리나라의 종묘제례악을 예로 설명하면, 등가는 양을 상징하기 때문에 음율을 주음으로 해서 음양의 조화를 이루고, 궁가는 음을 상징하기 때문에 양율을 주음으로 해서 음양의 조화를 이룬다.

"주나라의 6악"은 앞에서 살펴보았던, 하늘과 땅, 사망과 산천, 그리고 선비와 선조에 제사를 올리는 사천신祀天神·제지기祭地祇·사사망祀四望·제산천祭山川·향선비享先妣·향선조享先祖인 여섯 가지를 말하는 것이다.

이어서 왕의 대식大食 3유三侑라는 말이 나오는데, 이 말은 왕이 성대한 식사를 할 때에 음식을 권하는 절차가 세 번 있다는 것을 뜻한다. 『주례』「대사악」에 이르기를 "왕이 성대한 식사를 할 때에 음식을 권하는 절차[侑食]가 세 번 있는데, 모두 종鐘과 북[鼓]을 연주하게 한다"[607]라고 했다. 이와 같은 내용은 『세종실록』에도 전하며, 주석에 "왕이 하루에 음식을 드는 큰 그릇이 열두 가지인데, 음악으로 음식을 권하며[侑食], 식사를 마치면 음악으로 상을 물린다"[608]라고 했다.

다음으로 '수월용율隨月用律'이라는 말이 나온다. 수월용율이란 각각의 달에 맞게 궁음(주음)을 쓴다는 뜻이다. 본문에서 11월에는 황종을 궁음으로 하고, 12월에는 대려를 궁음으로 한다고 했듯이, 나머지 달도 〈표 45〉에 배열한 것처럼 그 달에 해당하는 율을 궁음(주음)으로 하여 나머지 음의 율을

607) 『周禮』「大司樂」: 王, 大食, 三侑, 皆令奏鐘鼓.

608) 『世宗實錄』 50 世宗 12(1430) 10. 4: 王, 日擧鼎, 十有二物, 以樂侑食, 卒食, 以樂徹.

정한다는 말이다.

〈표 45〉 수월용율隨月用律

궁	黃鐘	大呂	太簇	夾鐘	姑洗	仲呂	蕤賓	林鐘	夷則	南呂	無射	應鐘
월	11	12	1	2	3	4	5	6	7	8	9	10

이어서 12관에 각각 5성이 있으니 60성이 되고 5성이 하나의 조를 이루기 때문에 12조가 된다는 말은 1장 60조에서 설명한 내용이다.

이하의 내용은 옛 사람들은 황종궁을 중히 여겼기 때문에 상조·각조·치조·우조를 쓰지 않았다며, 간혹 제齊 나라의 경공景公이 지은 치소徵招와 각소角招의 樂, 사마연과 사마광의 청상·청각·청치조, 한위 이래의 연악에 상조·각조·치조·우조가 쓰였으나, 아악에는 결코 상조·각조·치조·우조를 쓰지 않았다는 것을 강조한다.

『맹자』「양혜왕」에 보면 "제 경공이 악사를 불러 군신이 서로 좋아할 음악을 지으라고 하여 치소와 각소를 지었다"[609]라는 내용이 전하고, 『한비자』「십과」에는 '진평공에게 연이 금으로 청상을 연주하고 광이 또 금으로 청치를 연주했더니 검은 학이 춤을 추었고, 이어서 청각을 연주하였더니 큰 비바람이 일어 기왓장이 날아갔다'[610]라는 내용이 전한다.

한편 이혜구는 "6악의 초헌과 아헌 등의 악에는 궁조가 쓰이지만, 강신악에는 궁조 이외에 각조, 치조, 우조도 쓰였으므로, 궁조 이외의 조가 아악에서 모두 배제된 것은 아니다"[611]라고 했다.

---

609) 『孟子』「梁惠王」: 召太師曰, 爲我, 作君臣相說之樂. 蓋徵招角招是也.(유교문화연구소, 『맹자』, 95쪽)

610) 『韓非子』「十過」; 王先愼, 集論/ 許鎬九 책임 번역, 『역주 한비자집해』 1, (사)전통문화연구회, 2017, 324~335쪽 참조.

611) 『신역 악학궤범』, 84쪽 각주 370.

다음 '오직 영기迎氣 5인에만 궁조 이외의 나머지 조가 있었다'라는 내용이 나온다. '영기'는 5교영기五郊迎氣란 말에서 그 의미를 찾을 수 있다. '5교'는 동교東郊·남교南郊·서교西郊·북교北郊·중교中郊를 말한다. '영기'는 '기氣'를 맞이한다는 뜻으로, 봄을 맞이한다[迎春], 여름을 맞이한다[迎夏], 가을을 맞이한다[迎秋], 겨울을 맞이한다[迎冬]는 의미다. 상고시대에 입춘일立春日에는 청제青帝에 제사를 지내고, 입하일立夏日에는 적제赤帝에 제사를 지내고, 입추일立秋日에는 백제白帝에 제사를 지내고, 입동일立冬日에는 흑제黑帝에 제사를 지냈던 것을 말한다.

『후한서』「명제기明帝紀」에는 "영평 2년 5교에 드리는 영기가 시작되었다"[612]라는 기록이 전하고, 『예기』「월령」에는 '입춘立春에 동쪽 교외에서 봄을 맞이하거나 불(봄)을 주관하는 신인 구망句芒[613]에 제사하고, 입하立夏에는 남교南郊에서 여름을 맞이하거나 여름을 주관하는 신인 축융祝融[614]에 제를 지내고, 입추立秋에는 서교西郊에서 가을을 맞이하거나 가을을 주관하는 욕수蓐收[615] 신에 제를 지내고, 입동立冬에는 북교北郊에서 겨울을 맞이하거나 겨울을 주관하는 신인 현명玄冥[616]에 제사를 지낸다'[617]라고 전한다. '5인五引'의 5는 5교五郊를 말하고 인引은 곡조란 뜻이다.

---

612) 『後漢書』 2 「明帝紀」: 永平二年 …… 始迎氣於五郊.

613) 구망句芒은 오행 중 목의 기운을 받은 신으로 봄을 주관한다.

614) 축융祝融은 오행 중 화의 기운을 받은 신으로 여름을 주관한다.

615) 욕수蓐收는 오행 중 금의 기운을 받은 신으로 가을을 주관한다.

616) 현명玄冥은 오행 중 수의 기운을 받은 신으로 겨울을 주관한다.

617) 『신완역 예기』 상, 451~529쪽 참조

4. 수나라에서 5인引을 5음音으로 고쳤다.

• 원문 •

○又云, "太常卿牛弘等, 議正樂, '古有宮·商·角·徵·羽五引, 梁以三朝·元會奏之'[618] [619] 今改爲五音, (其聲悉依宮商, 不使差越)[620] 唯迎氣於五郊, 降神奏之月令, 所謂孟春其音角是也"[621]

• 번역 •

○또 [『수서隨書』에] 이르기를, "태상경 우홍牛弘 등이 정악에 대해 논하기를 '옛날에는 궁·상·각·치·우의 5인引이 있었고, 양梁나라에서도 삼조三朝(정월 초하루)와 원회(대조회)에 이를(5인을) 연주하였다'라고 하였다. [수나라에서 5인을] 5음으로 고쳤는데 그 소리는 모두 5음에 따라 조금도 차이가 나지 않게 하였다. 오직 5교에서 지내는 영기迎氣(기를 맞이하는 제사)에서 강신악에 그 월령을 연주한다고 했으니, 이른바 맹춘의 음은 각이다"라고 하였다.

---

618) 삼조三朝는 세歲, 월月, 일日의 시초라 하여 정월正月 초하루를 일컫는 말이다.

619) 원회元會는 설날 아침에 행하던 대궐 안의 조회를 일컫는다.(국립국어연구원, 『국립국어연구원 표준대사전』, 두산동아, 1999, 4728쪽)

620) 괄호 안의 문장은 『수서』 원문에는 있으나, 『악학궤범』에는 누락되었다.

621) 『隨書』 15 「音樂志」: "宮·商·角·徵·羽五引, 梁以三朝元會奏之. 今改爲五音, 其聲悉依宮商, 不使差越, 唯迎氣於五郊降神奏之月令. 所謂孟春其音角是也" 『文獻通考』 129 「歷代樂制」에도 같은 내용이 전한다.

• 해설 •

옛날에 정악에서 궁·상·각·치·우를 5인이라고 했었는데, 수나라 시기에 5인을 5음으로 고쳤다고 한다. 이 내용은 『수서』와 『통전』, 『문헌통고』에 모두 전한다. 이어서 맹춘의 음은 각이라고 했는데, 참고로 서로 관계를 맺는 월령과 5음, 12율을 아래의 〈표 49〉로 정리하였다.[622]

〈표 46〉 월령·5음·12율

	맹춘	중춘	계춘	맹하	중하	계하		맹추	중추	계추	맹동	중동	계동
音	角			徵			宮	商			羽		
律	太簇	夾鐘	姑洗	仲呂	蕤賓	林鐘	黃鐘	夷則	南呂	無射	應鐘	黃鐘	大呂

622) 〈표 46〉은 『신완역 예기』 상, 451~529쪽의 내용을 정리한 것이다.

5. 수월용율 및 5방과 5음

• 원문 •

○『玉海』云, "宋仁宗皇祐二年, 太常寺言, '五郊迎氣, 各用本均之音,[623] (上辛祀感生赤帝, 卽隨月用律)[624] 明堂祀上帝, 宜隨月用律, 以無射爲宮. 五天帝, 用迎氣所奏五音, 靑以姑洗爲角, 赤以林鐘爲徵, 黃以黃鐘爲宮, 白以太簇爲商, 黑以南呂爲羽'. 詔禮官議定. 五月上言, '隨月用律, 九月, 無射爲均, 五天帝, 各用本音之樂, 如太常所定', '詔可'"[625]

• 번역 •

『옥해玉海』에 이르기를 "송宋나라 인종仁宗(1022~1063) 황우皇祐 2년(1050)에 태상시에서 '5교五郊의 영기迎氣에는 각각 본균의 음을 쓰니, 음력 정월 신일에 감응하여 적제를 낳았으므로, 그 달을 따라 율을 쓴다. 명당明堂에서 상제에게 드리는 제사에는 마땅히 수월용율에 따라 무역을 궁으로 한다. 5천제五天際에는 영기에 연주하는 5음을 써서, 청제에게는 고선위각, 적제에게는 임종위치, 황제에게는 황종위궁, 백제에게는 태주위상, 흑제에게는 남

623) 『옥해』에는 균이 음으로, 음이 악으로 되어 있다.(五郊迎氣, 各用本音之樂)

624) 『악학궤범』에는 이 부분이 누락되었다.

625) 『玉海』 卷7 「律曆」「律呂」下 〈咸平隨月律 皇祐隨月律〉: "皇祐二年四月二十八日, 太常言, 五郊迎氣各用本音之樂. 上辛祀感生赤帝卽隨月用律. 今明堂祀上帝, 宜隨月用律以無射爲宮. 五天帝用迎氣所奏五音, 靑以姑洗爲角, 赤以林鐘爲徵, 黃以黃鐘爲宮, 白以太簇爲商, 黑以南宮爲羽, 詔禮官議定. 五月丁酉上言隨月用律九月以無射爲均, 五天帝各用本音之樂如太常所定, 詔可"

려위우를 씁니다'라고 말하자, [이에 대하여] 예관에 의논하여 정하라는 조서가 내려졌다.

5월에 말씀을 올리기를 '수월용율에 따라 9월에는 무역을 균으로 하고, 5천제에는 태상시에서 정한 것과 같이 각각 본음의 樂을 쓰도록 해야 합니다'라고 하니, '그렇게 하라'는 조서가 내려왔다"라고 하였다.

• 해설 •

『옥해』는 중국 송나라 때 왕응린王應麟(1223~1296)이 편찬한 책으로, 고대로부터 송나라까지 전하는 여러 책에서 천문·율력·지리 등의 내용을 분류하여 기록한 책이다. 이 책에 이르기를 송나라 인종시기 태상시에서 5교의 영기는 본균의 음을 쓰고, 명당에서 상제에게 드리는 제사에는 마땅히 무역을 궁으로 쓴다고 했다. 본균은 고선위각·임종위치·황종위궁·태주위상·남려위우를 말한다. 상제에게 올리는 제사에 무역을 궁으로 한 것은 수월용율에 따른 것이다. 즉 계추(9월)에 무역을 궁으로 한 것은 당연한 것이다.(〈표 49〉 참조)

이어지는 내용은 5방과 5음의 관계를 말해준다. 즉 청제에게 고선위각을 쓰는 것은 5방에서 동쪽은 청이고, 5음에서 각이 동쪽에 해당하기 때문이고, 적제에게 임종위치를 쓰는 것은 5방에서 남쪽이 적이고, 5음에서 치가 남쪽에 해당하기 때문이다. 8장의 5방과 5음에서 살펴보았던 내용이다. 궁과 황색은 중앙, 각과 청색은 동쪽, 치와 적색은 남쪽, 상과 흰색은 서쪽, 우와 흑색은 북쪽과 감응관계에 있다.

다음 내용은『주례』,『송사』, 성종조 시기의 강신악의 조명과 음계, 그리고 율명에 대한 것이다. 앞에서 언급되었던 것이라 어렵지 않게 이해할 수 있다. 먼저『주례』에 전하는 천신 제사의 강신악을 살펴보자.

祀天神(사천신)

『周禮』(주례)

궁宮	상商	각角	변치變徵	치徵	우羽	변궁變宮			
원圓	중仲	임林	남南	무無	황黃	태太	원종위궁 圓鐘爲宮	3	
궁宮	상商	각角	변치變徵	치徵	우羽	변궁變宮			
이夷	무無	황黃	태太	협夾	중仲	임林	황종위각 黃鐘爲角	2	6
궁宮	상商	각角	변치變徵	치徵	우羽	변궁變宮			
임林	남南	응應	대大	태太	고姑	유蕤	태주위치 太簇爲徵		
궁宮	상商	각角	변치變徵	치徵	우羽	변궁變宮		1	
임林	남南	응應	대大	태太	고姑	유蕤	고선위우 姑洗爲羽		

『주례』「춘관·대사악」에는 앞에서 보았듯이 "대개 樂이 원종위궁·황종위각·태주위치·고선위우이고 …… 천신이 모두 내려오니 예를 갖추었다고 할 수 있다"라며, 천신 강신악 4조의 명칭만 있고, 위에 보이는 7성과 이에 해당하는 율명은 보이지 않는다. 이를 『악학궤범』에서 위조식에 맞게 각 7성에 해당하는 율명을 모두 정리한 것이다.

다만 위조식은 황종위각의 경우 각음인 황종으로 음악을 시작하고 끝내는 것인데, 『악학궤범』에는 모두 궁음에 '•' 표시가 되어 있다. 위조식 지조식에 대해 이해를 했음에도 불구하고 이렇게 궁음으로만 음악을 시작하고 끝내는 것으로 표시한 것은, "성종조 이전부터 성종조까지 위조식만을 수용했고, 또한 궁조만을 사용했기 때문에 그러한 불합리한 해석을 기록으로 남긴 것"[626]이라고 한다.

626) 『『악학궤범』 악론 연구』, 103쪽.

6. 『송사』의 천신 강신악 악조

• 원문 •

『宋史』云, "降天神之樂, 六奏, 舊用夾鐘之均三奏, 謂之夾鐘爲宮, 夷則之均一奏, 謂之黃鐘爲角, 林鐘之均二奏, 謂之太簇爲徵·姑洗爲羽"627)

• 번역 •

『송사』에 이르기를 "천신을 강림하게 하는 樂은 6번 연주하는데 옛날에는 협종균을 3번 연주하는 것을 협종위궁이라고 했고, 이칙균을 1번 연주하는 것을 황종위각이라고 했고, 임종균을 2번 연주하는 것을 태주위치와 고선위우"라고 하였다.

• 원문 •

○『律呂新書』注, "或問, '『周禮』「大司樂」說, 宮·角·徵·羽與七聲, 不合如何?", 朱子曰, '此是降神之樂如黃鐘爲宮·大呂爲角·太簇爲徵·應鐘爲羽. 自是四樂, 各擧其一者而言之, 以大呂爲角, 則南呂爲宮, 太簇爲徵, 則林鐘爲宮, 應鐘爲羽, 則太簇爲宮, 以七聲推之合如此'"628) [按黃鐘爲宮·大

627) 『宋史』 128 「志」 81 「樂」 3

628) 『朱子語類』 92 「樂」

려위각 태주위치 응종위우 즉차인신강신지악야 권점지율기조필곡
呂爲角·太簇爲徵·應鐘爲羽, 則此人神降神之樂也. ○圈點之律起調畢曲
하동
下同]

• 번역 •

○[『주자어류』에 보면] 『율려신서』 주에 "어떤 사람이 '『주례』「대사악」에 궁·각·치·우와 7성이 부합하지 않는 것은 무슨 까닭입니까?'라고 물으니, 주자가 대답하기를 '이것은 강신악의 황종위궁·대려위각·태주위치·응종위우와 같은 것입니다. 이 네 樂을 각각 하나씩 살펴보면, 대려위각은 남려가 궁이고, 태주위치는 임종이 궁이고, 응종위우는 태주가 궁입니다. 7성으로 유추해보면 이같이 부합합니다'라고 하였다"라고 전한다. [살펴보건대, 황종위궁·대려위각·태주위치·응종위우는 인신의 강신악이다. ○권점을 표한 율로 곡을 시작하고 끝마치는 것이다. 이하 동일하다]

• 해설 •

본문에 "옛날에는 협종균을 3번 연주하는 것을 협종위궁이라고 했고, 이칙균을 1번 연주하는 것을 황종위각이라고 했고, 임종균을 2번 연주하는 것을 태주위치와 고선위우라고 했다"라는 내용에 대해 『율려신서』의 주에 "어떤 사람이 '『주례』「대사악」에 궁·각·치·우와 7성이 부합하지 않는 것은 무슨 까닭입니까?'라고 물었듯이, 위의 내용에는 오류가 있다. 그러나 바로 아래의 문장에서 오류를 수정한다. 주자는 위조식과 지조식에 대한 이해가 있었기에, 위조식으로 이해를 돕고자 했다. 다만 천신 강신악이 아닌 인신 강신악으로 설명을 하여 다소 헛갈린다. 그렇기 때문에 성현도 주자의 설명은 인신의 강신악에 대한 내용이라는 것을 재차 강조한 것이다.

『宋史』大成樂譜와 同[같다]

궁宮	상商	각角	변치變徵	치徵	우羽	변궁變宮	원종위궁 圓鐘爲宮	3	
원圓	중仲	임林	남南	무無	황黃	태太			
궁宮	상商	각角	변치變徵	치徵	우羽	변궁變宮	황종위각 (실은 고선위각) 黃鐘爲角 (實姑洗爲角)	2	6
황黃	태太	고姑	유蕤	임林	남南	응應			
궁宮	상商	각角	변치變徵	치徵	우羽	변궁變宮	태주위치 (실은 남려위치) 太簇爲徵 (實南呂爲徵)	1	
태太	고姑	유蕤	이夷	남南	응應	대大			
궁宮	상商	각角	변치變徵	치徵	우羽	변궁變宮	고선위우 (실은 대려위우) 姑洗爲羽 (實大呂爲羽)	1	
고姑	유蕤	이夷	무無	응應	대大	협夾			

• 원문 •

『宋史』云, "用夾鐘均之七聲, 以其宮聲爲始終, 是謂圓鐘爲宮, 用黃鐘均之七聲, 以其角聲爲始終, 是謂黃鐘爲角, 用太簇均之七聲, 以其徵聲爲始終, 是謂太簇爲徵, 用姑洗均之七聲, 以其羽聲爲始終, 是謂姑洗爲羽"[629)]

629) 『宋史』 128 「志」 81 「樂」 3

• 번역 •

『송사』에 이르기를, "협종균의 7성을 쓰는데 그 궁성으로 음악을 시작하고 끝마치는 것은 원종위궁이라고 하고, 황종균의 7성을 쓰는데 그 각성으로 음악을 시작하고 끝마치는 것은 황종위각이라고 하고, 태주균의 7성을 쓰는데 그 치성으로 음악을 시작하고 끝마치는 것은 태주위치라고 하고, 고선균의 7성을 쓰는데 그 우성으로 음악을 시작하고 끝마치는 것은 고선위우라고 한다"라고 하였다.

• 해설 •

위의 『송사』 천신 강신악의 내용에는 오류가 있다. 성현이 그 오류를 바로잡는다. 그 내용을 보자.

7. 『송사』 천신 강신악 악조의 오류

• 원문 •

안 원종위궁즉연의 소위황종위각자 비황종각조야 실고선각조야 태
按, 圓鐘爲宮則然矣. 所謂黃鐘爲角者, 非黃鐘角調也, 實姑洗角調也, 太
주위치자 비태주치조야 실남려치조야 고선위우자 비고선우조야 실
簇爲徵者, 非太簇徵調也, 實南呂徵調也, 姑洗爲羽者, 非姑洗羽調也, 實
대려우조야 기오심의
大呂羽調也. 其誤甚矣”

• 해설 •

살펴보건대, 원종위궁은 괜찮다. [그러나] 황종위각은 황종각조가 아니라 실은 고선각조이고, 태주위치는 태주치조가 아니라 실은 남려치조이며, 고선위우는 고선우조가 아니라 실은 대려우조이다. 참으로 크게 잘못되었다.

• 해설 •

‘위조식’과 ‘지조식’에서 설명했듯이, ‘○○爲○’는 위조식이고, ‘○○之○’는 지조식이다. 위조식은 음악을 시작하고 끝내는 율명과 그 율의 음이 노출된 것이고, 지조식은 궁음과 음악을 시작하고 끝내는 음(주음)이 노출된 것이다. 따라서 『송사』에 전하는 내용은 ‘위’자를 모두 ‘지’자로 바꾸어야 한다. 지조식인데 위조식으로 기록되어 있기 때문이다. 즉 궁조를 제외하고 보면 황종균의 7성을 쓰고 그 각성으로 음악을 시종하는 것은 황종위각, 태주균의 7성을 쓰고 그 치성으로 음악을 시종하는 것을 태주위치, 고선균의 7성을 쓰고 그 우성으로 음악을 시종하는 것을 고선위우라고 했는데,

이를 모두 지조식으로 황종지각·태주지치·고선지우로 바꾸어야 한다. 위조식으로 보면 고선위각·남려위치·대려위우가 되어야 한다. 이에 『악학궤범』에서는 이를 위조식으로 정리하여, "실은 고선위각, 실은 남려위치, 실은 대려위우"라고 아래에 덧붙인 것이다.

시용
時用[성종조 시기에 사용한 것을 말한다]

궁宮	상商	각角	변치變徵	치徵	우羽	변궁變宮			
원圓	중仲	임林	남南	무無	황黃	태太	원종위궁 圓鐘爲宮	3	
궁宮	상商	각角	변치變徵	치徵	우羽	변궁變宮			
고姑	유蕤	이夷	무無	응應	대大	협夾	황종위각 (실은 고선위궁) 黃鐘爲角 (實姑洗爲宮)	2	6
궁宮	상商	각角	변치變徵	치徵	우羽	변궁變宮			
남南	응應	대大	협夾	고姑	유蕤	이夷	태주위치 (실은 남려위궁) 太簇爲徵 (實南呂爲宮)		
궁宮	상商	각角	변치變徵	치徵	우羽	변궁變宮			
대大	협夾	중仲	임林	이夷	무無	황黃	고선위우 (실은 대려위궁) 姑洗爲羽 (實大呂爲宮)	1	

• 원문 •

안 원종위궁즉연의 소위황종위각자 비황종각조야 실이황종지각 고
按, 圓鐘爲宮則然矣. 所謂黃鐘爲角者, 非黃鐘角調也, 實以黃鐘之角, 姑
선위궁조야 태주위치자 비태주치조야 실이태주지치 남려위궁조야
洗爲宮調也. 太簇爲徵者, 非太簇徵調也, 實以太簇之徵, 南呂爲宮調也.
고선위우자 비고선우조야 실이고선지우 대려위궁조야
姑洗爲羽者, 非姑洗羽調也, 實以姑洗之羽, 大呂爲宮調也.

• 번역 •

살펴보건대 원종위궁은 괜찮다. [그러나] 황종위각이라는 것은 황종각조가 아니라, 실은 황종(균)의 각인 고선을 [주음으로 하는] 궁조이다. 태주위치는 태주치조가 아니라, 실은 태주(균)의 치인 남려를 [주음으로 하는] 궁조이다. 고선위우란 고선우조가 아니라, 실은 고선(균)의 우인 대려를 [주음으로 하는] 궁조이다.

• 해설 •

『송사』의 황종위각의 7성은 황(궁)·태(상)·고(각)·유(변치)·임(치)·남(우)·응(변궁)이다. 그런데 성종조에는 황종위각은 실은 고선위궁이라고 기록되어 있다. 그 이유는 성종조에는 궁조만 썼기 때문이다. 따라서 7성도 달라질 수밖에 없다. 격팔의 방법으로 따져보면, 고선(궁)·유빈(상)·이칙(각)·무역(변치)·응종(치)·대려(우)·협종(변궁)이 된다. 나머지도 마찬가지다. '시용時用'이라는 말에서 알 수 있듯이 당시에는 궁조만 사용했기 때문에 그것을 그대로 기록한 것이다. 남상숙은 이에 대해 "각조·치조·우조의 음악이 모두 궁조로 바뀌어 기록된 모순은 오히려 당시의 상황을 그대로 전해주어 『악학궤범』의 사료적 가치를 더욱 높여주는 결과가 되었다"[630]라고 강조했다.

• 원문 •

○今降神之樂四調, 皆以宮爲調未知所據.『宋史』云, "古樂, 止用十二宮. 周六樂, 奏六律, 歌六呂, 惟十二宮也. 王大食三侑注云, '朔月·月半, 隨

---

630) 『『악학궤범』 악론 연구』, 109쪽.

月用律, 亦十二宮也. 十二管, 各備五聲, 合六十聲, 五聲, 成一調, 故十二調. 古人, 於十二宮, 又特重黃鐘一宮而已. 齊景公作, 徵招·角招之樂, 師涓·師曠有淸商·淸角·淸徵之操, 漢·魏以來, 燕樂或用之, 雅樂, 未聞有商·角·徵·羽爲調者, 惟迎氣五引而已. 『隋書』云, '梁·陳雅樂, 并用宮聲'[631]"[632] 今之雅樂並用宮調疑用此法.

• 번역 •

○강신악의 4조를 모두 궁으로 조를 말한 근거를 모르겠다. 『송사』에 이르기를 "옛 악은 오직 12궁을 썼다. 주나라의 6악은 [헌가에서] 6율을 연주하고, [등가에서] 6려를 노래하니 오직 12궁뿐이다. 왕의 대식大食 3유三侑의 주에서 이르기를, 초하루와 보름에 그 달의 율을 쓰는 것[隨月用律] 역시 12궁이다(궁선법). 12관이 각각 5성을 갖추고 있는 것이니 합하여 60성이 되고, 5성이 1조를 이루기 때문에 12조가 되는데, 옛 사람들이 12궁 중에서 특히 황종 1궁을 중히 여겼을 뿐이다. 제齊나라(BC 1046~BC 221)의 경공景公(BC 548~BC 490)이 지은 치소徵招와 각소角招의 樂과 악사樂師 사연師涓과 사광師曠의 청상·청각·청치의 조가 있었고, 한漢·위魏 이래의 연악에서 간혹 쓰였으나, 아악에 상·각·치·우조가 있다는 말은 아직 듣지 못했으니, 오직 영기迎氣 5인(기를 맞이하는 5곡)에만 있을 뿐이다. 『수서隋書』에 이르기를 '양梁나라와 진陳나라의 아악은 모두 궁성을 썼다'라고 전한다"라고 했듯이, 지금의 아악이 모두 궁조만 쓰는 것은 이 법을 따른 것 같다.

---

631) 『隋書』 15 「音樂志」

632) 『宋史』 131 「志」 84 「樂」 6

• 해설 •

성현은 궁조·각조·치조·우조를 모두 궁조로 말한 근거를 모르겠다고 의문을 제기했지만, 곧바로 『송사』에 전하는 위의 내용을 근거로 아마도 그 내용에 따라 궁조만 쓴 것 같다고 설명했다.

『송사』와 『수서』의 내용은 앞의 3. 옛 악은 12궁만 썼다(368쪽)에서도 인용했었다.

• 원문 •

祭地祇·享宗廟降神之樂, 『周禮』·『宋史』·時用三法, 皆以以上三調之法爲之. 按, 三大祀降神之樂, 有爲宮·爲角·爲徵·爲羽而無商. 是則調也. 右宮·角·徵·羽四調之七均, 則竝用商聲, 『樂書』: "所謂文去而實不去也"

• 번역 •

지기地祇의 제사와 종묘 제향의 강신악은 『주례』·『송사』와 성종조 시기에 사용했던 3가지 방법 모두 천신 강신악 3조의 방법을 썼다. 살펴보건대 삼대사의 강신악에는 위궁·위각·위치·위우는 있고 위상은 없다. 이것이 조이다. 이 궁조·각조·치조·우조의 4조 7균은 모두 상성을 쓰니, 『악서』에 "이른바 글에는 없지만 실은 있는 것이다"라고 한 것이 그것이다.

• 해설 •

천신에 올리는 제사와 마찬가지로 지기의 제사와 종묘 제향의 강신악도 『주례』·『송사』와 성종조 시기에 사용했던 것은 모두 3조의 법을 따랐다는 것을 말하고 있다. 3조의 법이란, 앞에서 보았던 "천신을 강림하게 하는 樂은 6번 연주하는데 옛날에는 협종균을 3번 연주하는 것을 협종위궁이라고 했고, 이칙균을 1번 연주하는 것을 황종위각이라고 했고, 임종균을 2번 연주하는 것을 태주위치와 고선위우라고 했다"에서 보이는 협종균, 이칙균, 임종균을 말한다. 특히 삼대사의 강신악에는 상조가 없다는 것도 다시 한 번 강조한다.

이어서 "궁조·각조·치조·우조의 4조 7균은 모두 상음을 쓴다"라고 했는데, 4조는 상조가 없는 4조를 말하는 것이다. 그리고 7균은 12균 중의 7균을 말하는 것이다. 7균은 11장의 3궁에서 천지인 樂의 구성에서 살펴보았는데, 삼대사의 악조만 〈표 47〉로 정리하였다.

〈표 47〉 三大祀 樂調

三大祀	樂調
天神	협종위궁(**협종지균**)·황종위각(**이칙지균**)·태주위치·고선위우(**임종지균**)
地祇	함종위궁(임종지균)·태주위각(**무역지균**)·고선위치(**남려지균**)·남려위우(**황종지균**)
人鬼	황종위궁(황종지균)·대려위각(남려지균)·태주위치(임종지균)·응종위우(**태주지균**)

괄호 안의 조명은 지조식으로 해석한 것이다. 이렇게 해야 균의 수를 파악할 수 있기 때문이다. 반복되는 것을 빼고 진하게 표시한 것을 합하면 모두 7균이 된다.

그래서 "궁조·각조·치조·우조의 4조 7균"이라고 말한 것이다.

13장

악조총의 樂調總義

1. 속악(향악)은 7조만 쓴다.

2. 속악(향악) 7조

3. 속악(향악) 악조

이 장에서 처음으로 향악(속악)의 조調를 설명한다. 향악에는 7조가 있는데, 바로 1지指·2지·3지·4지·5지·6지·7지를 말한다. 이 중 4지는 횡지橫指, 5지는 우조羽調, 6지는 팔조八調, 7지는 막조邈調라는 속칭을 쓰기도 한다. 속칭인 횡지, 우조, 팔조, 막조는 우리말 빗가락, 웃조, 팔팔조, 막막조의 한자 표기다.[633] 향악 7조는 크게 낙시조樂時調와 우조羽調로 구분되는데, 낙시조는 우리말 낮은 조의 한자표기로 우조에 비해 중심음이 낮고, 우조는 우리말 웃조의 한자 표기로 낙시조에 비해 중심음이 높다고 한다.[634] 이제 향악 7조를 만나보자.

633) 『증보 한국음악통사』, 265쪽.

634) 『증보 한국음악통사』, 265쪽.

1. 속악(향악)은 7조만 쓴다.

• 원문 •

按『律書』, "十二律, 各自爲宮, 又各有五調. 故凡六十調"[635] 今雅樂, 亦並用十二律之宮. 而俗樂則只用七調.

• 번역 •

『율려신서』에 보면 "12율은 각각 스스로 궁이 되고, 또 각각 5조를 갖추고 있다. 그렇기 때문에 모두 60조이다"라고 했다. 지금의 아악도 마찬가지로 12율의 궁(12궁조)을 쓴다. 그러나 속악(향악)은 단지 7조만 쓴다.

• 해설 •

"[중국의 경우] 12율이 돌아가면서 궁이 되고, 12율은 각각 5조를 갖추고 있으므로 모두 60조이다"라는 내용은 여러 차례 언급되었고, 1장에서 자세히 설명했다. 이어서 성종조 시기 아악은 12궁조를 썼지만 향악은 7조만 썼다는 것을 강조한다. 여기서 한 가지 참고로 알아둘 것은 중국에서 전래된 음악인 아악과 당악에 사용하는 악기의 황종의 음높이와 우리나라 전래의 음악인 향악에 사용하는 악기의 황종의 음높이가 서로 다르다는 것이다. 우리나라의 향악에 쓰는 악기의 황종음이 더 높다고 한다.[636]

---

635) 1장의 〈표 1〉 60조의 1번부터 60번까지를 말한다.

636) 『국악개론』, 27쪽.

2. 속악(향악) 7조

• 원문 •

併夾鍾·姑洗兩聲爲宮, 卽一指也. 併仲呂·蕤賓兩聲爲宮, 卽二指也. 林鍾一聲爲宮, 卽三指也. 併夷則·南呂兩聲爲宮, 卽四指也, 而俗稱橫指. 併無射·應鍾兩聲爲宮, 卽五指也, 而俗稱羽調. 又取淸黃鍾一聲爲宮, 卽六指也, 而俗稱八調. 併淸大呂·淸太簇兩聲爲宮, 卽七指也, 而俗稱邈調. 雅樂, 聲低, 以黃鍾爲初聲, 俗樂, 聲高, 以夾鍾爲初聲, 至八調·邈調, 則又用黃鍾·大呂·太簇淸聲.

• 번역 •

협종과 고선 두 소리가 함께 궁[637]인 것은 1지이다. 중려와 유빈 두 소리가 함께 궁인 것은 2지이다. 협종 하나의 소리가 궁인 것은 3지이다. 이칙과 남려 두 소리가 함께 궁인 것은 4지이며, 속칭 횡지橫指라고 한다. 무역과 응종 두 소리가 함께 궁인 것은 5지이며, 속칭 우조羽調라고 한다. 또 청황종 하나의 소리가 궁인 것은 6지이며, 속칭 팔조八調라고 한다. 청대려와 청태주 두 소리가 모두 궁인 것은 7지이며, 속칭 막조邈調라고 한다. 아악은 음이 낮아서 황종이 첫 음이고, 속악(향악)은 음이 높아서 협종이 첫 음이다. 팔조와 막조에 이르면 청황종·청대려·청태주를 사용한다.

637) 여기서 궁은 궁조의 궁이 아니라, 上一과 下一 중간에 있는 궁을 말한다.

• 해설 •

위의 내용을 간략하게 〈표 48〉로 정리했다.

〈표 48〉 향악 7조

향악 7조	궁음	속칭
1지	협종 · 고선	
2지	중려 · 유빈	
3지	협종	
4지	이칙 · 남려	횡지橫指
5지	무역 · 응종	우조羽調
6지	청황종	팔조八調
7지	청대려 · 청태주	막조邈調

〈표 48〉에 보이듯이 3지와 6지를 제외한 나머지는 모두 궁음이 하나가 아니라 둘이다. 이와 관련하여 이혜구는 '궁이 하나가 아니라 둘인 것이 문제이며, 그 이유를 모르겠다'[638]라며, 어쩌면 '당악의 공척보가 합合·상上·구句·척尺만 제외하고 1음표가 2음을 표시한 것과 관계가 있을 것 같다'[639]라고 추측했다.

그런데 이에 대해 남상숙은 몇 가지 근거를 바탕으로 궁음은 둘이 아니라 하나라고 밝혔다.[640] 그 내용은 다음과 같다. '1지는 『악학궤범』의 악조총의와 현금과 대금 산형[641]에는 '협종·고선궁'으로 기록되어 있으나, 12율 배

638) 『신역 악학궤범』, 92쪽; 『증보 한국음악통사』, 265쪽.

639) 『신역 악학궤범』, 92쪽.

640) 이하의 내용은 『악학궤범 악론 연구』, 161~281쪽 부분 발췌.

641) 산형은 악기의 조현법을 알기 쉽게 그림으로 펼쳐서 그려놓은 것이다.

속호와 가야금·향비파의 산형에서는 '고선궁'으로 설명되어 있다. 현금과 대금의 7조 설명에 두 율씩 있는 것은 성현이 당속악 28조의 7균을 공척보로 설명하면서, 이 7균과 현금 및 대금의 7조를 같은 체계로 이해했기 때문이다'라고 설명하며, 당속악 28조의 7균을 설명한 아래의 사료를 그 근거로 들었다.

> 살펴보면, 황종은 합合자, 대려와 태주는 사四자, 협종과 고선은 일一자, 중려는 상上자, 유빈은 구勾자, 임종은 척尺자, 이칙과 남려는 공工자, 무역과 응종은 범凡자로, 합해서 여덟 자이다. 그러나 상上자(중려)와 구勾자(유빈)는 대금과 필율에서 하나의 구멍에서 같이 나오기 때문에 실제로는 일곱 자를 사용한다. 모두 각각 4조가 있으니 합해서 28조가 된다.[642]

2지는 악조총의·현금조·대금조에 중려·유빈궁으로 설명되어 있으나, 2지는 중려궁이다. 두 율이 기록된 이유는 위에 설명한 것과 같이 공척보 때문이라고 이해할 수 있다. 12율 배속호·가야금조·향비파조에는 중려궁으로 되어 있다.

3지는 모두 임종궁으로 기록되어 있으니, 문제가 없다.

4지[橫指]도 1지와 2지처럼 궁이 두 율로 설명되어 있다. 즉 이칙·남려궁이라고 기록되어 있으나, 실제로는 남려궁이다.

5지[羽調] 역시 궁이 두 율로 설명되어 있다. 즉 무역·응종궁인데, 무역궁일 가능성이 높다고 한다.

6지[八調]는 모든 자료에서 청황종궁이라고 설명되어 있다.

---

642) 按, 黃鐘爲合字, 大呂·太簇爲四字, 夾鐘·姑洗爲一字, 仲呂爲上字, 蕤賓爲勾字, 林鐘爲尺字, 夷則·南呂爲工字, 無射·應鐘爲凡字, 合八字. 然上字·勾字於大笒·觱篥同出一孔, 故實用七字. 各有四調合二十八調也. 『악학궤범』 1에 나오는 내용으로, 이 책에서는 15장에서 다룬다.

7지[邈調]는 청태주궁이다.

이로써 보면 1지는 고선궁, 2지는 중려궁, 3지는 협종궁, 4지는 남려궁, 5지는 무역궁, 6지는 청황종궁, 7지는 청태주궁인데, 공척보 때문에 궁이 두 율씩 설명된 것이라고 이해할 수 있다. 이상의 내용을 바탕으로 향악 7조를 〈표 49〉로 재정리했다.

〈표 49〉 향악 7조

향악 7조		궁음	속칭
낙시조	1지	고선	
	2지	중려	
	3지	협종	
	4지	남려	횡지
우조	4지	남려	횡지
	5지	무역	우조
	6지	청황종	팔조
	7지	청태주	막조

성현의 잘못된 이해로 향악 7조 중 1지, 2지, 4지, 5지, 7지에 궁음이 둘인 것처럼 설명되었으나, 12율배속호, 가야금조, 향비파조를 참고로 하면 향악 7조의 궁음은 모두 하나였던 것으로 이해할 수 있다.

한편 7조와 관련하여 김영운은 다음과 같은 의견을 내놓기도 했다.

> 『악학궤범』 7조에서 임종을 주음으로 삼는 삼지(세 가락)와 황종을 주음으로 삼는 팔조만이 주음을 하나씩 보기로 들고 나머지는 반음 차이의 두 음씩을 보기로 든 점에 비추어 당시에도 임종과 황종을 주음으로 삼는 조가 보편적으로 널리 사용되었을 것으로 여겨진다. 현재의 국악기도 한 옥타브 내의 12반음을

자유롭게 연주하기 어려운 것으로 보아 당시에도 모든 조를 연주하기는 어려웠을 것이다. 따라서 비교적 편하게 연주 가능한 조는 삼지와 팔조 두 가지였을 것으로 짐작된다. 이 두 조가 17세기 초에 평조와 우조로 정착되기 때문이다.

남상숙은 궁음이 둘로 기록된 것에 대한 문제를 제기하며 향악 7조의 궁음은 하나라는 것에 초점을 맞췄고, 김영운은 비교적 연주가 편한 3지와 팔조가 평조와 우조로 정착된 것이라며, 이후 국악의 조가 평조와 우조로 대표되는 과정을 밝히는 것에 초점을 맞추었다.

이로써 보면 향악에는 처음에 7조가 있었고, 그 7조의 궁음은 하나였는데, 7조 중에서 연주가 편한 3지와 팔조가 오랫동안 전해져 오다가 오늘날의 평조와 우조가 된 것이라고 볼 수 있다.

3. 속악(향악) 악조

• 원문 •

○樂調, 有宮·商·角·徵·羽五調. 又有樂時調·羽調·平調·界面·河臨·嗺子·啄木等調. 五調之內徵調, 卽俗所用平調也, 羽調, 卽俗所用界面調也. 界面之聲, 本無定律, 而今於七宮之內, 第四橫指之次, 無射·應鍾之宮, 以羽調稱號, 其義未穩. 至於玄琴調絃, 則以大絃爲宮,[643] 而奏之曰樂時調也, 變調以遊絃爲宮, 而奏之, 則不論之高下, 渾稱羽調, 其誤尤甚. 或云羽卽右也, 以遊絃爲宮, 故曰右調. 樂時調, 卽左調也, 以大絃爲宮故曰, 左調. 然亦未詳. 各調調絃之法, 并在圖例.

• 번역 •

악조에는 궁조·상조·각조·치조·우조의 5조가 있다.[644] 또 낙시조·우조·평조平調·계면조界面調·하림조河臨調·최자조嗺子調·탁목조啄木調 등이 있다. 5조 중 치조徵調는 속칭 평조이고, 우조는 속칭 계면조이다. 계면조의 소리는 본래 정해진 율이 없는데, 지금 7궁 중에서 제4횡지의 다음인 무역과 응

643) 대현은 거문고의 줄이름으로 셋째 줄을 일컫는다. 나머지는 문현(첫째 줄), 유현(둘째 줄), 괘상청(넷째 줄), 괘하청(다섯째 줄), 무현(여섯째 줄)이라고 한다.

644) 이혜구는 '궁·상·각·치·우의 5조는 『악학궤범』 권7 「현금도설」에 있고, 그에 의하면 그 5조가 모두 변치, 변궁을 포함한 7음계이어서 그 5조는 향악에는 사용될 수 없고, 아악의 향당교주에 현금이 사용된 것 같다'라고 하였다.(『신역 악학궤범』, 93쪽 각주 429)

종의 궁을 우조라고 칭하는 것은 그 뜻이 온당하지 못하다.[645] 현금玄琴의 조현調絃에서 대현大絃을 궁으로 삼아 연주하는 것을 낙시조라고 하고, 조를 바꿔 유현遊絃을 궁으로 해서 연주하는 것은 율의 높낮이를 막론하고 우조라고 혼동해서 말하는데, 그것은 매우 잘못된 것이다.[646] 우羽는 즉 우右라고도 하는데, 유현을 궁으로 삼은 까닭에 우조라고 말한다. 낙시조는 즉 좌조라고도 하는데, 대현을 궁으로 삼은 까닭에 좌조라고 말한다. 그러나 마찬가지로 상세하지 않다. 각조 조현의 법은 모두 그림에 나타나 있다.

• 해설 •

악조에 궁조·상조·각조·치조·우조의 5조가 있다는 것은 앞에서 살펴보았다. 이어서 여러 가지 악조명이 나열되어 있다. 이제 하나하나 살펴보자.

향악의 조는 크게 낙시조樂時調와 우조羽調로 나뉜다. 우조는 중국 5조 중의 우조, 속악 7조 중의 우조, 낙시조의 대칭인 우조가 있어서 혼동하기 쉽다.[647] 여기서는 낙시조의 대칭인 우조를 말한다. 이혜구의 설명에 따르면, "『악학궤범』 권7 현금의 조현법에 낙시조는 우조의 대구이고, 1지·2지·3지·횡지를 포함하며, 반대로 우조羽調는 횡지·우조·팔팔조·막막조 같은 보다 높은 조를 포함한다"[648]라고 했다. 횡지는 낙시조에도 속하고 우조에도 속하는데, 이

645) 이혜구는 '우조는 1. 중국 5조 중의 우조, 2. 속악 7조 중의 우조, 3. 낙시조의 대칭인 우조, 이렇게 세 가지를 의미하여 혼동을 일으키기 쉽다. 무역·응종의 궁을 우조라고 하는 것은 속악 7조 중의 우조를 뜻하고, 낙시조의 대칭인 우조를 뜻하지 않는다. 본문의 내용은 계면조에는 본래 정율이 없는데, 지금 우조의 계면조(즉 무역궁의 계면조)에 정율이 있는 것은 온당치 않다는 뜻이다'라고 하였다 .(『신역 악학궤범』, 93쪽 각주 434)

646) 이혜구는 '유현을 궁으로 하고 연주하는 것을 높고 낮음을 막론하고 〈막조이거나 횡조이거나〉 다 우조라고 한 것이 틀린 말"인 까닭은 무역궁과 응종궁이 협의의 우조가 아니고, 광의의 우조이기 때문이다'라고 하였다.(『신역 악학궤범』, 93~94쪽 각주 437)

647) 『『악학궤범』 악론 연구』, 251쪽; 『신역 악학궤범』, 93쪽.

648) 『신역 악학궤범』, 93쪽 각주 430.

는 당시의 거문고 조현법과 관련이 있다고 한다.[649)]

『악학궤범』「향부악기도설」의 거문고[현금]에서 “대현 5괘의 음을 중심으로 하여 연주되는 것이 낙시조라는 것인데 『악학궤범』 권1 악조총의에 보인다. 낙시조는 평조와 계면조를 포함하고, 또 1지에서부터 횡지까지를 포함하기 때문이다”[650)]라고 전한다.

낙시조가 바로 평조이고 우조는 우조다. 1610년에 편찬된 『양금신보』는 거문고 악보인데, 그 책에 거문고 악조로 평조와 우조가 소개되어 있으며, 평조는 거문고 대현 제5괘 임종을 주음으로 삼았고, 우조는 유현 제4괘 황종을 주음으로 삼았다.[651)] 바로 『악학궤범』의 낙시조, 우조와 같다.

다음은 향악의 대표적인 악조인 평조平調와 계면조界面調를 언급했다. “이 두 악조는 조선 후기를 거쳐 지금까지도 우리 전통음악의 중요한 악조로 활용되고 있다”[652)]고 한다.[653)]

이어서 하림조河臨調(청고선 중심의 평조 및 청태주 중심의 계면조)[654)]와 최자조嗺子調(청태주 중심의 계면조), 탁목조啄木調(청황종 중심의 평조)가 언급되었는데,[655)] 하림조는 일명 청풍체라고 한다. 하림조는 가야금 곡으로 세종 때 이미 그 이름만 남아 있고 그 음악은 없어졌으며, 겨우 악보만 남아 있다고 한다. 『세종실록』에 아래와 같이 전한다.

이제 거문고[玄琴]에 소속된 것으로 말씀드리면, 그 타는 법은 알면서도 가사

649) 자세한 내용은 『국악개론』, 39쪽 참조.

650) 『신역 악학궤범』, 443쪽 각주 121.

651) 『국악개론』, 40쪽.

652) 『국악개론』, 35쪽.

653) 이에 대한 자세한 내용은 『국악개론』, 34~37쪽 참조.

654) 하림조에 대해서는 『증보 한국음악통사』, 100~103쪽 참조.

655) 괄호 안의 내용은 『신역 악학궤범』, 261쪽.

를 알지 못하는 것이 있으니, 〈최자탁목崔子啄木〉·〈우식다수희憂息多手喜〉·〈청평거사련淸平居士戀〉 등이 이것이고 …… 또 가야금에 소속된 것으로는 〈눈죽조嫩竹調〉·〈하림조河臨調〉는 이름만 남아 있고 곡은 전하지 않습니다.[656]

최자조는 유현 4괘를 궁으로 한 일종의 우조계면조라고 한다. 최자와 탁목 등은 위의 인용문에 보이듯 세종 당시에 그것을 거문고로 타는 법은 알아도 그 가사는 몰랐다고 한다. 조의 조현법은 『악학궤범』 권7에 자세하게 설명되어 있다.[657]

악조총의에서 처음으로 향악 7조와 향악의 선법을 다루고 있다. 악조총의부터 이어지는 내용들은 모두 당시에 사용했던 악기 연주와 관련된 내용들이다.

656) 『世宗實錄』 47 세종 12(1430) 2. 19 (5): "今以玄琴所屬言之, 有知彈法, 而不知歌詞者, 如〈崔子〉·〈啄木〉·〈憂息〉·〈多手喜〉·〈淸平〉·〈居士戀〉等類是也. …… 又伽倻琴所屬〈嫩竹調〉·〈河臨調〉, 空有其名, 而不傳其聲."

657) 『신역 악학궤범』, 443~454쪽 참조.

14장

5음의 속명

[五音配俗呼]

이 장에서는 5음의 속명에 대해 말한다. 궁에서 소리가 맑은 쪽으로 향하며, 상1·상2·상3·상4·상5·상6이라 말하고, 궁에서 소리가 탁한 쪽으로 향하며, 하1·하2·하3·하4·하5라고 하는데, 모두 5음과 서로 짝을 이룬다고 강조한다.

• 원문 •

雅樂之宮, 用七音宮·商·角·變徵·徵·羽·變宮. 俗樂之均, 不用二變, 只用五音, 而以淸·濁之間中聲爲宮. 自宮向淸, 則商·角·徵·羽漸次而高, 自宮向濁, 則羽·徵·角·商漸次而下. 濁聲·淸聲分辨, 浩繁, 故又有上下之法. 自宮向淸, 曰上一·上二·上三·上四·上五·上六, 自宮向濁, 曰下一·下二·下三·下四·下五. 並與五音相配. 中聲之宮, 與下五·上五並宮也, 上五, 淸宮, 下五, 濁宮也. 下四·上一·上六, 並商也. 下三·上二, 角也. 下二·上三, 徵也. 下一·上四, 羽也.[此特論宮調, 他調例見六十調註]

• 번역 •

아악의 궁宮(균)은 7음인 궁·상·각·변치·치·우·변궁을 사용한다. 속악의 균均은 2변을 사용하지 않고 다만 5음만 사용하는데, 청성과 탁성 사이의 중성이 궁이 된다. [중성의] 궁으로부터 [소리가] 맑은 쪽으로 향하면 상·각·치·우의 순으로 음이 점차 높아지고, [중성의] 궁으로부터 [소리가] 탁한 쪽으로 향하면 우·치·각·상의 순으로 음이 점차 낮아진다. 탁성과 청성을 분별하려면 [그 범위가] 넓어서 번거롭기 때문에 또 상하의 법이 있는 것이다. [중성의] 궁에서 소리가 맑은 쪽으로 향하면, 상1·상2·상3·상4·상5·상6이라 말하고, [중성의] 궁에서 소리가 탁한 쪽으로 향하며, 하1·하2·하3·하

4·하5라고 하는데, 모두 5음과 서로 짝을 이룬다. 중성의 궁은 하5·상5와 함께 모두 궁으로, 상5는 청궁이고, 하5는 탁궁이다. 하4·상1·상6은 모두 상이고, 하3·상2는 각이고, 하2·상3은 치이고, 하1·상4는 우이다.[이것은 특별히 궁조를 논한 것이고, 다른 조의 예는 60조의 주에 보인다]

• 해설 •

아악의 궁(균)은 7음을 쓰고 속악의 균은 5음을 쓴다고 했다. 또 속악의 균은 5음을 쓰는데 청성과 탁성이 있으며, 그 사이의 중성이 궁이다. 그리고 그 궁성을 중심으로 상·각·치·우 순으로 점차 음이 높아지고, 우·치·각·상 순으로 음이 점차 낮아지는데, 탁성과 청성까지 합하면 음이 많아서 구분하기가 번거롭기 때문에 상하의 법을 쓴다고 했다. 즉 궁에서 소리가 맑은 쪽으로 상1·상2·상3·상4·상5·상6이라고 표시하고, 궁에서 소리가 탁한 쪽으로 하1·하2·하3·하4·하5라고 표시하는 것이다. 청ㅇㅇ, 탁ㅇㅇ이라고 표시하는 것보다 훨씬 간략하다. 2장에서 살펴본 오음약보다.(상하의 법)

〈그림 56〉에 보이듯 하5·궁·상5는 모두 궁이다. 상5는 청궁이고, 하5는 탁궁이다. 하4·상1·상6은 모두 상이고, 하3·상2는 각이고, 하2·상3은 치이고, 하1·상4는 우다. 이러한 상하의 법을 60조에도 써서 그 청음과 탁음을 쉽게 구별할 수 있도록 한 것이다. 『악학궤범』 60조에서 궁조 밑에 황종에 궁과 하5가 모두 기록되어 있는 것이 보인다. 이로써 상하법을 사용했다는 것을 확인할 수 있다.(〈그림 57〉 참조)

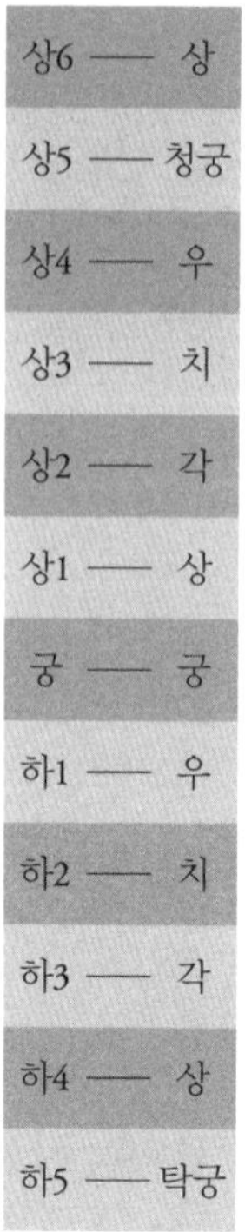

〈그림 56 〉 상하의 5음

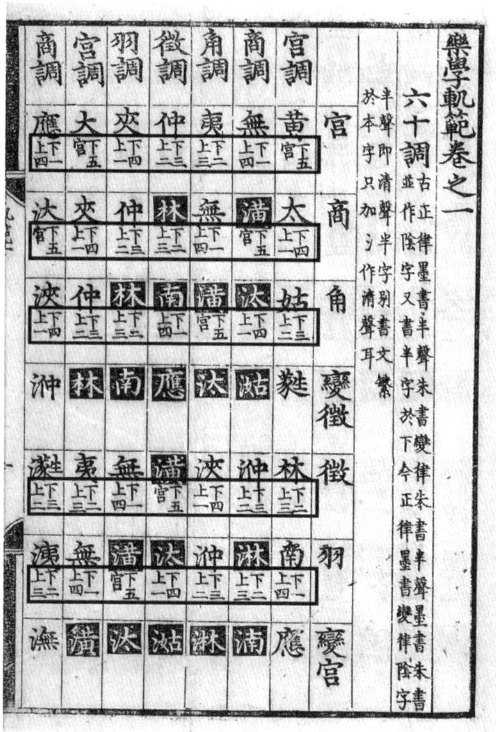

〈그림 57〉 『악학궤범』 60조의 상하의 음 표기

• 원문 •

○我國五聲之用, 與古不同. 古云, "宮, 最長, 而羽, 最短. 又有商聲, 不得過宮聲之語" 今以中聲爲宮, 而宮之下, 亦有濁聲, 至下五, 以應宮聲, 似反於古. 以中聲爲宮, 蓋一時用聲之便易耳, 宮之正聲, 當以下五虛絃之聲, 從之.

• 번역 •

우리나라 5성의 쓰임은 옛 것과 다르다. 옛말에 "궁이 가장 길고 우가 가장 짧다. 또 상성이 궁성을 넘을 수 없다"라는 말이 있는데, 지금 [우리나라에서는] 중성을 궁으로 쓰니, 궁의 아래에 또 탁성이 있어서, 하5에 이르면 그것으로써 궁성에 응한다고 하니, 옛 말과 다른 것 같다. 중성을 궁으로 한 것은 연주를 할 때[用聲] 쉽고 편하기 때문일 뿐, 궁의 정성은 마땅히 하5, 즉 허현虛絃의 소리를 따른다.

• 해설 •

상성이 궁성보다 낮은 음이면 임금의 자리를 넘보는 것이므로 쓸 수 없다고 했다. 그런데 우리나라는 중성을 궁으로 삼아서 그 아래에 또 탁성의 궁인 하5가 있으니, 옛 말과 다른 것이 아니냐는 의견을 내놓는다. 그러나 그것은 '연주할 때에 쉽고 편하기 때문일 뿐', 궁의 정성은 마땅히 하5의 궁이라는 것을 강조한 내용이다.

허현虛絃은 거문고의 괘하청과 무현을 가리킨다.[658] 괘하청은 거문고를 무릎에 놓고 볼 때, 몸에서부터 세어 다섯 번째의 줄을 말하기도 하고, 조율을 할 때 중심 음이 되는 것을 말하기도 한다. 여기서는 주음을 뜻한다. 무현武絃은 가야금의 첫째 줄, 거문고의 여섯째 줄, 향비파의 첫째 줄 이름을 말한다.

---

658) 『신역 악학궤범』, 95쪽 각주 443.

15장

12율의 속명

[十二律配俗呼]

[합合·사四·일一·상上·구勾·척尺·공工·범凡·육六·오五·고오高五·첨오尖五]

12율의 속명은 당악에 쓰이는 공척보를 설명하기 위한 것이라고 한다. 그 공척보의 음높이를 왜 향악기인 대금으로 설명했는지는 정확하게 알 수 없지만, 이혜구는 당악에 쓰이는 공척보를 향악 대금의 연주자들에게 가르치기 위해서라고 해석했다.[659] 게다가 대금의 팔조 산형에만 유독 공척보가 추가되었는데, 그것은 대금이 현금과 함께 실제 전정헌가殿庭軒架의 향당교주鄕唐交奏에서 이 팔조의 산형으로 당악을 연주했기 때문이라고 한다.[660] 〈그림 58〉은 『악학궤범』에 그려져 있는 대금의 팔조 산형이다. 표시한 부분에 각각의 율에 해당하는 공척보가 기재되어 있다. 이제 12율명의 속명을 하나하나 살펴보자.

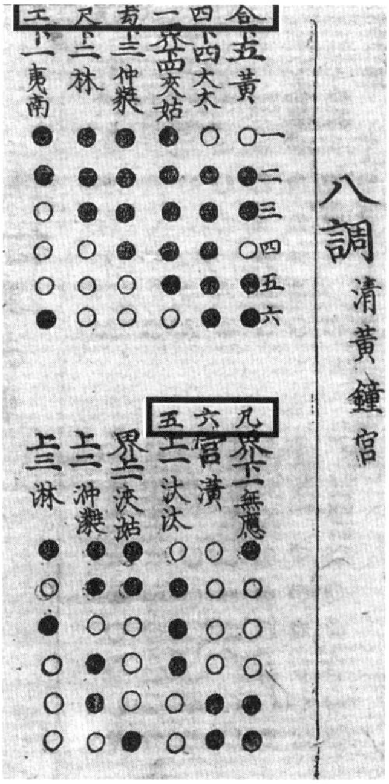

〈그림 58〉 『악학궤범』 대금의 팔조

---

659) 『신역 악학궤범』, 97쪽 각주 451.

660) 『신역 악학궤범』, 471쪽 각주 265.

• 원문 •

황종

黃鐘全聲[卽濁聲也. 他律倣此]爲'合'字, 俗作厶. 半聲[卽 淸聲也. 又子聲也. 他律倣此]爲'六'字, 俗作ク. 大笒第一·第四孔擧之, 餘孔皆按之, 而低吹則出黃鐘全聲. 卽八調之下五也. 盡擧六孔, 而力吹則出黃鐘半聲. 卽八調之宮也.

• 번역 •

황종 전성全聲은 [즉 탁성이다. 다른 율도 이와 같다] '합合' 자이고 속자는 '厶'이다. 반성半聲은 [즉 청성이다. 또는 자성이라고 한다. 다른 율도 이와 같다] '육六' 자이고, 속자는 'ク'이다. 대금의 제1·제4구멍을 열고 나머지 구멍은 모두 다 막고 살짝 불면 황종 전성의 소리가 난다. 즉 팔조八調의 하5이다. 대금의 여섯 구멍을 다 열고 세게 불면 황종 반성의 소리가 난다. 즉 팔조의 궁이다.

• 원문 •

대려·태주

○大呂·太簇全聲, 爲'四'字, 俗作マ, 大呂半聲, 爲'五'字, 太簇半聲, 爲'高五'字, 竝俗作乡. 大笒第一孔半竅, 餘孔皆按之, 而低吹則出大呂全聲, 力吹則出大呂半聲. 第一孔擧之, 餘孔皆按之, 而平吹則出太簇全聲. 卽邈調之下五也. 第二·第三·第四孔按之, 餘孔皆擧之, 而力吹則出太簇半聲. 卽邈調之宮也.

• 번역 •

○대려·태주의 전성은 '사四'자이고, 속자는 'マ'이다. 대려의 반성은 '오五'자이고 태주의 반성은 '고오高五'자이며, 속자는 모두 'ㄗ'이다. 대금의 제1구멍은 반만 열고 나머지 구멍은 모두 막고 살짝 불면 대려의 전성 소리가 나고, 세게 불면 대려의 반성소리가 난다. 제1구멍을 열고 나머지 구멍은 모두 막고 보통으로 불면 태주의 전성소리가 난다. 즉 막조邈調의 하5다. 제2·제3·제4의 구멍을 막고 나머지 구멍을 모두 열고 세게 불면 태주의 반성소리가 난다. [태주의 반성은] 즉 막조의 궁이다.

• 원문 •

협종·고선

○夾鐘·姑洗全聲, 爲'一'字, 俗作丶. 夾鐘半聲, 爲'尖五'字, 俗作ㄗ. [自姑洗至應鐘半聲, 則無俗呼] 大笒第六孔半竅, 餘孔皆按之, 而低吹則出夾鐘全聲, 平吹則出夾鐘半聲. 第二·第三孔按之, 餘孔皆擧之, 而力吹則出夾鐘淸中淸也. 第六孔擧之, 餘孔皆按之, 而低吹則出姑洗全聲, 卽一指之下五也. 平吹則出姑洗半聲, 卽一指之宮也. 第一·第二孔按之, 餘孔皆擧之, 而力吹則出姑洗淸中淸也, 卽一指之上五也.

• 번역 •

○협종과 고선의 전성은 '일一'자이고, 속자는 '丶'이다. 협종의 반성은 '첨오尖五'자 이고 속자는 'ㄗ'이다. [고선에서 응종까지의 반성은 속자가 없다] 대금의 제6구멍은 반만 열고 나머지 구멍은 모두 막고 살짝 불면 협종의 전성소리가 나고, 보통으로 불면 협종의 반성소리가 난다. 제2·제3구멍을 막고

나머지 구멍은 모두 열고 세게 불면 협종의 청중청의 소리가 난다. 제6구멍을 열고 나머지 구멍은 모두 다 막고 살짝 불면 고선의 전성소리가 나는데, 즉 1지의 하5이다. 보통으로 불면 고선의 반성소리가 나는데, 즉 1지의 궁이다. 제1·제2구멍을 막고, 나머지 구멍은 모두 열고 세게 불면 고선의 청중청의 소리가 나는데, 즉 1지의 상5이다.

• 원문 •

중려·유빈

○仲呂爲'上'字, 俗作**厶**. 蕤賓爲'句'字, 俗作**ㄥ**. 大笒第五孔擧之, 餘孔皆按之, 而低吹則出仲呂全聲, 卽二指之下五也. 平吹則出仲呂半聲, 卽二指之宮也. 第三·第六孔擧之, 餘孔皆按之, 而力吹則出仲呂淸中淸也, 卽二指之上五也. 第五·第六孔擧之, 餘孔皆按之, 而低吹則出蕤賓全聲, 平吹則出蕤賓半聲.[淸中淸, 則仲呂同]

• 번역 •

○중려는 '상上'자이고 속자는 '**厶**'이다. 유빈은 '구句'자 이고 속자는 '**ㄥ**'이다. 대금의 제5구멍을 열고 나머지 구멍은 모두 막고 살짝 불면 중려의 전성소리가 나는데, 즉 2지의 하5이다. 보통으로 불면 중려의 반성소리가 나는데, 즉 2지의 궁이다. 제3·제6구멍을 열고 나머지 구멍은 모두 막고 세게 불면 중려의 청중청의 소리가 나는데, 즉 2지의 상5이다. 제5·제6구멍을 열고 나머지 구멍은 모두 막고 살짝 불면 유빈의 전성소리가 나고, 보통으로 불면 유빈의 반성 소리가 난다. [청중청의 소리는 중려와 같이 세게 분다]

• 원문 •

임종

○林鐘爲‘尺’字，俗作ㅅ．大笒第一·第二·第三孔按之，餘孔皆擧之，而低吹則出林鐘全聲，卽三指之下五也．平吹則出林鐘半聲，卽三指之宮也．第一·第三孔按之，餘孔皆擧之，而力吹則出林鐘淸中淸也，卽三指之上五也．

• 번역 •

○ 임종의 전성은 ‘척尺’ 자이고, 속자는 ‘ㅅ’이다. 대금의 제1·제2·제3구멍을 막고 나머지 구멍은 모두 열고 살짝 불면 임종의 전성소리가 나는데, 즉 3지의 하5이다. 보통으로 불면 임종의 반성소리가 나는데, 즉 3지의 궁음이다. 제1·제3구멍을 막고 나머지 구멍은 모두 열고 세게 불면 임종의 청중청의 소리가 나는데, 즉 3지의 상5이다.

• 원문 •

이칙·남려

○夷則·南呂爲‘工’字，俗作ㄱ．大笒第一·第二孔按之，餘孔皆擧之，而低吹則出夷則全聲，平吹則出夷則半聲也．第三·第四孔擧之，餘孔皆按之，而低吹則出南呂全聲，卽橫指之下五也．平吹則出南呂半聲，卽橫指之宮也．第三孔按之，餘孔皆擧之，而力吹則出南呂淸中淸也，卽三指之上六也．

• 번역 •

○이칙과 남려는 '공工'자이고, 속자는 'ㄱ'이다. 대금의 제1·제2구멍을 막고 나머지 구멍은 모두 열고 살짝 불면 이칙의 전성소리가 나고, 보통으로 불면 이칙의 반성소리가 난다. 제3·제4구멍은 열고 나머지 구멍은 모두 막고 살짝 불면 남려의 전성소리가 나는데, 즉 횡지橫指의 하5이다. 보통으로 불면 남려의 반성소리가 나는데 즉 횡지의 궁이다. 제3구멍을 막고 나머지 구멍은 모두 열고 세게 불면 남려의 청중청의 소리가 나는데, 즉 3지의 상6이다.

• 원문 •

무역·응종

○無射·應鐘爲'凡'字, 俗作刂. 大笒第一孔按之, 餘孔皆擧之, 而低吹則出無射全聲, 平吹則出無射半聲. 第一·第五·第六孔按之, 餘孔皆擧之, 而低吹則出應鐘全聲, 卽羽調之下五也. 平吹則出應鐘半聲, 卽羽調之宮也. [雅樂, 則音節徐緩, 管·籥·塤·篪之半竅·弱半竅·强半竅依法吹之, 俗樂, 則音節疾, 速·緩·急無常, 大笒·觱篥 難用半竅, 故以低吹·平吹·力吹爲淸·濁之聲而用之]

• 번역 •

○무역과 응종은 '범凡'자이고 속자는 '刂'이다. 대금의 제1구멍을 막고 나머지 구멍은 모두 열고 살짝 불면 무역의 전성소리가 나고, 보통으로 불면 무역의 반성소리가 난다. 제1·제5·제6구멍을 막고 나머지 구멍은 모두 열고 살짝 불면 응종의 전성소리가 나는데, 즉 우조의 궁이다. 보통으로 불

면 응종의 반성소리가 나는데, 즉 우조의 궁이다. [아악은 음절이 느려서 관管·약籥·훈塤·지篪의 구멍을 1/2[半竅], 1/3[弱半竅], 2/3[强半竅] 여는 법에 따라 불지만, 속악은 음절이 빨라서 빠르고[速] 느리고[緩] 급한 것[急]이 일정하지 않아서 대금大笒과 필율觱篥의 구멍을 1/2[半竅] 열기가 어렵기 때문에, 살짝 불고, 보통으로 불고, 세게 불어서 청성과 탁성의 소리를 내는 것이다]

• 해설 •

이상의 내용을 〈표 50〉으로 정리했다.

〈표 50〉 12율 전성·반성·청중청의 공척보와 속자, 대금 상하지법

율	전성 반성 청중청	공척보	속자	대금연주법	상하지법
황종	전성	合	厶	제1·제4구멍을 열고 나머지 구멍은 모두 다 막고 살짝 분다.	팔조의 하5
	반성	六	夕	여섯 구멍을 다 열고 세게 분다.	팔조의 궁
대려	전성	四	マ	제1구멍은 반만 열고 나머지 구멍은 모두 막고 살짝 분다.	
	반성	五	ㄅ	제1구멍은 반만 열고 나머지 구멍은 모두 막고 세게 분다.	
태주	전성	四	マ	제1구멍을 열고 나머지 구멍은 모두 막고 보통으로 분다.	막조의 하5
	반성	高五	ㄅ	제2·제3·제4의 구멍을 막고 나머지 구멍을 모두 열고 세게 분다.	막조의 궁
협종	전성	一	丶	제6구멍은 반만 열고 나머지 구멍은 모두 막고 살짝 분다.	
	반성	尖五	ㄅ	제6구멍은 반만 열고 나머지 구멍은 모두 막고 보통으로 분다.	
	청중청			제2·제3구멍을 막고 나머지 구멍은 모두 열고 세게 분다.	
고선	전성	一	丶	제6구멍을 열고 나머지 구멍은 모두 다 막고 살짝 분다.	1지의 하5
	반성			제6구멍을 열고 나머지 구멍은 모두 다 막고 보통으로 분다.	1지의 궁
	청중청			제1·제2구멍을 막고 나머지 구멍은 모두 열고 힘차게 분다.	1지의 상5
중려	전성	上	厶	제5구멍을 열고 나머지 구멍은 모두 막고 살짝 분다.	2지의 하5
	반성			제5구멍을 열고 나머지 구멍은 모두 막고 보통으로 분다.	2지의 궁
	청중청			제3·제6구멍을 열고 나머지 구멍은 모두 막고 세게 분다.	2지의 상5
유빈	전성	句	ㄥ	제5·제6구멍을 열고 나머지 구멍은 모두 막고 살짝 분다.	
	반성			제5·제6구멍을 열고 나머지 구멍은 모두 막고 보통으로 분다.	
	청중청			제5·제6구멍을 열고 나머지 구멍은 모두 막고 세게 분다.	

임종	전성	尺	ㅅ	제1·제2·제3구멍을 막고 나머지 구멍은 모두 열고 살짝 분다.	3지의 하5
	반성			제1·제2·제3구멍을 막고 나머지 구멍은 모두 열고 보통으로 분다.	3지의 궁
	청중충			제1·제3구멍을 막고 나머지 구멍은 모두 열고 세게 분다.	3지의 상5
이칙	전성	工	ㄱ	제1·제2구멍을 막고 나머지 구멍은 모두 열고 살짝 분다.	
	반성			제1·제2구멍을 막고 나머지 구멍은 모두 열고 보통으로 분다.	
남려	전성	工	ㄱ	제3·제4구멍은 열고 나머지 구멍은 모두 막고 살짝 분다.	횡지의 하5
	반성			제3·제4구멍은 열고 나머지 구멍은 모두 막고 보통으로 분다.	횡지의 궁
	청중청			제3구멍을 막고 나머지 구멍은 모두 열고 세게 분다.	3지의 상6
무역	전성	凡	ㄲ	제1구멍을 막고 나머지 구멍은 모두 열고 살짝 분다.	
	반성			제1구멍을 막고 나머지 구멍은 모두 열고 보통으로 분다.	
응종	전성	凡	ㄲ	제1·제5·제6구멍을 막고 나머지 구멍은 모두 열고 살짝 분다.	우조의 하5
	반성			제1·제5·제6구멍을 막고 나머지 구멍은 모두 열고 보통으로 분다.	우조의 궁

참고로 속자는 공척보의 음명을 표시하는 글자를 초서로 간략하게 쓴 것이다.[661] (〈표 51〉 참조)

공척보는 심괄의 『몽계필담』에 처음으로 소개되었다.[662] 공척보라는 이름은 임종을 표시하는 '척尺'과 이칙과 남려를 표시하는 '공工'에서 온 것이다.[663] 본문에는 먼저 12율과 공척보의 배치 관계를 이야기한 후 대금의 구멍을

661) 『신역 악학궤범』, 97쪽.

662) 『증보 한국음악통사』, 285쪽. 『몽계필담』에 전하는 공척보에 대한 내용은 심괄 지음/ 최병우 옮김, 『몽계필담 하』, 범우사, 2002; 2003, 199~210쪽 참조.

663) 『증보 한국음악통사』, 285쪽.

손으로 집는 방법과 부는 정도에 따라 어떤 음이 나오는지에 대해 이야기 했다. 그러나 12율의 속명은 공척보를 설명하기 위한 것이지 대금의 7조를 설명하기 위한 것이 아니다.[664)]

『악학궤범』 권7의 당부악기도설에 보면 당악에 쓰인 공척보를 확인할 수 있다. 한편, 공척보와 함께 속자도 소개되어 있지만, 속자보의 예는 송의 『백석도인가곡白石道人歌曲』과 『사림광기』 권5에 보일 뿐, 현존하는 한국의 고악보에서는 찾아볼 수 없다고 한다.[665)]

〈표 51〉 공척보의 속자

ム	合자의 윗부분
丶	一자와 같음
ㄥ	勾자의 밑부분
フ	工자의 초서
夕	六자의 초서
少	五자 위에 한 획을 더 그은 것
マ	四의 초서
么	上의 초서
人	尺의 아랫부분
リ	凡자의 양 옆
少	五자 초서의 중간 부분

664) 『신역 악학궤범』, 95쪽.

665) 『신역 악학궤범』, 95쪽.

• 참고문헌 •

『家山圖書』

『舊唐書』

『國語』

『論語』

『唐六典』

『孟子』

『文獻通考』

『白虎通義』

『史記』

『史記索隱』

『山海經』

『三國史記』

『書經』

『說文解字』

『成宗實錄』

『世祖實錄』

『世宗實錄』

『宋史』

『宋史紀事本末』

『隨書』

『新唐書』

『樂書』

『樂學軌範』

『呂氏春秋』

『玉海』

『律呂新書』

『禮記』

『禮記集說』

『禮記集說大典』

『莊子』

『周禮』

『周禮註疏』

『周易』

『朱子語類』

『晉書』

『焦氏易林』

『春秋左氏傳』

『春秋左傳注疏』

『太宗實錄』

『稗編』

『風俗通義』

『韓非子』

『黃帝內經』

『後漢書』

국립국어연구원, 『국립국어연구원 표준대사전』, 두산동아, 1999.

국어국문학편찬위원회, 『국어국문학자료사전』, 한국사전연구사, 1998.

김성철, 『미술대사전(인명편)』, 한국사전연구사, 1998.

송방송, 『한겨레음악대사전』 상, 보고사, 2012.

유교대사전편찬위원회, 『儒敎大事典』, 성균관출판부, 2007.

임종욱 편저, 『중국역대인명사전』, 이회, 2010.

한국민족문화대백과사전 편찬부, 『한국민족문화대백과사전』 6, 한국정신문화연구원, 1994.

한국정신문화연구원, 『한국민족문화대백과사전』 12, 한국정신문화연구원, 1994.

『두산백과사전』, 두산동아, 2002.

『文淵閣四庫全書電子版: 原文及全文檢索版』, 香港: 迪志文化出版有限公司, 1999.
『四庫全書總目提要』 DB.
『朝鮮王朝實錄』 인터넷 원문 및 국역서비스(과천: 국사편찬위원회, 2005)
김상섭, 『주역 계사전』, 성균관대학교출판부, 2017.
김승룡 편역주, 『악기집석』 1, 청계, 2002.
김종수, 『역주 증보문헌비고-악고』 상, 국립국악원, 1994.
남기현 옮김, 『춘추좌전』 上, 자유문고, 2003
동중서 저/ 신정근 역, 『춘추: 역사 해석학』, 태학사, 2006.
민족문화추진회, 『고전국역총서 악학궤범』, 1986.
반고 저/ 신정근, 『백호통의』, 소명출판, 2005.
반고 저/ 안대회 편역, 『한서열전』, 까치, 2010.
사마천 저/ 정범진 외 옮김, 『史記 表序·書』, 까치, 1996.
사마천 저/ 정범진 외 옮김, 『史記本紀』, 까치, 2008.
사마천 저/ 정범진 외 옮김, 『史記世家』 상, 까치, 2008.
사마천 저/ 정범진 외 옮김, 『史記』 2, 까치, 1996.
성백효, 『서경집전』 상, 전통문화연구회, 2004.
성현 외 지음, 렴정권 역주, 『북역 악학궤범』, 민속원, 2015.
송방송·박정연 외, 『국역 율려신서』, 민속원, 2005.
신동준 옮김, 『춘추좌전』 2, 한길사, 2006.
신정근 옮기고 풀어씀, 『공자씨의 유쾌한 논어』, 사계절, 2009.
심괄 저/ 최병규 옮김, 『몽계필담』 상·하, 범우사, 2003.
안동림 역주, 『장자』, 현암사, 2001.
여불위 지음/ 정하현 옮김, 『여씨춘추』, 소명출판, 2014.
王先愼, 集論/ 許鎬九 책임 번역, 『역주 한비자집해』 1, (사)전통문화연구회, 2017.
유교문화연구소 옮김, 『孟子』, 성균관대학교출판부, 2012.
유교문화연구소 옮김, 『書經』, 성균관대학교출판부, 2011.
유안 편저/ 안길환 편역, 『신완역 회남자』, 명문당, 2001.
이혜구 역주, 『신역 악학궤범』, 국립국악원, 2000.
이후영, 『국역 율려신서』, 문진, 2011.

정병섭 역자, 『예기집설대전: 학기』, 학고방, 2014.
정영호 편역, 『여씨춘추 12기』, 서울문고, 1992.
조남권·김종수 공역, 『동양의 음악사상 악기』, 민속원, 2005.
좌구명 저/ 신동준 역주, 『국어』, 인간사랑, 2005.
좌구명 저/ 신동준 역주, 『춘추좌전』 상, 인간사랑, 2017.
重山學會 편, 『주역과 세계』, 동신출판사, 1988.
池載熙·李俊寧 解譯, 『주례』, 자유문고, 2002.
진양 지음/ 조남권·김종수 옮김, 『역주 악서』 1, 소명출판, 2012.
진양 지음/ 조남권·김종수 옮김, 『역주 악서』 2, 소명출판, 2012.
진양 지음/ 이후영·김종수 옮김, 『역주 악서』 4, 소명출판, 2014.
陳澔 편/ 정병섭 역, 『역주 예기집설대전-악기』 1, 학고방, 2014.
韓非 撰/ 임동석 역주, 『한비자』, 동서문화사, 2013.

John B. Henderson/ 문중양 옮김, 『중국의 우주론과 청대의 과학혁명』, 소명출판, 2004.
김영운, 『국악개론』, 음악세계, 2015.
남상숙, 『『악학궤범』 악론 연구』, 민속원, 2009.
리빙하이 지음/ 신정근 옮김, 『동아시아 미학』, 동아시아, 2010.
박형익, 『한국 자전의 역사』, 역락, 2012.
송방송, 『증보 한국음악통사』, 민속원, 2007.
송방송·임영학 공역, 『수당대 연악조의 연구』, 대일, 1994.
신정근, 『동양철학의 유혹』, 이학사, 2003.
신정근, 『신정근 교수의 동양고전이 뭐길래』, 동아시아, 2012.
신정근, 『중용, 극단의 시대를 넘어 균형의 시대로』, 사계절, 2010.
안상현 지음, 『우리 별자리』, 현암사, 2000.
양인리우 저/ 김창숙 옮김, 『중국고대음악사』, 솔, 1999.
王克芬 著/ 차순자 역, 『중국무용사-수당오대』, 동남기획, 2002.
왕카이 지음/ 신정근 책임 번역, 『소요유 장자의 미학』, 성균관대학교출판부, 2013.
윤재근, 『樂論』, 나들목, 2007.

이경숙, 『도덕경』, 명상, 2006.
이덕일, 『유물로 읽은 우리 역사』, 세종서적, 1999.
정재서 저, 『산해경』, 민음사, 1999.
周春材 글·그림/ 김남일·강태의 옮김, 『의역동원 역경』, 청홍, 2003.
沈冬, 『唐代樂舞新論』, 北京大學出版社, 2004.
한흥섭, 『아악혁명과 문화영웅 세종』, 소나무, 2010.

김미영, 「『악학궤범』 당악정재의 규칙성과 사상성 연구」, 성균관대학교 박사학위논문, 2008.
김미영, 「『악학궤범』의 사상적 체계를 바탕으로 한 〈육화대〉 춤절차의 의미」, 『대한무용학회지』, 대한무용학회, 2009.
김미영, 「〈定大業〉과 〈破陣樂〉의 연출 양식 비교－춤대형을 중심으로－」, 『대한무용학회지』 제65호, 대한무용학회, 2010.
김미영, 「전쟁과 춤 그리고 유교」, 2016 유교문화연구소·국립국악원 공동주최 동계학술대회, 국립국악원 풍류사랑방, 2016.
김세종, 「세종조 『율려신서』의 유입과 아악정비에 미친 영향」, 『호남문화연구』 Vol.51, 전남대학교 호남학연구원, 2012.
김종수, 「세종대 雅樂 정비와 陳暘의 『樂書』」, 『온지논총』 제15집, 온지학회, 2006.
남상숙, 「조선전기 음악사 연구의 성과와 나아갈 방향」, 『韓國音樂史學報』 Vol.30, 한국음악사학회, 2003.
문숙희, 「세종 창제 新樂은 어떤 음악인가?: 정대업·보태평·발상에 한하여」, 『공연문화연구』 Vol.26, 한국공연문화학회, 2013.
박정련, 「고대 유가의 악론에서 감정조절을 위한 음악치유론의 가능성 모색: 『禮記』 「樂記」의 聲·音·樂을 중심으로」, 『陽明學』 No.31, 韓國陽明學會, 2012.
송방송, 「진양의 『악서』 해제」, 『민족문화논총』 6, 1984.
송방송, 「世祖朝 音樂業績의 歷史的 照明」, 『韓國學報』 Vol.13 No.3, 일지사, 1987.
송방송, 「『朝鮮王朝實錄』의 音樂記事索引(3)－文宗·端宗·世祖·睿宗」, 『人文研究』 Vol.9, 1987.
송방송, 「『악학궤범』의 음악사학적 조명」, 『진단학보』 제77집, 진단학회, 1994.

송방송, 「박연의 율관제작과 악기제조」, 『한국예술종합학교 논문집』 Vol.3, 2000.
송방송, 「채원정의 『律呂新書』 해제」, 『온지논총』 제10집, 온지학회, 2004.
송재국, 「儒學에 나타난 "音,樂"의 철학적 의미」, 『동서철학연구』 Vol.48, 한국동서철학회, 2008.
여승환, 「당대 대곡 〈예상우의〉 고」, 『中國文學研究』 Vol.22, 한국중문학회, 2001.
윤동렬, 「南宋 『詞源』 研究」, 『중국학연구』 16, 중국학연구회, 1999.
이범직, 「『악학궤범』의 예악론」, 『진단학보』 제77집, 진단학회, 1994.
이보형, 「『악학궤범』 60조도의 구성원리와 오음약보의 의미」, 『한국음악사학보』 제29집, 한국음악사학회, 2002.
이석주, 「난계 박연의 악론」, 『韓國思想과 文化』 제71집, 한국사상문화학회, 2014.
이숙희, 「『악학궤범』 사상체계의 형성배경과 성격」, 『한국음악사학보』 제33집, 한국음악사학회, 2004.
이종숙, 「조선조 궁중악무의 대륙문화 수용 범주」, 『궁중무용』 5, 우리마당 터, 2003.
임병학, 「易學의 河圖洛書原理에 關한 研究: 關于易學河圖洛書原理的研究」, 박사학위논문, 충남대학교, 2004.
정화순, 「진양의 學問과 樂觀」, 『한중철학』 제2집, 한중철학회, 1996.
정화순, 「정간보 1행 정간수井間數의 변천에 관한 연구」, 『국악원논문집』 제24집, 국립국악원, 2011.
조정은, 「공자에게 좋은 음악이란?」, 2017 유교문화연구소 동계학술회의 "융합의 시대, '유교' 예술로 말하다" 자료집, 2017.
최태현, 「樂記의 聲·音·樂에 관한 개념적 고찰」, 한림대학교 석사학위논문, 1999.
하야시 겐조/ 송방송 옮김, 「당속악 28조와 구자서역 7조」 『한국음악사학보』 제3집, 한국음악사학회, 1989.

부록

〈5성〉 〈8음〉 1 〈8음〉 2 〈12율〉 〈28수·12차·12지지·12달〉

〈5성〉

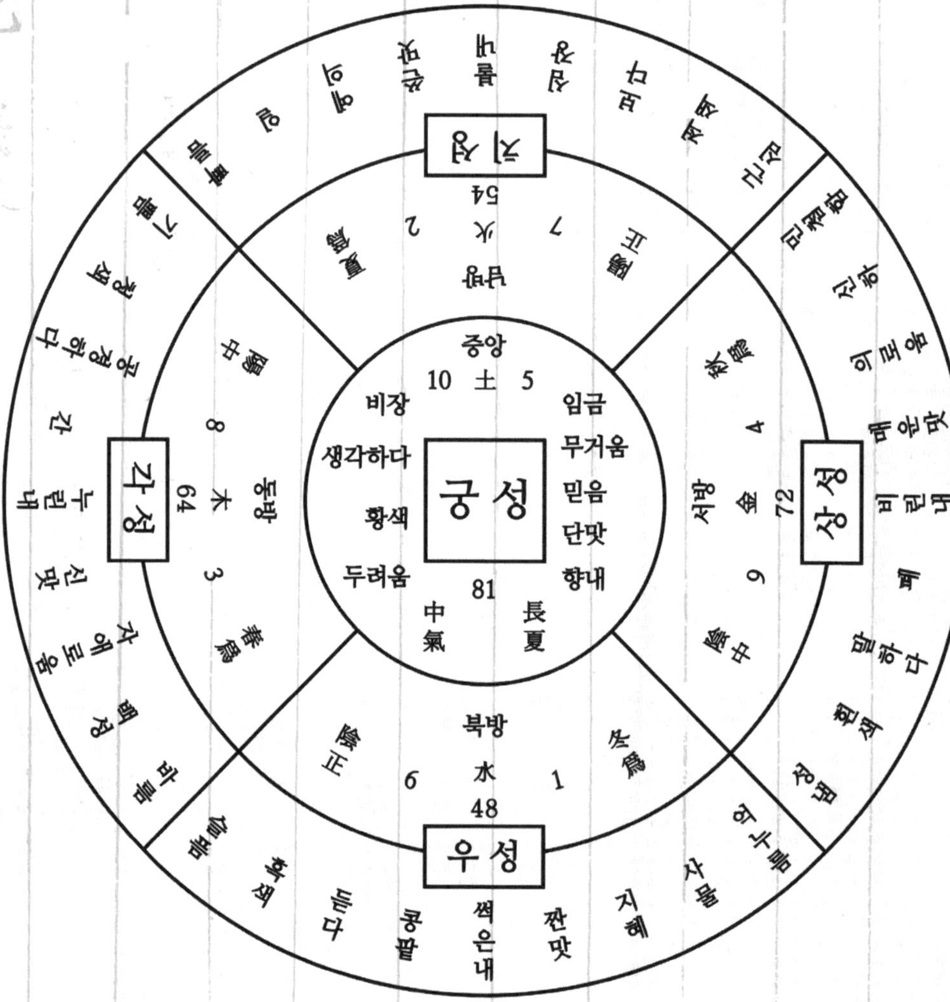
궁성
중앙
10 土 5
비장
생각하다
황색
두려움
임금
무거움
믿음
단맛
향내
81
中氣
長夏
치성
54
상성
72
우성
48
북방
水
6
1
각성
64
동방
木
8
3

〈8음도〉1

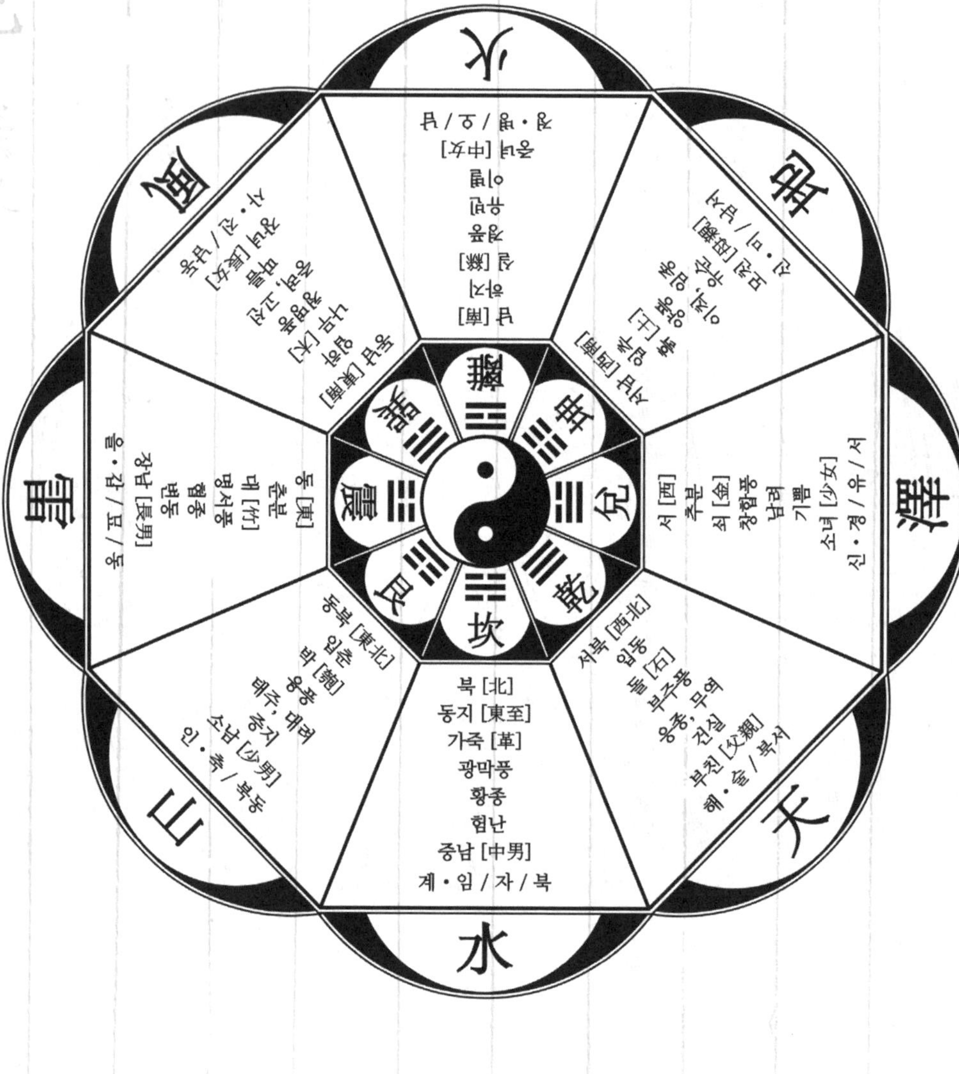
火
水
天
地
澤
雷
風
山
乾
坎
艮
震
巽
離
坤
兌
북 [北]
동지 [冬至]
가죽 [革]
광막풍
황종
협난
중남 [中男]
계・임 / 자 / 북
서 [西]
추분
쇠 [金]
창합풍
남려
기쁨
소녀 [少女]
신・경 / 유 / 서
동 [東]
춘분
대 [竹]
명서풍
협종
벽동
장남 [長男]
을・갑 / 묘 / 동
서북 [西北]
입동
돌 [石]
부주풍
응종, 무역
건실
부친 [父親]
해・술 / 북서
동북 [東北]
입춘
박 [匏]
융풍, 태려
태주, 응지
소남 [少男]
인・축 / 북동

〈12율(종합)〉

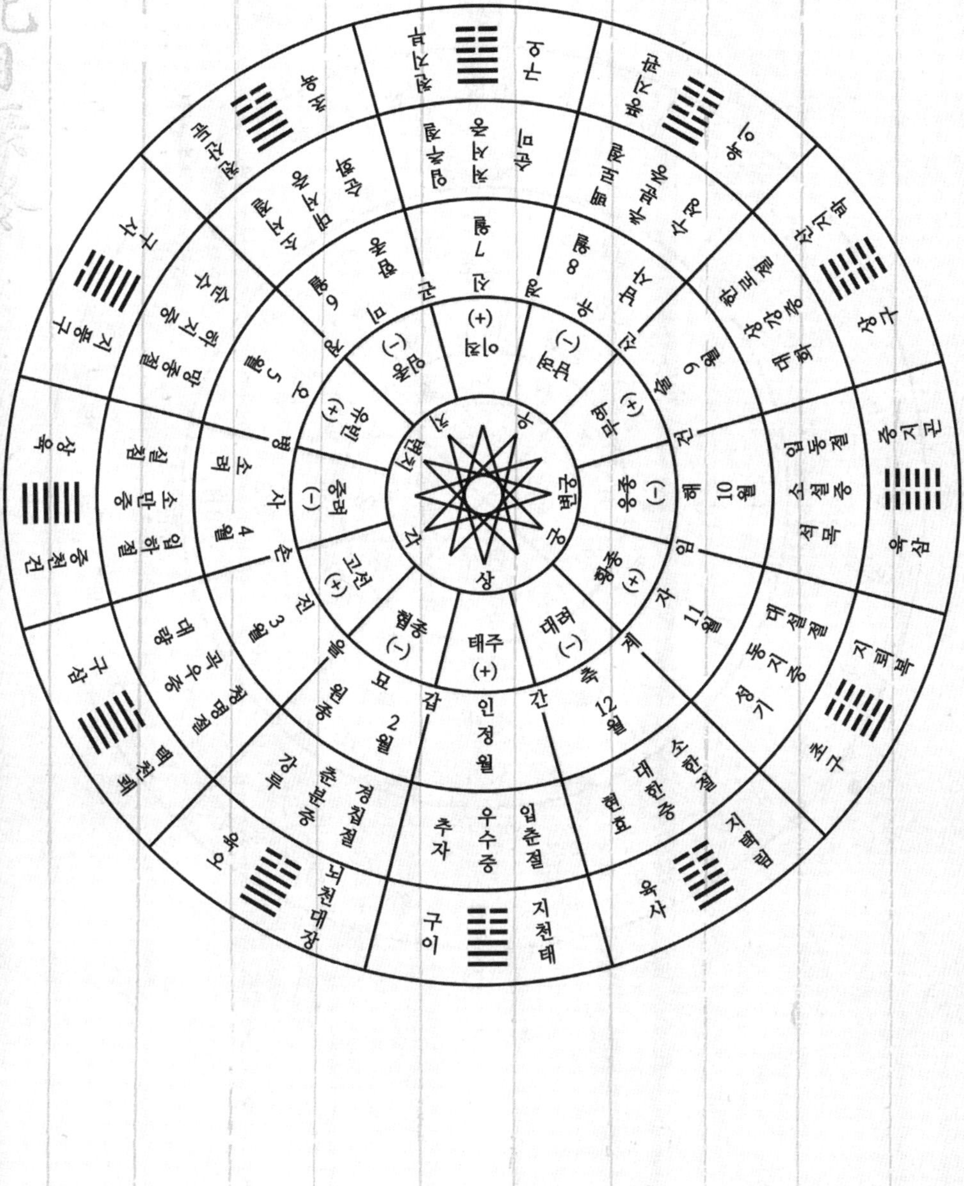

〈28수·12차·12지지·12달〉

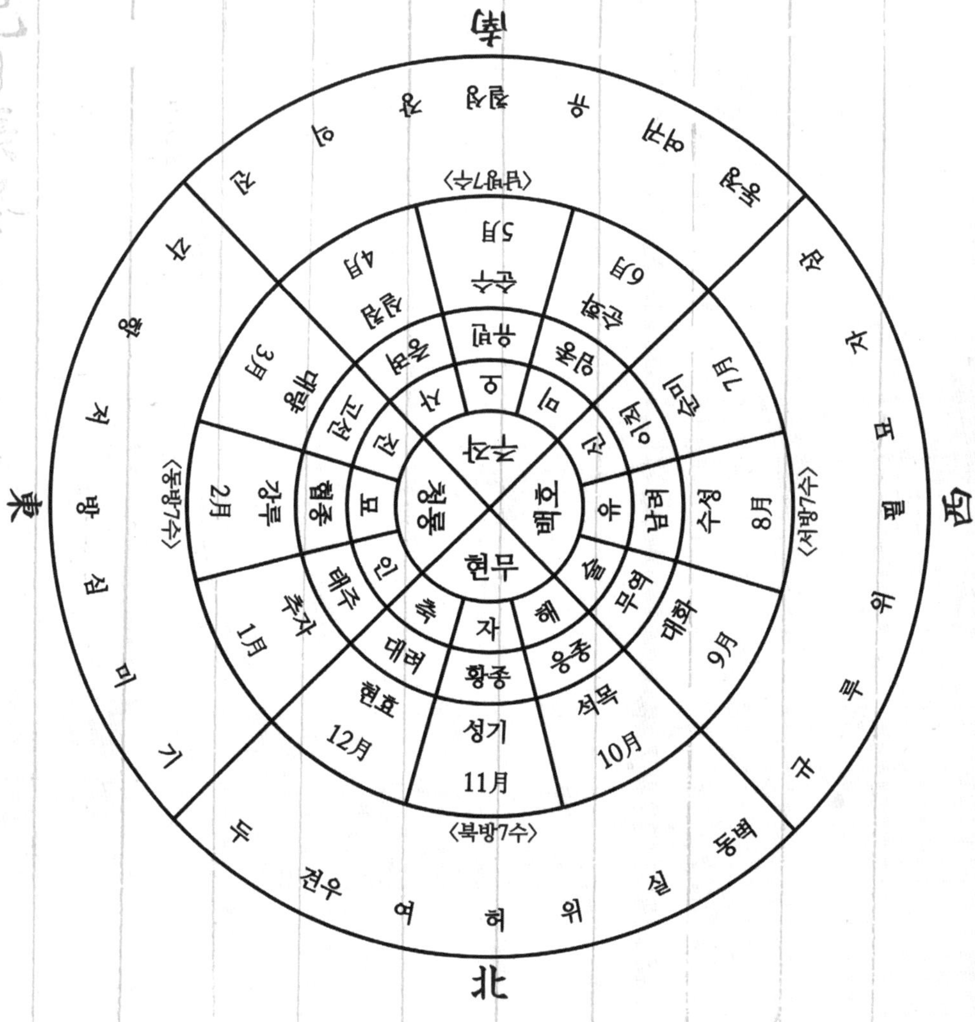

『악학궤범』 악론의
동양사상 2580

초판 1쇄 인쇄 2018년 12월 21일
초판 1쇄 발행 2018년 12월 31일

지은이 김미영
펴낸이 정규상
책임편집 신철호
편　집 현상철·구남희
마케팅 박정수·김지현
펴낸곳 성균관대학교 출판부

등록 1975년 5월 21일 제1975-9호
주소 03063 서울특별시 종로구 성균관로 25-2
대표전화 02)760-1253~4
팩스밀리 02)762-7452
홈페이지 press.skku.edu

ISBN 979-11-5550-313-3 93670